Ole,
Keep writing!
Shirley MacLaine

OLE DAMMEGÅRD

STAT$KUPP
I
SLOWMOTION

DEL II

DEL II

STATSKUPP
I
SLOWMOTION

OM MORDET PÅ OLOF PALME
& ESTONIA KATASTROFEN

MOONROCK BOOKS

Statskupp i Slowmotion Del II
ISBN 978-1530223992

Hard Copy Soft Cover Book

Bokomslag och layout: Ole Dammegård
Omslagsfoto av författaren: Moren Butteweg, Moren Media

Författaren Ole Dammegård ber ödmjukt alla ägare av bilder som används i denna bok om deras tillstånd. Han tackar djupt då detta starkt bidrar till att lösa en av världens största mordgåtor.

TILLÄGNAD ALLA SANNINGSSÖKARE

Alltsedan jag natten den 28 februari 1986, i egenskap av polisens insatsledare på mordplatsen där vår statsminister just mördats, hamnade mitt it en av nittonhund-ratalets största svenska politiska rättsskandaler, har jag undan för undan konstaterat att de ansvariga myndigheterna främst ägnat sig åt att mörklägga händelsen.

Jag har läst många böcker, officiella handlingar, tidningsartiklar med mera och spenderat tusentals timmar med att själv och tillsammans med seriösa privatpersoner försöka finna sanningen om mordet.

Bland de mer intressanta böckerna vill jag nämna "Statskupp i Slowmotion". Vad främst intresserat mig är den intressanta storyn, de omfattande efterforskningarna samt informationen om världsomspännande frimurarnätverk.

För alla som är intresserade av Palmemordet och dess orsaker vill jag därför varmt rekommendera denna bok.

Poliskommissarie Gösta Söderström
(Förste polis på mordplatsen)

Till minnet av

Gösta Söderström

&

Gustaf Trysberg

&

Fletcher Prouty

&

Bente Dammegaard

och

privatspanarna

Fritz G Pettersson

&

Ingvar Heimer

En morgon knackade Livet på min dörr.
Jag sa: Jag släpper inte in Dig!
Livet svarade: Jag knackade på insidan.
Bertil Martinsson

INNEHÅLL *(DIREKT FORTSÄTTNING FRÅN DEL I)*

När de kom och hämtade judarna, sa jag ingenting
När de kom och tog kommunisterna, sa jag ingenting
När de kom och tog katolikerna, sa jag ingenting
När de kom och tog mig, fanns ingen kvar som kunde
säga någonting. Min slutsats är alltså:
-Säg ifrån medan tid är!

Martin Niemöller om nazisterna

(DIREKT FORTSÄTTNING FRÅN DEL I)

UTPEKADE - INBLANDADE?

Mord på ledande politiker kräver speciella resurser och erfarenheter. En stormakts underrättelsetjänst med uppdraget utfört av högerterrorister är en lysande kombination som gör sambandet mellan initiativtagare och bödel så avlägset som möjligt.

Om en operation av den här magnituden har planerats av en av de större underrättelsetjänsterna bör det ha funnits en mängd villospår tillrättalagda för att förvilla alla som har intresse av att få fram sanningen. Enligt avhoppade agenter ges klartecken från högsta ort först sedan en komplett desinformationsplan skapats för att effektivt sopa igen alla spår. Genom att analysera den generella hotbilden kring det planerade offret har man fått fram potentiella syndabockar, allt för att åstadkomma ett regelrätt utredningskaos. Sekretessen är benhård och inte ens de som värvats för att genomföra mordet får veta vem som står bakom. Eventuella nyckelpersoner med för stor inblick elimineras ofta i direkt anknytning till likvideringen.

Yitzhak Rabin

En som vet hur det brukar gå till är den avhoppade dubbelagenten Edward Howard Lee, som trädde fram i TV3s *Vem mördade Olof Palme*, visad i nära anknytning till mordet på Israels premiärminister Yitzhak Rabin i Tel Aviv den 4 november 1995.

-Om vi antar att KGB eller CIA fått uppdraget tror jag att de skulle vilja ha största möjliga avstånd mellan organisationen och mördaren. De skulle arbeta via sina illegala agenter om det var KGB, eller inom CIA via agenter utan diplomatisk täckmantel, så kallade NOCs. Det är icke-diplomatisk personal stationerad i Sverige. Jag tror till och med att de skulle gå ett steg längre, att de illegala agenterna inte själva skulle utföra mordet utan få det utfört på kontrakt.

-Jag känner de här agenterna för specialoperationer och har

Ordföranden
i
Sveriges
Socialdemokratiska
Arbetareparti

Statsministern
**OLOF
PALME**

* 30 januari 1927
† 28 februari 1986

Socialdemokratiska
Partistyrelsen

Den bortgångnes minne kan hedras genom bidrag till Kampfonden pg 107-3 eller Olof Palmes minnesfond för internationell förståelse och gemensam säkerhet pg 37-2.

arbetat med dem. Det är mycket intensiva personer, nästan som maskiner, men de har civila yrken som kameramän, idrottsmän eller småföretagare. Det hela hålls mycket hemligt och när en operation genomförs av illegala agenter vet de så kallade legala agenterna på ambassaden kanske ingenting, inte ens den lokale chefen. Det sköts från Washington eller Moskva av chefen för den illegala avdelningen.

Engelsmannen Mike Terry ledde motståndet mot apartheid i Sydafrika från London under tjugo år. Han beskrev i programmet *Striptease* hur ett hitteam kan ha sett ut:
-De måste stå långt ut till höger i politiken, ha kriminell erfarenhet eller militär bakgrund. De kan också ha varit säkerhetsmän eller poliser, kanske med kontakter åt legosoldathållet, internationella högerorganisationer - det är den sortens folk som kan användas.
    Andra tillfrågade experter instämmer och poängterar att det oftast rör sig om internationella grupperingar. Att sätta ihop attentatsgrupper bestående av män med olika nationaliteter är ett vanligt tillvägagångssätt. Anledningen till denna blandning är att försvåra ett avslöjande eftersom eventuella ledtrådar pekar åt alla håll och kanter. För det mesta har de värvade gärningsmännen även inhemsk hjälp. Chefredaktör Gerry Gable på den engelska tidskriften *Searchlight* har genom åren specialiserat sig på att infiltrera och avslöja högerextrema och nazistiska rörelser:
    -En operation av det här slaget bör ha krävt medverkan från Sverige. Denna medverkan skulle ha omfattat praktisk hjälp på det lokala planet. I den mån de hade behövt en svensk bil eller ett svenskt hus så skulle detta ha tillhandahållits från svenskt håll. De som skulle ha rest från Sydafrika hade kommit som turister, men i själva verket varit soldater som med soldaters blick ha sagt: Ja, det här är en bra plats att döda på.
    -De lokala personer som skulle kunna användas vore folk som redan av andra skäl var avigt inställda mot Palme, som hade ett intresse av att mörda honom. Folk med militär bakgrund som inte skulle göra bort sig vid attacken. Före detta säkerhetsfolk, före detta säkerhetspoliser, före detta militärer med vissa speciella erfarenheter - de finns ju bland annat i USA och i Sverige - men inte folk i aktiv tjänst. Professionella.

Gerry Gable

Den sydafrikanske journalisten Jacques Pauw instämde:
-För det första skulle det ha funnits ett team som skötte anskaffandet av information rörande Olof Palme. Sedan skulle ett annat team ha ägnat sig åt det praktiska som att skaffa fram mordvapen till Sverige för att beväpna mördarna. Och så skulle de ha behövt ett team som övervakade och styrde hela mordet,

Dulcie September

450

ungefär som det gick till vid mordet på Dulcie September (se sid 603).

-Säkert skulle det också ha funnits folk i Sverige som hade befunnit sig i mordets nära grannskap och folk som hjälpt gärningsmännen att komma undan.

Med utgångspunkt från dessa synpunkter har det blivit dags att presentera några nyckelpersoner, som antingen blivit utpekade eller själva erkänt inblandning i Palmemordet.

MICHAEL VERNON TOWNLEY

Den 8 maj 1987 avslöjade tidningen *Izvestia* att PLO-ledaren Yassir Arafat hade berättat för två svenskar i Algiers att han visste vem som mördade Olof Palme. Inga fler detaljer noterades, annat än att Yassir Arafat påstod att nyckeln fanns att hitta i Latinamerika. Kvällstidningen *Aftonbladet* drog slutsatsen att Chiles junta kunde vara inblandad.

Någon månad senare kom flera detaljer. *Den 10 juni -1987* skrev den engelska tidningen *The Observer* om hur den amerikansk-chilenske yrkesmördaren Michael Townley fått i uppdrag att eliminera Olof Palme. Detta enligt en högt uppsatt svensk ämbetsman. När spaningsledaren Hans Ölvebro konfronterades med uppgifterna svarade han kort och intelligent:

-Det där handlar om en person som anses vara hjärnan bakom ett ambassadörsmord i Washington. Men det finns inga tecken på att mordet på Olof Palme är organiserat och planerat. Självklart har de här aktuella personerna kontrollerats så långt som möjligt, men det finns inget som tyder på att denna person har varit utanför USA vid denna tidpunkt. Det finns heller inget i vittnesmålen som tyder på att det är en kvinna (?). Det måste komma fram nya uppgifter för att vi ska intressera oss för det könet.

Michael Townley

Yassir Arafat

Andra källor insisterade på att Townley observerats i Stockholm när Palme mördades, vilket bekräftades av CIA-agenten Oswald LeWinter (se sid 500) som hävdade att Michael Townley anlänt till den svenska huvudstaden en vecka före mordet, och som han uttryckte det, inte för att vara turist. Journalisten Bo Holmström bad spaningsledaren Hans Ölvebro kommentera tipsen:

-Jag tror att det är på det sättet att man kan säga att han inte kan ha varit i Sverige, svarade denne pressat.

Hans Ölvebro

BAKGRUND

Michael Vernon Townley, född i Iowa i USA 1943, flyttade 14 år gammal med sin familj till Chile. Under Allendetiden blev han fanatisk högeranhängare och deltog i sabotageverksamhet ända tills arméchefen, general Augusto Pinochet, kom till makten. I och med det inleddes en sanslös terror mot vänstersympatisörer, minst 3 500 dödades och mellan 300 000 och 400 000 utsattes för tortyr. Detta blodiga hantverk utfördes till stor del av regimens fruktade dödsskvadroner och 1973 värvades Michael Townley av Chiles hemliga polis DINA för att ingå i en av dessa.

I sitt ovanliga värv arbetade Michael Townley med människor från hela världen, till exempel exilkubaner, tyska nynazister och franska legionärer och vid hemliga operationer använde han sig av falska

Diktatorn Augusto Pinochet

identiteter och alias som Kenneth Enyart, Hans Petersen Silva, Juan Williams Rose och Andres Wilson Silva.

En del av DINAs terrorverksamhet gick vid denna tid under benämningen Operation Condor. Denna organisation hade etablerats genom ett inofficiellt samarbete mellan länderna Chile, Argentina, Bolivia, Paraguay och Uruguay och Operation Condor var kodordet för insamlande, utväxlande och lagring av underrättelser som rörde vänstergrupper och kommunister. Därutöver ingick speciella team som kunde förflytta sig överallt i världen för att genomföra alla former för specialuppdrag - inklusive mord.

Som underrättelseofficer var Michael Townleys främsta uppgift att organisera sådana mordkomplotter, vilket han till exempel gjorde då general Carlos Prats, överbefälhavare i Chile under president Allende, och dennes fru mördades i Buenos Aires 1974. Ett annat uppmärksammat uppdrag kom året därpå.

General Carlos Prats

I samarbete med fascistgrupper i Italien hade Townley fått order om att mörda exilchilenaren Bernardo Leighton. Motivet var Bernardo Leightons roll som brobyggare mellan vänstern och kristdemokraterna i Chile. Bernardo Leighton var dessutom starkt kritisk till juntan.

Michael Townley

Townley åkte först till Rom med hustrun
och tillika DINA-agenten Inez Callejas samt
den kubanske kollegan Virgilio Paz för att
förbereda mordet. DINA hade som vanlig
förekommande taktik att engagera respektive
lands egna högerextremister till sina aktioner. Det
här uppdraget var inget undantag och Michael
Townley och italiennaren Stefano "Terrorfursten"
delle Chiaie (se sid 456) samarbetade intimt vid
rekryterandet av en blivande mördare ur delle
Chiaies eget stall av attentatsmän.

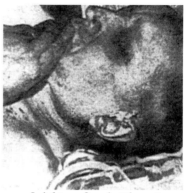

Det presumtiva offret Bernardo Leighton och
hustrun Ana Fresno bodde på Via Aurelia några få

Leighton efter skottdramat

kvarter från Vatikanen. Måndagen den 6 oktober
promenerade paret hem i mörkret efter en sen shoppingtur. Det
var en lugn och skön kväll, men klockan tjugo över åtta skulle
deras liv förändras för alltid när en okänd man plötsligt dök upp
bakifrån och på få decimeters avstånd sköt Bernardo Leighton
i nacken. Hustrun träffades i sidan av nästa kula. Attentatet
misslyckades dock och båda makarna Leighton överlevde.

Nu gällde det att agera snabbt och Michael Townley försökte
sopa igen spåren genom att låta sina kubanska kontakter i Miami
ta på sig ansvaret. Men gärningsmannen Pierlugi Concutelli greps
i alla fall och dömdes senare till livstids fängelse.

Bernardo Leighton

Det här attentatet beskrivs i detalj i böckerna *Labyrith* och
i *Assassination on Embassy Row*, som dock i huvudsak handlar
om annan aktion - mordet på Orlando Letellier. Det finns några
mycket viktiga detaljer att lägga märke till i samband med detta
våldsdåd - detaljer som knyter ihop några av modern tidhistorias
största mordgåtor - mordet på John F Kennedy och likvideringen
av Olof Palme.

Pierlugi Concutelli

SPRÄNGDES I LUFTEN

Orlando Letellier, före detta chilensk försvarsminister,
USA-ambassadör och personlig vän till Olof Palme,
likviderades tillsammans med sin 25-åriga medarbetare Ronni
Moffit med en bilbomb den 21 september 1976 mitt i centrala
Washington.

"Terrorfursten"

Ambassadören Manuel Trucco gick direkt efter explosionen ut och anklagade Orlando Letelier för att själv ha fraktat bomben i bilen med avsikt att spränga den chilenska ambassaden.

-Den var bara tur för oss att den exploderade innan han hann ända fram, kommenterade Trucco torrt.

Få trodde dock på denna version och FBI tillsatte flera agenter för att på heltid utreda händelsen. Tre år senare greps Michael Vernon Townley och ställdes inför rätta. Han erkände utan omsvep och dömdes till tio års fängelse med orden:

-Jag ångrar ingenting, jag var en soldat som utförde order.

Men han var inte ensam om att utföra dådet. Exilkubanen Orlando Bosch, som också deltagit i bland annat mordförsöket på Bernardo Leighton (se sid 446), har pekats ut som en av dem som tillverkat och levererat bomben.

Orlando Bosch är mycket intressant i detta sammanhang, eftersom han också har identifierats som ansvarig för ett CIA-gömställe i Dallas, ett motell där några av deltagarna i mordet på John F Kennedy (se sid 263) möttes dagen före attentatet. I boken *Plausible Denial* av advokaten Mark Lane återges ett förhör med agenten Marita Lorenz, tidigare inblandad i ett påtänkt attentat mot Fidel Castro (hennes före detta älskare och far till hennes dotter) och enda kvinnliga deltagaren i Operation 40 och Operation Mongoose, välkända namn för alla som har studerat Kennedymordet. Filmen *JFK* av Oliver Stone kan ge en bra överblick över dessa hemliga CIA-operationer.

Den utpekade syndabocken

I förhöret namnger hon flera personer som kört från Miami till Dallas för att deltaga i elimineringen av presidenten. Gruppen färdades i två bilar, den ena fullastad med automatvapen och gevär. Väl framme möttes de upp av CIA-agenten E Howard Hunt (samme E Howard Hunt som senare greps i samband med Watergateinbrottet och som pekats ut som en av tre mystiska "luffare" gripna av Dallaspolisen strax efter skotten på Dealey Plaza, se sid 264). E Howard Hunt överlämnade då ett kuvert med en stor summa pengar till en annan CIA-agent vid namn Frank Sturgis (även han arresterad i samband med Watergateinbrottet).

En annan som dök upp den här dagen

Mordet på Oswald direktsändes i TV

454

David Atlee Philips   *Marita Lorenz*   *Frank Sturgis*   *E Howard Hunt*

var enligt Marita Lorenz ingen mindre än Jack Ruby, samme
Jack Ruby som några dagar senare mördade den påstådde
presidentmördaren Lee Harvey Oswald (se sid 263) inför en
mängd TV-kameror. Det här kom att bli den första direktsända
likvideringen någonsin i TVs historia.

Vad mera är, är att samme Lee Harvey Oswald, som det
numera har fastställts var avlönad av både FBI och CIA, flera
gånger före attentatet sågs tillsammans med en viss David
Atlee Philips, CIA-agent med kodnamn Maurice Bishop
(senare en av CIAs högsta operationschefer). Enligt författaren

Jack Ruby

Anthony Summers bok *The Kennedy Conspiracy* var en av David Atlee Philips bäste
vänner - Michael Townley!

Vi har alltså här två eventuella länkar mellan de två attentaten + Watergateinbrottet,
beroende på Townleys skuld eller oskuld.

BOMBER BOMBER BOMBER

För att få en bättre förståelse av vad det är för slags människor vi beskriver här, ta
en titt på en del av barnläkaren Orlando Boschs brottsregister publicerat i den kubanska
tidningen *La Habana den 19 oktober -80*. Till stor del rör det sig
om CIA-stödd sabotageverksamhet med avsikt att på alla sätt
skada länder som hade diplomatiska och ekonomiska band med
Kuba. Orlando Bosch deltog, direkt eller indirekt i följande dåd:

* Den 8 januari 1968: Bomb i resväska skickad till Havana
* Den 25 januari 1968: Diverse bombattentat mot olika
amerikanska varuhus
* Den 1 februari 1968: Bombattentat mot den mexikanske
konsuln i Miami

Orlando Bosch

Statskupp i Slowmotion

* Den 2 februari 1968: Bombattentat mot den engelske konsuln i Miami
* Den 12 mars 1968: Bombattentat mot en kubansk restaurang i Miami
* Den 13 mars 1968: Bomb utplacerad (utan att explodera) på chilenska konsulatet i USA
* Den 2 april 1968: Bombattentat mot ett medicinföretag i USA
* Den 22 april 1968 Bombattentat mot det mexikanska konsulatet i USA
* Den 22 april 1968: Bombattentat mot ett spansk turistkontor i USA
* Den 5 maj 1968: Bombattentat mot det engelska fartyget Greenwood i USA
* Den 25 maj 1968: Bombattentat mot det japanska fartyget Aroka Maru i USA
* Den 21 juni 1968: Bombattentat mot ett spanskt turistkontor i USA
* Den 23 juni 1968: Bombattentat mot ett mexikanskt turistkontor i USA
* Den 27 juni 1968: Bombattentat mot den mexikanske konsuln i USA
* Den 4 juli 1968: Bombattentat mot det kubanska konsulatet i Kanada
* Den 4 juli 1968: Bombattentat mot ett kanadensiskt turistkontor i USA
* Den 7 juli 1968: Bombattentat mot ett japanskt turistkontor i USA
* Den 11 juli 1968: Bombattentat nära den kubanska FN-delegationens kvarter, varvid den jugoslaviska avdelningen skadas
* Den 11 juli 1968: Bombattentat mot det japanska fartyget Michagesan Maru i Mexico
* Den 14 juli 1968: Bombattentat mot en mexikansk turistbyrå i USA
* Den 15 juli1968: Bomb upptäckt på ett av franska regeringens kontor i USA
* Den 16 juli 1968: Odetonerad bomb upptäckt på mexikanska konsulatet i USA
* Den 17 juli 1968: Bomb utplacerad utan att detonera i en högt uppsatt kubansk ämbetsmans hus
* Den 19 juli 1968: Bombattentat mot en fransk turistbyrå i USA
* Den 19 juli 1968: Bombattentat mot Shell Petroleum Company i England
* Den 19 juli 1968: Bombattentat mot en japansk resebyrå i USA
* Den 26 juli 1968: Bombattentat mot en mexikansk turistbyrå i USA
* Den 31 juli 1968: Bombattentat mot brittiska konsulatet i USA
* Den 3 augusti 1968: Bombattentat mot en British Bankfilial i USA
* Den 5 augusti 1968: Bombattentat mot det kubanska huvudkvarteret i USA
* Den 9 augusti 1968: Bombattentat mot den mexikanske konsulns bostad i Miami
* Den 11 september 1968: Bombattentat mot ett brittisk fartyg i Mexico
* Den 12 september 1968: Bombattentat mot det spanska fartyget Satrustegui i Puerto Rico

Bombdåden duggade ohyggligt tätt

* Den 16 september 1968: Bazooka (!) attack mot ett polskt fartyg i USA
* Den 17 september 1968: Bombattentat mot ett mexikanskt trafikflyg i USA
* Den 19 september 1968: Bombattentat mot den mexikanske konsulns bostad i USA
* Den 18 oktober 1968: Bombattentat mot en kanadensisk resebyrå i USA
* Den 20 oktober 1968: Gasbomb i teater där en kubansk skådespelerska repeterade
* Den 24 oktober 1968: Mordförsök på den kubanska FN-ambassadören.

Anastasio Somoza

I oktober 1968 blev Orlando Bosch arresterad och dömd till 10 års fängelse. Samtidigt hyllade staden Miami "anti-Castro hjälten" med en speciell Orlando Bosch Dag. Bosch lät sig uppmuntras och så snart han var på fri fot igen fortsatte terrorn:
* Den 26 juli, 1969: Bombattentat mot en mexikansk turistbyrå i USA
* Den 6 augusti 1969: Bombattentat mot mexikanska turistministeriet i USA
* Den 6 augusti 1969: Bombattentat mot Shell Oil of Englands kontor i USA
* Den 6 augusti 1969: Bombattentat mot Air Frances kontor i USA
* Den 3 oktober 1969: Mord på före detta överbefälhavaren i chilenska armén, general Carlos Prats (se sid 446) och dennes fru i Argentina.

Efter fyra år blev Bosch 1972 av okänd anledning försatt på fri fot. Samma år reste han till Chile tillsammans med sin vän Guillermo Novo Sampol och ställde sig till general Augusto Pinochets förfogande. Under 1974-95 deltog Bosch därefter i eller planerade följande internationella terroristaktioner med välsignelse från de chilenska fascisterna och diktatorn Anastasio Somoza i grannlandet Nicaragua.

* Den 21 januari 1974: Bombattentat mot en kubansk diplomatavdelning i Kanada
* Den 21 januari 1974: Bombattentat mot den kubanska diplomatiska avdelningen i Argentina
* Den 21 januari 1974: Bombattentat mot den kubanska avdelningen i Peru
* Den 21 januari 1974: Bombattentat mot den kubanska ambassaden i Mexico
* Den 13 februari 1974: Bombattentat mot den kubanska ambassaden i Madrid
* Den 4 april 1974: Bomb utplacerad mot medlemmar av Latin Press i Mexico, dock utan att explodera

Guillermo Novo

457

* Den 1 oktober 1974: Bombattentat mot Panamas ambassad i
Caracas, Venezuela
* Den 30 oktober 1974: Bombattentat mot Institutet for Vänskap
mellan Venezuela och Kuba i Venezuela
* Den 14 november 1974: Bombattentat mot hotellet där den
kubanska delegationen bodde
* Juli 1975: Skott avlossade mot en kubansk funktionärs hem
* Den 5 oktober 1975: Attentat i Rom mot Bernardo Leighton
och dennes fru (se sid 447)

Orlando Bosch

* Den 3 augusti 1975: Mordförsök på Kubas ambassadör Emilio
Aragones i Argentina.
* Den 17 november 1975: Bombattentat mot ett turistkontor i
Venezuela
* Den 17 november 1975: Bombattentat mot den kubanska
ambassaden i Venezuela
* Den 30 november 1975: Bombattentat mot ett sovjetiskt kontor
i Mexiko
* Den 6 juni 1976: Bombattentat mot den kubanska FN-
delegationen

Orlando Letelier

* Den 1 juli 1976: Bombattentat mot Costa Rica & Kubas
kulturcenter i Costa Rica
* Den 8 juli 1976: Bombattentat mot den kubanska delegationen
i Spanien
* Den 9 juli 1976: Bombattentat mot Cubana Airlines
godsavdelning i Kingston på Jamaica
* Den 10 juli 1976: Bombattentat mot Cubana Airlines kontor
på Barbados
* Den 11 juli 1976: Bombattentat mot Air Panamas kontor i
Colombia

Ronni Moffit

* Den 23 juli 1976: Kidnappingsförsök på
den kubanske konsuln i Merida, Mexico.
Mord på den kubanske fiskeexperten
D'Artagnan Diaz Diaz utfört av Orlando
Boschs vän Gaspar Jiménez Escobedo
* Den 9 augusti 1976: Kidnappning av två
kubanska kändisar i Argentina
* Den 1 september 1976: Bombattentat
mot Guyanas ambassad på Trinidad &
Tobago
* Den 18 september 1976: Bombattentat

Orlando Letelliers bil sprängdes i luften

458

mot Cubana Airlines kontor i Panama
* Den 21 september 1976: Mord på
Orlando Letelier, tidigare chilensk
minister under Salvador Allende, och
hans medarbetare Ronni Moffit.
* Den 6 oktober 1976: Sprängningen av
Cubana Airlines 455, ett passagerarplan
på väg från Barbados till Havana. Alla
73 personer ombord dödades.

1976 arresterades Orlando Bosch
så av polisen i Costa Rica anklagad för
att planera mordet på den exilchilenska
ledaren Andres Pascal Allende samt att

Terrorvågen fortsatte år efter år

ha deltagit i sprängningen av det kubanska passagerarplanet. Trots
det fortsatte han oförtrutet att leda terrorvågen från sin cell. Under
denna period ägde följande attentat rum:

* Den 30 mars 1977: Bombattentat mot Venezuelas konsulat i
Puerto Rico
* Den 30 augusti 1977: Bombattentat mot ett flygplan i Miami
* Den 23 december 1977: Bombattentat mot flygbolaget Viasas
kontor i USA
* Den 30 december 1977: Bombattentat mot Venezuelas konsultat
i Puerto Rico
* Den 7 februari 1978: Bombattentat mot det mexikanska
konsulatet i USA
* Den 7 februari 1978: Bombattentat mot det mexikanska fartyget
Azteca. 2 döda och 7 skadade
* Den 9 september 1978: Bombattentat mot en kubansk FN-
delegat
* Den 5 oktober 1978: Bombattentat mot Madison Square Garden,
där kubanska boxare var inbokade för en match
* Den 6 oktober 1978: Bombattentat mot turistbyrån Girasol
* Den 6 oktober 1978: Bombattentat mot turistbyrån Antillana
i Puerto Rico
* Den 6 oktober 1978: Bombattentat mot företaget Record Public
Service i Puerto Rico
* Den 23 oktober 1978: Bombattentat mot tidningen La Prensa
i USA
* Den 18 november 1978: Bombattentat mot flygbolaget TWA

Pedro Remón

Luis P Carriles

Otto Reich

459

* Den 28 december 1978: Bombattentat mot Varadero Travels lokalkontor i Puerto Rico
* Den 29 december 1978: Bombattentat mot den kubanska FN-delegationen
* Den 29 december 1978: Bombattentat mot Lincoln Center USA
* Den 29 mars 1979: Bombattentat mot TWAs lokalkontor på JFK-flygplatsen
* Den 26 mars 1979: Bombattentat mot företaget Weehawken i New Jersey
* Den 28 april 1979: Likvideringen av Carlos Muniz Varela, medlem i Brigaden Antonio Maceo och chef för Varadero Travel i Puerto Rico
* Den 25 november 1979: Kubanen Eulalio Negrin mördad med en MAC10-kpist i New Jersey
* Den 11 september 1980: Den kubanske FN-diplomaten Felix Garcia Rodriguez nedskjuten i New York med samma slags vapen.

Otto Reich i senatsförhör om Bosch

Felix Garcia Rodriguez.- mördad

Efter många om och men lyckades lagens långa arm till sist få tag i den extremt effektive terroristen. Men tack vare en viss Otto Reich försattes Bosch snart åter på fri fot i 1987, varefter han åkte till USA där han fick asyl och till och med personlig amnesti av ingen mindre än president George Bush! Man kan fråga sig varför.

President Bush

Efter att ha bosatt sig i USA fortsatte Orlando Bosch senare som rådgivare åt de mest fanatiska elementen i Miamis maffia, såsom Luis Posada Carriles som planerat att lönnmörda Fidel Castro i Panama, Gaspar Jiménez Escobedo, Pedro Remón och Guillermo Novo Sampol.

Otto Reich, mannen som hjälpte Bosch med att fly från rättvisan i Venezuela och att hitta skydd i USA, fungerade senare som George W Bushs toppman för Latinamerika. Vid ett senatsförhör förklarade han att han inte haft en aaaaaaning om sin gode vän Orlando Boschs tidigare förflutna som terrorist.

Fidel Castro

FICK NY IDENTITET

Men låt oss nu för en stund återvända till den professionelle yrkesmördaren Michael Vernon Townley, som befann sig i Stockholm vid tiden för mordet på Olof Palme. Under 1970-talet hade det vid flera tillfällen framkommit uppgifter om att Olof Palme stått på Chiles säkerhetspolis DINAs hemliga dödslista och inom UD intresserade man sig tidigt för möjligheten att Palmemordet kunde

Tidiga mordplaner mot Olof Palme

ha latinamerikansk bakgrund. Redan i en promemoria den 6 mars 1986 nämndes ingen mindre än just Michael Vernon Townley. I promemorian påtalades även att en person kallad Fontes eller Fuentes i Portugal utpekats som chef för operationen mot Palme (se sid 460).

UD kontaktade polisöverintendent Hans Wranghult i Palmegruppen och meddelade att man såg det angeläget att polisen sände en utredningsman till Washington, liksom att ärendet Fuentes borde uppföljas med förhör i Spanien. Spaningsledningen bedömde emellertid inte tipset som viktigt, trots att Townley, när denne förhördes 1978 och ingått ett avtal med FBI om nedsatt straff, hade avslöjat att han både 1975 och 1976 gjort försök att eliminera svensken. Detta i samband med Socialistinternationalens möte i Madrid och statsministerns besök i Mexico.

Men oavsett polisens passivitet var det andra som grävde vidare. Ulf Hjertonsson på ambassaden i Washington hade till exempel långa och ingående samtal med de FBI-agenter som löst Orlando Letellier-fallet. Här försökte man bland annat utröna om Michael Townley verkligen kan ha haft möjlighet att ingå i ett eventuellt dödskommando i Stockholm. I mars 1991 hade den amerikanska ambassaden i London skickat en promemoria till Interpol med information från US Marshals Service om att Townley hade varit villkorligt frigiven vid tiden för Palmemordet. Organisationen hade haft kontakt med honom den 25 februari och den 2 mars, men under de kritiska dagarna däremellan visste man inte var han hade hållit hus. Trots det var Palmegruppen fortfarande helt ointresserade och till tidningen *Dagens Nyheter* kom spaningsledaren Hans Holmér med följande märkliga inlägg som förklaring till varför man avfört amerikan-chilenaren från utredningen:

-En yrkesmördare blir inte skrivbordsmänniska helt plötsligt. Han är ute och skjuter folk.

En som dock har intresserat sig för Michael Townley är den amerikanske journalisten Daniel Brandt som i ett flertal uppmärksammade artiklar övertygande visat att Operation Condor varit verksam så sent som 1992, i direkt samarbete med CIA.

-Michael Townley var så inblandad i den högerextrema terroristverksamheten under flera decennier att han sitter inne med all kunskap, förklarade Brandt. För den som vill veta sanningen om många politiska mord är Michael Townley en levande faktabank. Hans vuxna liv är som en provkarta över den internationella högerterrorismens metoder av att verka över gränserna i komplicerade allianser mellan regimer, yrkesmördare och fanatiska ytterlighetsgrupper. Detta gör honom oerhört viktig och nyttig för både FBI och CIA, där han för övrigt fått sin utbildning.

Augusto Pinochet

Sedan dess har åren gått utan att Palmegruppen ägnat Michael Townley någon större uppmärksamhet. Först i slutet på seklet dök hans namn upp i pressen igen, nu i samband med Augosto Pinochet.

Den åldrade diktatorn hade avgått redan 1990, men på grund av att hans hantlangare även mördat spanska medborgare hade den spanska regeringen nu begärt att få honom utlämnad. Av den anledningen greps han i London i oktober 1998 och sattes i husarrest på ett gods i Wenthworth, där han bland annat mottog besök av sina gamla vän Margaret Thatcher. En lite udda vänskap, kan tyckas.

Margaret Thatcher

Under tiden vände den spanske domaren Baltasar Garzon sig till USAs justitiedepartement med en begäran att få höra terroristen Michael Townley. Genom Operation Condor såg man en möjlighet att juridiskt direkt ställa Pinochet till ansvar för den terrorverksamhet han bedrivit mot vänsteranhängare världen över.

Baltasar Garzon

Varför trodde då åklagarna att Michael Townley skulle ställa upp och vittna mot sin förre chef? Jo, eftersom han tidigare hade samarbetat med CIA hade han som belöning erhållit en ny identitet och persondokument av de amerikanska myndigheterna. Och som om detta inte var nog: 1999 arbetade den beryktade yrkesmördaren i ett så kallat Federal Witness Protection Program, avlönad och beskyddad av FBI och med hemlig bostadsort i södra USA!

Stefano delle Chiaie

Storbritannien beslöt dock senare att släppa den förre diktatorn som istället flögs till Chile.

STEFANO DELLE CHIAIE

Nästa agent att presentera är en av Michael Townleys personliga vänner. Den 27 mars 1987 greps den efterspanade italienaren Stefano "Terrorfursten" delle Chiaie i Venezuela. Anklagelserna gällde kokainsmuggling. En advokat som hade fungerat som ombud i den så kallade P2-affären (se sid 507) reste till Latinamerika och sammanträffade med den sedan 16 år efterspanade Stefano delle Chiaie, läromästaren för ett hundratal italienska nyfascister och verksam som terroriststrateg i såväl Sydeuropa som Latinamerika under 1970- och 1980-talet. Under deras samtal uppgav terroristledaren som i förbigående att han varit inblandad i mordet på den svenske statsministern!

Bomben i Bologna

Advokaten vidarbefordrade uppgiften till en amerikansk journalist som i sin tur rapporterade saken till de svenska myndigheterna. Uppgifterna publicerades därefter i tidningarna *Arbetaren* och *Aftonbladet den 8 november -87* och nådde snart spaningsledningen, som dock ansåg sig vara fullt upptagna med det kurdiska PKK-spåret (se sid 274). Två dagar senare utlämnades delle Chiaie till sitt hemland Italien där han fängslades för massmord i samband med en rad terrordåd, bland annat bombattentatet i Bologna (se sid 488), som han hade dömts för i sin frånvaro 1980.

Efter en del påtryckningar begav sig Palmeåklagaren Jörgen Almblad med följe iväg för att träffa den utredningsansvarige doktor Trapani. Denne förklarade då att delle Chiaies advokat tragiskt nog hade avlidit och att flera vittnen sedan dess dragit tillbaka sina anklagelser. Svenskarna fick dock sitta med vid ett förhör i stadsfängelset i Florens, men Stefano delle Chiaie nekade då envist till att ha erkänt delaktighet i statsministermordet. Efter att man hört honom avskrevs han ur mordutredningen.

BAKGRUND

Enligt Granskningskommissionens slutrapport hade Interpol i Rom redan en månad före Palmemordet skickat ett telex till Rikspolisstyrelsen i Stockholm. Här stod att läsa att Stefano delle Chiaie hade tagit sig in i Europa med ett privatägt tyskt flygplan. Enligt telexet hade han använt sig namnet Henry Verlere.

I *Svenska Dagbladet den 6 december –98* beskrevs delle Chiaies våldsamma bakgrund under rubriken *Kräver demokratin dödsskvadroner*:

För att förstå helheten går vi tillbaka några år: 1962 hade den före detta OAS-officeren Yves Guillou (släkt med Jan Guillou? se sid 396) kommit till Lissabon i Portugal och byggt upp ett kontaktnät av tidigare OSA-officerare, alla kopplade till en så kallad nyhetsbyrå vid namn *Aginter Press*. I verkligheten synes Aginter Press dock ha varit täckmantel för ett nazistiskt och fascistiskt nätverk kopplat till CIA, sydafrikanska BOSS och underrättelsetjänsterna i det latinska Sydeuropa.

Valerio Borghese

Tillsammans med Adolf Hitlers förtrogne Otto Skorzeny och den italienske underrättelseagenten Guido Giannettini skapade Guillou en sabotage- och likvideringsorganisation som byråns militära gren. Välkända fascistledare och terrorister som Pino Rauti och Stefano delle Chiaie anställdes som så kallade korrespondenter.

Det har i efterhand visat sig att Stefano delle Chiaie och hans organisation Avaguardia Nazionale tillsammans med Aginter Press utfört ett stort antal attentat och det var till exempel delle Chiaie som tillsammans med prins Valerio Borghese genomförde kuppförsöket i Italien 1970. Delle Chiaie arbetade samtidigt i hemlighet för chefen för det italienska inrikesministeriets avdelning för så kallade speciella tjänster, Federico Umberto D'Amato, samt chefen för kontraspionaget, general Gianadelio Maletti. Hans skicklighet var omtalad och namnet delle Chiaie väckte stor respekt i vissa kretsar.

Diktatorn Franco

-Stefano är en av få personer som är i stånd att återupprätta ordningen i Italien, ansåg Spaniens diktator Franco, som delle Chiaie lärt känna i början av 1970-talet.

Den efterlyste Terrorfursten såg hela tiden till att röra sig från land till land för att undvika att gripas. 1973 observerades han till exempel oväntat i Chile där han bland annat arbetade som nyckelperson i den tidigare omnämnda Operation Condor.

Stefano delle Chiaie

Efter en tid på resande fot hade delle Chiaie därefter fått en säker fristad i Bolivia efter att ha medverkat vid den blodiga högerkuppen 1980. Här kom han senare till att arbeta som terror- och tortyrexpert tillsammans med nazibödeln Klaus "Slaktaren från Lyon" Barbie. Duon inriktade sig i första hand på kokainsmuggling och lönnmord.

Vid tiden för mordet på Palme tjänstgjorde Stefano delle

Klaus Barbie

Chiaie sedan länge som personlig rådgivare åt gerillaledaren Jonas Savimbi i Angola. Unitagerillan var i realiteten underställd den sydafrikanska regimen, som vi snart ska uppmärksamma i samband med det så kallade Sydafrikaspåret (se sid 577).

ROBERTO THIEME & JULIO IZQUIERDO

Michael Townley är inte den enda DINA-agent som har varit aktuell i Palmeärendet. Flera andra proffsmördare fanns i Stockholm under mordnatten.

Med fara för sitt eget liv gick exilchilenaren Jara Rioseco fyra dagar efter Palmemordet till polisen i Malmö. Han namngav då de två ökända mördarna Roberto Thieme och Julio Izquierdo och hävdade att dessa anlänt till Sverige två dagar före attentatet på Sveavägen.

Exilchilenare över hela världen fruktade bödlarna från DINA och hade därför upprättat en så kallad livlina, ett kontaktnät över hela Europa för att snabbt kunna varna varandra. Det var genom detta nätverk man upptäckt det suspekta teamets förehavanden.

Yrkesmördarna upptäcktes först i den västtyska staden Bonn innan de begav sig iväg till Sverige. Här observerades de på Arlanda och skuggades därefter till den chilenska ambassadlägenheten på Kommendörsgatan i Stockholm. Sedan gick duon under jorden och sågs bara vid ytterligare ett tillfälle innan de åter lämnade landet via Arlanda den 2 mars. Att Olof Palme var en av de främsta motståndarna råder det ingen tvekan om. Två månader före mordet träffade den svenske statsministern kristdemokraten Gabriel Valdes, diktatorn Augosto Pinochets argaste fiende på hemmaplan.

Schneidermordet

Men Jara Riosecos anmälan togs på inte allvar av Palmegruppen och lades helt sonika åt sidan.

BAKGRUND

De båda DINA-männen Roberto Thieme och Julio Izquierdo hade ett mycket våldsamt förflutet och debuterade den 22 oktober 1970 med mordet på general René Schneider i staden Santiago de Chile. Schneider, som sköts med tre skott

René Schneider

i huvudet, skulle två dagar senare utnämnas till president Salvador Allendes försvarsminister alternativt överbefälhavare. Mordet orsakade en storm av vrede och undantagstillstånd infördes omedelbart.

I tre år lyckades mördarna hålla sig gömda i den argentinska provinsen Mendoza tills de en dag beordrades hem för att delta i mordet på president Allende den 11 september 1973. (Enligt en Säpopromemoria daterad den 23 april 1986 greps Julio Izquierdo senare i Spanien för inblandningen i mordet på general René Schneider).

Roberto Thieme

Den store vältränade chilenaren Roberto Thieme och den baskiske extremisten Julio Izquierdo behövde aldrig vara sysslolösa och våldsam död följde i deras spår. I samband med att Palme stod på DINAs dödslista i mitten på 1970-talet (se sid 455) grep spansk polis två beväpnade män på Socialistinternationalens möte i Madrid och utvisade dem. Vilka var de gripna? Samma Roberto Thieme och Julio Izquierdo som befann sig i Stockholm tio år senare när Olof Palme verkligen mördades. Bland andra som skulle röjas ur vägen den gången var Andres Pascal Allende, generalsekreterare i MIR, Carlos Altamirano, generalsekreterare i socialistpartiet, general Carlos Prats (senare mördad i Buenos Aires) och Eduardo Frei, expresident i Chile.

Eduardo Frei

Att likvidera någon snabbt och effektivt är svårt och det krävs därför utbildning med jämna mellanrum. Denna hölls ofta utomlands och då tillsammans med andra länders säkerhetstjänster. Enligt *Washington Post den 18 december -87* bekräftade Sydafrikas UD att den ökände chilenske brigadgeneralen Pedro Espinoza, chef för DINAs mordkommandon, delaktig i bland annat morden på Orlando Letelier (se sid 447) och tillika chef för Roberto Thieme, Julio Izquierdo och Michael Townley, hade varit verksam i Pretoria i Sydafrika från 1985 till 1987.

Pedro Espinoza

Han och medhjälparen major Roberto Fuentes hade tillsammans organiserat och aktivt deltagit i den sydafrikanska säkerhetstjänstens blodiga operationer inom och utom landet. (Kan detta vara samme Fuentes som omtalats som chef för Palmemordet (se sid 454)?). Att sydafrikaner och chilenare arbetade sida vid sida bekräftades av att den chilenska polischefen Gonzales Munos i juni 1986 fick medalj för

Craig Williamson

sina insatser i sydafrikansk tjänst. De individer som ingår i Sydafrikaspåret (se sid 577) har alltså haft möjlig direktkontakt med den chilenska juntan och deras fruktade mordexperter.

Enligt journalisten Anders Leopolds websida *Leopold Report* har det rapporterats att Roberto Thieme numera bor i Argentina och att Julio Izquierdo är bosatt i USA. De har emellertid båda tillhört den fascistiska organisationen Patria y Libertad (Fosterland och Frihet, Pyl), vars medlemmar sökts upp och mördats av tidigare frihetskämpar i Chile. Den 2 december 2004 ansökte Roberto Thieme därför om nåd för sina tidigare brutala insatser i PyL under Pinochets styre.

Thieme på äldre dar

OLE CHRISTIAN OLSTAD

Gång på gång har den sydafrikanske superspionen Craig Williamson (se sid 585), utpekad som hjärnan bakom Palmemordet, nekat till att han besökt Sverige efter 1978. Men *den 10 oktober -96* kunde *Expressen* avslöja att agenten verkligen varit i Stockholm, vilket också bekräftades av chefsåklagare Jan Danielsson. Kort före Palmemordet hade Craig Williamson nämligen observerats i den svenska huvudstaden tillsammans med den norske legosoldaten Ole Christian Olstad.

En annan norrman vid namn Torbjørn Bjerkeseth hade deltagit vid mötet. Han sa sig vara beredd att förhöras om polisen kunde garantera hans säkerhet. Anledningen till att han kontaktat både norsk och svensk polis var att Olstad hade lurat honom på pengar.

Legosoldaten Ole Olstad

Den *9 oktober -96* publicerade norska *Arbeiderbladet* hans berättelse:

-Jag och Olstad åkte till Stockholm med tåg. Det enda jag fick veta var att vi skulle överlämna pengar till en spännande man. Vi var tre personer som träffades på en kinesrestaurang i Stockholm. Den tjocke presenterade sig som Craig och pratade engelska, men han kunde även några fraser på svenska. De pratade om Olof Palme och sa att det vore skönt att se den jäveln död, men nämnde inget direkt om att döda honom. Efter en stund sa Olstad åt mig att försvinna ett tag, vilket jag gjorde.

Carl Gustaf Östling

Olstad överlämnade därefter en resväska med 200 000 kronor. När jag senare såg bilder av Craig Williamson i tidningarna kände jag igen honom direkt. Säpo hade fått samma information om restaurangmötet flera år tidigare. Uppgifterna kom då från en mycket trovärdig källa, helt oberoende av Bjerkeseth.

En intressant detalj värd att notera: en av legosoldaten Ole Christian Olstads svenska vänner var, enligt journalister på den norska tidningen *Klassekampen*, polisen och vapenhandlaren Carl-Gustaf Östling (se sid 424), en av huvudpersonerna i det så kallade Polisspåret (se sid 413).

Carl Gustaf Östling

BAKGRUND

Även Ole Christian Olstad har ett udda förflutet. I början av 1980-talet tjänstgjorde den cirka 190 cm långe Ole Olstad hos major Haddad i södra Libanon. Väl hemma igen gick han ut för att värva norrmän och svenskar som legosoldater via tidningen *Soldier of Fortune*. Detta var olagligt och ledde till en polisutredning, som dock snart lades ner.

Medan han oförtrutet fortsatte verksamheten etablerade han sig som bokförsäljare genom förlaget Paladin Press AS, vars försäljning väckte uppståndelse med titlar som *SS Werwolf, The Death Dealers' Manual* (Dödshandlarnas handbok) och *Dead Clients Don't Pay* (Döda kunder betalar inte).

Han fortsatte därefter och blev organisationen International Voluntary Aid for Freedoms (IVAF) ansikte i Norden. IVAFs syfte var att förmedla kontakter mellan så kallade kunniga och ideologiskt pålitliga personer som skulle kunna användas rent militärt.

Olstads tidningsalster

1985 var Olstad i blåsväder igen då han anklagades för att vara inblandad i ett planerat bombdåd mot ett norskt PLO-kontor. Ett år senare sipprade uppgifter ut om att Ole Olstad tränade inför ett förestående politiskt mord i Skandinavien. Träningslägret skulle finnas på den turkiska delen av Cypern. Efter mordet ska han ha försvunnit på en längre resa till

Filip Lundberg

Florida och Mellanamerika.

Men trots det var han snart ute på marknaden igen med en reklamtidning kallad *Update*. Tidningen handlade om sofistikerade mordvapen och innehöll propaganda för legosoldaters kamp i Nicaragua och Mocambique.

I slutet av 1980-talet satt han sedan med i redaktionen för tidningen *Allians*, utgiven af Folkkampanjen för Nato. Chefredaktör och styrelsemedlem i kampanjen var Filip Lundberg från tidningen *Contra*. Samarbetet mellan Olstad och Lundberg höll i sig och tillsammans med Michel Stranger stiftade de i oktober 1989 Svenska Barnfonden som förlades till Falun. (Michel Stranger arresterades fyra år senare på en haschbåt i Spanien).

I en artikelserie i *DalaDemokraten i december -92* började man syna legosoldaten Ole Olstads ljusskygga verksamhet i sömmarna. Stiftelsen Svenska Barnfonden skulle enligt stadgarna samla in pengar till hjälp åt sjuka barn, men enligt oberoende källor med god insyn hade hundratusentals kronor istället gått till utgivning av den svensk-norska tidningen *Pi Aktuelt & Debat*. Chefredaktör och ansvarig utgivare för denna högerextrema tidskrift var ingen mindre än Barnfondens grundare - Ole Christian Olstad.

Handbok för livvakter

Men varför startar då en yrkesmilitär med högerpolitiska ambitioner en välgörenhetsfond? Förklaringen skulle kunna vara att en stiftelse med välgörenhet som syfte utsätts för minimal insyn, intäkterna kan vara omfattande och omkostnaderna små.

För lönnmördare

Sommaren 1999 dök han plötsligt upp i liknande sammanhang. Den här gången gällde det att samla in pengar under mottot Hjälp Barnen i Kosova. Ledaren för verksamheten var inte oväntat Ole Christian Olstad, som i en intervju för den norska tidningen *Fremtiden* berättade att de insamlade medlen skulle doneras till Kosova Liberation Army (KLA) genom the

Legosoldaten Ole Christian Olstad

Office of the Albanian Community i Oslo. Många unga ställde upp i den humanitära verksamheten och hjälpte till genom att sälja emblem med texten: "Serve, Protect Freedom, Security and Reconstruction and support the KLA."

Enligt vissa uppgifter hittades Ole Christian Olstad senare mördad. Detta har dock inte kunnat bekräftats.

GRUPPEN ALFA

Den 31 maj -95 fortsatte *DalaDemokraten* sin granskning av Olstad och nu lyckades man avslöja en hemlig grupp kallad Alfa som hade ägnat sig åt spionage mot svenska medborgare. Gruppen hade också lejt legosoldater till rena agentuppdrag. Det mest uppseendeväckande var dock gruppens nära samarbete med svenska Säpo, vilket bekräftades av Säpochefen Anders Eriksson i *Dala-Demokraten den 13 juni -95.*

Beteckningen Alfa var i norska underrättelsekretsar ett känt begrepp och nämndes även i dokument om liknande fenomen i Belgien. Alfas verksamhet var i likhet med statsgerillan Stay Behind (se sid 485) att motverka sovjetiskt spionage och en eventuell invasion.

*DalaDemokraten*s Gubb Jan Stigson lyckades få intervjua en högt uppsatt polis med mångårig erfarenhet från FN-tjänst med underrättelseuppdrag. När denne fick frågan om Alfa svarade han:

-Alfa? Var det inte det som utrikesminister Sten Andersson (se sid 319) och Curt Steffan Giesecke (se sid 494) sysslade med. Som hade kontor uppe på rikspolisstyrelsen...(!)

Enligt *DalaDemokraten* var det polismannen pratade om tveklöst Stay Behind. Lägg också märke till att just Curt Steffan Giesecke är tidigare chef för organisationen.

Polisen namngav till och med mannen som använde kontoret på Rikspolisstyrelsen, överstelöjtnant Bertil Gålne. Gålne var den då sist kände kanslichefen för Stay Behind, pensionerad 1988. När tidningen *DalaDemokraten* tog kontakt med honom ville han dock inte göra några som helst kommentarer.

Anders Eriksson

Sten Andersson

Curt S. Giesecke

ÖB Stig Synnergren

470

-Jag har tidigare stött på namnet Alfa, bekräftade förre överbefälhavaren Stig Synnergren. Som jag minns rörde det sig om en självständig organisation som samarbetade med Stay Behind i Norge.

-Där ska det också ha funnits en grupp kallad Alfa alternativt Den Fjerde Tieneste. De fanns överallt, eldsjälar som inte var riktigt nöjda med Stay Behind som det såg ut.

***

*-Vi är intresserade av alla tips och arbetar
utan förutfattade meningar med en rad
tänkbara motiv. Det enda spår som jag
vägrar att befatta mig med är Polisspåret*

Spaningsledare Hans Ölvebro

SVENSK INBLANDNING?

Även svenskar har anklagats för att vara inblandade i mordet på statsministern. Amnesty Internationals ordförande Jesus Alcàla är en av få som har fått insyn i hela Palmeutredningen och i *Dagens Nyheter den 4 mars -96* tog han upp en del outredda frågor kring tips om utpekade svenska militärer och poliser. Vi ska nu närmare granska några av dem.

Jesus Alcàla

BROR PERÄ

Kriminalinspektör Bror Perä, polis sedan 16 år och anställd vid det ökända Norrmalmsdistriktet (se sid 417), var känd för sitt vapenintresse och hade bland annat licens på en Smith & Wesson .38 Special. Men revolvern var inlåst i krimjourens vapenskåp på Kungsholmen. Kriminalinspektören hade nämligen en dag åkt för att övningsskjuta, men ångrat sig och istället gått på krogen.

Vad som sedan hände är okänt. På natten påträffades hans bil emellertid stående på tvären framför ett övergångsställe på Regeringsgatan 66 (se sid 357?). Bilen var i oordning med en trasig ruta och tändkablarna hängande lösa under instrumentbrädan. Kvarglömd i baksätet låg Peräs grovkalibriga revolver, laddad med fem skott.

Kriminalinspektören fick tillbaka bilen, men revolvern hämtade han inte ut.

BAKGRUND

Veckan efter mordet började tips om Bror Perä strömma in till Palmegruppen, mestadels från hans kollegor. Bland annat stämde han ganska bra in på Fantombilden och uppgavs frekventera restaurang Karelia där vittnen sett en bil plocka upp en eventuell gärningsman (se sid 100). Han var dessutom finsktalande (se Dekorimamannen sid

472) och utpekad som en av deltagarna vid det så kallade Södermötet (se sid 477). Han hade också många artiklar rörande politiska våldsdåd uppsatta på väggen i sitt tjänsterum tillsammans med telefonnummer till både Rosenbad och USAs ambassad.

Det fanns ytterligare udda omständigheter kring denne kriminalinspektör som vid tiden för Palmemordet tjänstgjorde på fordonsroteln, men som sedan den 7 januari 1986 varit sjukskriven (det vill säga dagen efter incidenten med bilen).

Det hela började endast få dagar efter dramat på Sveavägen med att Perä och hans vän journalisten Lars Lundberg

Lars Lundberg

bestämde sig för att göra en resa. Enligt Lundberg mådde Perä psykiskt dåligt och behövde komma iväg lite, varför man bestämde sig för att ta Lasse Lundbergs Mercedes till Köpenhamn. Utanför Norrköping fick de emellertid problem.

-Den 5 mars 1986 fick vi larm om en bil som körde med släckta strålkastare på motorvägen, mindes kriminalinspektör Lars Samuelsson.

Snart stoppades männen och vid en grundlig genomsökning av bilen fann polisen tidningar och klipp om Palmemordet, telefonnummer till terroristorganisationer och den undre världen samt en dagbok med anteckningar om Röda Brigaderna. Perä vägrade trots uppmaning att legitimera sig, vilket resulterade i att både han och Lundberg fördes till polisstationen. De släpptes dock snart trots att de lämnat motstridiga uppgifter om sina förehavanden. Perä hade bland annat påstått att de var på hemligt Säpouppdrag. Efteråt började polisen emellertid tycka att Bror Perä liknade den så kallade Fantombilden (se sid 175) och gick därför ut med ett nytt larm.

Under tiden hade duon kört vidare till Danmark och väl framme i Köpenhamn besökte de ett dansställe. Men Lundberg tröttnade och gav sig iväg till hotellet, där han senare väcktes av att Perä berusad satt på sängkanten och mumlade.

-Det var en kuslig monolog om Palme och om skuldkänslor, berättade Lars Lundberg i TV3s program *Polisspåret*. "Palme hade varit en så fin människa" och "Gud, vad har vi alternativt de gjort". Så där satt han och mässade i minst en timme.

Kl 12.40 nästa dag meddelade Malmöpolisen att en misstänkt personbil observerats på färjan mellan Köpenhamn och Malmö. Spaningsledningen gav då order om att männen i fordonet skulle hämtas in till förhör och strax därefter lyfte ett plan från Arlanda med Säpofolk och ett vittne.

Vittnet var en sjuksköterska som arbetade på Stortorps konvalecenthem där den nyligen avlidna Alva Myrdal hade varit hennes patient. I slutet av januari 1986 hade hon kallats till hemmets expedition där två okända utlänningar utfrågat henne om Olof Palme planerat att besöka Myrdal. Sjuksköterskan hade inte lämnat ut några uppgifter,

men en av dessa män hade varit lik
Fantombilden och nu ville utred-
ningen få klarhet i om det eventuellt
kunde röra sig om den gripna krimi-
nalinspektören.

Bror Perä och Lars Lundberg
utsattes därför för flera långa förhör,
varefter Perä ställdes upp i en kon-
frontation. Samtidigt genomfördes
en husrannsakan i hans bostad i
Stockholm. Vid förhören fick män-
nen i detalj redovisa vad de gjort
timmarna kring mordet på Palme.

Bilen höll på att köra igenom isen

-Jag var i Skåne, påstod Lundberg.

Andra källor hävdade att han befunnit sig i Göteborg. Tre timmar före mordet sägs
han ha suttit på en liten bar på Landsvägsgatan och till en göteborgare ska han enligt
radioprogrammet *Kanalen* den 28 februari 1990 ha sagt att han uppmanats att hålla
sig borta från Stockholm denna helg, eftersom något stort skulle hända som skulle få
världshistoriska konsekvenser, något som skulle spränga världen. Bror Perä å sin sida
sa att han varit och dansat på en restaurang i Norrtälje och att han hade sex ungdomar
som alibi.

Efter avslutade förhör och en resultatlös konfrontation kunde duon till sist trötta
bege sig hemåt.

-Vi höll oss hela tiden på diverse småvägar av rädsla för polisen, mindes Lund-
berg i TV3. Och när vi så befann oss någonstans i Småland fick Perä plötsligt för sig
att Säpo var efter oss, varefter han snabbt svängde in på en liten kostig. Efter någon
minut slutade stigen och vi råkade istället kana ut på ett litet skogstjärn. Tack och lov
höll isen och vi kunde köra upp på land igen. Bror stängde nu av motorn och släckte
strålkastarna. Sedan stod vi säkert där i en och en halv timme medan Perä drack en
flaska rom. Jag började misstänka att jag faktiskt befann mig i samma bil som Palmes
mördare. Det kändes som om jag skulle bli tokig!

När kriminalinspektören hade lugnat ner sig fortsatte man via grusvägar vidare
till Stockholm. Bror Perä hade bråttom hem eftersom han behövde göra sig av med ett
vapen som han hade i bostaden.

-Vapnet var isärplockat och spritt över hela huset, berättade Lars Lundberg. Bland
annat låg det inlindade slutstycket i frysboxen.

Varför utredarnas blickar så snabbt fallit på de två männen är inte känt, men tyd-
ligen var de inte helt obekanta för säkerhetspolisen. Rykten pekade också ut Perä och
Lundberg som medlemmar i den rasistiska organisationen Bevara Sverige Svenskt

(BSS).

-Det dementerar jag bestämt, sa Lundberg till *Aftonbladet*. Och jag vet att min vän är Palmebeundrare. Det är en fin kille och han är helt oskyldig.

I TV3s *Vem mördade Olof Palme - Polisspåret* gav Lars Lundberg några år senare en annan version.

-Perä var starkt kritisk mot Palme och mot vissa politiska förändringar. Han var mycket hård och använde tuffa uttryck i stil med att alla metoder var tillåtna.

Duon uppmärksammades i pressen

Lundberg berättade nu att han var övertygad om att Perä hade haft med mordet att göra. Han hade också anmält det inträffade ett flertal gånger till polisen, men hade trots det aldrig blivit hörd. Säpos PG Näss hade nämligen redan i april 1986 beslutat att Bror Peräs göranden inte skulle utredas då han ansågs ha alibi. Peräs egen revolver provsköts dock ett år senare, men enligt SKL talade inget för att den hade använts vid mordet.

Lundberg å sin sida var ansvarig utgivare för en liten tidskrift kallad *Kulturnytt*. Samma dag som Palme blev skjuten utkom ett nummer innehållande en satir:

"Socialdemokraterna har infört en ny ordning och partiledningen bär svart uniform med initialerna SAP i silver". Ledaren Lella Olle har utropat sig till rikskansler och i en passus rycker denne upp dörren till Petter, chefen för partipolisen:

-Va fan menar du, Lella Olle, med att rycka upp dörren och komma inrusande på mitt rum. Du kan bli ihjälskjuten, begriper du inte det?

-Men det är ju jag. Jag är ju rikskansler nu. På mig kan väl ingen skjuta?

-Vi har diktatur nu, Lella Olle. Och på din order. Glöm inte det."

Var det bara en tillfällighet att tidningen hade släppts samma dag som statsministermordet? Lasse Lundberg kände sig pressad:

-Lösryckt ur sitt sammanhang kan detta låta mycket illa, men i själva verket är jag mot fascism och ville med denna berättelse varna för vad som kan hända om militanta makter får ta över.

Enligt Granskningskommissionen begick kriminalinspektör Bror Perä av okänd anledning självmord den 13 oktober 1993. Han ska då ha gått in till en granne i Norrland och skjutit huvudet av sig med ett hagelgevär.

KRIMINALINSPEKTÖR G

En av kriminalinspektör Bror Peräs vänner var också polis. Om denne polis och främlingslegionär kallad G finns många tips. De första kom in redan den 6 mars 1986. En polisinspektör kontaktade då Palmeutredarna och gjorde gällande att nämnde kriminalinspektör var mycket lik den så kallade Fantombilden och att en officer vid ett regemente där G tidigare tjänstgjort var övertygad om att denne var den eftersökte gärningsmannen. Uttalandet grundade sig på Gs attityd och skicklighet med vapen. Detsamma hävdade två andra uppgiftslämnare i april samma år. En av dem kände polisen från den tid då de tjänat tillsammans i ett jägarförband och menade att den forne kamraten var våldsromantiker samt att Palmemördarens förfaringssätt var en militär handling av det slag just fjälljägare lär sig.

Den utpekade kriminalinspektören G blev förhörd av Säpo en vecka efter mordet. Dagen därpå hämtades han på Polishögskolan, där han var på utbildning, varvid hans klädskåp och vapenskåp genomsöktes utan att åklagare kopplades in, vilket senare JO-anmäldes (Ärende 609-1987). Den 10 mars återvände kriminalinspektör Jan Sundström från Säpo till polishögskolan. G blev kroppsvisiterad och tvingades följa med till Norrmalmsstationen, där hans tjänstevapen omhändertogs. Därefter omplacerades han från yttre till inre tjänst och den 12 juni 1986 beslutade Säpos PG Näss att avföra honom från utredningen: "Ärendet föranleder ingen vidare åtgärd".

Men historien slutar inte här. Två år senare bröt en läkare mot sin tystnadsplikt och berättade att hans patient G hade haft med mordet på Olof Palme att göra. G hade blivit psykiskt knäckt av Säpo och hade enligt läkaren vid tre tillfällen 1988 vårdats på en narkomanvårdsavdelning. Detta var mycket oroväckande då denne alltid var beväpnad med minst två knivar och en pistol. Polismannen hade vidare betett sig avvikande, flera gånger kommit med märkliga uttalanden och för det mesta sovit med sitt tjänstevapen under kudden.

-Att skjuta någon på en meters avstånd är som att använda knark. Man vill göra om det, sa han en gång till läkaren.

Palmeutredarna valde dock att ignorerar uppgifterna. Det gjorde de också 1992 då den bekymrade läkaren på nytt hörde av sig och undrade vad hans anmälan hade lett till. Två år senare inkom ytterligare samtal från sjukvården, denna gång från en psykolog som arbetade vid samma sjukhus. Även denne uppgiftslämnare ansåg att G hade en personlighetsprofil som trolig gärningsman.

LÖJTNANT X

Under november 1987 inkom tips om en viss Löjtnant X. Enligt uppgift från en hög polisman i Stockholm genomförde denne löjtnant en vapendemonstration inför en grupp högerextremister i en lägenhet på Söder någon kväll före mordet (se sid 477). Jägar-Nisse som han kallades, hade trettio år i grönkläder varav tio år som befäl på fallskärmsjägarskolan i Karlsborg. Han var vapenexpert, specialist på antisabotageverksamhet med inriktning på öststatsarméerna och arbetade senare som bevakningschef på flygflottiljen F7 i Såtenäs.

Förhör med uppgiftslämnaren hölls sommaren 1988, varvid det framgick att löjtnant X, det vill säga löjtnant Lars Nilsson från Skövde, anlitades för utbildning där han bland annat förevisade vapen. Palmeutredarna fann tipset intressant och vände sig till ÖBs säkerhetstjänst.

Lars Nilsson var känd för sin skicklighet och gruppen han ingick i hade flera gånger utmärkt sig genom att ta sig in i hårt bevakade anläggningar. Löjtnant Nilsson hade till exempel vid en övning i samarbete med Rikspolisstyrelsen lyckats lura sig in hos ingen mindre än Överbefälhavaren. Med vid övningen för polisens del var vapenhandlaren Carl Gustaf Östling (se sid 424) och Norrmalmspolisen P-O Karlsson (se sid 429), båda intressanta i Palmefallet och inblandade i Ebbe Carlsson-skandalen. Genom att låna en polisbil, polisoveraller och polislegitimation hade kuppen lyckats. Kompanjonerna Östling och Karlsson hade under hela operationen gömt sig utanför ÖBs högkvarter och stått i konstant radiokontakt med walkietalkies.

Nilssons hustru har vid förhör uppgivit att hennes man sovit hemma på mordnatten, men enligt Granskningskommissionens betänkande 1999 gick det inte att via efterforskningar fastställa exakt var han befunnit sig vid tiden för mordet. Klart är däremot att löjtnant Lars Nilsson enligt egen uppgift deltagit i en övning på Gotland, som påbörjats den 24 februari och avslutats på morddagen vid lunchtid. En tillfällighet sägs därefter ha fört honom till Stockholm samma dag, men bara för genomresa på Arlanda.

Den 17 november 1988 var det dags att förhöra Lars Nilsson, som tyckt sig märka att han betraktades som en säkerhetsrisk.

-Allt började med att jag upptäckte att jag var skuggad, berättade Nilsson i *Expressen den 26 februari -95*. Det hade pågått i över ett år visade det sig. Mina befäl slingrade sig när jag försökte få klarhet i vad som pågick och flera kollegor frågade om jag hade gjort något jävligt allvarligt.

Löjtnant Nilsson började samtidigt misstänka att hans bostadstelefon var avlyssnad.

-Mina privata telefonräkningar steg utan anledning från cirka 900 kronor till nära 3000 kronor per kvartal. Så en dag observerade jag en skum Volvo 740 som kom smygande utanför husknuten. Jag tog registreringssumret och ringde Skövdepolisen. Det visade sig då att vara Säpo.

Två dagar senare ringde Palmegruppen, varefter två mordspanare dök upp på Nilssons arbetsplats.

-Det var helt ofattbart. Jag var misstänkt för delaktighet i mordet på vår statsminister!

Efter fem timmars förhör avskrevs han dock från ut-

Löjtnant Lars Nilsson

478

redningen. Men det här var början på en mardröm som slutade med att han tvingades sjukskriva sig för magsår.

-Det var jävligt tungt att vara misstänkt, förklarade Nilsson bittert. Man märkte hela tiden misstänksamheten omkring en, ingen rök utan eld och så vidare. Den efterfrågan som fanns på skyddsövningar jag höll i skulle kunna ha lett till en bättre grad och befattning för mig. Men nu är jag bränd i alla avseenden.

-Var det ett misstag att granska Nilsson så ingående, frågade *Expressens* reporter *den 26 februari -95*. Han känner sig oskyldigt utpekad.

-Det är det många som gör, svarade kriminalkommissarie Åke Röst, sekretessansvarig inom Palmegruppen. Det är 70 000 namn som är dokumenterade i det här fallet, men utredningen måste fortgå och i slutändan får vi se vad det blir av det.

STEFAN SVENSSON

Stefan Svensson, Norrmalmspolis och medlem i den våldsamma Baseballigan (se sid 416), är en annan person som utpekats i samband med Palmemordet. Han anställdes som polis 1979, var uttalat fascist och en av de poliser som besökt och lovordat regimen i Sydafrika (se sid 479).

Svensson blev redan i mars 1986 utpekad som den man som skuggat statsministern. Tipsaren kände Stefan Svensson som Palmehatare och uppgav att han innehade en Smith & Wesson .357 Magnum. Andra källor gjorde gällande att Svensson hade haft inre samordnande tjänst under mordnatten, men polisen konstaterade snabbt att han den 28 februari deltagit i en frivillig fallskärmsjägarövning utanför Överkalix i Norrland.

Hans vapen provsköts av Palmeutredarna och den 13 augusti 1986, utan att förhöra tipsaren eller vänta på resultatet av provskjutningen, beslöt Säpos PG Näss att han skulle avföras från utredningen: "Verkställd utredning har visat att Stefan Svensson vid tiden för iakttagelser av Skuggan fullgjort tjänstgöring vid K4 i Arvidsjaur."

Två år senare kom PG Näss på andra tankar och ville att tipsaren skulle förhöras, vilket också skedde den 15 april 1988. Tipsaren, en polisman, berättade då att Stefan Svensson en gång bjudit honom på fest. Närvarande var många poliser som sjöng nazistiska sånger och gjorde Hitlerhälsning, tonen var oerhört rå och alla var Palmehatare.

PG Näss avskrev dock ärendet på nytt. Men den 23 september samma år fick riksåklagaren ett tips om en man som skulle ha uttalat sig på ett uppseendeväckande sätt vid en repövning i just Arvidsjaur den 28 februari 1986:

-Den här helgen kommer det att hända något som kommer att stå i historieböckerna.

Tipset samlade damm fram till den 23 oktober 1990 då uppgiftslämnaren äntligen förhördes. Polisen gjorde vissa ef-

Stefan Svensson

terforskningar, men ärendet avskrevs.

Stefan Svensson hade gjort sig bemärkt vid andra tillfällen. I oktober 1983 hade han tillsammans med fem kollegor deltagit i den så kallade Skeppsholmenincidenten, där en man enligt egen utsago misshandlades, pistolhotades och kastades ut från en polispiket. Med vid detta tillfälle var även Norrmalmskollegan Thomas Piltz (se sid 417). Alla sex polismän avstängdes efter incidenten.

En annan gång stötte Svensson på en regissör på Café Opera.

-Jag har världens grej på gång, förklarade Svensson. För ett par miljoner kan jag berätta. Du ska veta att det inte dröjer länge förrän vi har slängt det här socialistiska samhället på sophögen.

För att ge eftertryck åt sina ord visade han upp ett märke på baksidan av kavajslaget - en svensk flagga med ett hakkors.

Stefan Svensson är också identisk med den polis som efter ett rasbråk den 8 november 1986 lyckats kvittera ut en gripen ledare för ett stort gäng skinheads misstänkta för misshandel av en grupp invandrare. Denne, en svensk-amerikan vid namn Karl Lundström, var miljonär och son till förre ägaren av Wasa Bröd i Filipstad. Det märkliga frisläppandet av Karl Lundström ledde senare till att Stefan Svensson rapporterades till klagomålsavdelningen. Åklagaren beslutade dock lägga ner förundersökningen "enär brott ej förelåg".

Wasa Brödsonen dök med jämna mellanrum upp i Sverige och sågs då ofta underblåsa rasbråk med skinheads inblandade. Lundström bodde då ofta hos en läkare på Birger Jarlsgatan nära den plats där de märkliga iakttagelserna på buss 43 hade gjorts (se sid 85). Han hade även anknytning till BSS, Framstegspartiet och Sverige Demokraterna och hade gjort Palmehatet till sin livsuppgift. Enligt *Proletären nr 6 -92* var han utsänd av National Front i London för att understödja de svenska högerextremisternas kamp. Senare förhördes två kvinnor som berättade att såväl Lundström som Stefan Svensson ingick i ett hårdfört gäng som uppträdde beväpnade och regelbundet träffades på en Östermalmrestaurang, livligt frekventerad av Palmefientliga militärer. Svensson hade i samband med det vädrat en enligt henne grotesk inställning till mordet på Palme:

-Nu har fanskapet fått vad han behövde.

DEKORIMAMANNEN

Två unga finländskor hade varit på sen kvällsbio precis som paret Palme - men på en annan bio, någon kilometer bort på Kungsgatan. De båda filmföreställningarna slutade ungefär samtidigt. Klockan var 23.18 och väninnorna tänkte ta pendeltåget hem, men ville först titta lite i skyltfönster längs Sveavägen. När kvinnorna kom till korsningen Sveavägen - Tunnelgatan frågade Katja vad klockan var, men Pirjo hade glömt sin hemma. Katja vände sig då till en man som stod med korslagda armar utanför konstaffären Dekorima. Det var en helt vanlig kille på 25-30 år, 180-185 cm lång, med brunt

kortklippt hår och mörk halvlång skinnjacka. Just som hon skulle fråga upptäckte hon att hon kände igen honom som en landsman och tilltalade honom därför på finska:
-Mitä kello on? Vad är klockan?
Men i stället för att svara stirrade mannen häpet på henne. Hon grep då tag i hans skinnjacka och upprepade:
-Kuinka paljon kello on? Varför kan du inte säga vad klockan är?
Mannen såg helt paff ut och höll fortfarande tyst. Just då sa det "pling" från något metalliskt blänkande som han hållit instucken under ena armhålan och en röst sa på finska:
-Nu kommer de!
Mannen svarade:
-Minut tunnestetin! Jag är igenkänd. Vad ska jag göra?
Åter kom det på finska ur walkietalkien:
-Skit i det och gör vad du ska!
Pirjo fann situationen obehaglig och drog väninnan i armen, varpå de båda vände upp mot Kungsgatan igen. På vägen berättade Katja att hon hade sett att mannen hållit en pistol gömd i den andra armhålan!
Nästa morgon fick Katja se tidningen som berättade att Olof Palme blivit mördad.
-Det måste vara han, skrek hon uppskrämt. Det måste ha varit mördaren vi såg!
Något år tidigare hade Katja sett mannen på Väsby Atletklubb, ett gym i Upplands Väsby. Han brukade vara stökig, tränade aldrig själv utan kom bara in, diskuterade i rå ton på finska med några kroppsbyggare och försvann därefter alltid efter en stund. Katja talade vid något tillfälle helt kort med honom och kom ihåg att han oftast var där som så kallad säkerhetsrådgivare samt att han hade två små barn, en blå Volvo och var bosatt i Upplands Bro. Katja hade glömt vad han hette, men var säker på att han hade ett kort både för- och efternamn. Nu fruktade Katja för sitt liv, eftersom mannen kunde ha känt igen henne. Väninnorna svor därför att hålla tyst för all framtid. Inte ens den utfästa belöningen lockade dem.
I knappt sju år höll löftet. Sedan råkade Pirjo prata bredvid mun och uppgiften nådde *DN*-journalisten Olle Alsén, som den 24 november 1992 förde den vidare till Palmeutredarna. Men istället för att gripa den utpekade polismannen "Pertti" bestod spaningsledningens första åtgärd av ett tillslag mot Katjas bostad! De två väninnorna förhördes därefter sammanlagt åtta gånger. Samtliga förhör hemligstämplades av Ölvebro.
Det finns andra vittnen som styrker Katjas och Pirjos iakttagelser. Inte bara Inge Morelius i bilen tvärs över gatan (se sid 72), även ett par som promenerat förbi platsen en minut

Polismannen "Pertti"

481

före mordet hade observerat hur Katja och Pirjo stod tillsammans med en man framför Dekorima. Men detta var Hans Ölvebro inte intresserad av.

-Kvinnorna ljuger inte medvetet, sa spaningsledaren. Däremot kan de under de sju år de inte sa något omedvetet ha förändrat informationen. När de äntligen berättar överensstämmer det inte med vad som hände den 28 februari. Jag är övertygad om att flickorna har varit i city den dagen, att de har haft en upplevelse de lagt på minnet, men att de sedan placerat den fel och berättar på ett sätt som inte överensstämmer med verkligheten. Men de kan ha sett någon som var ute i annat brottsligt ärende än att skjuta statsminister. Det finns nämligen uppgifter i utredningen som tyder på att ett brott planerades just den kvällen (?).

Medan andra mindre viktiga vittnen har fått se hundratals fotografier har Katja och Pirjo sammanlagt fått se tio. Något fotografi av Pertti fanns inte med bland dessa. Palmeutredarnas oförmåga att identifiera honom har hela tiden varit uppseendeväckande. De sades ha identifierat honom i juni 1993, men påstods senare fortfarande leta efter honom i augusti året därpå. Palmespanarna förhörde alla anställda och besökare vid gymmet. Bara en person undvek de att fråga: Pertti. Spaningsledaren Ölvebro påstod därefter i svensk TV att han aldrig hört talas om en polis vid gymmet. Ändå hade flera stamkunder vid gymmet berättat just om polismannen Pertti. En av dessa stoppades i början av september 1994 på en mörk cykelväg av tre välklädda män som hotade honom med en pistol mot huvudet.

Vem är då Pertti? Han bodde vid denna tid i Upplands Väsby och var känd som tuff polis med intensivt samröre med knarklangare, i och utanför tjänsten. Mannen förhördes inte förrän den 16 juni 1993 och fick då alibi av hustrun. Den 27 april 1994 kunde Lars Borgnäs i *Striptease* hävda att Dekorimamannen vid denna tid tjänstgjorde vid Rikskriminalen. Pertti och Hans Ölvebro arbetade i samma hus!

I TV3s *Polisspåret* framträdde polismannen anonymt. Hade han varit vid Dekorima?

-Oh nej, svarade han. Jag var först hos min mor och sedan hos min far. De bor i kommunen där jag arbetar.

-Så du har alibi för mordnatten?

-Oh ja.

Han hade heller inte börjat träna i Upplands Väsby förrän i mars 1986 eftersom han då bodde på annan ort. Vidare hade han tagit väldigt illa vid sig av anklagelserna och ställde sig gärna till förfogande för en eventuell konfrontation med finskorna. Av någon underlig anledning motsatte sig dock spaningsledaren Hans Ölvebro detta mycket bestämt. Som skäl angavs att man inte drev utredningen för att privatpersoner skulle få sina frågetecken uträtade.

-Nej, sa Hans Ölvebro, det går inte att konfrontera om det är ett negativt resultat som förväntas (?).

Senare anmäldes samme Ölvebro för slapphet i mordförhören. Chefsåklagare Birgitta Croniér lade dock ner fallet samma år.

Journalisten Sven Anér (se sid 526) skrev då till Rikskriminalen och bad att få kopior av förhören med Perttis mor och far. Men Palmeenheten meddelade att några sådana förhör inte arrangerats.

En annan man som pekats ut som Dekorimamannen är polismannen Anti Avsan. Han är född i Sverige av föräldrar som härstammar från Estland, talar inte finska men kunde via estniskan göra sig förstådd av finnländare. I Granskningskommissionens betänkande 1999 togs hans fall upp då Avsan tidigare hade en chefsbefattning inom polisen. Vid tiden för mordet sägs han dock ha tjänstgjort i en piketgrupp och uppgifter från hans hustru ger honom alibi för mordkvällen.

Knappt ett och ett halvt år efter mordet fick Riksåklagaren ett anonymt tips med signaturen "PHT 652". I brevet påpekades hur Anti Avsan tidigare skulle ha klagat över dålig ekonomi, men att han numera hade råd med vad som helst. Kort därefter inkom ytterligare ett brev, som den här gången pekade ut Avsan som mördaren. I november 1987 avskrev Säpos PG Näss fallet med en tjänsteanteckning: "Ärendet föredraget för åklagare varvid på mitt förslag beslutats att inga åtgärder för närvarande skall vidtagas, då uppgifterna om polisman Avsan ej innehåller någon substans. Ytterligare kontakter avvaktas."

I juni 1988 dök det emellertid upp ett nytt brev med samma signatur. Nu hette det att Avsan hade snokat runt i Regeringskansliet före mordet och berättat att han höll på med en deckare om hur statsministern skulle mördas. Han hade arbetat med Försvarets beredskapsplanering och i det sammanhanget fått skissera ett scenario som innefattade att statsministern skulle likvideras (se sid 503). Han hade även vid åtminstone ett tillfälle hållit föredrag rörande "kommunens planering för ett krigsfall om kriget kommer till söderort." Innan denna uppgift var slutförd inträffade mordet på riktigt, vilket hade fyllt Anti Avsan med olustkänslor. Ytterst få hade känt till dessa förhållanden och materialet förstördes. Han var även affärskompanjon i vapen- och säkerhetsbranschen med Baseballpolisen Per Jörlin, en före detta kollega från VD 1 som senare agerade livvakt åt spaningsledaren Hans Holmér.

Anti Avsan är numera moderat politiker. Per Jörlin dömdes senare till 5 års fängelse för mord på sin sambo Haydee Sandström.

Haydee Sandström

KOMMISSARIEBIL 1520

Precis som många andra centralt placerade poliser denna kväll tillhörde Norrmalmspolisen Thomas Ekesäter den illa beryktade och våldsbenägna Baseballigan (se sid 416).

På morddagen den 28 februari 1986 gick Thomas Ekesäter på sitt ordinarie tjänstgöringspass kl 07.00. När det var avklarat begärde han av okänd anledning att få fortsätta, vilket ledde till 21 timmars sammanhängande tjänst. Han slutade alltså först kl 03.35 den 1 mars efter att ha fungerat som chaufför åt kommissarie Christian Dalsgaard. Dalsgaard, som tillhörde Södermalmspolisen, var det näst högsta yttre befälet i city och hans tillfälliga placering vid Norrmalmsdistriktet denna kväll var enligt honom själv ett naturligt led i hans kommissarieutbildning. Han kände inte Thomas Ekesäter sedan tidigare och valet av chaufför bestämdes först dagen innan av planerande polisinspektör. Den här natten kom han

Christian Dalsgaard

att göra sig skyldig till många, grava underlåtenheter mot normal tjänsteutövning och tjänstereglemente.

Två minuter efter mordet körde deras radiobil 1520 långsamt och utan blåljus förbi vittnet Lars Jeppsson som jagade mördaren och befann sig på David Bagares gata (se sid 92). Lars Jeppsson fick ögonkontakt med poliserna som trots det inte stannade. Kort därefter gav Jeppsson upp förföljandet, började gå tillbaka mot brottsplatsen och stötte då åter på radiobil 1520. Den här gången hejdade han bilen och frågade om även de förföljde mördaren, vilket polismännen bekräftade. Om man utgår från den officiella larmtiden var bilen på plats på endast tio sekunder - och 5 minuter och 50 sekunder före det officiella larmet!

Enligt Dalsgaard och Ekesäter hade de befunnit sig i Kungsträdgården, på tvärgatan ner mot Café Opera, då områdeslarmet gick ut över polisradion. Anledningen till att de varit där var för att övervaka ett rampbygge som utfördes av Huddinge Motorklubb. Ingen i motorklubben har dock sett polisduon efter kl 18.00.

-Vi dröjde någon minut, sedan stack vi, förklarade Dalsgaard inför Juristkommissionen.

Men varför for Ekesäter och Dalsgaard mot mordplatsen längs en väg där en trappa hindrade dem från att nå ända fram till brottsplatsen? Och om de verkligen jagade en mördare, varför hejdade de då inte Lars Jeppsson? Han var ju den enda människan på gatan. Han kom dessutom springande från brottsplatsen och var därmed synnerligen misstänkt. Varför rapporterade de inte till Sambandscentralen och varför lät de inte Lars uppgift om mördarens flyktväg gå vidare (se sid 92)? Och framför allt: Hur kunde de redan känna till skotten?

Dalsgaard medverkade i TV3s *Polisspåret* där han bland

Thomas Ekesäter

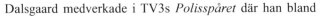

annat sa sig vara politiskt ointresserad. Han hade tagit antydningarna om inblandning i mordet mycket hårt och var bekymrad över att han och hans familj hade blivit trakasserade av telefonsamtal.

-Det är oerhört svårt att svara på dessa horribla anklagelser. Ingenting är oss mer varmt om hjärtat än att få fast mördaren.

I Granskningskommissionens betänkande 1999 var man noga med att konstatera att 1520s vägval inte hade varit felaktigt. Ett kvarter söder om Tunnelgatan ligger Apelbergsgatan, via vilken det går att köra ner till Sveavägen. Kommissariebilen körde alltså inte in i en återvändsgränd. För att i efterhand söka förklara radiobil 1520s egendomliga uppträdande justerade spaningsledningen också helt enkelt larmet med sex minuter (se sid 186)!

SÖDERMÖTET

Lars Ekström, förste ambassadsekreterare på svenska ambassaden i Bryssel, kontaktade spaningsledningen och berättade att han dagen efter mordet fått kontakt med en informatör som i november 1985 hade sammanträffat med en viss Jean-Claude, en fransktalande före detta legosoldat som hade samröre med terroristorganisationerna Action Directe och RAF i Västtyskland och bland annat hade lett några attentat mot diverse varuhus (se sid 488?). Denne gick alltid beväpnad med en .357 Magnum, hans verksamhet var till stor del finansierad genom handel med sydafrikanska diamanter (se sid 429?) och han bodde i Belgien och Brasilien. Tjallaren uppgav att Jean-Claude vid tiden för mordet befunnit sig i Sverige med uppgift att döda en europeisk statsman. Enligt spaningsledaren Hans Holmérs bok *Olof Palme är skjuten* var han 40-45 år, 170-175 cm lång, kraftigt byggd, blind på ett öga, med ölmage och yvigt helskägg. Efterforskningar ledde fram till att mannen möjligen hette Davril i efternamn.

Denna beskrivning var dock enligt journalisten Olle Alsén helt felaktig. Den belgiske legosoldaten Jean-Claude / Jean-Luis Michel Davril / Dallart / Louis Bernard var istället ganska spenslig, lång, smärt och cirka 30-35 år. Louis Bernard bodde på Katarina Bangatan i Stockholm, där han varit mantalsskriven sedan 1978, samma år som han bytt namn och blivit svensk medborgare. Här fanns han fortfarande inskriven vid Försäkringskassan 1991.

Den utpekade mannen påstods ha väntat med två svenskar i hörnet av Adolf Fredriks Kyrkogata - Sveavägen för att likvidera statsministern (se sid 29). Av okänd anledning hade detta misslyckats, varvid de tre männen försvunnit från platsen i en vit eller grå Renault som stått parkerad bakom Adolf Fredriks kyrka (se sid 55). Budet hade nu gått vidare per walkietalkie till en svensk reserv kallad Jerry som tagit plats vid Dekorima samtidigt som resten av de inblandade försvunnit in på Luntmakargatan och Tunnelgatan.

Efter dådet samlades gruppen i en lägenhet på David Bagares gata för att tvätta bort smink, ta av peruker och byta kläder. Nästa dag sökte Louis Bernard upp de sammansvurna som bestod av en svensk-utländsk grupp (se sid 667). Han begärde sin utlovade miljon i dollar, men nobbades varvid bråk uppstod. Eftersom man befarade att "fransmannen" skulle tjalla blev han enligt tipsaren troligtvis styckmördad. Hans bil, en röd Volkswagen Golf, brändes därefter upp så att alla spår utplånades. Golfen skulle Louis Bernard ha köpt en månad före mordet.

Palmeutredarna avfärdade dock det hela och sa att informatören bara hittat på historien för att få hjälp att leta upp sin påstådde kompis - Louis Bernard. En utbränd Golf påträffades emellertid strax efter mordet i förorten Älta sydost om Stockholm. Chassinumret var bortslipat, men försäkringsbolagets experter lyckades få fram det via röntgen. Bilen identifierades då som ett fordon som stulits den 1 februari, en månad före mordet precis som tipsaren påstått. En röd Golf uppmärksammades för övrigt i samband med Olof Palmes framträdanden i Jämtland veckan före mordet. VW Golf var enligt Olle Alsén en favorit bland Stay Behinds terrorgrupper (se sid 488). Fördelen med modellen var att man kunde köra med öppen baklucka och enkelt skjuta på eventuella förföljare. Efter dåden övergavs fordonen med motornumret bortslipat och sattes i brand.

Louis Bernard ägde emellertid inte bara en röd Golf. Enligt bilregistret stod han också som ägare till en vit Mercedes -72. Lägg märke till att både en röd Golf och en vit Mercedes uppmärksammades i samband med mordet (se sid 94).

Dagens Nyheters journalist Olle Alsén hade innan dess blivit uppringd av en polischef vid namn Rönnegård som berättade att en annan hög polischef (enligt Granskningskommissionen polisintendent Curt Nilsson) tidigt vänt sig till utredarna och berättat om ett hemligt polisiärt möte i en lägenhet på Söder kvällen före mordet. Det som gjorde mötet intressant var dels att man demonstrerat vapen, dels personsammansättningen i gruppen: ett antal polismän delvis kända för sina högerextremistiska åsikter, bland dem vapenhandlaren CG Östling (se sid 424) och expolisen Bror Perä (se sid 465). Duon ingick bland fem personer som en annan tipsare sagt sig känna igen (bland ett tjugotal passfoton) från en våning på Götgatans östra sida nära Medborgarplatsen, där en 12-mannagrupp skulle ha träffats från och med november 1985 för att planera mordet på Olof Palme. Flera av dessa finns presenterade i denna bok, men ingen av dem var 1999 hörda om mötet. Kan det förresten ha varit i Louis Bernards lägenhet på Katarina Bangatan mötena hölls?

Dessa tips om Bernard avskrevs likväl av spaningsledaren Hans Ölvebro eftersom mannen enligt UD skulle ha suttit i fängelse i afrikanska Togo då Olof Palme sköts. Han sades ha varit fängslad från augusti 1985 till februari 1987 och då ha fått regelbundna besök från konsulatet i Lomé och ambassaden i Abidjan. När Olle Alsén grävde vidare visade det sig dock att fängelsevistelsen framstod vara påhittad i syfte att skaffa alibi.

Till en början hade UD hävdat att några uppgifter om denne man inte kunnat påträffas, trots två veckors eftersökning.

-Men när detta påtalades i *Dagens Nyheter den 18 april* och *den 31 maj –91* hittade man plötsligt en hel dossier om cirka 120 sidor kring fallet Louis Bernard, berättade politikern Per Gahrton för Medborgarkommissionen. I ett frågesvar i riksdagen den 21 maj samma år sa utrikesminister Sten Andersson (se sid 319) till mig att det felaktiga beskedet från UD hade berott på ett olyckligt missförstånd mellan tjänstemän. Han uppgav vidare att han kort före debatten tagit del av handlingar

Per Gahrton

och fotografier som skulle kunna tyda på att det förelåg ett slags falsarium.

-Är ni beredda att mot bakgrund av dessa nya uppgifter söka få garantier för att icke ytterligare missförstånd har uppträtt i denna affär, frågade Gahrton. Kan utrikesminister Andersson säga att man kommer att ta kontakt med generalkonsulatet i Lomé och ambassaden i Abidjan för att gå hela vägen tillbaka för att kontrollera materialets hållfasthet?

-Tvеklöst och så långt det går, svarade utrikesminister Sten Andersson.

Men enligt Per Gahrtons senare efterforskningar på UD och på ambassaden i Abidjan kände ingen av dem till att någon sådan undersökning.

LOCKADE AV TORTYR

Många andra säregna företeelser har uppdagats i Palmemordets kölvatten. Den 4 november 1987 blev det till exempel allmänt känt att svenska poliser umgåtts med den bojkottade sydafrikanska apartheidregimen. Riksradions *Luncheko* uppgav då att att 10-15 polismän från Normalms vaktdistrikt under de senaste åren besökt landet. Det gjordes gällande att polismännen rest i grupp, haft kontakt med inhemsk polis samt deltagit i övningar och utbildning. Enligt en tidigare Säpoanställd vid namn Ulf Lingärde (se sid 719) hade dessa semesterresor organiserats för att svenska legosoldater skulle kunna resa hem i skydd av falsk identitet, det vill säga med polisernas pass. Förutom fri resa, kost och uppehälle ingick en tortyrafton (!) som lockbete för Normalmspoliserna.

Det var i samband med undersökningen av tidigare nämnde Stefan Svensson (se sid 471) som dessa Sydafrikaresor uppdagades. Arrangör var International Police Assosciation (IPA), där Sydafrika blivit medlem så sent som 1983. IPA är en frivillig och privat polisorganisation med enskild anslutning och medlemsförbund i ett 40-tal länder.

I mitten av 1980-talet hade svenska IPA omkring 3 000 medlemmar. Att sydafrikanska polismän fick vara medlemmar hade orsakat starka reaktioner och 1987 ville Danmark och Norge ha apartheidregimen utesluten. Men märkligt nog inte Sverige, som istället backade upp medlemskapet. Var någonstans förutom hos reaktionära poliser

kunde det rasistiska Sydafrika accepteras?
Avslöjandet väckte stort rabalder och tillbakavisades
omedelbart. Klart stod dock att minst sex svenska poliser hade
varit gäster i Sydafrika under åren 1985-87. Polisen gjorde en
intern utredning, som drog slutsatsen att enskilda polismän
hade visat prov på dåligt omdöme, men att man inte kunde
göra mycket åt privata resor. Utredningen ifrågasattes dock av
förre ordföranden i polisstyrelsen Roland Öhrn, som därefter
oväntat fick majoriteten av Stockholms poliser att kräva hans
avgång då han påstods ha visat misstroende mot poliskåren.

Roland Öhrn

En av svenskarna som besökt Sydafrika hade skrivit ett
tackbrev som publicerades i sydafrikanska IPAs tidning: "Vi ska aldrig glömma ert
underbara land och vi hoppas att vi ska kunna komma tillbaka en dag. Jag har ordnat
en sydafrikansk afton för poliser i Stockholm. De var helt tokiga över den. Mitt största
problem är nu att försöka övertyga den svenska regeringen om att vi behöver er Casspir
här i Sverige." (En Casspir är en sorts pansarbil som användes mot svarta demonstranter
i Sydafrikas kåkstäder).

I Säpos material om denne polisman uppges att han uppvisat klara sympatier med
apartheidpolitiken, att han hade kontakter med Sydafrika som gick via Tyskland och
att han under sin resa till Sydafrika medföljt den sydafrikanska polisen på uppdrag i
de svarta kåkstäderna. Han var vidare dömd för vållande till kroppsskada i tjänsten,
men antogs 1991 till den Nationella Insatsstyrkan.

En annan polis som tagit tjänstledigt och varit i Sydafrika från 5 juli-23 oktober
1985 då han även hunnit besöka Botswana och Zimbabwe, skrev ett brev som pu-
blicerades i IPAs tidning: "Jag uppskattar verkligen min vistelse i Sydafrika, liksom
också klimatet, människorna och de underbara flickorna. Jag skall bedja för Sydafrikas
framtid." Båda breven publicerades i tidningen *Die Burger* under rubriken: *Svenska
polishjärtan klappar varmt för Sydafrika*.

-De svenska poliserna som var här tyckte allt var underbart, berättade Ulle
Gehring, sydafrikansk poliskommissarie i
Kapstaden. Vi har även haft egna medlem-
mar på besök i Sverige, bland annat några
månader före Palmemordet, och de blev
mycket väl mottagna. Svenska regeringen
gillar oss visserligen inte, men era poliser
är positivt inställda.

1996 uppmärksammades saken igen i
samband med det så kallade Sydafrikaspå-
ret exponerades (se sid 577). Skandalen var

"Svenska polisen behöver Casspirs"

ett faktum - men nu var allt bevismaterial borta. Den sydafrikanska polisen hade effektivt sopat igen alla spår när höga officerare i säkerhetstjänsten utnyttjat sina positioner för att förstöra bevis från apartheidtidens smutsiga krig. Det här gällde även handlingar och arkiv där man kunnat upptäcka ett eventuellt samarbete med skandinavisk polis. Svenska journalister besökte ett antal gästhem, men resultatet var alltid lika nedslående.

Överste Eugene de Kock

-Gästliggarna från tiden före 1989 förstördes vid en översvämning i källaren, beklagade Awie Schreuder, chef för IPA i Pretoria.

I Kapstaden hade föreståndaren för IPAs gästhem Willie Koch tyvärr förstört liggaren för tiden före 1989, eftersom han tyckte att de varit så slarvigt skrivna. Tidningen *Dagens Nyheters* reporter sökte vidare och begav sig till polishögskolan i Pretoria, en stad i staden med egen idrottsplats, föreläsningssalar, bostäder, kyrka och samlingshall. Här fanns faktiskt en gästbok bevarad, men bland de officiella gästerna från mitten av 1980-talet hittade man inga svenskar. Besökarna kom istället från diktaturer i Latinamerika som Chile, Paraguay och Argentina samt Israel.

-Vi hittar ingenting från tiden före omorganisationen, suckade en anställd på högsta polischefens kontor. Allt är borta.

Inte heller det sydafrikanska inrikesministeriet sa sig ha några visumansökningar eller inresebevis från de svenska poliserna sparade. De senare förstördes rutinmässigt efter tre år, uppgav personalen. Ingen sa sig känna till några svenskar på besök, ingen sa sig ha arbetat för IPA, ingen kunde minnas just någonting.

Chefen för den sydafrikanska säkerhetspolisen, Johan Coetzee (se sid 588), råkade dock försäga sig vid en diplomattillställning 1996. Han satt då bredvid en kvinna från svenska ambassaden och nämnde i förbigående att han som kommissarie alltid haft goda kontakter med svensk polis. Han berättade vidare förnöjt om svenska poliser som besökt Sydafrika via IPA. Detta enligt forskaren Tor Sellström vid Nordiska Afrika-institutet i Uppsala.

Philip Powell

Att IPA inte var helt rumsren visar sig snart om man synar ledningen i sömmarna. Chef i Sydafrika 1996 var till exempel general Basie Smit, utpekad som ansvarig för några av de allvarligaste brotten mot mänskliga rättigheter. Enligt överste Eugene de Kock (se sid 583) var general Smit även en av de som låg bakom finansiering, tillverkning och transport av vapen till Inkatha i KwaZulu / Natal-provinsen. Här sas även den i samband med Palmemordet utpekade senatorn Philip Powell ha varit inblandad (se sid 616). Flera högt uppsatta generaler och poliser inom IPA hade dessutom öppnat eget och med hjälp av vapenleveranser, dödspatruller och sabotage försökt sabotera demokratiprocessen.

ATTENTAT MOT PÅVEN

Den svenska IPA-avdelningen hade ett träningsläger utanför Mullsjö i Småland. Anläggningen uppges även ha använts av en hemlig statsgerilla vi snart ska stifta närmare bekantskap med. Lägret låg mitt i skogen i nära anslutning till Ryfors Bruk, en gård med udda arkitektur.

Bruket grundades 1742 och har sedan 1827 varit i familjen Sagers ägo (jämför statsministerbostaden Sagerska Palatset i Stockholm (se sid 539)). Utanför vajade svenska och tyska flaggor och vid ett diskret besök på platsen uppmärksammades flera falskregistrerade bilar. Enligt journalisten Jan-Ove Sundberg förbereddes ett attentat mot självaste påven på just denna plats! Detta skulle ske i samband med det katolska överhuvudets besök i Vadstena. Säpo larmades emellertid och avvärjde hotet genom ökad bevakning.

Det säregna Ryfors Bruk utanför Mullsjö

IPAs emblem på framsidan av klubbhuset

Wallingatan 34 - en vapendepå mitt i Stockholm?

490

IPA skulle också enligt flera informatörer ha hemliga lokaler på Wallingatan 34, mitt i Stockholm och endast ett par kvarter från mordplatsen. Tidigare hade det varit inbrott på just Wallingatan 34, ett inbrott som givit polisen mycket huvudbry. Inbrottstjuvarna hade nämligen stulit pistoler och höghastighetsvapen!

Palmeutredarna och Säpo var inte särskilt ivriga, men när massmedia tryckte på kände de sig så småningom tvungna att göra ett besök på adressen. Där upptäckte de att Estniska rådet (se sid 363, 381) hade hyrt ut lokaler till vad som omtalades som Palmefientliga sammanslutningar. Vidare hade det extrema WACL (se sid 379) haft sitt kontor där. Nog borde väl dessa avslöjanden ha fått spaningsledningen att vakna upp. Men icke. I stället fortsatte man att granska sin favoritsyndabock Christer Pettersson (se sid 282) som om ingenting hade hänt. Man sa sig inte ens ha tid att ta reda på vilka poliser som umgicks i WACL-kretsarna och som hade besökt Wallingatan. Detta trots att polismännen enligt flera tips var nazister, bar vapen utanför tjänsten och hade täta kontakter med sydafrikanska agenter.

Vad mera är, en del av dessa poliser hade / har nära anknytning till en internationell, högerextremistisk organisation som går under beteckningen Stay Behind: en superhemlig statsgerilla och terrororganisation som skapades efter Andra världskriget och som troligtvis är verksam - än idag.

***

Statskupp i Slowmotion

*Endast genom att exakt veta var vi
har varit kan vi veta vart vi är på väg.*

Okänd

HEMLIG STATSGERILLA

(Följande bakgrundsbeskrivning är sammanställd av material från bland annat TV-dokumentären *Gladio* (se sid 500), TV4s *Kalla Fakta*, det danska *Månadsbladet Press nr 64 -91*, en artikelserie av journalisten Jan-Ove Sundberg, samt dagstidningar och böcker från hela Europa, däribland *Den hemmelige hær* och *Vi som styr Norge*).

Stay Behind började som kraftfullt försökt att med alla medel bekämpa kommunismen och eventuella invasionsförsök i Västeuropa. Amerikanska US Joint Chiefs of Staff kläckte idén i samråd med National Security Council den 19 december 1947. Syftet var gott, men det okontrollerade anlitandet av högerextremister till stormtrupperna förändrade långsamt organisationen från att vara en hemlig försvars- och underrättelsearmé till att bli ett rent terrorverktyg - ett monster.

BAKGRUND

1951 drog CIA igång spökarmén Stay Behind och hemliga avdelningar växte snabbt upp i Italien, Västtyskland, England, Frankrike, Belgien, Holland, Schweiz, Luxemburg, Portugal, Grekland, Turkiet, Norge, Danmark och även i Sverige. Medlemmarna värvades bland poliser och militärer, nazistsympatisörer och fascister, som alla ansåg att brutalt våld var det enda rätta mot kommunismen. På det här sättet planterade man helt enkelt ett gigantiskt nätverk av hårdföra trupper mitt i hjärtat av Europa och från och med 1954 utgick alla order från Natos högkvarter i Bryssel.

Hela CIA-operationen döptes till kodnamn Stay Behind och byggdes upp med Hitlers Varulvar som förebild. Nazi-Tysklands före detta spionchef, Reinhard Gehlen, som också medverkat vid uppbyggandet av CIA, anlitades som rådgivare.

SSs Reinhard Gehlen

De enskilda länderna hittade själva på sina kodnamn. I Italien kallades organisationen för Rosa di Venti (Vindrosen) innan den bytte namn till Il Gladio. I Frankrike fick den heta l'Arcen-Ciel (Regnbågen), i Västtyskland Bleib Zurück, i Grekland Fårskinnet, i Turkiet DEV, i Belgien Glaive (Svärdet) och SDRA-8, i Schweiz P-26, i England Unison och Watchguard, i Danmark Firman (Absalon och Operation Survival) - och i Sverige Rear Guard eller Stay Behind.

En liten fotnot: Även svenska säkerhetspolisen Säpo blev på 1940-talet uppbyggt med hjälp av bland annat Gestapo. Dess föregångare Allmänna Säkerhetstjänsten hade dessförinnan blivit grundligt solkad av avslöjanden om nära samarbete med Nazitysklands polisorgan.

AVSLÖJANDET

Det var den italienske undersökningsdomaren Felice Casson som 1990 fick hela Europa att skaka av skandaler när han avslöjade Gladio / Stay Behind. Han hittade det första spåret 1986 då han fick några nyfascister dömda för mordet på tre polismän. En av terroristerna erkände att han hade arbetat för en speciell antikommunistisk organisation med intima kontakter bland såväl toppolitiker som underrättelsetjänst.

Casson började undersöka saken närmare och hittade snart dokument och vapenlager som förde honom till chefen för underrättelsetjänsten SISMI, amiral Fulvio Martini, och till Venedigs störste vapenhandlare, Marco Morin. Trots dödshot fortsatte Casson oförtrutet vidare. Gladionätet ledde ända upp till den yttersta samhällstoppen och i början av oktober krävde Casson att självaste president Francesco Cossiga skulle förhöras. I juli 1990 hade han tillräckligt med bevis på organisationens existens samt dess förbindelser och starka band med CIA och P2 (se sid 507). P2 var / är en fascistisk frimurarloge sammansatt av toppmilitärer, politiska ledare, bankirer, diplomater och företagsledare och har beskrivits som en italiensk skuggregering med avancerade planer på en statskupp. En stor del av finansieringen kunde spåras direkt till CIA.

Till en början försökte de italienska makthavarna dementera anklagelserna, men den 17 oktober 1990 försade sig premiärministern Giulio Andreotti: I lång tid hade det funnits en superhemlig organisation vid namn Gladio. Krisen skärptes när Andreotti den 24 oktober avslöjade inför parlamentet att alla tidigare regeringschefer hade varit informerade om Gladio.

Nu växte Gladioaffären till en skandal som täckte hela Europa. Den 30 oktober 1990 erkände den tidigare grekiska premiärminister Papandreou att han 1984 hade fått bevis för att det i Grekland fanns en hemlig organisation som var strukturerad på exakt samma vis som Gladio i Italien. Nio

Felice Casson

494

dagar senare medgav en tydligt indignerad belgisk försvarsminister, att även han hade träffat på en motsvarande hemlig armé i Belgien. Än värre blev det när det blev känt att Stay Behind gömt stora vapenlager över hela Europa.

Italien var det land i Europa där Stay Behind / Gladio var mest aktiv med inte mindre än 622 grupper på sammanlagt 10 000 man. Avdelningarna här var som regel organiserade i många mindre celler precis som i de övriga europeiska länderna. Ledaren för varje grupp var en man inom underrättelsetjänsten, en reservofficer eller ett polisbefäl, så gott som alla med samlingspunkt hos frimurarna i P2-logen. Det fanns 139 vapenlager, träningsläger på Sardinien, massor av avancerad elektronisk utrustning och i det närmaste obegränsade ekonomiska tillgångar från Vatikanen, stora företag och maffian samt från bankrån, vapen- och knarksmuggling.

SPÄNNINGSSTRATEGIN

Långt tidigare hade CIA påbörjat sin så kallade Spänningsstrategi, som gick ut på att man genom terroraktioner skulle skapa ett ökat behov av lag och ordning, samtidigt som man kunde skylla kommunister och separata terroristorganisationer för de ohyggliga dåden. Detta borde leda till att vänstersympatisörer skulle känna sig hotade och ta till vapen, vilket i sin tur skulle rättfärdiga brutalare, militanta ingripanden från staten och bana väg för en högerregim. Krafterna bakom Stay Behind kunde dra åt sitt strupgrepp på samhället samtidigt som kommunisterna skulle tappa sitt folkliga stöd. Såväl terroristgrupper som italienska Röda brigaderna, tyska Röda Armé Fraktionen och Communist Combatant Cells som högerextrema nynazistiska grupper infiltrerades och användes som terrorverktyg.

1969 inleddes en serie blodiga attentat i Italien som kulminerade i sprängningen av Jordbruksbanken i Milano den 12 december. 16 dog omedelbart och ytterligare ett nittiotal återfanns lemlästade i spillrorna av den urblåsta byggnaden. Polisen grep omedelbart några anarkister, men de verkliga förövarna var Gladiomedlemmarna Franco Freda och Giovanni Ventura. Den efterföljande rättegången motarbetades och förhalades på alla sätt ända tills 1981, då båda dömdes till livstids fängelse. Inte helt oväntat frikändes de vid ett första överklagande.

En våg av bombdåd och skottdraman härjade under tiden i landet och regeringen var inte sen att dra in på medborgarnas rättigheter vad gällde politiska kampanjer och radikala politiska diskussioner. Många människor fängslades med hjälp av så kallade antiterroristlagar, andra utvisades.

Året därpå iscensatte Stay Behind ett statskuppsförsök för att tillsätta den tidigare chefen för Mussolinis svartskjortor, prins Valerio Borghese (se sid 458). Natten mellan den 7 och 8 augusti 1970 ockuperade ett femtiotal nyfascister inrikesministeriets lokaler i Rom. De anfördes av den kortväxte Stefano delle Chiaie (se sid 456). Denne var redan efterspanad för delaktighet i bombattentatet i Milano. Kuppen misslyckades och Borghese ställdes inför rätta, medan delle Chiaie lyckades fly till Spanien, där han fick en fristad i Madrid. Här inledde han en andra karriär som terrorstrateg i såväl Sydeuropa som Latinamerika. Det framkom senare att delle Chiaie hade den italienska säkerhetspolisens beskydd och snart återfanns han i spetsen för ett hundratal bombspecialister och yrkesmördare i en rad regimers tjänst.

1974 var det dags igen. Kommunisterna hade åter växt sig starka och CIAs blodiga svärd högg till igen. En bomb i Brescia dödade 8 och skadade 102, en annan dödade 32 på Roms flygplats och en tredje utplånade 12 liv och skadade 48 ombord på Rom-München Expressen. De följande åren begick Stay Behinds italienska stormtrupper dussintals enskilda mord och andra mindre aktioner. De skickligaste mördarna skickades samtidigt runt där CIA hade mest nytta av dem. De hämtades till exempel för att förstärka Greklands militärjunta, Spaniens falangister och de latinamerikanska diktatorernas dödspatruller.

1980 hade det italienska kommunistpartiet skapat begreppet Eurokommunism, en mildare form av kommunism som Stay Behinds ledare fruktade skulle sprida sig i Europa. Av den anledningen blev 1980 det blodigaste året i den hemliga organisationens historia. Bombattentatet på Bolognas järnvägsstation (se sid 457) var det dittills värsta terrordådet med 83 döda och över 200 skadade. Återigen blev italienaren Stefano Delle Chiaie efterlyst för delaktighet. Kort därpå följde bombdåd på Rue Copernic i Paris och vid Oktoberfestivalen i München.

Under åren 1982-85 slog en tungt beväpnad maskeradliga till mot diverse varuhus och stormarknader i Belgien. Det var aldrig tal om rån utan om ren terror och mördarna försvann alltid i någon stulen Golf, som senare övergavs helt utbränd och med chassinumret bortslipat (se sid 478). De okända mördarna döptes till Brabantligan efter platsen för den första massakern, där 28 människor dog och ett tiotal skadades.

Till en början hette det att det handlade om vänsterorienterade terrorister med anknytning till västtyska RAF, Röda Armé Fraktionen, men ingen av de skyldiga greps. Inte förrän 1988 när Belgien skakades av den stora skandalen: Brabantligan var nämligen inte vänster utan högerextremister och medlemmarna var till största delen poliser och fångvaktare med

De blodiga bombattentaten avlöste varandra

nazistiska sympatier. Det visade sig också att de höga polisbefäl som ledde utredningen av Brabantmorden i själva verket skyddade mördarna och hjälpte dem som arresterats att fly.

Men det skulle bli värre. I början av 1990 stod det klart att flera belgiska politiker med den tidigare ministerpresidenten Paul van den Boynants i spetsen var inblandade. De var dessutom medlemmar i en frimurarloge med anknytning till P2 (se sid 507) och Stay Behind.

Regeringen i Bonn bekräftade samtidigt att 575 västtyska förbindelseofficerare hade anknytning till Stay Behind och i november samma år avslöjade veckotidningen *Stern* att Stay Behind hade en dödslista med namn på framträdande socialdemokrater och socialister över hela Europa.

Vittnesmål från tidigare CIA-anställda och amerikanska journalister, väl insatta i ämnet, avslöjar att organisationen sällan opererade i andra länder med egna medarbetare. I *Svenska Dagbladet den 6 december –98* beskrevs en del av kärnan i det intrikata spindelnät som verkade i det fördolda över hela världen. Ser man vilka aktörer som har spelat en central roll, framstår ett nätverk bestående av bland andra Franz von Papen, som tog in Adolf Hitler i värmen, OSS-chefen William Donovan, den blivande CIA-chefen Allen Dulles avtal med tyska SS och amiral Ellery Stone som beordrade James Jesus Angleton att rädda chefen för de fascistiska dödsskvadronerna, prins Valerio Borghese.

Här finner vi CIAs förbindelseman med Vatikanen, James Jesus Angleton själv, samt hans italiensk-amerikanske vicechef för CIAs kontraspionage Raymond Rocca. Här är Robert Gayre som tillhörde en nynazistisk gruppering och var mentor för den pro-nazistiska chefen för WACL, Roger Pearson (se sid 364), som också samarbetade med Angleton, och general Lyman Lemnitzer, som i sin tur tilsammans med Allen Dulles (se sid 404) är utpekade som delaktiga i John F Kennedymordet.

Här finner vi CIA-cheferna John McCone och William Casey (se sid 791) och CIAs mentor för WACL och Aginter Press (se sid 457), William Buckley. Här finner vi president Richard Nixons stabschef, senare Natos överbefälhavare och president Reagans utrikesminister, general Alexander Haig (se sid 785), och den franske proamerikanske underrättelsechefen Alexandre de Marenches.

Här finner vi även det ledande skiktet från P2 (se sid 504) med fascistiska italienska generaler som Giovanni de Lorenzo och Giuseppe Santovito samt deras man i regeringen, Giulio Andreotti, liksom Haigs förtrogne och P2-chefen Licio Gelli själv (se sid 508).

I SVERIGE

I Sverige exploderade skandalen *den 18 december -90* när *Dagens Nyheter* publicerade artikeln *"CIA-stöd åt svensk gerilla"*. Här beskrev man i stor detalj hur neutrala Sverige under minst 20 år haft ett dolt samarbete med CIA om superhemliga Stay Behind. Kontakterna med CIA upparbetades redan i början av 1950-talet genom agenten William Colby, som under några år var stationerad på den amerikanska ambassaden i Stockholm. I sina memoarer berättar Colby att hans uppgift var att bygga upp Stay Behindorganisationer i Norge, Danmark, Sverige och Finland. I både Danmark och Norge kunde man upprätta avdelningarna i samarbete med underrättelsetjänsten, men eftersom Sverige och Finland inte var Natomedlemmar var CIA själva tvungna att organisera näten i dessa två länder.

CIAs William Colby

Enligt Colby skedde det i vissa fall med inofficiell hjälp av myndigheterna.

En av organisationens viktiga uppgifter var att i händelse av ockupation upprätta radiokontakt med CIAs stora Europakontor i London. Härifrån kunde den svenska kampen koordineras med verksamheten i resten av Europa. För detta ändamål fanns radiosändare utplacerade på många platser. 150 specialrekryterade och specialutbildade så kallade motståndsledare utspridda över hela landet skulle träda i aktion om Sovjet anföll. Man skulle även bedriva spaning och sabotage. Till sitt stöd hade dessa ledare hemliga vapen-, sprängämnes- och drivmedelsdepåer, som fanns upprättade utanför det normala mobiliseringssystemet.

Organisationen hade också till uppgift att i tillfälle av en fientlig invasion säkerställa att regeringen, kungafamiljen, riksdagens krigsdelegation och krigshögkvarteret evakuerades till London, varifrån en svensk exilregering skulle kunna styra. Evakueringen av samhällseliten i den svenska huvudstaden var egentligen krigsmaktens sak, men motståndsrörelsen skulle ingripa om de strategiska personerna fastnade under flykten, exempelvis i Värmland eller Norge.

Utsmugglingen av eliten skulle i nödfall ske via ett tunnelsystem under den svenska huvudstaden. Tunnlarna ska finnas på planet under T-banenivå och utgå från rådhuset / stadshuset i en solfjäderform. Sammanlagt rör det sig om cirka 650 kilometer tunnelsystem (!) som sträcker sig ända ut till trakterna kring Kungsängen norr om Stockholm. Kungahuset, Rosenbad och andra viktiga platser knyts därmed samman på ett för omgivningen hemligt och osynligt sätt. Dessa tunnlar kopplar även ihop skyddsrum, militära underjordiska anläggningar med mera och ska dessutom finnas rakt under Skandiahuset, det vill säga Stay Behinds tidigare högkvarter och platsen där Palme mördades.

Enligt några så kallade City Soldiers som gjort sin värnplikt därnere, är detta mycket utbyggda system väl trafikerat och på sina ställen asfalterat. Vissa av de största tunnlarna sägs också vara tillräckligt stora för att lastbilar ska kunna mötas. Det ska även finnas eldrivna tåg.

Under två decennier leddes organisationen av försäkringsdirektören Alvar Lindencrona. Enligt *Expressen den 18 december -90* hade Lindencrona haft en rad socialdemokratiska regeringars uppdrag att sköta kontakterna med de västliga underrättelsetjänsterna.

Alvar Lindencrona

Han var väl insatt i militära frågor och arbetade 1940-43 som sakkunnig inom Försvarsdepartementet, varefter han flyttade till Kommunikationsdepartementet. 1947-1964 dök han upp som VD i landets största försäkringsbolag Thule.

"Historikerns uppgift är att förklara, inte att döma", skrev historikern Karl Englund, varefter han beskrev Lindencrona som en maktmänniska utan skrupler och som "försäkringsbranschens flåbuse och skarprättare". Andra karaktäriserade honom med ord som dådkraft och en fläkt från Sveriges storhetstid.

Lindencrona agerade redan från 1958 på statsminister Tage Erlanders uppdrag och hade som huvuduppgift att hålla CIA och MI6 informerade om svenska Stay Behinds verksamhet. Genom bland andra Marcus Wallenbergs försorg hade Lindencrona en framskjuten position i Internationella handelskammaren, vilket gjorde att han obehindrat kunde resa till Storbritannien och USA utan att väcka uppmärksamhet.

Efter en del märkliga transaktioner 1963 sålde han Thule till konkurrenten Skandia för endast 600 000 kronor, varefter han satt med i ett stort antal svenska börsföretags styrelser, bland andra Saab-Scania och just Skandia.

Invigda i Stay Behindverksamheten var från starten statsminister Tage Erlander, inrikesminister Rune Johansson och Torsten Nilsson, försvars- och utrikesminister i flera socialdemokratiska regeringar, LO-chefen Arne Geijer och dåvarande SAF-chefen Bertil Kugelberg samt en person som representerade LRF. ÖB ska ha deltagit vid mötena tillsammans med några andra ledande militärer. Därutöver kände endast ett fåtal industriledare och framträdande näringslivspersoner till verksamheten. Senare deltog även Olof Palme vid en del av dessa hemliga träffar.

CIA-agenten Colbys kontakter överfördes år 1958 till Inrikesdepartementet. Enligt tidningen *Proletären den 6 mars -91* uppgav Colby partisekreteraren Sven Aspling (se sid 408) som spindeln i nätet. Anledningen till att Erlander nu förlade organisationen under inrikesministerns vingar, var att han ville hemlighålla den för den vanliga militära verksamheten.

Förre ambassadören Kaj Björk, tidigare också internationell sekreterare för socialdemokraterna, skriver i sin bok *Kallt krig* att William Colby helt på egen hand försökte bygga upp ett nät: han kontaktade östflyktingar och kuskade omkring för att placera ut hemliga radiosändare. Motståndsnäten samlades under en speciell Natokommitté och tränades bland annat i Västtyskland. Hemliga depåer med tunga vapen och kommunikationsutrustning byggdes upp så att man skulle stå bättre rustade om kriget kom på nytt.

I en intervju för *Dagens Eko* avslöjade SAF-chefen Bertil Kugelberg:

-Jag kan bekräfta organisationens existens. Vi fick information om att det fanns en sådan beredskapsorganisation, som ju måste vara mycket hemlig. Jag fick inte tala om saken med någon över huvud taget. Jag fick heller inte reda på vilka personer som var informerade, utan bara att organisationen fanns och att det kunde bli aktuellt att sätta i gång den. Men statsminister Tage Erlander var en av dem som höll i det hela och Lindencrona skulle vara kontaktman i den här kretsen, så mycket kommer jag ihåg.

Sven Aspling

1968 flyttades organisationen in under Försvarsdepartementet. Inte ens då var regeringen informerad om dess existens och Lindencrona rapporterade endast till en skara utvalda personer. Det skedde vid så kallade chefsmöten ungefär en gång per år. Mötena hölls till att börja med på försäkringsbolaget Thule, i nuvarande Skandiahuset på Sveavägen (exakt på den plats där Palme mördades) och senare hemma i Lindencronas lägenhet, tre trappor upp på Stureplan 4. Även adressen på Stureplan, nuvarande Sturegallerian, ägdes av Skandia.

Torsten Nilsson

Stay Behind och dess internationella förgreningar har sedan dess bekräftats från många håll. En av dem är forskaren Ola Tunander som 1994 skrev en längre artikel i den danska kulturskriften *Kritik 110 – Den usynlige hånd og den hvide*:

"Det svensk-amerikanska underrättelsesamarbetet har i flera år fungerat via en länk i västtyska Wiesbaden. Men det ska också enligt vissa källor ha organiserats från en lokal i det svenska försäkringsbolaget Skandias hus på hörnet av Sveavägen och Tunnelgatan. Försäkringsbolaget Skandia ska enligt samma källor ha organiserat detta samarbete under kodnamn Thule. Vidare innebar förbindelsen att Thule-Skandia under 1960-talet stod över alla lagar!

Bertil Kugelberg

Försvarsminister Björn von Sydow var vid den här tiden kanslihusman vid Mynttorget och arbetade för statsministern Tage Erlander:

-Jag förstod inte förrän långt senare vad Lindencrona egentligen gjorde med Erlander, varför en försäkringsdirek-

Arne Geijer

tör besökte honom ständigt och jämt. Symptomatiskt nog begrep jag icke detta under jag vet inte hur lång tid, tills det slutligen gick i dagern. Så jag vågar hävda att han var mycket försiktig med att avslöja någonting konkret.

Fram till 1973 leddes organisationen från ett speciellt kansli inhyst i en tvårumslägenhet på Norrmalm i Stockholm.

Skandiahuset - Stay Behinds hemliga högkvarter

Ständigt på plats fanns organisationens kanslist, "en rekorderlig fru" som svarade i telefon. Kansliet styrdes de första tio åren av generalmajor Anders Grafström, mest känd som Finlandsfrivillig och ordförande i Förbundet svenska Finlandsfrivilliga. Han ansvarade för motståndsledarnas utbildning och för att organisationens förråd underhölls. Kansliet bytte senare täcknamn och flyttade till ett större kontorshus i Stockholm, där det existerade fram till 1978.

Enligt *Dagens Nyheter* efterträddes Grafström av överste Gunnar Areskoug, som bland annat varit chef för den svenska övervakningskontingenten i Korea. Efter Gunnar Areskoug har organisationen haft åtminstone en kanslichef ytterligare, överstelöjtnant Bertil Gålne.

Organisationen har existerat helt vid sidan om det normala militära systemet, underrättelsetjänsten IB och dess olika efterföljare. Finansieringen har dolts bakom olika poster i statsbudgeten och riksdagen har beviljat anslag utan att veta vad som legat bakom. De flesta politikerna visste ingenting - eller ville ingenting veta. Men även CIA har under åren bidragit till organisationens tillgångar, bland annat donerade man den krigskassa som motståndsledarna utrustades med. Denna hemliga kassa innehöll redan i början på 1960-talet över en miljon kronor och växte genom nya donationer från industriledare och förmögna privatpersoner som ville göra en så kallad fosterländsk gärning.

Kassan förvarades under många år på försvarsstaben i Stockholm. Men när Sverige på våren 1965 gick över till nya sedlar, fick man problem med att byta ut så mycket svarta pengar. I slutet av 1960-talet övergick man därför i stället till en mer professionell förvaltning av pengarna. Sannolikt sattes de helt enkelt in på ett bankkonto. Enligt polisöverintendent Åke Hasselrots förhör inför Neutralitetspolitikkommissionen var det rikspolischefen Carl Persson som höll i pengarna. Räkenskaperna förstördes sedan de reviderats.

Åke Hasselrot själv, med anställning vid Säpo 1948-64, hade i mitten av 1960-talet blivit uppkallad till Sven Andersson (försvarsminister 1957-73, utrikesminister 1973-76, ordförande ubåtsskyddskommissionen). I mötet deltog även Tage Erlander och Alvar Lindencrona. Åke Hasselrot anmodades att bli juridisk konsult i Lindencronas organisation, ett uppdrag han sedan hade i ungefär tio år.

Tre år före sin död pensionerades chefen Alvar Lindencrona från sin hemliga tjänst av den borgerliga regeringen. I samma veva överfördes Stay Behind till Säpo. Året var 1978 och verksamheten genomgick då en betydande omorganisering. I samma ögonblick Stay Behind hamnade hos Säpo var det strid på kniven mellan socialdemokratiska och konservativa säkerhetspoliser, falanger som internt kallades Karolinerna respektive Merovingerna / Bysantinerna. Karolinerna var missnöjda med att de borgerliga skötte Säpo. Merovingerna å sin sida ansåg att Karolinerna inte tog den så kallade röda faran på tillräckligt allvar.

Carl Persson

Med Stay Behind och därmed CIA i ryggen, spionerade Merovingerna på socialdemokrater, folkpartister, centern och naturligtvis kommunisterna, på politiska flyktingar och andra som misstänktes vara rikets fiender.

Reinhold Geijer

I mitten av 1990-talet var det så dags för flera avslöjanden. TV4s *Kalla Fakta* presenterade då nya grava bevis för Stay Behinds verksamhet. Två representanter för denna statens allra hemligaste organisation trädde fram ur skuggorna: hotelldirektören Reinhold Geijer och förre arméchefen och generalen Carl-Eric Almgren. Bland annat avslöjade duon att SAF-chefen och VDn för Trygghansa, Curt Steffan Giesecke, varit den svenska Stay Behind-chefen under 1980-talet och att organisationen förlagt sitt alternativa hemliga huvudkvarter och vapenförråd till Berghedens skola i Äppelbo i Dalarna.

Carl-Eric Almgren

Reinhold Geijer berättade bland annat att han under sin tid i Stay Behind varit på kurs i England vid tre tillfällen. Kursgården, som också hade "ren agentutbildning, stil James Bond", var förlagd till Wycombe nordväst om London.

Många svenskar har hemligt varit aktiva inom denna så kallade motståndsrörelse. Enligt den amerikanske journalisten Allen Francovich (se sid 500) var även spaningsledaren Hans Holmér (!) medlem i en hemlig parallellorganisation bestående

Curt S Giesecke

av poliser, militärer och underrättelseagenter - "utan tvekan
en av Stay Behinds underavdelningar".
Regeringen var och är tyst som en mussla om avslöjan-
dena. Varken statsminister Ingvar Carlsson eller försvarsmi-
nister Roine Carlsson ville 1990 yttra sig.

I samband med
Kalla Fakta-programmet tillfrågades ÖB Owe Victorin (se
sid 547), talmannen Thage G Peterson och Försvarsutskottets
ordförande Arne Andersson (se sid 686). Ingen ville uttala sig.
Den socialdemokratiska riksdagsmannen Roland Brännström,
ordförande i Underrättelsenämnden, ville heller inget säga om

ÖB Owe Victorin

motståndsorganisationens verksamhet, trots att nämnden nyligen hade beslutat utreda
de olika svenska underrättelseorganens utlandssamarbete.

I DANMARK

Stay Behind fungerar också i Danmark. Från början var det två konservativa of-
ficerare i den danska underrättelsetjänsten FET, chefen Poul A Mørch och Niels Bjarka
Schou, som organiserade nätet med hjälp av underrättelsemannen och journalisten Ebbe
Munck. Deras mest aktiva Stay Behindgrupp var Arne Sejrligan, även kallad Firman,
som specialiserat sig på avlyssning av vänstersympatisörer.
En annan elitenhet tränades enligt tidningen *EkstraBladet* i
sabotage och likvideringar.

1976 var både den pensionerade underrättelseofficeren
Niels B Schou och överstelöjtnant Erling J Harder upptagna
med att organisera ett nytt, högerinriktat Stay Behindnät kallat
Operation Survival. Även den här gången dök Hitlers gamla
spionchef Reinhard Gehlen upp som aktiv rådgivare. Gehlen
hade då åren 1955-68 fungerat som chef för den västtyska
underrättelsetjänsten och blev Operation Survivals man i
München. Han blev till och med titulerad President i vissa
interna skrivelser. Detta samarbete upphörde dock hastigt då
Gehlen avled sommaren 1979.

Niels B Schou

Operation Survivals initiativtagare och agentchef var en
norrman bosatt i Danmark under namnet John Gregussen, alias
dr Andreas John. I en avslöjande artikelserie i *Kvällsposten i
december -80* avslöjades bland annat att han använt en intet
ont anande Montessoriskola på Tornevangsvej 13 i Birkeröd
som täckmantel för sin illegala verksamhet.

Operation Survival hade en rad kontakter med andra
amerikanska högerorganisationer och enligt *Kvällsposten* hade

John Gregussen

Gregussen också känningar högt upp i den amerikanska underrättelsetjänstens administration, där en av hans kontakter var förre amiralen George W Anderson, verksam i American Security Council.

Medlemmarna spionerade på svenskar, danskar, norrmän med påstådda vänstersympatier och politiska flyktingar från andra länder. Det gick faktiskt så långt att de lämnade ut upplysningar om egna medborgare till sydafrikanska myndigheter. Agenterna kände sig enligt *Kvällsposten den 21 december -80* som barn i huset på Sydafrikas generalkonsulat i Köpenhamn, där man spionerade på vissa anställda samtidigt som man höll överläggningar med generalkonsul Naudé Steyn. Verksamheten hade även intim kontakt med Sydkoreas ambassadör i Köpenhamn, luftmarskalk Chi Ryang Chang, som lovade att hjälpa till att finansiera det hemliga arbetet.

Operation Survival sägs ha upplösts 1980, men det danske hemvärnet hade kvar sina hemliga underrättelsepatruller åtminstone så sent som 1985. Våren 1980 flydde "dr Andreas John" också hastigt från Danmark efter att via en av president Jimmy Carters rådgivare ha fått ett immigrantvisum till USA på endast tre dagar, vilket måste ses som oerhört snabbt.

Men Operation Survival är inte bara en dansk angelägenhet. I Sverige och Norge slöt de högerextremistiska skarorna upp och enligt norska källor ingick bland andra Bertil Wedin (se sid 608) med polisprofessorn Åke Ek (se sid 380) och högerextremisten Anders Larsson (se sid 363) som kontaktmän.

Enligt det danska månadsbladet *PRESS nummer 64 -91* leddes Sveriges Stay Behind och Operation Survival 1991 av kronofogden, jur kand och den så kallade specialpolisen Bertil Häggman med arbetsplats i polishuset i Ängelholm. Häggman, född 1940, hade tidigare varit med och organiserat bland annat den extremt antikommunistiska organisationen Baltiska Kommittén tillsammans med Arvo Horm (se sid 364) och Anders Larsson. Enligt danska *ExtraBladet* hade han även ett imponerande kontaktnätverk i USA.

Häggman hade aldrig stuckit under stol med sin politiska inriktning och hade bland annat skrivit böcker med titlar som *Moskvas Terroristinternational, Frihetskämpar, Terrorism: vår tids krigsföring* och *Den kommunistiska förintelsen.* Enligt *Söndagsexpressen den 19 juni -77* hade han även gjort "studieresor i terror i USA, deltagit i terrorkonferenser och träffat många experter". Tilläggas kan att artikeln illustrerades med en bild av Häggman när han skakar hand med president Thieu under ett besök i presidentpalatset i Saigon. Han sades även ha anknytning till Polishögskolan utanför Stockholm och förfoga över ett antal så kallade Hands, i första hand poliser och militärer, som ingrep för vad som ansågs vara rikets säkerhet om så skulle behövas.

Bertil Häggman

504

I juli -77 hävdade *Dagens Nyheter* att Bertil Häggman länge arbetat som hemlig agent och bland annat varit inblandad i den så kallade Hetleraffären i Danmark, där han figurerat som informatör åt den danska militära underrättelsetjänsten FET. Hans Hetler var en privatperson som hade upprättat ett åsiktsregister på över 60 000 personer.

Enligt *Kvällspostens* artikelserie *Agenten i Polishuset* i december 1980 kom det fram uppgifter att Häggman i juni 1977 inregistrerat ett handelsbolag kallat Security & Information Services Scandinavia (SISS) hos länsstyrelsen i Kristianstad. Man skulle syssla med information angående skydd mot terrorism och annan illegal verksamhet. Det var emellertid bara halva sanningen, eftersom Bertil Häggman i ett konfidentiellt meddelande till Operation Survival avslöjat att SISS kunde förse utländska kunder med information om förhållanden och personer i Skandinavien. Vidare framkom *den 26 december -80* att han dessutom hade lämnat ut en lista med namn och kodnamn på 250 brasilianska terrorister med gerillautbildning i olika länder, vilket väckte upprörda protester från bland annat Amnesty International:

-Oskyldiga människor utpekas som terrorister. Bertil Häggmans osanna uppgifter är oerhört farliga och kan betyda förföljelse, terror och i värsta fall döden för dem!

Vilka länder skickades listan då till? Ingen utomstående vet säkert. Agentchefen John Gregussen fick den för vidare hantering med hälsningen: "Du vet inte vem Du har fått förteckningen av eller har glömt det." Den danska Säpochefen Ole Stig Andersen bekräftade dock att man hade skrivelsen i sitt arkiv och att den hade överlämnats till presidiet för exilkubaner i Miami, Florida.

"VI SOM STYR NORGE"

Den 25 november -95 beskrev *Dagens Nyheter* hur den norske försvarsministern Jørgen Kosmo tvingats ge en ganska utförlig bild av det lokala Stay Behindnätet, sedan en rad detaljer avslöjats i boken *Den hemmelige hær*, skriven av författaren Finn Sjue och Roland Bye, tidigare socialdemokratisk partisekreterare, statsråd och ordförande i en stor försvarsutredning. Enligt Kosmo upphörde sabotageverksamheten 1983 då alla vapenförråd överfördes till militären. Det norska Stay Behind existerade dock fortfarande, men nu under namnet Ockupationsberedskap, i vars led ingick frivilliga med vad som ansågs vara hög moral och integritet .

-De som ingår i organisationen utsätter sig för en stor risk i ett krigsläge, förklarade Jørgen Kosmo som ansåg att avslöjandena orsakat stor skada. Medlemmarna ska inte känna att de deltar i något som luktar. Därför framträder jag idag.

Författaren Finn Sjue skrev redan 1992 en bok om Stay Behind kallad *Vi som styr Norge*. Här pekade han bland annat ut Trond Johansen som chef för norska Stay Behind. En man vid namn Finn Kirkestuen trädde samtidigt fram som Stay Behinds före detta kanslichef.

Ett helt kapitel i boken ägnas åt det norska Arbeiderpartiets utvecklade samröre med svenska Informationsbyrån IB som med hjälp av socialdemokratiska funktionärer registrerat aktiva kommunister och vänstersympatisörer trots att detta varit förbjudit enligt lag sedan 1969. Enligt före detta försvarsminister Eric Krönmark (m) försvann det senare en hel del pengar till andra utgifter. Bland annat hyrde IB en exklusiv villa i italienska Brindisi vid Medelhavet.

Till 60 procent sysslade IB dock med utrikesfrågor. De norska kontakterna sköttes av ovan nämnde Ronald Bye, som var ansvarig för ett personarkiv förvarat i Folkets Hus i Oslo. Arkivet innehöll uppgifter om vänsterradikala i Norge och hans svenska kontaktpersoner var inga mindre än IB-cheferna Birger Elmér (se sid 719) och Ingvar Paues.

Finn Kirkestuen

-Jag träffade Elmér och Paues många gånger efter att jag blev partisekreterare, berättade Bye. Vi hade åtskilliga intressanta diskussioner och talade bland annat om aktioner och vilda strejker inom facket.

Kontakterna lades enligt Bye på is då IB avslöjades i maj 1973 av *Folket i Bild*-journalisterna Jan Guillou och Peter Bratt, men återupptogs efter en tid och ska enligt Bye ha pågått ända tills han själv avgick som partisekreterare 1975. Peter Bratt, Jan Guillou och deras informatör, IB-agenten Håkan Isacson greps av Säpo i oktober samma år (se sid 721). Trion åtalades och dömdes till ett år fängelse vardera för spioneri riktat mot IB. En intressant detalj: Enligt en avslöjande artikel i *Aftonbladet den 3 december -98* var några av de som kände till men valde att hålla tyst om IB-affären: statsminister Tage Erlander (s), finansminister Gunnar Sträng (s), Finlands president Urho Kekkonen, inrikesminister Rune Johansson (s), försvarsminister Eric Holmqvist (s), försvarsminister Sven Andersson (s), statsminister Ingvar Carlsson (s), utrikesminister Sten Andersson (s), försvarsminister Anders Thunborg (s), försvarsminister Thage G Peterson (s), partisekreterare Gunnar Svärd (m), riksdagsman Yngve Hamrin (fp), riksdagsman Gunnar Hedlund (c), LOs Arne Geijer och SAFs Bertil Kugelberg. Marcus Wallenberg (se sid 610) hade dessutom två anställda direktörer med beteckningen Underrättelsetjänst som arbetsområde. Många av namnen låter onekligen bekanta, eller hur?

IBs Ingvar Paues

IBs Birger Elmér

Enligt beslut skulle IB upphöra 1969. Men när avvecklades

Urho Kekkonen

organisationen egentligen? Chefen Birger Elmér, avlönad till 1979, avled 91 år gammal i november 1999 och tog med sig alla hemligheter kring IB i graven. Då kvarstod fortfarande frågan som alla ville ha svar på - rapporterade han direkt till Olof Palme eller inte?

I *november -90* avslöjade den tyska vecko-
tidningen *Stern* att Olof Palme inte var den ende
socialdemokratiske minister som Stay Behind varit
ute efter. Enligt *Stern* hade Gladio en dödslista
med namn på framträdande socialdemokrater och
socialister över hela Europa. Ett av namnen var
den tyske SPD-politikern Herbert Wehner, som
också han mördades. I *Svenska Dagbladet den 8
september -96* uppmanade hovrättslagman Erik
Holmberg till en ingående undersökning av stats-
gerillans eventuella inblandning i likvideringen
av Palme. Om personer med en bakgrund i Stay
Behind eller någon liknande maktgrupp på något
sätt varit delaktiga i mordet är ju inte bara social-
demokraternas utan även de borgerliga partiernas
ointresse för att mordet klaras upp helt begripligt.
Men finns det då några verkliga bevis på detta?

Herbert Wehner mördades

-Jag har hört samtal militärer emellan där man klart sagt att Olof Palme måste röjas ur vägen. Jag vet inte vad det har för samband med mordet, men många officerare jublade när han mördats, kommenterade en man vid namn Hugo Johansson med 40 år som yrkesmilitär bakom sig i en intervju i tidningen *Proletären nr 19 -87*. Medan det var fullt accepterat att vara socialdemokrat, så var Palme som person allmänt hatad. Jag tror att detta till stor del berodde på att han framställdes som fredsvän. Militärer vill ju inte ha fred. Det ligger i sakens natur. Palme var ju dessutom på talfot med öst.

-Om det blev krig vore det inget snack om saken, då tillhörde den svenska militärmakten Nato direkt. Inom befälskåren ifrågasätts detta inte. Sverige är en del av västmakterna, sådan är åsikten inom den svenska militären. Man förstår lätt att historier om spioner spelade en viktig roll i uppmålandet av den så viktiga hotbilden, där ubåtsjakterna var det stora paradnumret. Men med den insikt jag har, genom mina år som militär och min tjänst i Milostaben där jag hade tillgång till mängder av uppgifter, så vågar jag påstå att denna hotbild konstruerades medvetet. Och regissörer var en liten grupp inom den svenska militären. En grupp med insikt i det politiska livet och med syfte att driva Sverige in i Nato.

Många har instämt i resonemanget. Den franska tidningen *L'Evènement du Jeudi* i Paris publicerade *den 28 maj -97* en artikel med rubriken *Mördades Palme av hemliga*

Natosoldater?. Här presenterades ett spår som *Dagens Nyheter* haft uppe redan *den 28 april -92*.

Den amerikanske journalisten Allan Francovich hade tidigare skrivit manuskript till flera filmer om CIAs mest tvivelaktiga operationer och också producerat en tre timmar lång dokumentär kallad *Gladio - Stay Behind*. Det var under förarbetet med denna dokumentär som Francovich fått tag i nya uppgifter rörande Palmes död. Enligt Francovich hade mordet tilldelats kodnamnet Operation Tree (se sid 505) och förberetts av en ytterst hemlig organisation inom Nato. Denna mystiska organisation kallades le Service des Opérations Spéciales eller Special Operations Planning Staff (Sops).

PLUTONIUM TILL INDISK ATOMBOMB

Sops ingick som en del i Allied Clandestine Committee (Acc), ett slags rundabords-organisation med företrädare för de hemliga militära underrättelseavdelningarna i Natos medlemsländer. Acc / Sops var också samordningsorgan för Stay Behindgrupperna i Europa. Sops var den operativa delen av Acc och hade som uppgift att planera och verkställa hemliga operationer. Ett tredje organ kallat Intelligence Tactical Assessment Center (Itac) bistod Sops med information och operativa medel.

Delegaterna i Acc / Sops träffades regelbundet varje månad, oftast i olika europeiska huvudstäder. Högkvarteret uppgavs ligga i Bryssel, men möten ska ha hållits i belgiska Mons, i Danmark och i Norge. Företrädare för den socialdemokratiska regeringen intygade för *Dagens Nyheter* att svenskar regelbundet skulle ha deltagit vid dessa möten. Även en källa inom den militära svenska underrättelsetjänsten bekräftade verksamheten.

En CIA-agent och högt placerad funktionär vid namn Oswald LeWinter (se sid 445) var enligt egen uppgift chef för Itac fram till 1984. Här hade han även god insyn i Sops verksamhet. Oswald LeWinter var källan bakom ovan nämnda TV-dokumentär *Gladio - Stay Behind*, där hans uppgifter visat sig hålla för hård faktakontroll. Det var också han som avslöjade det så kallade Telegramspåret (se sid 503) samt att Olof Palme erbjudit Rajiv Gandhi plutonium till en indisk atombomb om han köpte haubitsar av Bofors (se sid 314)! Detta bekräftades även av den tidigare Säpoanställde dataexperten Ulf Lingärde (se sid 719).

Som ordförande i Palmekommissionen och drivande kraft i Femkontinent-initiativet hade Palme dessutom ett unikt inflytande förankrat i alla världsdelar. Han kunde räkna med gehör överallt, även inom politiska kretsar inom Nato och då speciellt i Västtyskland och Nederländerna. Det stora problemet var bara att han stödde en strategi som hotade stormakten USAs och därmed också Natos intressen. Kopior av rapporter stämplade *Cosmic Top Secret*, Natos hemligaste klassificering, visar att Sops under 1985 hade haft minst två strategiska skäl till att intressera sig för den svenska statsministern.

Den första var att ett svenskt fartyg lastat med anrikat uran 235 hade seglat via Kiel

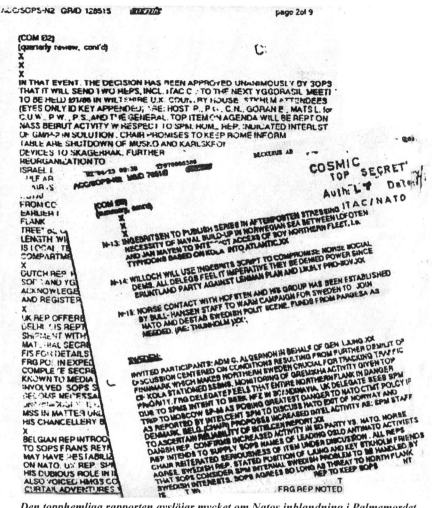

Den topphemliga rapporten avslöjar mycket om Natos inblandning i Palmemordet

i Västtyskland till New Delhi i Indien. Lasten åtföljdes av falska intyg för att dölja dess ursprung för IAEA, den internationella atomkontrollorganisationen.

Den amerikanske representanten vid Sops, en officer knuten till Itac, upprättade en rapport från Tel Aviv enligt vilken den svenske statsministerns aktiviteter i Indien för Bofors räkning bekräftats av Paris. Nato motsatte sig ett självständigt indiskt kärnvapenförsvar och ville stoppa Palmes planer på att förse landet med LG QUAN WG 235 (Large Quantities of Weapons Grade 235 = Uran 235).

Det andra var att man misstänkte att Palme i samband med sitt Moskvabesök

Carl F Algernon

våren 1986 skulle vidta åtgärder som hotade Natos norra flank. En punkt på agendan skulle ha gällt just frågan om sovjetiska garantier för ett neutralt Norden, det vill säga ett Norden där Danmark och Norge skulle utträda ur Nato. Enligt en rapport från gruppens underrättelsecentral Intelcent hade detta förslag vunnit Moskvas gillande, vilket skrämde Sops. Mötesordföranden från Belgien föreslog då att man inledde spionage inne i Olof Palmes kansli i samarbete med USA och Storbritannien för att skaffa fram Palmes hemliga agenda rörande det stundande Moskvamötet. För de västliga försvarsstaberna var det absolut nödvändigt att disponera över baserna vid Östersjön. Palme hade, i likhet med sin norska kollega Gro Harlem Brundtland, uttalat sig mot dessa baser och propagerat för en kärnvapenfri zon i Östersjön.

-Hade den kärnvapenfria zonen genomförts hade den blivit väldigt riskabel för säkerhetspolitiken, kommenterade journalisten Fredrik Braconier på *Svenska Dagbladet* i SVTs *Dokument Inifrån* 1999. Den hade tvingat Danmark och Norge ut ur Nato och förvärrat hela det säkerhetspolitiska läget i norra Europa.

En promemoria inför Moskvamötet, som bekräftats av ett Top Secret-krypterat telegram adresserat till amerikanska UD, visar att det var just åtgärder rörande Natos norra flank som skulle diskuteras. I närvaro av bland andra den svenske ÖBn general Lennart Ljungs representant Carl Fredrik Algernon (se sid 342) kretsade "diskussionen huvudsakligen kring förhållanden som skulle kunna bli en följd av fortsatt avveckling av de finska kärnvapenplanerna, varvid norra Sveriges roll skulle bli ytterst viktig vid kontrollen av sovjetiska atomdrivna ubåtar stationerade vid Kolahalvön, samt vid övervakningen av Gremikhas aktiviteter".

Området som omnämns i telegrammet var mycket centralt i terrorbalansen mellan stormakterna. Totalt förfogade Sovjet i slutet av 1980-talet över 930 kärnladdade ubåtsmissiler med 3642 stridsspetsar. 75 procent av detta fanns alltså upplagrat ombord på jätteubåtar av Typhon- och Delta-klass med baser i Polyarnyi och Gremikha på Kolahalvön.

Sverige, hette det enligt flera rapporter, önskade också förhandla med Moskva om stängning av Muskön i Stockholms yttre skärgård och Karlskrona, två av Natos strategiska elektroniska avlyssningsstationer vid Europas norra flank, liksom skrotandet av några så kallade Sigintinstallationer vid Skagerack.

En summering av slutsatserna som drogs av gruppen:
* Någon med initialerna CN skulle senast i april 1986 komma med en förstudie angående en elektronisk avlyssningsstation för övervakning av ubåtsbasen Gremikha från Kebnekaiseområdet.
* Sops skulle koordinera en plan för att reducera hotet angående Palmes resa till

Moskva.
* Den danska och norska planen att lämna Nato **måste** till varje pris stoppas!
* En eventuell skeppslast med uran 235 **måste** också förbjudas eller förorenas!

Någon gång i april 1992 kontaktades Palmeutredningen av pressekreteraren i Statsrådsberedningen, Lars Christiansson. Han hade erhållit liknande uppgifter från två pålitliga källor: en engelsk MI 6-man kallad Agent F bosatt i en Stockholmsförort samt en amerikansk pensionerad överste i Tyskland som också verkat som officer inom Itac (se sid 500).

I samband med planeringen av Moskvaresan hade Palme haft en brevväxling med Gorbatjov. I ett sådant brev ska Palme ha gett uttryck för att han förordade en så kallad neutralisering av hela Norden. Enligt Agent F skulle detta ha kommit till Natos kännedom och varit det utlösande skälet till mordet. Ett mystiskt telegram (se sid 503) dagarna före mordet samt ett krypterat telex från Washington som bekräftade uppgifterna skulle ha sänts som ett led i denna plan.

Vid olika sammanträden lade Acc / Sops upp en attentatsplan som tog slutgiltig form i december 1985, då en namngiven svensk fick i uppdrag att rekrytera en attentatsman i Beirut.

"Den aktuella situationen gör det absolut nödvändigt att framgångsrikt genomföra Operation Tree" hette det i protokollet. "Frågan rörande den svenske statsministern får handläggas som ett internt problem för Sverige och skötas av de svenska vännerna, under förutsättning att hotet mot den norra flanken behandlas med framgång".

Medlemmarna fick nu en försäkran om att "den nödvändiga distansen kommer att upprätthållas så att saken ska kunna dementeras". Bandet dem emellan var därutöver "helt informellt och icke officiellt erkänt eller godkänt av medlemsländerna". Dokumentet underströk att ledningen av denna operation skulle ske lokalt, medan teknikerna skulle importeras. Fullständig åtskillnad förutsattes.

Sops hade därefter enhälligt beslutat att sända två amerikaner och flera svenskar vilkas namn markerades med säkerhetsstämpeln *For Your Eyes Only*. Kodnamn som nämndes var "Värd: P.?, P.G, C,N, Gorane, MATSL for CUW, P.S," samt "generalen". Den viktigaste punkten på dagordningen gällde "Nass Beiruts aktiviteter i samband med den svenske statsministern" (troligtvis gäller detta den utvalde mördaren).

Journalisten Francovichs källa bekräftade att det var vid ett sådant möte i januari 1985 som namnen på de så kallade teknikerna diskuterades. Det hemliga sammanträdet hölls i det engelska grevskapet Wiltshire i ett hus tillhörande en grupp kallad Yggdrasil (jämför finansmannen och delägaren i Nobel / Bofors Erik Pensers bolag Yggdrasil. Yggdrasil är namnet på Livets Träd inom den fornnordiska mytologin och överensstämmer med kodordet Operation Tree).

Parallellt hade Francovich lyckats skaffa fram namn på den importerade tekniker som slutligen skulle utföra mordet. Dennes identitet bekräftades av tre oberoende källor, tidigare medlemmar av de amerikanska och israeliska säkerhetsorganisationerna. Mördaren sades vara en elitskytt som tränats av CIA för shahen av Irans hemliga underrättelsetjänst Savaks räkning, en ytterst skicklig yrkesmördare som arbetade mot skyhög ersättning.

Men innan Francovich hann publicera sina uppseendeväckande uppgifter avled han i en hjärtinfarkt då han skulle passera tullen på flygplatsen i Houston den 18 april 1997. Han var då på väg för att träffa en före detta hemlig agent som tidigare gett honom gärningsmannens foto, identitet och adress.

Ännu en sanningssökare satt ur spel.

Ett litet inlägg: I varje normal mordutredning är en av huvuduppgifterna att ta reda på vem som tjänat på att mörda offret, vem som haft personlig vinning av dennes död. Follow the Money som det heter på engelska. Vid John F Kennedys död (se sid 263) var det av yttersta vikt för krafterna bakom mordet att ha kontroll över Börsen, eftersom man visste att dollarn skulle rasa dramatiskt i takt med att dödsbudet spreds runt globen. Därför hade man långt i förväg förberett det hela, bland annat genom att genomföra mordet på en fredag - de amerikanska börserna stängdes omgående vilket gav ett par dagars respit

Erik Penser

över helgen - och genom att ha låst gigantiska dollarsummor så att utländska intressen inte kunde komma åt dem förrän man hade situationen under kontroll. Man använde sig ironiskt nog av JFKs egen ekonomiska nödplan för extrema krissituationer.

Så vad hände på Stockholmsbörsen efter mordet? Vad hände på börserna runt om i världen? Varför mördades även Palme på en fredag? Var det bara en tillfällighet? Och vem tjänade mest på hans död?

Under veckan som följde efter Palmemordet steg aktierna på Stockholmsbörsen med 1 300 000 000 kronor! Aktiernas index nådde därmed den näst högsta nivån någonsin, bara 0,1 procent från det historiska rekordet All Time High. Enligt *Aftonbladet den 6 augusti -86* satte finansmannen Erik Penser i all tysthet ett slags världsrekord i snabba klipp. Efter den 1 januari 1986 steg hans aktier i svenska företag nämligen med det svindlande beloppet 2 700 000 000 kronor på sju månader! Det innebar att Erik Penser blev Sveriges i särklass rikaste person med en förmögenhet värd 3 700 000 000 kronor - siffrorna tagna från en analys i tidningen *Affärsvärlden*. Det som var en sorgens vecka för folket blev alltså en rekordvecka på börsen. Finns det något samband mellan mordet och uppgången på börsen? Vi ska återkomma till det senare.

Vad gällde övriga frågor i den citerade Sopsrapporten ingick en serie desinformations- och propagandaåtgärder. Den norske generalen Ingebritsen i spetsen för norska Stay Behind hade till exempel publicerat en serie artiklar i *Aftenposten* som underströk nödvändigheten av en marin styrkeuppbyggnad i Norska havet mellan Lofoten och Jan Mayen. General Ingebritsen var även chef för den norska säkerhetstjänsten.

Ett dokument omtalade vidare att en norsk kontakt hade etablerats med Hans von Hofsten (se sid 389) och hans grupp via Norges ÖB Bull-Hansens folk för att stödja kampanjen för Sveriges anslutning till Nato och samtidigt destabilisera den svenska politiska scenen. Penningmedel skulle finnas tillgängliga efter behag via Pargesa (troligtvis ett schweiziskt finansinstitut som nämns vid flera tillfällen i samband med finansieringen av specialoperationer). Utbetalningarna skulle hanteras av någon vid namn Thunholm.

Kan detta vara Lars-Erik Thunholm, tidigare ordförande i Nobelindustrier och ordförande i Wallenbergs SE-Banken? Thunholm var enligt en artikel i tidningen *Arbetet* ingen duvunge i ultrahögersammanhang och sa så här i mitten av 1970-talet:

-Det behövs en auktoritär regim för att ta hand om samhällets anpassning till inflationen. Om vi inte kan stoppa inflationen måste vi göra oss av med demokratin.

-Med tanke på allt jag upplevt och hört, så är jag övertygad om att element ur militärhögern mycket väl kan ha varit verktyg vid mordet på Olof Palme, förklarade yrkesmilitären sedan 40 år Hugo Johansson i tidningen *Proletären nr 19 -87*. Det är inte alls otroligt att det har förekommit ett samarbete mellan militärer, poliser och säkerhetsmän. Man ska inte glömma att många poliser har varit militärer och att Säpo ofta samarbetar med militären. Jag vet alltså att det finns människor inom militären och polisen som är mycket villiga redskap åt USA och dess spionorganisation CIA. Människor som mycket väl vore kapabla att mörda Olof Palme.

Säpo hade i allt större utsträckning börjat arbeta åt det privata näringslivet, ett Säpo som i likhet med SAFs politiska marknadsförare såg på sossarna med djup misstro och på Palme som en säkerhetsrisk. Samma sak gällde utomlands. Säpos samarbete med de västliga underrättelsetjänsterna som CIA och brittiska MI5 beskrevs så här i boken *Inuti Labyrinten*: "Man ser konturerna av en organisation som betraktar sig som en kugge i ett stort hemligt överstatligt maskineri, vars främsta uppgift är att försvara de politiska och ekonomiska intressen som har makten i västvärlden. Alla rörelser som radikalt försöker förändra status quo, som till exempel miljörörelsen, övervakas noga. Om någon radikal rörelse – oberoende av om den arbetar med demokratiska metoder eller inte – hotar växa sig stark, infiltreras den i hemlighet och manipuleras."

Detsamma gällde obekväma personer som om de inte rättade sig i ledet stod på tur att elimineras.

OPERATION TREE

Var fanns medlen för mordet? Likvideringen förutsatte deltagande av ett team professionella människor med mycket god lokalkännedom, kunskap om offrets vanor, tillgång till sambandcentral, flyktbilar, säkra lägenheter med mera. Det handlar om

vapen, utbildning, personella och materiella resurser. Av flera
olika skäl är det uppenbart och klarlagt att svenskar var delak-
tiga i mordoperationen. Och det är likaså klart att detta Polis-
spår (se sid 413) har konkret anknytning till såväl mordplatsen,
högerextremistiska grupper som till Sydafrika.

Det kan kanske tyckas något långsökt att påstå att George
Bushs CIA, chilenska DINA, Natos Stay Behindnät med flera
alla kan vara inblandade i mordet på Olof Palme. Men det
går att knyta samman trådarna när man börjar titta bakom
kulisserna.

Maskerad med säck

Dagens Nyheters medarbetare Olle Alsén avslutade sin
tjänst med en resa i Europa och USA, varvid han bland annat
sammanträffade med en amerikanskfödd österrikare vid namn Oscar alternativt Oswald
LeWinter (se sid 500), alias Ibrahim Razin, alias Racine, alias Rosine, alias George Cave,
alias George Mearah. I Palmegruppens tidningsarkiv finns en artikel publicerad i *Afton-
bladet den 28 juli -90*, där LeWinter uppger att statsminister Olof Palme mördades för
sin kännedom om Iran-Contrasaffären, att Palme själv skulle ha varit CIA-agent och att
Lockerbieattentatet (se sid 637) skulle ha varit riktat mot den svenske FN-kommissarien
Bernt Carlsson på grund av att denne visste för mycket om den amerikanska ledningens
illegala vapen- och narkotikaaffärer.

Vid den här tiden arbetade Oswald LeWinter vid den judiska tidskriften *Semit* i
Frankfurt am Main efter att fram till 1989 ha verkat vid FN-organisationen War and
Peace. Enligt egen uppgift hade han tidigare arbetat som desinformationsexpert i CIAs
Operation Directorate från mitten av 1960 till 1980. Han hade också för organisatio-
nens räkning samarbetat med underrättelsetjänster i Israel, Frankrike och flera andra
europeiska länder.

Att Oswald LeWinter hade levt i en ljusskygg agentvärld på hög nivå råder det inga
tvivel om. Han har utfrågats vid utskottsförhören i samband med Iran-Contrasaffären
i egenskap av Oliver Norths (se sid 801) närmaste man och var vidare en av huvudper-
sonerna i boken *October Surprise* av Barbara Honegger, tidigare medarbetare i Vita
Huset. Som informatören Y skakade han det amerikanska folket med avslöjanden om
Reagan / Bushs smutsiga presidentvalskampanj 1980. Boken redovisade till exempel
i stor detalj hur George Bush, medarbetare i kampanjgruppen och CIA vid ett möte
med Irans högsta militära ledning i Paris medvetet fördröjt frisläppandet av de drygt
50 amerikaner som satt som gisslan i Teheran under fyra månader. Anledningen till
detta var att motståndaren Jimmy Carter skulle förhindras dra fördel av denna laddade
situation i valkampanjen (se SVTs *Dokument Utifrån* om detta drama).

Sedan dess hade Oscar LeWinter hoppat av CIA och blivit en så kallad whistle
blower, en tjallare med avsikt att blottlägga organisationens skrämmande verksamhet.

LeWinters avslöjanden var ytterst farliga och han uppträdde oftast maskerad när han deltog i radio- och TV-program i Italien, USA och Kanada. Ett av dessa framträdanden var *den 17 september -88* i det amerikanska radioprogrammet *LA Live With Bill Moran.* Han berättade då om ett kryptiskt telegram skickat den 25 februari 1986. Telegrammet löd: "Det svenska trädet skall fällas - Tala om det för vår gode vän Bush".
Tre dagar senare var Olof Palme (palmen) död.

Greps samtidigt

Telegrammet hade skickats från Brasilien av den ökände stormästare i den italienska frimurarlogen P2, Licio Gelli (se sid 508), till Philip Guarino, frimurare, vice ordförande i det republikanska partiets nationalkommitté och nära medarbetare till vicepresidenten George Bush. När en svensk journalist fick kontakt med Philip Guarino, stammade denne till svars:

-Jag... jag... minns inte något sådant telegram. Men visst känner jag Gelli.

(Tilläggas kan att Christer Pettersson lämpligt nog greps dagen efter att Telegramhistorien för första gången uppmärksammats i svensk press. Var detta en ren avledningsmanöver?)

Enligt journalisten Anders Leopold hade telegrammet dessutom censurerats innan det publicerades i svensk press. Här ändrades ordalydelsen till: "Tala om för vår vän att det svenska trädet ska fällas". Att nämna den amerikanske vicepresidentens namn i samband med mordet på Olof Palme ansågs opublicerbart.

-Jag hade goda relationer med flera olika säkerhetstjänster och hade tillgång till arkiven i CIAs högkvarter i Langley, hävdade LeWinter i en telefonintervju för TV3. Jag kan inte säga att amerikanerna lät döda Palme. Däremot är jag beredd att säga att de visste om det på förhand - utan att göra någonting för att förhindra det.

När LeWinter avslöjade P2s, CIAs och Gellis eventuella medverkan i Palmemordet tog den italienske presidenten det på så stort allvar att han beslöt att tillsätta en juristkommission. Inblandade påstods ligga inne med tunga bevis och en av *Dagens Nyheters* källor avslöjade att han kommit över och fotograferat den agenda som hade utlöst attentatet mot Palme. I samma veva fick journalisten Olle Alsén nys om att före detta CIA-chefen William Casey avslöjat arbetsnamnet på Palmemordet: *Pantera Uncia - Snöleoparden.*

P2-LOGEN

Åtskilliga före detta CIA-agenter beskrev P2-logen som en hundraprocentig filial med förgreningar till den italienska maffian, som sysslade med knark- och vapensmuggling, politiskt-militärt spionage och illegala valutaaffärer. P2 var alltså inte bara ett frimurarbrödraskap (se sid 543) där man lovade att skydda och hjälpa varandra i karriären. Dess ledning var i händerna på storfinansen som använde logen för att sätta sig över landets lagar.

Medlemmar i P2 misstänktes ha undanhållit omkring 2 400 000 000 dollar i skatt under senare delen av 1970-talet och för att ha deltagit i en rad bankbedrägerier. De rättsliga myndigheterna i Milano hävdade att P2s syfte var att förstöra landets konstitutionella uppbyggnad. Uppgifter om landets ledande personer, partier och organisationer, hade insamlats till ett gigantiskt arkiv som uppgavs innehålla så mycket hemlig information att organisationen kunde betecknas som en stat i staten med planer om att ta över landet i ett krisläge.

P2s Licio Gelli

Stormästaren Licio Gelli hade varit en hängiven fascist under Mussolini och hjälpt till att organisera den så kallade Råttlinjen använd för att smuggla nazister ut efter Andra världskriget. Gelli hade många internationella kontakter med länder i Östeuropa och Sydamerika och 1954 flydde han till Argentina, där han blev diktatorn Juan Peróns rådgivare. Här hade han mäktiga beskyddare inom militärjuntan. Han hade även så goda relationer med USAs republikanska parti att han närvarade vid Reagan-Bush installationen i januari 1981.

P2 hade drabbats av ett svårt bakslag året innan, då italienska polisen under utredning av Gellis kontakter med bankiren och maffiabossen Michele Sindona, kommit över en förteckning på 953 medlemmar ur frimurarlogen P2, däribland över 50 generaler och amiraler, två medlemmar av regeringen varav en var kristdemokraten Giulio Andreotti, 43 parlamentsledamöter, 54 högre ämbetsmän, 138 högre officerare, däribland 38 generaler och amiraler inklusive överbefälhavaren och de två högsta cheferna för underrättelsetjänsten, 19 högre domare och en härskara av advokater, polischefer, ledande bankirer, tidningsutgivare, professorer, polischefer samt journalister och popstjärnor. Ännu en lista med ytterligare 2 400 namn på inflytelserika medlemmar i logen beslagtogs senare. Skandalen fick Italiens regering på fall och ledde nästan till att Nato upplöstes.

Nyckelmannen i P2-affären, bankdirektören Roberto Calvi, hann inte fly till Sydamerika som andra i toppen. När den italienska Banco Ambrosiano gick i konkurs hittades Roberto Calvi den 18 juni 1982 hängande från Blackfriars Bridge i London. Denna den största bankskandal i Italien sedan Andra världskriget, ledde bland annat till att ledaren för Vatikanens bank IOR, ärkebiskop Paul Marcinkus, hamnade på de åtalades bänk och tvingades betala tillbaka 240 miljoner dollar till kreditorerna.

Roberto Calvi - hängd

I Calvis pengakarusell hade maffians pengar från vapen- och heroinhandeln tvättats och P2 fick sin del av kakan för att säkra operationerna med det nödvändiga politiska stödet.

Den 3 januari -99 beskrev den danska tidningen *Berlingske Tidende* hur ärkebiskopen bildat par med Roberto Calvi och säkrat att miljonerna kunde strömma fritt bland ett myller av skalbolag och ljusskygga banker i Panama, Peru, Nicaragua, Bahamas, Luxemburg och Lichtenstein.

Enligt den amerikanska journalisten David Yallop fanns det även mycket tydliga tecken på att påven Johannes Paulus I, alias Albino Luciani, som avlidit 1978 efter endast 33 dagar som påve, i verkligheten blivit förgiftad av Roberto Calvi och ärkebiskopen. Motivet skulle vara att Johannes Paul I försökt stoppa duons affärer.

Roberto Calvis död är än idag ett mysterium och liket har obducerats inte mindre än tre gånger för att

Johannes Paulus II

försöka fastställa dödsorsaken. I ett brev skrivet kort före hans död, ömsom hotar och bönar Calvi om hjälp. Brevet är adresserat till påven Johannes Paulus II, alias Karol Wojtyla:

"Det är jag som på förslag från Era representanter har genomfört finansieringar till fördel för politiskt-religiösa rörelser i öst och i väst. I hela Central- och Sydamerika har jag koordinerat ett nät av bolag och banker för att bekämpa utbredningen av marxistiska ideologier... Det finns många som idag lovar att rädda mig om jag berättar om det arbete jag har utfört åt kyrkan. Det finns faktiskt många som gärna skulle vilja veta om det stämmer att jag har skaffat vapen till sydamerikanska regimer för att hjälpa dem att bekämpa våra gemensamma fiender, och om jag har hjälpt Soldidarnosc med pengar och andra organisationer i öst med finansiering och vapen. Men jag låter mig inte utpressas...".

(Var det endast en tillfällighet att det offentliga avslöjandet av P2 kom bara sju dagar efter Mehmet Ali Agcas misslyckade mordförsök mot Påven Johannes Paulus II den 13 maj 1981. Många inom Vatikanen och även den italienska säkerhetspolisen hävdar att P2-logen spelade någon sorts roll i mordförsöket).

Mehmet Ali Agca

I sin bok *In God's Name* citerade författaren David Yallop Tina Anselmi, ordförande för parlamentskommissionen som utredde P2:

-P2 är ingalunda död. Den har alltjämt makt. Den arbetar inom institutionerna. Den rör sig i samhället. Den har fortfarande pengar, medel och verktyg till sitt förfogande och har alltjämt fullt fungerande maktcentra i Sydamerika. Den förmår också att åtminstone delvis påverka Italiens politiska liv.

Agenten Oswald LeWinters avslöjanden väckte stort rabalder och det dröjde inte länge innan de amerikanska myndigheterna gick till motattack. Under hösten 1991 hade FBI lyckats vaska fram vad som påstods vara utförlig information om LeWinter. Denne skulle bland annat ha arresterats 1953 för att falskeligen ha utgett sig för att vara officer. Han skulle även arbeta för den israeliska underrättelsetjänsten och 1971 ha arresterats av Scotland Yard för utpressning, 1984 hade han varit misstänkt för narkotikabrott och året därpå skulle han ha dömts till sex års fängelse. Förtalet fortsatte:

Vincent Cannistraro

-LeWinter har ett groteskt dåligt rykte, kommenterade den tidigare operative chefen för CIAs Europaavdelning, David Whipple, i TV3.

-Han har aldrig ens arbetat för CIA, dementerade CIAs antiterroristchef Vincent Cannistraro i samma kanal.

Mohammed Al-Fayed

I april 1998 greps LeWinter i Wien av österrikisk säkerhetspolis på direkt order av FBI. Arresteringen väckte enormt uppseende, framför allt i England. LeWinter anklagades nämligen för att ha erbjudit Mohammed Al-Fayed, pappa till Dodi Al-Fayed som omkom i bilkraschen tillsammans med Lady Di, topphemliga dokument som skulle avslöja att paret faktiskt mördats. Trots mycket svag bevisföring dömdes LeWinter för försök till bedrägeri.

En officiell FBI-källa citerades i flera österrikiska tidningar:

-CIA ville på alla sätt bli av med den besvärliga läckan LeWinter.

Dodi Al-Fayed

Hösten 1998 satt han fortfarande inspärrad i statsfängelset i Wien. Svårt leversjuk, med diabetes, kronisk bronkit och en besvärlig hudsjukdom som han ådragit sig i Vietnam, fruktade han en utlämning.

-Snälla, starta en massiv brevkampanj till Österrikes president om benådning, vädjade han. Jag är oskyldig och har förlorat allt. Jag kommer aldrig att överleva om jag blir utlämnad till USA.

Lady Diana

SKÖTS NER AV HELIKOPTER

Det är inte bara CIA-mannen Oscar LeWinter som har försökt föra ut det så kallade Telegramspåret. Samma historia har i stora drag berättats av två andra personer med bakgrund i olika underrättelsetjänster, bland andra före detta CIA-agenten Dick Brennecker.

En annan CIA-källa är Gene "Chip" Tatum (se sid 783), som från början varit stridspilot i Vietnam. När han anslöts till CIA blev han personligt ansvarig för mycket känsliga transporter, oftast innehållande vapen eller droger. Han flög även flera presidenter, däribland George Bush, på hemliga resor världen över.

George Bush

Tatum överfördes i april 1986 från CIA till OSG (Operation Sub Group), en sorts hemlig skuggregering skapad av George Bush 1981. OSG var officiellt en antidrog och antiterroristorganisation med agenter från underrättelsetjänster i USA, England, Israel, Turkiet och Danmark. Men det fanns också en hemlig OSG-2-grupp vars chef var den numera ökände Oliver North (se sid 801). North var president Ronald Reagans (se sid 797), CIA-chefen William Caseys (se sid 790) och vicepresidenten George Bushs effektiva och mycket farliga redskap i den superhemliga drog- och vapenhandelskartellen Enterprise med miljarder dollar i omlopp.

Oliver North

Här fick Chip Tatum stor inblick i tidigare operationer som OSG genomfört. En av dessa var enligt honom mordet på Olof Palme, som genomförts av allierade mördarproffs från Sydafrika (se sid 577). Anledningen till mordet var att den svenske statsministern hotat att vända sig till FN och avslöja vad han visste om George Bushs, Bill Clintons (!) och före detta president Manuel Noriegas med fleras inblandning i den illegala internationella vapen- och narkotikahandeln. Allt enligt Tatum i en intervju i *Radio KIEV i Los Angeles den 14 juli -96 (http://www.imt.net/~mtpatriot/pegasus.htm)*.

Peter Ford

Programledare och intervjuare var Peter Ford, son till filmstjärnan Glenn Ford. Med vid intervjun var en av USA:s mest kända narkotikapoliser, Mike Ruppert.

Peter Ford: - Var Bush inblandad... i någon sorts problem... var det en utrikesminister eller vem var det som mördades i Sverige?

Gene Tatum: -Sveriges premiärminister Olof Palme. Jag

Mike Ruppert

informerades om att det var OSG som låg bakom och använde sig av proffs från Sydafrika.

Ford: -Jaha... och varför blev han likviderad?

Tatum: - Användarcertifikat (slutanvändarcertifikat till länder dit det var lagligt att exportera vapen) var väldigt viktiga för att "Contragate" skulle kunna frakta vapen runt världen. Utan certifikat var det mycket svårt att transportera vapen utan att bryta mot internationell lag och bli fängslade. Sverige var ett land vars vapentillverkare (Bofors) hade tillgång till legala mottagarländer och som North ville använda sig av. Så enligt vad jag förstår avslöjade han (Oliver North) hela planen för premiärministern Olof Palme. Han trodde att Bofors illegala försäljning via bl and annat Syd-Korea och Nigeria vidare till Iran, skedde med den svenska regerings goda minne. Men statsministern hade ingenting med detta att göra och tänkte lämna över det här till FN eftersom det var illegalt.

Ford: -Men så hände aldrig

Tatum: -Nej, och det blev slutet på denna historia.

-Tatum har hög trovärdighet, kommenterade knarkspanaren Mike Ruppert i Internettidningen *Leopold Report*. Han har tagit enorma risker när han valt att offentligt avslöja vad han vet om CIA och det finns ingen anledning att misstro honom. De uppgifter han lämnat och som jag kunnat kontrollera har stämt.

Mike Ruppert är en före detta narkotikapolis i Los Angeles som blev rikskändis när han den 1 oktober 1997 inför Senate Select Committee on Intelligence avslöjade att han i sin narkotikaspaning funnit att det i själva verket var CIA och landets högsta ledning som under årtionden legat bakom droghandeln och crackepidemin i USA(se sid 804). Dessa skandalösa uppgifter har bekräftats av många undersökare och författare (till exempel David Icke i boken *Och Sanningen ska göra er fria).* Efter sina avslöjanden avskedades Ruppert och blev flera gånger utsatt för mordförsök.

Chip Tatum har sedan dess avslöjat ytterligare hemligheter i bokform *The Tatum Chronicles (se sid 783)* och ett stort antal intervjuer. Tyvärr är han dock försvunnen tillsammans med frun Nancy Jane sedan början av 1999.

WASHINGTON BEORDRADE MORDET

Även om det till en början kan tyckas svårt att tro på, så finns det fler indikationer på att CIA kan ha varit inblandat i mordet på den svenske statsministern. Detta skulle i så fall bara vara ett i en lång rad av attentat organiserade av denna fruktade organisation. En man som ingående har utrett den amerikanske underrätelsetjänstens verksamhet är forskaren professor Noam Chomsky. I sin smått klassiska bok *De mänskliga rättigheternas politiska ekonomi* fastslår han:

-Antalet fall där CIA varit engagerat i aktivt omstörtande av etablerade regeringar och försök till politiska mord uppgår till sammanlagt hundra- eller kanske rentav tusentals.

Att CIA verkligen fanns i Stockholm under mordnatten bekräftades i *Svenska Dagbladet den 2 september 89*, då uppgifter från åklagare Jan Danielssons förhör med en Säpoman läckt ut. Reportern Roger Magnergård skrev angående buggningen av en sovjetisk diplomat (se sid 54):

Noam Chomsky

"När Olof Palme mördades fanns experter på avlyssningsoperationer från CIA i Stockholm. De besökte den svenska säkerhetstjänsten. De förklarade sig villiga att installera avlyssningsutrustning och eftersom de var de mest kunniga på sådana operationer fick de klartecken." "Denna förklaring av händelseförloppet har också, enligt *Svenska Dagbladet*s uppgiftslämnare, i efterhand accepterats av politikerna".

Men var det det enda CIA gjorde denna natt? I juli 1991 kontaktade den danska polisen i Roskilde Palmegruppen angående en amerikan som sa sig sitta inne med hemlig information. Överste William Herrmann hade tidigare varit militärt verksam inom underrättelsetjänsten och CIA, där han varit kontrakterad agent fram till 1985. Hans arbetsuppgift hade företrädesvis bestått i att skaffa fram information om andra länders vapenarsenal. Detta hade lett honom in i den stora internationella vapenkarusellen och här träffade han bland andra premiärminister Shimon Perezs särskilde rådgivare – en högt uppsatt man inom den israeliska säkerhetstjänsten.

Vid ett tillfälle sa denne att USA eller Israel aldrig skulle acceptera att något annat Natoland eller Sverige skulle sälja vapen till Iran. Detta skulle i så fall stoppas till varje pris. CIA-agenten avslöjade emellertid att han 1984 fått ta del av en kopia på ett kontrakt mellan Bofors och Iran gällande två hundra RBS-70-robotar. Herrmann påstod också att CIA-chefen William Casey och George Bush uppmanat Olof Palme att godkänna försäljningen till Sydkorea. Men den svenske statsministern hade vägrat påverka sin regeringen att godkänna försäljningen. Han stoppade också flera andra avtal mellan Bofors och falska slutanvändarländer (se sid 310). Det var här han blev en direkt fara för Reagan och Bushadministrationen. Risken att hans nästa steg skulle bli att stoppa USAs vapenaffärer var överhängande.

Vid förhören framkom att Herrmann någon gång i september 1989 hade fått inblick i Palmemordet. Enligt amerikanen hade ordern om att eliminera den svenske statsministern troligtvis kommit från Washington med anledning av Boforshärvan. CIA skulle i augusti-september 1985 ha gett uppdraget till den israeliska underrättelsetjänsten Mossad. Denna hade i sin tur kontrakterat en lejd palestinier som själv mördats strax efter mordet. Hans namn var Mansoar M.

I ett mycket påkostat TV3-program i serien *Vem mördade Olof Palme* intervjuade man William F Colby (CIA-chef 1973-76) (se sid 490) och expresidenten George Bush.

-Filmregissören Oliver Stone gjorde Kennedymordet till en stor komplott, vilket är rent nonsens, förklarade Colby. Av Palmemordet skulle han säkert kunna göra något liknande. Men jag kan garantera att CIA inte hade något med Olof Palmes död att göra. Så dumma skulle vi inte vara.

Lördagen den 27 mars 1996 försvann Colby. Det sägs att han drunknade medan han var ute i sin kanot nära sin sommarstuga i Maryland. Dörren var olåst och öppen, datorn var påsatt och en måltid stod framdukad på bordet. En vecka senare hittades hans kropp i vattnet mindre än en och en halv kilometer från stugan. Man påstod det vara en olyckshändelse, förmodligen förorsakad av en hjärtattack.

William Colby

Även den utpekade George Bush har varit CIA-chef. Han gav följande beskrivning av den svenske statsministern:

-Jag tyckte tidigt att att han var alldeles för hård och okänslig i sin kritik mot USAs krigföring i Vietnam. Men när jag under min tid som vicepresident besökte honom i Sverige såg jag på nära håll vilken varmhjärtad människa han var. Jag observerade hans strävan att skapa ett bättre Sverige och en bättre värld. Då kände jag mycket stor respekt och även stor tillgivenhet för honom som person. Han var en kraftfull man och jag är säker på att vi skulle ha

Här hittades William Colby drunknad

haft våra meningsskiljaktigheter om vi hade regerat samtidigt. Men jag skulle aldrig ha ifrågasatt hans engagemang för att hjälpa fattiga och för att skapa fred i världen. Han var en fin man - en fin man.

"PALME ÖVERVAKADES"

I *Dokument Inifrån* 1999 framträdde ett anonymt vittne kallat Björn. Han hade militär utbildning, hade varit i FN-tjänst och var under 1980-talet engagerad i antikommunistiska kretsar där det fanns ett brinnande hat mot Olof Palme. Björn var mycket rädd för sin egen säkerhet, men insisterade ändå på att berätta.

-Jag kom för ett antal år sedan in i en hemlig svensk motståndsrörelse tänkt att vara sista försvarslinjen om Sverige skulle bli anfallet. Personerna som ingick skulle helst ha militär bakgrund, jägarsoldater, reservofficerare. Framförallt skulle de vara hängivna antikommunister, moraliska soldater som de kallades. Rörelsen stod hemvärnet nära. Det fanns också medlemmar inom polisen. Jag fick aldrig överblick över hela rörelsen, det var det inte många som hade. Man var indelad i små grupper som skulle ha så lite kontakt med varandra som möjligt. Det fanns en hel del vapen, också oregistrerade som inte kunde spåras. I fredstid sysslade rörelsen med att till exempel samla in information om opålitliga personer, så kallade säkerhetsrisker. Det kunde vara både spaning, övervakning och avlyssning. Rörelsen bytte information med Säpo på ett informellt sätt. En del information gick också vidare till utlandet.

Vittnet Björn

-Hatet mot Palme var otroligt intensivt i rörelsen. Han sågs som en förrädare, dels genom sin flathet mot ryssarna men också genom att han till exempel månade om Yassir Arafat.

-Jag vet helt säkert att man i perioder övervakade Palme och andra socialdemokratiska politiker som man ansåg vara opålitliga. Den övervakande gruppen bestod av 4-7 personer. Man hade bra teknisk utrustning och telefonavlyssning var inga problem. Jag tror att det också förekom buggning och när man övervakade fysiskt hade man radiosamband. Jag var inte själv med att övervaka Palme, men jag vet att det gjordes. Inte kontinuerligt, men i perioder.

Ett argument som alltid framförs av konspirationskritiker gäller just eventuell avlyssning. Hur kunde mördaren / mördarna annars veta att Palme skulle bege sig iväg på bio denna kalla februarikväll?

-Det finns absolut ingenting som tyder på att Palmes telefon varit avlyssnad, brukade spaningsledaren Hans Ölvebro poängtera. Vi undersökte tidigt makarnas telefon och kopplingsskåpet nere på gatan, men fann inga tecken på avlyssning

Detta betyder dock inte samma sak som att Palmes telefon inte varit avlyssnad. Tvärtom, det skulle vara utomordentligt uppseendeväckande om en avlyssning gjorts på ett sådant sätt att den lämnat spår efter sig. Ingen kan på allvar tro att en professionell attentatsgrupp skulle ha avlyssnat telefonen genom att koppla in sig med krokodilklämmor i ett skåp på gatan. Det fanns vid den här tiden mycket mer avancerad avlyssningsteknik än så (se sid 824).

Den 10 mars 1986 företogs en undersökning av Palmes säkerhetsskåp, placerat i hans tjänsterum. Eftersom ingen hade koden till skåpet öppnades detta med hjälp av låstekniker från säkerhetspolisen. Handlingarna som återfanns rörde så gott som uteslutande statsministerns roll som medlare i kriget Iran-Irak. Vidare fanns ett fåtal handlingar som gällde det så kallade Harvardärendet (se sid 395).

Var Olof Palme avlyssnad?

Att Palme skulle vara ledig den här kvällen var känt långt i förväg. Hans almanacka för februari hade lagts fast redan i slutet på januari. Den var tillgänglig för hans livvakter, för Säpo och för hans närmaste medarbetare. Palme hade alltid varit oerhört misstänksam mot Säpo och utgick alltid från att hans telefonsamtal kunde vara avlyssnade. Trots det avstod han inte från att uttrycka sig öppet i telefon, berättade en kollega på regeringsnivå. Efter mordet var det dock samma Säpo som fick utröna om Palme varit avlyssnad, alltså samma instans som haft ansvaret för att skydda honom. Detta innebar en så kallad ingående sökning efter avlyssningsutrustning på såväl Olof och Lisbet Palmes arbetsplatser som i deras hem. Därutöver genomfördes tillsammans med representanter från Televerket en undersökning av telefonlinjerna från Palmes bostad till telefonstationen Jeriko. Inget anmärkningsvärt iakttogs.

Men många är fortfarande övertygade om att Palme verkligen varit avlyssnad. Den tidigare Säpoanställde Ulf Lingärde, expert i militär underrättelsetjänst sa i *Aftonbladet den 20 oktober -95*:

-Jag är övertygad om att mördaren fick sin information genom avlyssning mordkvällen av telefonsamtalet mellan Olof Palme och Emma Rotschild (se sid 47), vari Palme omtalade att han och familjen skulle gå på bio den kvällen.

Lingärde förklarade vidare inför Marjasinkommissionen hur enkelt det är att avlyssna någon:

-Alla moderna telefonsystem har faciliteter inbyggda för avlyssning. Den kan göras på ställen som har en kvalificerad programterminal inom Televerket (se sid 425). I moderna system behöver man inte ens dra några trådar eller sladdar, man behöver bara ge rätt kommando i datorn. Man använder sig helt enkelt av ett vanligt trepartssamtal. Det kräver dock medverkan av minst en teleoperatör med kvalificerad behörighet. Denne tar ingen större risk eftersom han inte behöver identifiera sig personligen när han kopplar upp sig *(läs mer om avancerad avlyssning, se sid 824)*.

Även advokaten Pelle Svensson, som senare skulle komma att figurera ett flertal gånger i Palmefallet, kände sig efter statsministermordet hotad till livet av vad som beskrevs vara en religiös sekt som i augusti - september granskades av spaningsledningen. Det sägs ha rört sig om Scientologikyrkan, men likheterna med Stay Behinds verksamhet är slående (se sid 485). Svensson hade kommit i kontakt med avhoppade medlemmar då han som Bombmannens försvarsadvokat hade kallat vittnen med tidigare anknytning till organisationen. Bombmannen (se sid 300) var nära bekant med en man verksam i sektens hemliga terrorgrupp, den militanta Byrå 1, och Pelle Svensson ville med vittnesmålen bevisa att sekten var inblandad i flera attentat, däribland sprängningen av åklagaren Sigurd Denckers villa den 16 juli 1982.

Ett av vittnena berättade att gruppen sysslade med spionage, inbrott, telefonavlyssning, infiltration av svensk polis och myndigheter samt kontroll och manipulation av journalister och egna medlemmar. Gruppen hade åtminstone 500 personakter på kritiker till rörelsen och deras stridstaktik gick ut på att få fienden att attackera fel mål eller att få motståndare att slåss inbördes.

-Rättegången ändrade karaktär när jag började förhöra de avhoppade medlemmarna, berättade Pelle Svensson för pressen. Jag fick då klart för mig vilken sjuklig filosofi som låg till grund för verksamheten. Enligt deras synsätt var staten och etablissemanget fiender och de talade tydligt om vad de kallade för att hantera människor som stod i vägen för deras idéer. På den listan fanns även regeringsmedlemmar. Flera torpedtyper dök upp i åhörarplatserna och riktade hätska blickar mot personerna jag förhörde. När de inte lyckades tysta dessa vändes missnöjet mot mig och jag kände ett mycket starkt obehag av deras hotfulla närvaro. Därför ändrade jag hela tiden rutiner när jag vistades i Stockholm. Jag sov sällan mer än en natt på samma ställe i taget och skiftade ständigt färdväg till rättssalen.

Kan hoten vara anledningen till att advokat Pelle Svensson senare fullständigt ändrar inriktning och till synes börjar tjäna makten med lögner och fabricerade bevis, till exempel Bombmannens så kallade Testamente (se sid 300).

TRANEBERGSLÄCKAN

I samband med detta bör nämnas att det verkar föreligga en del kontaktpunkter med Stay Behind och den hårdföra Norrmalmspolisen (se sid 416). Enligt kommissarie Gösta Söderström (se sid 178) deltog vissa av hans kollegor i hemliga militära övningar, bland annat ute på Väddö drygt tolv mil nordöst om Stockholm.

-De här övningarna var helt klart kopplade till Stay Behind-rörelsen, hävdade Söderström.

Den hårda kärna av våldsfixerade poliser han talar om har också blivit utpekad i samband med Palmemordet. De flesta tipsen talade om medlemmar i den fruktade Baseballigan (se sid 417). Men även deras kollega Lennart Källström befann sig i närheten av brottsplatsen. Lennart Källström är polismannen i radiobil 2160 som vittnet Eva såg passera förbi två walkietalkiemän på Johannesgatan (se sid 62). Är detta bara en tillfällighet? Låt oss granska en märklig händelse som har anknytning till samma personer.

Polisen Lennart Källström innehade 1986 hyreskontraktet på en lägenhet på Järnmalmsvägen 4 i stadsdelen Traneberg i västra Stockholm. Kort efter mordet övertog Lennart Källströms kollega Baseballpolisen Leif Tell hyreskontraktet. Leif Tell är född i

Järnmalmsvägen 4 i stadsdelen Traneberg

Mellansverige, uppvuxen i Y-stad, är 193 cm, mellanblond och kraftig. När en vattenläcka uppstod i slutet av september 1987, kontaktade hyresvärden Hans Cederblad fastighetsskötaren Lennart Bergfors för att få tillträde till bostaden. Hyresvärden ringde till Tells vaktdistrikt, där han fick veta att denne var ledig och befann sig i Göteborg.

Leif Tell

    Polisbefälet Bo Asplund (se sid 422) propsade dock på att skicka en polisman. Nyckeln till lägenheten fanns dessutom av någon konstig anledning redan upphängd på vaktdistrikt VD1, tillgänglig för vem som helst.

Hans Cederblad och Bergfors väntade tills den utskickade polismannen hade anlänt innan man tog sig in i lägenheten. För att komma åt läckan måste man frilägga vattenrören och flytta ett skåp. I samband med det öppnades ena skåpsdörren varvid en SS-hjälm med nazistemblem och hakkors rullade ut.

    Förutom SS-hjälmen hittade hyresvärden, enligt ett förhör den 25 oktober 1987, en enorm radioanläggning, en mycket avancerad specialtelefon och minst en bandspelare som rasslade lyste rött och grönt. I skåpet påträffades vidare hakkorsflaggor samt några walkietalkies.

    -Lägenheten tedde sig mer som en radiostudio än som ett hem, kommenterade fastighetsskötaren Lennart Bergfors senare. Det var särskilt en bandspelare som hela tiden slog till och från och jag fick en känsla av att allt i lägenheten var avlyssnat. Det kändes väldigt skumt och jag kommenterade till min kollega att jag inte ville gå in i lägenheten ensam igen.

    Den civilklädde polisen kände sig samtidigt överflödig och gick efter några minuter, medan fastighetsskötaren och hyresvärden fortsatte en dryg timme.

    De hade dock knappt hunnit börjat förrän en piket från Norrmalmspolisen dök upp. Polismännen frågade upprört vad som var på gång. Först när de såg att en kollega redan var på plats gav de sig av igen. Men varför denna uppståndelse och ett stort polisuppbåd för en simpel vattenläcka? Kände de kanske till den sedan tidigare?

    Hyresvärden Hans Cederblad berördes illa av det inträffade och funderade på hur han skulle gå vidare med saken. Eftersom han var verksam som kommunalpolitiker och satt med i kommunfullmäktige kände han vice ordförande i polisstyrelsen, Roland Öhrn. Öhrn blev både paff och upprörd när han hörde om incidenten och anmälde redan samma dag händelsen till Palmegruppen. Men utan resultat.

    -Det var bara en tillfällighet, sa polisinspektören till Palmeutredarna i förhör den 19 november 1987. Vi råkade ha vägarna förbi när vi hörde om vattenläckan i Tells bostad.

    Tilläggas bör att Traneberg ligger utanför Norrmalmsdistriktet och att deras körning aldrig registrerades som tjänsteärende. En tid efteråt vände sig en kollega till spaningsledningen och antydde att en av poliserna möjligen varit inblandad i mordet på Palme. En kontroll visade att denne ägde en Smith & Wesson .357 Magnum.

Vapnet provsköts, men med helt fel kulor! SKL, Statens kriminaltekniska laboratorium, skrev i sitt utlåtande den 28 oktober 1993 att provskjutningen skett med kulor som inte var användningsbara för en meningsfull mikroskopisk jämförelse med Palmekulorna.

Tillbaka till lägenheten i Traneberg. Enligt grannarna var det ingen som bodde där. Och Leif Tell hade i själva verket minst ytterligare två bostadsadresser: en boxadress dit hans lön *S-Å Hjälmroth* skickades och en c/o-adress hos flickvännen. Han hade även en bostad på Råsundavägen i Solna. Till lägenheten i Traneberg ledde en speciell telefonledning och just från det här hållet kom även de oregistrerade polisbilar som vittnet Tommy såg några minuter före mordet (se sid 58). Kan denna lägenhet ha varit en av cellerna i Stay Behinds nätverk (se sid 485)?

Länspolismästare Sven-Åke Hjälmroth informerades om de här fynden den 6 oktober 1987 och Palmeutredarna fick information tio dagar senare. Man kan fråga sig varför det dröjde så länge innan Palmegruppen fick dessa uppgifter. Först då denna skandal nådde offentligheten ytterligare en vecka senare förhördes Leif Tell. Då hade Säpo enligt uppgift bedrivit spaning mot adressen via en annan lägenhet. Någon husundersökning företogs dock inte. Tvärtom gav spanarna Tell möjlighet att i lugn och ro forsla bort de egendomliga föremålen från lägenheten till som det hette "sin sjuka mor".

Flera vittnen säger sig ha sett Tell i närheten av mordplatsen den 28 februari 1986. Vad gjorde denne Baseballpolis då denna dramatiska natt? Så mycket är klart att han inte var i tjänst och att han gick av A-turen kl 15.00. Vad han gjorde på mordkvällen har han inte kunnat redogöra för och var han tillbringade kvällen är en öppen fråga. SS-hjälmen sa han sig ha hittat på Valön i samband med en fest. Valön ägdes då av Kamraterna - Föreningen för Stockholms Polismän. Walkietalkieapparaterna brukade han använda vid ridning, fiske, dykning och då han var ute och promenerade med sin fästmö i Hagaparken.

Därmed ansåg sig spaningsledningen vara klar med den här saken. Och nazistsymbolerna brydde man sig över huvud taget inte om. Utredningen lades ner i oktober 1987 eftersom polismannen Tell som det beskrevs kunnat ge åklagaren en trovärdig förklaring till sitt innehav.

Beträffande Palmemordet hördes Leif Tell inte förrän efter 20 månader. Men eftersom han "inte innehade någon licens för mordvapnet kunde han inte vara gärningsmannen", hette det (!). Ännu ett prov på fantastiskt polisarbete.

*Det verkar passande att i ett land där folk
aspirerar på att ha dubbla uppsättningar av
allting - bilar, barn och hus - också ha dubbla
uppsättningar av historien. Och det har vi. En
officiell krönika eller Disneyversion så lättill-
gänglig att den inte undgår någon och en andra
version som förblir hemlig, begravd, namnlös...*

Författaren Jim Hougan

KONSTRUERADE ALIBIN

Fram till tiden för statsministermordet var ambassadör Carl Lidbom, länspolismästare Hans Holmér, Rikskriminalens chef Tommy Lindström och förlagschefen Ebbe Carlsson väl ansedda medlemmar i det svenska samhället. Sedan dess har bilden förändrats och vi kommer snart att se hur dessa herrar har dykt upp i mycket säregna sammanhang i samband med mordutredningen. Det finns till och med allvarliga indicier som tyder på att vissa av dessa huvudaktörer kan ha varit inblandade i själva morddramat!

Den som står för de flesta avslöjanden är den ihärdige journalisten och författaren Sven Anér, som personligen har skrivit flera böcker om Palmemordet. Han står också som ensam utgivare av den undersökande tidskriften *PalmeNytt*.

BORLÄNGE AFFÄREN

Vi börjar med det som numera omtalas som Borlängeaffären. Länspolismästare Hans Holmér sägs ha varit på väg till Wasaloppet på morddagen, men ett vittne uppger att han istället kört denne förbi brottsplatsen strax efter dödsskottet! Nu uppstår en oerhört märklig situation då det visar sig att spaningschefen i ett statsministermord plötsligt behöver - men saknar alibi för mordnatten. I boken *Olof Palme är skjuten,* förklarade Holmér kortfattat sin version av vad som hände den 28 februari 1986:

Vid lunchtid eller tidig eftermiddag (se sid 45) lämnade han Stockholm tillsammans med poliskollegan och älskarinnan Åsa Kyhlén. Holmér var på väg till sitt 18e Vasalopp i Mora. Undervägs övernattade de på Scandic Hotel på Stationsgatan 21 i Borlänge. Holmér vaknade i gryningen följande morgon och gick kl 07.30 till receptionen för att hämta tevatten. Där

Åsa Kyhlén

529

berättade en ung flicka i receptionen om mordet på Olof Palme. Holmér blev skakad och ringde genast till stockholmspolisens Ledningscentral för att informera sig om situationen med sina kollegor Curt Nilsson och Gilbert Nyberg. Efter att ha avlagt en lägesrapport frågade Nilsson:

-Vill du tala med Gösta (vice länspolismästare Welander)?

-Det är inte nödvändigt, svarade Holmér, varpå han fick följande besked:

-Han hälsar att du kan ta det lugnt och åka Wasaloppet (?).

Efter avslutat telefonsamtal valde Holmér dock att snabbt köra tillbaka till Stockholm där han kl 10.50 trädde in på Ledningscentralen och omedelbart utsåg sig själv till spaningsledare. Då han till synes genmäktigt satte sig i spetsen för spaningsapparaten hördes endast enstaka protester.

Vem gav egentligen Hans Holmér kontrollen över utredningen? Det finns anledning att ställa frågan, eftersom det på intet sätt var självklart att han skulle ta befälet. Över honom stod formellt Rikspolisstyrelsen med rikspolischefen, som borde blivit den naturlige befälhavaren och genom vars försorg en mer meriterad mordutredare skulle ha tillsatts. Holmér var, som jurist och förvaltningsexpert, helt oerfaren i praktiskt polisarbete och hade aldrig tidigare lett en mordutredning. Det har beskrivits som om en sjukhusdirektör skulle rycka skalpellen från sin kirurg, endast därför att operationen rörde sig om en speciell patient.

-Att sätta en byråkrat som mordutredare var ett av de första misstagen i den här soppan, beklagade sig åklagare KG Svensson i *Örnsköldsviks Allehanda den 28 februari –94*. Det var katastrofalt!

Och så såg också Holmérs egendomliga spaningsmetoder ut. Han åsidosatte vedertagna rutiner vad gällde brottsplatsundersökning och vittnesuppgifter. Regler och bestämmelser åsidosattes med en skrämmande självklarhet.

Samtidigt valde han en spaningsledning, handplockad bland hans egna favoriter. Tolv av de mest erfarna poliserna vid Rikskriminalen bad senare kollektivt att få lämna fallet, då de saknade förtroende för spaningsledningen. De hävdade att deras rapporter förvanskats, att deras kunnande inte använts och att Holmér istället för erfarna förhörsledare hade tillsatt rena amatörer. Många tog illa vid sig och Säpos starke man, PG Näss, tog till exempel ut nästan tio veckors semester under sommaren 1986.

Hans Holmér

Holmérs eget beteende var också mycket mystiskt. Han var något av en spindel i nätet, före detta Säpochef lierad med den socialdemokratiska regeringen, men även initiativtagare till den illa beryktade Baseballigan (se sid 416). Tidningen *Proletären* lyckades påvisa ett mycket nära samarbete mellan Säpo, CIA och den hemliga israeliska polisen Mossad. Som främsta förenande länk mellan CIA och Säpo har Holmér utpekats. Under hans tid som Säpochef hade denna organisation avslöjats gång efter annan som en ren spionorganisation riktad mot svenska arbetare. Med sitt förflutna hade Holmér också vetskap om en hel del skumraskheter som hänt i socialdemokratiska regeringskretsar. Han ledde nu vad som kommit att kallas den största polisutredningen världen någonsin skådat. Samtidigt rapporterade han direkt till justitieministern. Några signaler om att utredningens inriktning borde ändras fick han aldrig från det hållet och bland annat därför vågade ingen ifrågasätta hans åtgärder. Det hade varit detsamma som att sätta karriären på spel.

-Jag upplevde det inte som om, ja det här låter konstigt det vet jag, men jag upplevde det inte som om regeringen styrde Holmér utan att Holmér styrde regeringen, hur absurt det än kan låta, sa åklagare Solveig Riberdahl senare inför Juristkommissionen.

FÖRFALSKADE KVITTON

Det var först i samband med att journalisten Sven Anér började lägga märke till underligheter kring spaningsledarens förehavanden som Borlängeresan undersöktes. Att granska självaste Hans Holmér i sömmarna verkade till en början mycket konstigt, men snart visade det sig att denne av någon anledning inte hade rent mjöl i påsen. Varför återstår fortfarande att ta reda på.

Hans berättelse om resan till Borlänge ändrade sig med jämna mellanrum. Ibland for han tillsammans med sin väninna, ibland ensam, ibland i leasingbil, ibland i hyrbil, ibland i egen bil. Ibland var bilmärket en BMW, andra gånger en fyrhjulsdriven Ford Sierra. Inte förrän han blev rejält pressad av privatspanare och journalister namngav han hotell och hotellrum i Borlänge. Dessutom har det framkommit att Holmér inte anmält sitt deltagande i Vasaloppet, något som är obligatoriskt ett halvår i förväg. Först sedan detta uppmärksammats av en privatspanare dök Holmérs namn helt oförklarligt upp i anmälningslistorna. Polisintendent Curt Nilsson berättade dessutom att Holmér ett par dagar efter mordet frågat om tiden för deras telefonsamtal. Deras uppfattning om tidpunkten skilde sig då med tre till tre och en halv timme.

På mordnatten tjänstgjorde Reidun Andréasson i receptionen på Scandic Hotel i Borlänge. Hon är tvärt emot Holmérs beskrivning en fullvuxen kvinna, som arbetade ensam och som sedan dess har svurit på att hon aldrig sett, skrivit in eller checkat ut någon Hans Holmér. Varje gäst hos Scandic Hotel står i hotellregistret och receptionschefen Maj Lundén gick också flera gånger igenom alla räkningskopior utan att hitta någon Holmér.

Samma natt tjänstgjorde polisinspektör Roland Åkesson på Stockholmspolisens Sambandscentral. Åkesson gick en förberedande kommissarieutbildning och skulle denna natt hjälpa centralens chef, kommissarie Hans Koci (se sid 116). I det virrvarr som uppstod efter mordet kom Åkesson att åläggas uppgifter som rimligen borde ha passat bättre för en mera erfaren kollega. Bland annat misslyckades han med att få tag i länspolismästere Holmér. Åkesson påstod senare att han ringt samtliga sex polisdistrikt på vägen till Mora, men när författaren Sven Anér under hösten 1991 tog kontakt med dessa fick han besked att ingen hade ringt under mordnatten. Vem talar sanning? Åkesson eller polischeferna i Sala, Borlänge, Falun, Rättvik, Mora och Malung?

Två ledare i tidningen *Östra Småland* tvingade senare spaningsledningen att ta till drastiska åtgärder. Då Holmérs alibi allvarligt ifrågasatts genomfördes vid årsskiftet 1990-91 en husundersökning av Scandic Hotel på order av biträdande riksåklagaren Axel Morath. Denna razzia utfördes inte av Borlängepolisen, utan av kriminalinspektör Olle Holknekt från Falun, en gammal bekant till spaningsledningen. Att Rikskrim inte kunnat få en polisman i Borlänge att gå de 90 metrarna från polishuset till Scandic Hotel måste tyckas märkligt. Att Holknekt dessutom tog nästan en hel månad i anspråk för att fullfölja uppdraget måste ses som ännu märkligare.

Vid razzian sägs Holknekt ha påträffat tre dokument som inte funnits tidigare och som påstås bevisa att Holmér talar sanning. Det första är en anmälningsblankett för Nordiska gäster, utan hotellets stämpel och med avresedatum 11/3 istället för 1/3. Det andra är en hotellräkning. Men även den är feldaterad och bär datumet 28/2 1986 i stället för 1/3 1986 då utcheckningen ska ha skett. Inte heller här finns hotellnamnet och dokumentet är inte hålslaget som andra arkiverade hotellräkningar. Det tredje dokumentet är en Eurocardslip som Holmér ska ha betalat med. Den aktuella receptionisten hette Reidun Andréasson. Men slipen är signerad EB. Varför skulle hon signera så?

För att lösa detta dilemma letade polisen fram en kvinna som ogift (?) hade hetat Elisabeth Berggren och som påstods ha arbetat denna natt. Men inte heller hon uppgav sig ha sett Hans Holmér, dessutom skrev hon såväl bokstäverna E som B annorlunda. I juli 1991 begärdes en skriftprovsundersökning av signaturen. Statens Kriminaltekniska

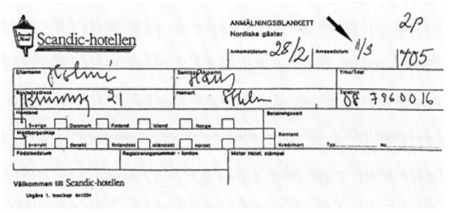

Anmälningsblanketten - lägg märke till det felaktiga datumet 11/3 istället för 1/3

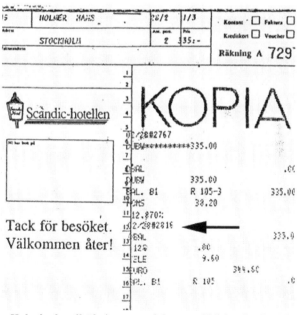

Eurocardslipen med signaturen EB. Ingen vet vem denne EB egentligen är

Laboratorium (SKL) meddelade senare att det var omöjligt att bevisa om det var Elisabeth Berggren som signerat notan, men att det inte fanns några tecken på att någon annan skulle ha gjort det.

Därefter hörde polisen ännu en gång receptionschefen Maj Lundén som nu hade ändrat sig vad gällde mordnatten. Det var möjligt att hon sagt att Holmér inte bott där, av bekvämlighetsskäl. Att hotellräkningen och kvittots maskinstämpel visade fel berodde enligt henne på att datumet ställdes om manuellt och att detta i allmänhet inte skedde förrän frampå förmiddagen.

Flera privatspanare fortsatte dock obarmhärtigt att gräva vidare, vilket så småningom ledde till att Palmegruppens Åke Röst förbjöd Scandics hotellchef Sven-Erik Valin att uttala sig i ärendet.

-Jag kan inte bekräfta om Hans Holmér bodde på Scandic mordnatten,

Holmérs hotellräkningen med datumet 28/2 istället för 1/3

svarade han ansträngt. Ni får höra med polisutredningen. Jag säger ingenting mer, jag kommer aldrig att säga något mer.

I en insändare i *Dagens Nyheter den 20 april -91* stod följande (nerkortad): "Vi ställer oss mycket tveksamma till Hans Holmérs och rikskrims versioner. Vår tveksamhet baseras på bland annat nedanstående förhållanden:

* Varför gjordes husundersökningen av en polisman från Falun och inte från Borlänge?

* En kvinna som någon gång har tjänstgjort som receptionist på Scandic Hotel i Borlänge är hörd men ålagd total tystnadsplikt av kriminalinspektören från Falun. I brev den 26 mars 1991 till regeringen skriver undertecknad Anér: "Om det skulle förhålla sig så att rikskriminalen presenterat fabricerade dokument för att ge ett alibi åt en avskedad chef för spaningarna efter Olof Palmes mördare - ja då skakas självfallet det svenska rättssamhället i sina grundvalar. Det är mot denna bakgrund som vi kräver att regering och riksdag omedelbart och utan skygglappar granskar detta ärende."

Skrivelsen var undertecknad: Per Olof Alm, leg. läkare, Peter Althin, advokat, Sven Anér, journalist, Per Gahrton, riksdagsledamot (mp), Bo Järborg, journalist, Stig-Björn Ljunggren, statsvetare och Gösta Söderström, poliskommissarie.

Åren har gått utan någon förändring och den 16 juli 1995 skickade Sven Anér en direkt anklagelse till förre spaningsledaren:

"Hans Holmér,

Jag anklagar dig för att i samråd med rikskriminalen och riksåklagarämbetet ha låtit arrangera ett falskt alibi för natten då Olof Palme mördades, 28 februari - 1 mars 1986. Jag anklagar även din nuvarande hustru Åsa för att ej ha protesterat mot din osannfärdiga beskrivning i din bok *Olof Palme är skjuten*, av påstått händelseförlopp den 1 mars 1986 på Scandic Hotel i Borlänge.

Att en polisman ljuger är alltid allvarligt. Att en hög polischef, dessutom ledare av spaningarna efter en statsministers mördare, ljuger rörande sitt och sin nuvarande hustrus mordnattsalibi är oerhört. Jag framför ovanstående anklagelser i min kommande bok *Affären Borlänge - ett svart streck* vilken utkommer i september. Skulle du önska läsa boken innan den utkommer kan jag sända dig en manuskopia. Har du synpunkter på manuskriptets innehåll kan du ju höra av dig. Skulle du - och / eller din fru - önska beskylla mig för förtal går detta självfallet förträffligt."

Anérs skrivelse är än i dag obesvarad. Däremot har Holmér på andra sätt slagit tillbaka, bland annat i TV3s *Mänskligt den 12 februari -96*. Programledare var Birgitte Söndergaard:

-Det finns ju många som kritiserar dig, som fortfarande tror att du har någonting med Palmemordet att göra. Vi försökte bjuda hit Sven Anér, men det satte du stopp för.

Sven Anér

Varför?

-Ja, jag sa att ni får välja: Sven Anér eller mig. Det är helt enkelt så att Sven Anér har hållit på mer eller mindre sedan det hela började med att skriva en massa befängda saker om min person. Han har hållit på i tio år så han får väl vara färdig nu.

-Så du vill inte kommentera att han fortfarande säger att du inte har något alibi för mordnatten?

-Nej, jag tycker inte det hör hemma i det här programmet.

Och så här har det fortsatt. Ingen har på allvar ställt Hans Holmér mot väggen. Istället har man hela tiden strukit honom medhårs, kanske på grund av hans förflutna som Säpochef med dess skrämmande arkiv. Granskningskommissionens sammanfattning kring Affären Borlänge var också mycket överseende:

"Det har egentligen aldrig funnits något skäl att i mordutredningen närmare efterforska var dåvarande länspolismästare Hans Holmér befann sig på mordkvällen; inget pekar på att han haft med mordet att göra. Allt talar för att det förhåller sig så som han uppgett inför Juristkommissionen och i andra sammanhang, det vill säga att han befann sig på annan ort på fredagskvällen och att han begav sig till Stockholm med egen bil så snart han fick reda på vad som hänt. Den utredning som likväl förekommit bestyrker detta."

"HOLMÉR VAR PÅ MORDPLATSEN"

För andra som inte är lika lättövertygade kvarstår frågan: Var befann länspolismästare Hans Holmér sig under mordnatten? En antydan om den verkliga sanningen kan ha kommit från polisinspektör Rolf "Dallas" Dahlgren, en utbildad elitsoldat, fallskärmshoppare, hundförare, livvakt och senare chaufför åt topparna inom politiken och Säpo. Till poliskommissarie Gösta Söderström (se sid 178) sa denne den 1 september 1990 att han i själva verket kört Holmér förbi brottsplatsen strax efter mordet, Sveavägen norrut.

-Var hämtade du honom, frågade Söderström.

-I Falun.

-Men var det inte i Borlänge du hämtade honom, han skulle ju åka Vasaloppet, ha övernattat på Scandic Hotel och därefter ensam kört i bil till Stockholm.

-Det stämmer inte, svarade Dahlgren.

-Men hur kan det komma sig att ni kunde vara på brottsplatsen sju minuter efter mordet, när ni åkte från Falun?

-Vi flög.

-Det här stämmer ju inte alls. Om ni istället varit i Stockholm som du tidigare sagt, var befann ni er när ni fick kännedom om mordet?

-Vid Sveaplan.

Dahlgren ändrade därefter denna uppgift vid flera olika tillfällen. En version var att "jag körde limousine för ett hyrverk den här kvällen. Jag körde en ambassadör (se sid 664?)". Men som klockslag angav polisinspektören alltid exakt kl 23.28, det vill säga sju minuter efter skotten, två minuter innan den första radiobilen kom till brottsplatsen och en minut innan mordet blev känt på polisradion. Hans Holmér var alltså vid mordplatsen redan innan första polisbilen anlände!

Dahlgrens dagbok för februari 1986. Lägg märke till att dagen för mordet är överstruken.

Dahlgrens livskamrat Lillian Fäldt, som själv var anställd av polismyndigheten, minns mycket väl vad Rolf berättade:

-Ja, när Ullah Ankarspong, jurist från Göteborg, och jag besökte Rolf ställde vi några frågor om Palmemordet. Och då berättade Rolf att han och Holmér sju minuter efter mordet hade befunnit sig vid brottsplatsen. Efter en stund frågade vi honom på nytt. Han gav då samma svar.

Detta oerhörda påstående har bekräftats av andra journalister och poliser som varit i kontakt med Dahlgren. Det kan alltså allvarligt ifrågasättas om Hans Holmér ens lämnade Stockholm. I Borlänge var han i varje fall inte.

TV3s *Moderna Tider* uppsökte i *februari -91* polisinspektör Rolf Dahlgren. Han vägrade då visa sig inför filmkameran, men bekräftade genom brevinkastet till lägenheten vad han hade sagt.

-Fråga Holmér! Hans fästmö var också med.
-Men varför vill du inte berätta mer?
-Det är hemligt, fattar du inte!
-Har du fått påtryckningar, frågade journalisten.
-Ja.
-Av vem?
-Min chef!

Polisinspektör Rolf Dahlgrens tjänstekort som först försvann - och sedan dök upp - i chefens kassaskåp

Sven Anérs envisa försök att nå ut till allmänheten har för det mesta stoppats. Men inte alltid. En av få andra journalister som har uppmärksammat spaningsledarens förehavanden under mordnatten var *Dagens Nyheters* krönikör Olle Alsén:

"Ett skäl bland flera till att Holmérs nattlogi väckt intresse kan vara förvirrande uppgifter från en polisinspektör i Stockholm som varit chaufför åt Holmér", skrev han *den 3 september -91.* "Denne har ibland sagt, och sedan tagit tillbaka, att han skjutsade

Holmér förbi mordplatsen på kvällen, att de flög ner från Falun, att de var vid Sveaplan (i Stockholm) när mordlarmet gick med flera besynnerligheter. På femårsdagen av mordet fick förbryllade TV3-tittare höra mannen själv - via en brevlådeöppning i en stängd dörr med hans namn på - ropa Ja på frågan om han körde Holmér förbi mordplatsen den 28 februari 1986, men att det var hemligt och att han hade förbjudits av sin chef att säga något. Men nu förnekar han detta och förnekar till och med att han varit med i TV-programmet... Finns det inte en enda siffra rätt i Palmemordsekvationen?"

Detta är en fråga väl värd att fråga då det verkar vila en sorts förbannelse över Palmefallet. Vissa har också fått betala ett högt pris (se sid 335). Efter sitt dramatiska avslöjande utsattes polisen Rolf "Dallas" Dahlgren till exempel för trakasserier på den egna arbetsplatsen och blev därtill anklagad för tjänstefel i samband med att hans tjänstekort försvann på kontoret. Efter att reglementsenligt ha rapporterat det inträffade till sin överordnade, fyllt i en anmälningsblankett och precis fått ut ett nytt ID-kort anklagades han plötsligt för att ha försökt fiffla med dubbla legitimationer. Hans chef öppnade därpå sitt kassaskåp och plockade fram Dahlgrens borttappade tjänstekort. Kortet hade alltså hela tiden funnits kvar på arbetsplatsen, men i polischefens kassaskåp!

Trots det absurda i anklagelsen gick ärendet till domstol och Rolf Dahlgren dömdes till 5 000 kr i böter. Rätten hade innan dess försökt få den anklagade förklarad mentalt sjuk (?), något som dock stoppats genom kommissarie Gösta Söderström och privatspanaren Fritz G Petterssons ansträngningar.

Väl tillbaka på arbetsplatsen tilldelades Dahlgren ett meningslöst kontorsarbete. Han upplevde sig mer och mer utfrusen då många såg mycket allvarligt på att han anklagat självaste Hans Holmér. Trycket var hårt och han blev snart psykiskt ansträngd, utbränd och deprimerad. Den 4 maj 1994 hittades han till sist död hemma i sitt kök, "avliden på grund av långvariga alkoholskador".

Vi ska återkomma till Rolf Dahlgrens märkliga förehavanden under mordkvällen (se sid 683)

ROLF "DALLAS" DAHLGREN

26/5 1935
† Stockholm 4/5 1994
har i dag hastigt lämnat oss.

Rolf "Dallas" Dahlgren
fick betala ett högt pris

TOMMY LINDSTRÖM

En av Holmérs närmaste män var Rikskriminalens chef Tommy Lindström. Från allra första början ingick han i den innersta kretsen och har sedan dess ofta figurerat som expert i press och TV med mera. Men precis som Holmér omges han av märkliga omständigheter som gör att man kraftigt måste ifrågasätta vem han egentligen är i det här fallet. Hans suspekta agerande började redan på morgonen efter statsministermordet. Trots att han var chef för Rikskriminalen var det ingen som hade ringt för att larma

honom och istället vill Tommy Lindström att vi ska tro på följande. Det har redan omtalats på sidan 152, men tål att upprepas:
I gryningen den 1 mars 1986 ringde väckarklockan som vanligt kl 05.22. Lindström gick ut och hämtade tidningen vid grinden och inhämtade då den chockerande nyheten att statsministern blivit skjuten. I sin bok *Mitt liv som snut* beskriver han vad som sedan hände, eftersom det denna dag var hans födelsedag och barnen ville komma och överraska med kaffe och tårta:

Tommy Lindström

"Jag var dock tvungen att hoppa i säng igen och låtsas sova när ätteläggarna kom ner och överföll mig. Jag fick en lapp med en order att söka mig fram till en viss plats, där det fanns ännu en lapp med vidare instruktioner till nästa gömställe och så vidare. Den fjärde lappen dirigerade mig till Maivors garderob där presenten fanns - en innebandyklubba."

På grund av firandet kom det att dröja sex (!) timmar innan han dök upp på sin arbetsplats - sex timmar efter att han fått reda på att landets statsminister brutalt mördats bara några mil från hans bostad. Lägg också märke till att det var Källa M, eller Milan Heidenreich som han egentligen hette, en nära medarbetare till samme Tommy Lindström som månaderna före mordet försökte värva en våldsman till likvideringen av Olof Palme (se sid 369)!

Tommy Lindström var redan tidigt en omdiskuterad polis med säregna metoder. Smeknamnet Turbo hade han fått i samband med att han kört tjänstebil i 173 km i timmen och åkt fast för fortkörning. Han hade också uppmärksammats i samband med den så kallade Caracaffären, då han i början av 1980-talet hyrde garage för sina hemliga spaningsbilar av den ökände Mr X, Leif Stenberg, då obestridd ledare av Stockholms undre värld. Carac hyrde sedan i sin tur ut civila spaningsbilar till polisen, vilket kostade skattebetalarna tiotusentals kronor i månaden.

Pengarna till verksamheten hade han fått genom att i rikspolisstyrelsens kassa presentera en oattesterad räkning "gällande kostnader för knark", vilket gjort att han fått ut 185 000 kronor i handen. Lindström gick därefter till en advokatbyrå och köpte ett aktiebolag som döptes till Carac. Går det åt 185 000 kronor för att köpa ett tomt aktiebolag? Naturligtvis inte och det spekuleras fortfarande i vart pengarna tog vägen. I aktiebolagsregistret fanns dessutom hans sambo noterad som firmatecknare, vilket måste ses som mycket klumpigt om man försöker driva en hemlig spaningsverksamhet och en enkel ringning till länsstyrelsens personregister skulle avslöja att Carac egentligen var Lindströms baby. Efter många turer fram och tillbaka ledsnade Lindström och lämnade sina bilar att rosta på en kaserngård i Sörentorp.

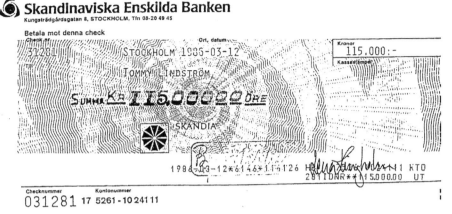

Betala mot denna check

Checknummer 031281 17 Kontonummer 5261-1024111

Tommy Lindströms beryktade check på 115 000 kr - utskriven av Skandia

AFFÄREN ANGLAIS

Affären Anglais är en lätt bisarr berättelse om hur Lindström i början av 1986 bjöd hela rikskriminalens personal på flott tvådagars kalas på Hotel Anglais vid Stureplan i Stockholm. Notan gick på 85 000 kronor. Tommy Lindström tog med räkningen till en hög redovisningschef på Rikspolisstyrelsen, men fick nobben och uppmanades betala ur egen ficka. Av någon anledning gick han då till försäkringsbolaget Skandia som utan att blinka skrev ut en check på 115 000 kronor för att bekosta rikspolischefens och hans nära trehundra kollegors entrecote och hummer. Checken löstes sedan in på SE-Banken på Scheelegatan. Varför i fridens namn betalade Skandia för en statlig personalfest?

Det kan vara på sin plats att påminna om detta försäkringsbolags suspekta verksamhet i samband med statsgerillan Stay Behind (se sid 485), som bland annat hade sitt huvudkvarter förlagt i bolagets kontor vid mordplatsen. Andra källor har också pekat ut denna byggnad som länken mellan Säpo och amerikanska CIA. Beloppet betalades i alla fall ut via Skandias säkerhetsman och förre polisen Per Häggström som med fem minuters varsel arrangerade det som tjallarersättning för en konststöld - som sedan länge varit reglerad! Tommy Lindström betalade därefter 85 000 kronor till Anglais. Vart mellanskillnaden tog vägen är ännu outrett.

Visste Lindström i förväg att Skandia skulle betala? Eller tog han verkligen risken att själv få betala nära hundratusen kronor? Låg det kanske rent av i Skandias intresse att denna fest blev arrangerad?

Lindström har sedan dess fortsatt med diverse ljusskygga projekt och varnades 1991 av Statens ansvarsnämnd för att ha inlett en egen brottsutredning utan att informera åklagaren. 1992 åtalades han för urkundsförfalskning och grovt osant

539

intygande i samband med utredningar av konststölder och blev därefter omplacerad inom Rikspolisstyrelsen innan han i oktober 1993 avstängdes från jobbet. Hade gränsen blivit upplöst mellan rikskriminalen och rikets kriminalitet?

Genom en dom den 2 november 1994 var det sedan dags för tingsrätten att döma honom till villkorlig dom för grovt bedrägeri samt att utge skadestånd till Försäkrings AB Skandia. Sommaren 1996 tog Högsta Domstolen över och dömde honom till villkorligt fängelse för urkundsförfalskning. Den 19 april samma år beslutade Statens Ansvarsnämnd till sist att han skulle avskedas. Han fick dock behålla graden som överintendent och arbetade vidare i rikspolishuset, nu med Interpolfrågor!

Vad gäller Palmemordet har Tommy Lindström gjort diverse framträdanden. Det var till exempel han som plötsligt dök upp från ingenstans och lurade sig in i det hårt bevakade fängelset i Sydafrika sedan överste Eugene de Kock (se sid 583) börjat läcka information om Sydafrikaspåret. En annan följetong i massmedia har varit dykningarna i centrala Stockholm, ledda av samme Tommy Lindström. Dessa kan ses i en annan dager när faktum klarnar att spaningsledningen redan från början måste varit medvetna om att man söker efter fel mordvapen (se sid 231). I augusti 1997 var det dags igen, den här gången i form av Operation .357. Att dykningarna var förlagda just till Stockholm Waterfestivals bråda dagar var knappast någon slump och tusentals nyfikna passerade för att få sig en titt. Kommentarerna var många:

-Det känns skönt att veta att polisen verkligen gör sitt bästa i jakten på Olof Palmes mördare.

AFFÄREN CHAMONIX

Det har nu blivit dags att granska nästa underliga företeelse. Palmes yngste son Mattias vistades på pensionatet Pierre et Vacances i den franska alpbyn Chamonix då hans far blev skjuten. Dödsbudet fick han av allt att döma på restaurang Chambre 9 en timme och en kvart efter mordet av platschefen vid STS Resor Olof Manner. Samtidigt ekade dödsbudet ut från radiohögtalare längs den slingrande huvudgatan.

Men det här är inte den officiella versionen, som istället är full av bisarra händelser. Journalisten Sven Anér står för avslöjandena som han bland annat har presenterat i sin bok *Affären Chamonix*. Det började redan på morgonen efter statsministermordet då man kunde läsa följande:

TT-telegram den 1 mars -86, kl. 09.41:

"Den franska regeringen beslutade på lördagsmorgonen att sända ett flygplan till en flygplats i närheten av vintersportorten Chamonix, där Palmes son Mattias befann sig, för att denne snabbt skall komma tillbaka till Stockholm.

Den franske premiärministern Laurent Fabius sände tidigt på lördagen ett telegram till fru Lisbet Palme. Med i planet som den franske regeringen skickade för att hämta hem Mattias Palme befann sig svenske ambassadören Carl Lidbom och Ebbe Carlsson,

Konstruerade Alibin

en av statsministerns medarbetare och god vän till Mattias Palme.
Mattias som befinner sig i Chamonix har inte kunnat nås per telefon, vilket är
anledningen till att ambassadören och Ebbe Carlsson följer med planet. De skall
underrätta honom om det inträffade och se till att han så fort som möjligt skall kunna
återvända till Stockholm".

Den 2 mars -86 kunde man läsa följande i *GT*:
"Lisbet Palme har nu stöd av sina tre söner i sorgen efter maken Olof. I går kl 22.35
kom även den yngste sonen Mattias hem till Lisbet och bröderna Joakim och Mårten
på Västerlånggatan 31. I nästan en vecka hade Mattias haft en härlig skidsemester
tillsammans med en kamrat - men nu slutade sportlovsveckan i tragedi.

Den svenska ambassadören Carl Lidbom och pressattachén Abbe Carlsson *(korrekt
kopierat)* åkte själva ned till Chamonix för att vara med Mattias under resan. Den
franska staten ställde upp med ett plan som tog de tre från Chamonix till Genève där
ytterligare ett specialchartrat plan väntade för vidare transport till Sverige.

Det var meningen att planet skulle landat kl 22.00 på Bromma, men piloten valde
i stället att flyga till Arlanda. Där väntade en polisbil och Säpopersonal som snabbt
eskorterade Mattias hem till Västerlånggatan. Den svarta Mercedesen körde ända fram
till dörren. Med nedböjt huvud tog Mattias ett snabbt steg in i huset".

(slut artikel)

Vad är det för konstigt med det här då? Det är väl bra att länder hjälper varandra. Ja
visst - om det inte vore för att den här flygningen av oklar anledning aldrig har ägt rum!

LÅNADE FRANSKT JETPLAN

1986 var Carl Lidbom svensk ambassadör i Paris (se sid 662). Följande redogörelse
är en blandning av uppgifter han uppgivit vid olika tillfällen: Kvällen då Olof Palme
sköts satt han hemma i sitt ambassadörsresidens med sin gode vän Ebbe Carlsson som
hade kommit för att fira hans 60-årsdag. Ebbe var en flitig gäst hos paret Lidbom och
hade ofta varit på besök i Paris.

Efter ett trevligt kalas gick Ebbe Carlsson och lade
sig, men väcktes senare mitt i natten av Lidboms fru som
berättade om attentatet mot Olof Palme. Lena Lidbom
skyndade sedan att ringa efter sin man som på kvällen
blivit bortbjuden på middag hos en viss madame Chantal
Crousel. Ambassadören blev skakad av beskedet och begav
sig omedelbart tillbaka till ambassaden.

Bokförlagsdirektören Ebbe Carlsson hade samtidigt
ringt upp Olof Palmes efterträdare Ingvar Carlsson. Denne
bad då Ebbe att hämta sonen Mattias Palme i skidorten

Carl Lidbom

541

Chamonix. Därefter ringde Ebbe Carlsson Säpochefen Sven-Åke Hjälmroth som förmedlade kontakter med den franska säkerhetstjänsten för att det rätta hotellet skulle kunna lokaliseras, vilket också ordnades.

Redan detta är märkvärdigt: att en privatperson övertar ambassadörsplikter och utnyttjar två säkerhetstjänster för att hitta ett hotell. Och hur kunde en vanlig svensk vända upp och ner på den franska byråkratin en vinternatt mellan fredag och lördag?

Ebbe Carlsson

-Lidbom kopplade in sin ambassadsekreterare Christian Leffler som tog kontakt med premiärminister Laurent Fabius kansli, varpå franska regeringen ställde ett jetplan till ambassadörens förfogande, förklarade Ebbe Carlsson inför JK 1988.

Man begav sig nu till Villacoublay, en liten flygplats utanför Paris som användes för militära ändamål och där regeringens officiella flygplan fanns placerade. De båda svenskarna, en pilot och ytterligare en besättningsman lyfte därefter mot Genève varifrån man åkte bil till Chamonix, hämtade Mattias Palme till Paris och flög honom tillbaka till Stockholm.

Men denna berättelse är enligt Sven Anér en saga. Till att börja med är det omöjligt att flyga till Chamonix, eftersom byn inte ens har en airstrip. Då detta påpekades för Carl Lidbom ändrade han sin version till att han skulle ha landat i Genève och åkt resten av vägen i bil. Med Mårten Palme som sagesman hette det också först att Lidbom visserligen kanske flugit med franskt regeringsplan till Genève, men att Mattias hade flugit vanligt trafikplan direkt hem till Stockholm från Schweiz. Nästa variant blev att Carl Lidbom flugit regeringshelikopter direkt till Chamonix, plockat upp Mattias och återvänt till Paris. Sedan kändes den versionen inte riktigt bra, varpå man drog till med att Mattias skulle ha flugit till Paris och övernattat där.

Men inga vittnen har sett varken Lidbom, Mattias eller Ebbe Carlsson i Paris. Det finns heller ingen sund logik i resonemanget. Om Mattias körts direkt till Genèves flygfält kl 7 på lördagsmorgonen hade han lätt hunnit med ett SAS-plan från Köpenhamn till Stockholm med ankomst Arlanda kl 12.35, en mycket snabb förbindelse och hela 9 timmar snabbare än den påstådda flygningen.

Sven Anérs analys går vidare. Då ambassadör Lidbom ställts inför vissa motsägelser i Ebbe Carlssons redovisning ändrade han sig i juli 1992. Nu hette det istället att han hyrt en Mystère 20 ur det franska regeringskansliets flygplansflotta GLAM. Med detta jetplan hade Lidbom flugit till Chamonix och hämtat hem Mattias till Paris. Väl tillbaka på ambassaden lyckades de få sig några timmars sömn. Under tiden ordnade ambassaden flygbiljetter till ett SAS-plan som tog Mattias tillbaka till Arlanda där storebror Mårten väntade. Med på återresan till Stockholm fanns Ebbe Carlsson.

Hans Dahlgren i Statsrådsberedningen, senare ordförande för FNs säkerhetsråd, lät en månad senare ordna ett belopp motsvarande 6 134,20 svenska kr för inköp av två flygbiljetter Paris – Köpenhamn - Stockholm åt herrarna Carlsson, Ebbe och Palme, Mattias, två privatpersoner utan anknytning till statsverket. Men varför skulle skattebetalarna bekosta Mattias Palmes hemresa? Resan var redan betald och alla resebyråer har väl inkörda rutiner för extremfall, vilket är kostnadsfritt och betalas av en SOS-försäkring som ingår i charterresan.

Lidbom försökte samtidigt bevisa sin påstådda resa med fyra dokument och kopior av ett antal tackbrev.

Laurent Fabius

-Men vi har inte kunnat hitta någon som helst dokumentation och så vitt jag kan se har någon flygning aldrig ägt rum, kommenterades från officiellt håll. Vi har inte lånat ut något plan till monsieur Lidbom och utrikesministern har inte fått något tackbrev från monsieur Lidbom.

Även de framlagda flygdokumenten har visat sig vara förfalskade och därmed faller Lidboms alibi platt till marken. Dokumenten hemligstämplades samtidigt raskt av utrikesminister af Ugglas. Varför?

(Premiärminister Laurent Fabius blev senare åtalad för dråp i samband med den gigantiska blodskandalen i Frankrike, då drygt 3 600 medvetet smittats med HIV-virus. Minst 1 000 av dessa har sedan dess avlidit).

Livvakten hjälper Mattias Palme kliva ur. Eller är det i själva verket Mårten Palme? (Bilden publicerad i GT den 2 mars -86)

Mattias har alltid vidhållit att han i resebyråns regi farit direkt hem från Genève till Arlanda. Det var först den 23 september 1992 som han inför en undrande journalist från *Dagens Nyheter* medgav att han ljugit i över sex och ett halvt år och att han i själva verket flugit i den franske presidentens plan. Då tyska NDR sökte honom för en kommentar vägrade han nervöst att låta sig intervjuas och uppgav att han inte kände sig tillräckligt psykiskt stark (?) för att avslöja om han flugit med Lidbom eller ej.

Brodern Mårten har haft samma version som Mattias, nämligen att han kring middagstid lördagen den 1 mars mött sin lillebror på Arlanda och i egen bil kört honom hem till Västerlånggatan. Men efter den 23 september anslöt även han sig till den korrigerade varianten med Mystére 20 och Air France.

Stämmer detta då verkligen? John-Erik Hahne, en av Olof Palmes livvakter, har intygat att han lördagen den 1 mars kl 21.30 mötte Mattias på Arlanda och körde hem honom till Västerlånggatan. Hahne såg då inte skymten av Mårten. Att Hahne verkligen hämtade Mattias framgår av ett klipp ur *GT den 2 mars –86.* Eller är det i själva verket Mårten han hämtade (jämför bilden på förgående sida)?

Frågor frågor - men inga svar.

Var befann sig Lidbom då natten mellan den 28 februari och 1 mars 1986? Ingen vet säkert eftersom ingen har sett honom i Frankrike före kl 15.00 måndagen efter mordet. Han var den ende svenske ambassadören i världen som inte befann sig på sin post för att ta emot de officiella kondoleanserna. En ambassadör som överger sin post i ett läge då Sverige kunde ha utsatts för en terrorattack eller statskupp!

Lidboms egen förklaring:

-När Mattias sent på lördagseftermiddagen placerats på ett Air France-plan till Stockholm, låg jag lågt under söndagen och måndagsförmiddagen. Det är möjligt att ingen såg mig då. Men på måndagseftermiddagen var det dags för ny resa, kondoleansen ansåg jag mig kunna strunta i (?). Så jag for tillsammans med ambassadsekreterare Agneta Bohman till Lyon för att bevaka upptakten till det franska presidentvalet.

Att Lidbom heller aldrig informerade sin närmaste chef, Pierre Schori, är också anmärkningsvärt.

Pierre Schori

-Det enda jag visste då och vet i dag var att någon från Rosenbad hade kontakt med Carl Lidbom för att han skulle hjälpa hem Mattias Palme, förklarade Schori i telefonsamtal med Anér: Men att detta skulle ha skett med ett av den franska regeringens egna plan har jag aldrig hört talas om, någonsin.

-Vilken är din reaktion?

-Ja, det låter ju sinistert.

Reseräkningar från personer i offentlig tjänst är i Sverige öppet tillgängliga dokument. Lidboms reseräkningar likaså - men inte alla. I samband med ett officiellt besök i Jerusalem fick den förre ambassadören följande fråga:

-Dokumenten gällande dina resor

Bröderna Mårten och Mattias Palme

544

omkring tidpunkten för mordet på Olof Palme är hemligstämplade. Varför?

-Det är helt fel. Inga dokument är hemliga. Men de som har försökt hitta räkningar har inte funnit några eftersom några pengar över huvud taget inte betalades ut.

-Men har flygningen verkligen ägt rum?

-Ja, det har den, svarade Lidbom. Om du frågar tjänstemännen på franske premiärministerns kontor kommer du att kunna få all bekräftelse du önskar. Folk som undrar över detta hittar ingenting i våra böcker, svarar man på UD. Ingenting konstigt med det, eftersom det var en gest av gästfrihet från den franska regeringens sida. Och vi har ingenting betalat för lånet av flygplanet.

Vid ett föredrag i Huddinge fortsatte grillningen när en privat utredare av Palmemordet frågade:

-När, var och hur sammanträffade du med Ebbe Carlsson inför flygningen mellan Paris och Genève timmarna efter Palmes död?

Inget svar.

Frågan upprepades.

Inget svar.

-Men kan du då bekräfta uppgifterna i de så kallade flygpappren som svenska UD visat för författaren Sven Anér och där du, Ebbe Carlsson och Mattias Palme står upptagna som passagerare?

Inget svar.

Statsministern och ett stort antal statsråd har personligen informerats av Sven Anér om Affären Chamonix. Bland dessa kan nämnas Gun Hellsvik, Olof Johansson, Mats Odell och Alf Svensson. Men ingen har reagerat. Palmeutredningen har heller aldrig ägnat uppgifterna något som helst intresse trots att Europarådet i september 1993 tog sig an ärendet. Inte heller Granskningskommissionen fann någon anledning att beröra fallet. Sven Anér har trots det kämpat vidare och skickade den 16 oktober 1999 ett utförligt brev om sina undersökningar till Europaparlamentet. Den 8 februari 2000 fick han svar från avdelningschef Jean-Louis Cougnon:

"Vi har tagit del av Dina undersökningar, men måste emellertid meddela att Europaparlamentet varken är behörigt eller har möjlighet att göra några som helst undersökningar i ett straffrättsligt ärende. Detta är också fallet då det, såsom i detta fall, är fråga om ett brottsoffer som var en berömd statsman."

Varför tror sig Lidbom och Ebbe Carlsson då behöva alibi och vilken betydelse har det faktum att de har gjort mödosamma förfalskningsförsök för att åtgärda det? Kort efter mordet fällde Lidbom enligt *Proletären* följande yttrande:

-Det är bäst för alla inblandade om mordet på Olof Palme aldrig klaras upp.

FÖR ATT KUNNA SÄGA NÅGOT SÅDANT MÅSTE MAN SJÄLV SITTA INNE MED SANNINGEN! Det kan vara på sin plats att tillägga at Carl Lidbom och hans hustru sövdes med gas (se sid 662) i sitt ambassadresidens, sommaren efter likvideringen av statsministern. Var denna händelse på något sätt kopplad till mordet?

VARFÖR LJUGER MÅRTEN?

Sven Anér trodde länge att familjen Palme skulle uppskatta hans hederliga ansträngningar, men i stället har han mötts av tystnad respektive avancerade osanningar. Det föreligger heller inte bara frågetecken kring Mattias i familjen Palme. Lisbet Palmes påstådda skottskada (se sid 259), hennes anmärkningsvärda beteende i rätten (se sid 289) och utpekandet av Christer Pettersson (se sid 282) är svåra att förklara. Men det räcker inte med det. Även Mårten Palmes förehavanden under mordnatten är nödvändiga att undersöka. Den under mystiska omständigheter avlidne privatspanaren Ingvar Heimer (se sid 360) lade ner stor möda på att försöka reda ut frågetecknen.

I tingsrätten 1989 fick Mårten redogöra för sina förehavanden strax efter mordet: -Vi gick norrut till min fästmös lägenhet som låg vid Vanadisplan, berättade han. Sedan vi kommit in och satt på tevatten ringer plötsligt min mor och säger att de är beskjutna. Då rusar vi ner på gatan och tar en taxi till Västerlånggatan. När vi kommer fram dit ser vi att de inte är där och då får vi skjuts (med polisen) till Sabbatsberg.

Mårten utelämnade en viktig del av händelseförloppet. Då han inte själv hade nyckel till föräldrarnas lägenhet hade han knackat på hos grannen Janken Myrdal som brukade vattna blommorna och därför hade en extranyckel. Därefter var han inne i bostaden i minst en kvart. Det fanns heller inte någon polisbil på plats vid midnatt då Mårten sa att han anlände. Vi vet via Ingvar Heimers intervju med poliserna Stig Rysén och Lars Berntsson att bevakningen av statsministerbostaden började kl 00.15 och att Mårten och Ingrid först kom ut cirka tre minuter senare. Detta innebär i sin tur att han inte bara tittade in i lägenheten utan verkar ha haft något konkret att utföra.

1995 kompletterade Mårten bilden. Trots uppgiften om att hans skjutne far "låg för operation" skall han ha trott att modern 20 minuter efter attentatet hade åkt hem istället för att följa med till operationssalen (?). Som den uppmärksamma läsaren noterar stämmer heller inte Mårtens färd med det faktum att han ska ha blivit uppringd först efter dödsbudet kl 00.06 (se sid 126). Han kan därför inte ha svarat hemma i Ingrids lägenhet eftersom han enligt vittnet Janken Myrdal redan då hade kommit till Gamla stan.

Allt pekar alltså på att Mårtens och flickvännen Ingrids osannolikt tidiga besök

Mårten, Lisbet, Mattias och Joakim vid begravningen

på Västerlånggatan är mycket egendomligt. Kan han ha blivit underrättad på annat sätt? Kan Lisbet Palme först ha ringt den andra sonen Joakim, varefter Mårten från Västerlånggatan ringt Joakim?

Familjen Palme har ända sedan mordet vägrat uttala sig om denna händelse. Det kan tyckas oviktigt att bry sig om några minuter hit eller dit, men senare komma vi att se att dessa till synes triviala detaljer kan vara nog så viktiga för helheten.

TVINGADES STATSMINISTER INGVAR CARLSSON AVGÅ?

I april 1995 flyttade statsministern Ingvar Carlsson in i Sagerska palatset på Strömgatan 18 i centrala Stockholm. Efter en del vånda hade Olof Palmes efterträdare kommit fram till att att det bästa vore att ta palatset i besittning.

–Det sparar miljoner i säkerhetspådrag och är att föredra av hänsyn till mina grannar, sa statsministern i *Expressen den 20 januari -95*. Det skulle ju kunna ske ett attentat där grannarna i Tyresö kom till skada.

Carlsson hade kommit till maktens innersta cirkel som en av statsminister Tage Erlanders pojkar. Tre år senare hade han utsetts till ordförande i partiets ungdomsförbund SSU, 1967 statssekreterare i statsrådsberedningen för att därefter bli utbildningsminister och bostadsminister. Efter valsegern 1982 blev han sedan Palmes närmaste man.

Sveriges eget Downing Street 10 har fyra våningar, varav familjen Ingvar Carlsson disponerade de två översta, skyddade från insyn men med en magnifik utsikt mot slottet och riksdagshuset. Runt 8 000 i månadshyra för en paradvåning med sex rum, kök i etage och takterrass var inte illa, särskilt inte i ett hus som nyligen rustats upp för 116 miljoner kronor.

I *Aftonbladets* artikel samma dag presenterades en detaljerad planskiss över den nyrenoverade byggnaden. Lämpligheten i detta kan ifrågasättas då skattebetalarna just betalat gigantiska summor för att öka säkerheten mot attentat.

Några månader senare kom något

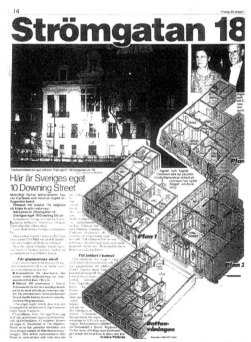

Artikeln avslöjade Sagerska palatsets planskiss

som kan vara en fortsättning. *Den 17 augusti -95* begärde finansminister Kjell-Olof Feldt ytterligare utredning av Polisspåret (se sid 413). I en personlig kolumn i *Dagens Nyheter* uttryckte han sin tvekan rörande de inblandade myndigheterna och ansåg att mordutredningen borde övertas av poliser och åklagare som tidigare aldrig haft att göra med vare sig mordfallet eller Stockholms poliskår.

Spaningsledaren Hans Ölvebro svarade med att han

Tog sig förbi kameror och säkerhetsanordningar

inte ens tänkte läsa boken *Inuti labyrinten* som var ursprunget till Feldts oro. Någon annan officiell reaktion hördes aldrig av.

Under den efterföljande natten tog sig två okända män förbi alla säkerhetsanordningar på palatset och klättrade omkring på taket rakt ovanför det rum där Ingvar Carlsson låg och sov. Säpo var ansvarig för bevakningen, men av okänd anledning hände ingenting förrän en privat vaktfirma slog larm. Männen greps tillfälligt efter en timmes eftersök på taket (?), men någon utredning genomfördes aldrig.

Få timmar senare kallade statsministern till presskonferens. Hit kom han på kryckor - vilket sades vara på grund av en idrottsskada - varefter han meddelade att han tänkte avgå! Detta kom som en blixt från en klar himmel. Ingvar Carlsson, som var känd för att aldrig göra något utan långa förberedelser, hade inte ens informerat sin ställföreträdare förrän strax före presskonferensen. Den officiella anledningen till varför han ville dra sig tillbaka var att regeringsmakten var återtagen, Sverige en del av EU, hans FN-kommission hade varit framgångsrik och att regeringen hade klarat nödvändiga sparbeslut.

Först kravet om utredning av Polisspåret, sedan männen på taket, nu Ingvar Carlssons avgång - allt inom 48 timmar. Hade dessa incidenter möjligtvis

Vad gjorde männen på taket?

med varandra att göra? Tanken på minsta samband avvisades från officiellt håll.

De som först uppmärksammade detta händelseförlopp var Norddeutscher Rundfunk (NDR) i Hamburg, som inför 10-årsminnet av det svenska attentatet producerat dokumentären *Der Mord an Olof Palme* (även kallad *Wer erschoss Olof Palme?*), en mycket välgjord film som exponerar konspirationen bakom mordet och som med namn och bild påtalade några Baseballpolisers eventuella inblandning. Filmen, som även tog upp Affären Chamonix

Christer Pettersson

(se sid 532), har visats i flera europeiska länder och väckt så starka reaktioner att den bland ett tiotal konkurrenter nominerades till bästa tyska TV-dokumentär 1996. NDR ställde senare visningskopior till förfogande, men trots flera försök hos olika svenska TV-bolag har ingen velat eller vågat visa filmen. Chefen för TV4s *Kalla Fakta* tog sig inte ens tid att titta på programmet.

-Har den inte med Christer Pettersson att göra är vi inte intresserade, var hans kommentar.

När filmen trots allt premiärvisades av journalisten Sven Anér i Tuna bygdegård utanför Uppsala, smet en oväntad gäst in utan att betala: Carl Lidbom (se sid 533, 662, 687).

-Jag var nyfiken, förklarade den förre ambassadören i *Expressen den 29 september* -96. Men det var en riktigt slibbig sörja och jag kan överhuvudtaget inte förstå hur jag har blivit inblandad. Det handlar faktiskt om fullständigt otillåten förtalsverksamhet.

Sven Anér kontaktade senare filmens upphovsman i Berlin för en kommentar.

-Är jag verkligen den ende som tänkt tanken att Sveriges statsminister möjligen avgått för att han hotats till livet om han anslöt sig till kravet att Polisspåret utreds, undrade Klaus Knapp.

Carl Lidbom

Och hur kommer det sig att de som bröt sig in till statsministerns privata bostad fick löpa?

***

Hans heder, rotad i vanheder och trolös
trohet, höll honom svekfullt trogen

Alfred Lord Tennyson

EN STAT I STATEN

Frågor som ständigt återkommer i samband med Palmemordet är: Om det faktiskt föreligger en konspiration bakom dådet, hur är det möjligt att så många kan vara inblandade utan att någon tjallar? Kan det verkligen stämma att samhällstoppen är medveten om vilka krafter som ligger bakom? Och om så är fallet, hur har man lyckats hålla tyst?

Ett massivt hemlighetsmakeri inom samhällseliten, politiken, polis- och säkerhetsapparaten har under många år varit ett stort, men för många osynligt, problem. Allt fler har numera börjat misstänka att det finns hemliga nätverk som styr bakom kulisserna. Den internationella Frimurareorden kan vara en del av svaret på denna frågeställning. Frimureriet bygger nämligen på dolda lojaliteter, hemlighetsmakeri och slutenhet och Bröderna avlägger löften om trohet in i döden. Diverse nätverk, varav frimurarnas är ett, infiltrerar samhället och verkar i det fördolda. Frimurarna bildar en osynlig makt som påverkar våra dagliga liv utan att vi har den minsta aning om det.

Journalisten Göran Skytte presenterade i *januari-85* en omskakande artikelserie i *Aftonbladet*. Här följer delar av den inledande artikeln som dessutom innehöll långa rader av medlemslistor. Dessa har dock strukits av hänsyn till de utpekade och deras familjer.

Frimurarnas högkvarter i Stockholm - Bååtska Palatset

1985 fyllde Svenska Frimurare Orden 250 år. I samband med det undersöktes delar av medlemsregistret för denna organisation som är mycket kontroversiell både i Sverige och utomlands. Undersökningen visade att en förbluffande stor del av de högsta topparna i Sverige är frimurare.

Här är fakta:
* Svenska Frimurare Orden har cirka 24 000 medlemmar (4 000 av dessa finns i Stockholm, *författarens anmärkning*).
* Praktskt taget samtliga kommer från överklass och övre medelklass.
* Mer än 1000 svenska officerare är frimurare - däribland många i den absolut högsta militära ledningen.
* Många poliser, åklagare och domare i högsta befattning är frimurare.
* Över 500 präster är frimurare - däribland 8 biskopar.
* Det finns nästan 400 bankdirektörer i de svenska frimurarnas organisation - samt flera chefer i bankinspektionen.
* Vidare en lång rad riksdagsmän, de flesta från moderata samlingspartiet, samt många journalister.

Palatsets imponerande Johannessal vars svartvita golv sägs symboliserar det goda och det onda. Schackmönstret är en av Frimurarnas vanligaste symboler.

552

Den vackra Riddarsalen går helt i rött. *Stolsitsarna är specialgjorda för varje medlem*
Medlemmarna i Svenska Frimurare Order har ett mycket stort inflytande i det svenska samhället och har i dag medlemmar i toppen på praktiskt taget varenda viktig och central institution inom statsförvaltningen, rättsväsendet, militären, näringslivet, politiken och kyrkan. Det är anmärkningsvärt att alla dessa mäktiga och inflytelserika män är medlemmar i ett hemlighetsfullt brödraskap, där man svär eder att icke avslöja någonting om sin organisation. Man kan inte utesluta att dessa frimurare sinsemellan har förbindelser och lojaliteter som gör att de i praktiken blir en slags stat i staten, en för allmänheten dold maktfaktor. De svenska frimurarna har även officiella förbindelser med de skandalomsusade frimurarna både i Italien och England.

Officiellt säger frimurarna att de är en förening på kristen grund som ägnar sig åt välgörenhet. Detta låter fullständigt oförargligt. Ändå förekommer det gång på gång att frimurarna utsätts för hårda angrepp och stark kritik. Man kan sammanfatta allt som skrivits de senaste tjugo åren i svensk press på följande sätt:

Tidningarna påstår att frimurarna är en kvinnofientlig och antisemitisk organisation som ägnar sig åt hemliga och ockulta riter med dödskallar, likkistor och benknotor. Man dricker blod och svär fasansfulla tystnadseder där man går med på att bli dödad om man bryter sitt tystnadslöfte. Allt detta låter som vansinne och påhitt.

Men faktum är att det är delvis sant: Kvinnor är förbjudna. Den som inte är kristen får inte bli medlem - detta gäller till exempel judar och muslimer. Man har medeltida ritualer med starka inslag av ockultism och mysticism, man har dödskallen som symbol

553

Statskupp i Slowmotion

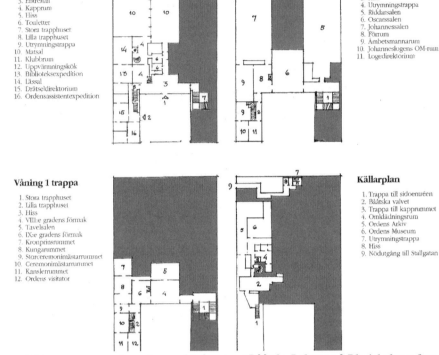

Bottenplan

1. Huvudentré
2. Sidoentré
3. Entréhall
4. Kapprum
5. Hiss
6. Toaletter
7. Stora trapphuset
8. Lilla trapphuset
9. Utrymningstrappa
10. Matsal
11. Klubbrum
12. Uppvärmningskök
13. Biblioteksexpedition
14. Lässal
15. Drätseldirektorium
16. Ordensassistentexpedition

Våning 2 trappa

1. Stora trapphuset
2. Lilla trapphuset
3. Hiss
4. Utrymningstrappa
5. Riddarsalen
6. Oscarssalen
7. Johannessalen
8. Förrum
9. Ämbetsmannarum
10. Johanneslogens OM-rum
11. Logedirektorium

Våning 1 trappa

1. Stora trapphuset
2. Lilla trapphuset
3. Hiss
4. VII:e gradens förmak
5. Tavelsalen
6. IX:e gradens förmak
7. Kronprinsrummet
8. Kungarummet
9. Storceremonimästarrummet
10. Ceremonimästarrummet
11. Kanslerrummet
12. Ordens visitator

Källarplan

1. Trappa till sidoentréen
2. Bååtska valvet
3. Trappa till kapprummet
4. Omklädningsrum
5. Ordens Arkiv
6. Ordens Museum
7. Utrymningstrappa
8. Hiss
9. Nödutgång till Stallgatan

I frimurarnas egen broschyr om högkvarteret Bååtska Palatset på Blasieholmen finns följande planskiss. De mörka fälten visar utrymmen som används för hemliga ritualer.

och varje medlem måste svära en ed att inte avslöja någonting om sin organisation och dess ritualer för utomstående.

Den engelske journalisten Stephen Knight publicerade en mycket kontroversiell bok *The Brotherhood*, Brödraskapet. (Denna följdes upp av *Inside the Brotherhood*). I den framgår det att frimurarna på hög nivå infiltrerat hela det engelska samhället och att de gång på gång blivit inblandade i olika rättsskandaler om korruption och brottslig så kallad brödraskapspolitik.

Vi ska komma att se att så även kan vara fallet i Sverige.

KRAFTFULLT FÄSTE

1985 fanns det 16 medlemmar i den dåvarande riksdagen som var medlemmar i Svenska Frimurare Orden. Dessa politiker hade alltså för allmänheten okända och dolda förbindelser och lojaliteter med andra frimurare. Två av dessa är förre försvarsministern Anders Björck, frimurare av X-graden, och ÖBn Owe Victorin. Anmärkningsvärt är att flera av dessa politiker undvek att skylta med sin titel riksdagsman i frimurarnas medlemsmatrikel. I frimurarnas medlemsregister stod vidare 388 personer med titeln bankdirektör. Men där finns också tre höga chefer i bankinspektionen, den myndighet som skall kontrollera att bankdirektörerna håller sig till lagen.

Anders Björck

Folk från näringslivet intar numerärt sett en framträdande ställning i Orden. Bland annat fanns det 1820 personer med titeln direktör. Detta pekar på att frimurarelogerna är viktiga som informella kanaler där man kan knyta diskreta affärskontakter.

Frimurarna har också ett mycket kraftfullt fäste i toppen av den svenska krigsmakten. Totalt fanns det 1028 aktiva och före detta officerare som medlemmar i Svenska Frimurare Orden - och många av dem höga chefer i Försvarsstaben, arméstaben, flygstaben, marinstaben och ute på regementerna: 2 generallöjtnanter, 10 generalmajorer, 5 kommendörer, 7 överstar, 13 kommendörkaptener, 270 överstelöjtnanter, 17 örlogskaptener, 238 majorer, 306 kaptener, 15 ryttmästare och 15 löjtnanter.

Frimurarna har även en mycket stark ställning på toppnivå i alla instanser av det svenska rättsväsendet. Det fanns i mitten av 1980-talet totalt 190 personer som uppgav polisiär titel i medlemsmatrikeln. I flera fall satt dessa i högsta toppen av polisväsendet på länsnivå och lokal nivå. I artikeln konstaterades att 5 länspolischefer var frimurare, därav 3 i aktiv tjänst, och 18 polismästare varav 10 i aktiv tjänst.

Detta är alltså bara toppen av isberget. Därtill kom en lång rad poliser i hög men underordnad ställning, bland annat: 5 polisintendenter, 22 poliskommissarier, 12 kriminalkommissarier, 27 polisinspektörer, 46 kriminalinspektörer. Bland dessa fanns bland andra vice länspolismästere i Stockholm Gösta Welander, frimurare av X-graden och mycket central i Palmeärendet. Man kan här se en tydlig tendens: på många platser där högste chefen är frimurare är också flera av de närmast underordnade med i Orden.

Det fanns därutöver 41 frimurare som var högt uppsatta åklagare i aktiv tjänst: 2 länsåklagare, 16 chefsåklagar, 15 distriktsåklagare och 8 kammaråklagare. När frimurarpoliserna och frimurareåklagarna har gjort sitt så skall domarna döma i domstol. *Aftonbladets* undersökning visade att det fanns frimurare på höga domarposter i hela domstolsväsendet: 1 justitieråd i Högsta Domstolen, 17 hovrättsråd i Hovrätterna och 17 lagmän i tingsrätterna

Under dessa toppmän fanns dessutom ett stort antal jurister i domarkarriären som var frimurare. Enligt medlemsmatrikeln

Gösta Welander

var 203 advokater frimurare. Även journalistkåren är infiltrerad. Totalt fanns det vid tiden för Palmemordet 110 journalister organiserade i frimurarerörelsen, flera av dem med stor makt och inflytande i massmediavärlden. Här är det uppenbart att det måste uppstå konflikt mellan rollen som yrkesman och rollen som frimurare. Å ena sidan ska man som journalist opartiskt informera samt kritiskt granska de mäktiga och inflytelserika.

Oscarssalen med sin utsmyckade kungatron

Å andra sidan tillhör man som frimurare en till stora delar hemlig organisation och har svurit en ed att inte avslöja denna organisations hemligheter för utomstående. Det går inte ihop.

Kort sagt, det vimlar av höga poliser, åklagare, domare och advokater som är frimurare. Samtliga edsvurna bröder i en starkt hemlighetsfull organisation som präglas av sekretess utåt och lojal sammanhållning inåt.

Sedan dess har medlemsantalet bara ökat.

I utlandet är frimurarna en mycket mera kontroversiell organisation och kritiken där är hårdare och bredare. Några exempel är den katolska kyrkan som bannlyser katolska frimurare och den grekisk-ortodoxa kyrkan som utesluter präster som är frimurare. I Sverige är stora delar av den frikyrkliga rörelsen också starkt kritiska och de mest extrema kritikerna menar att frimurarnas hemliga riter gränsar till hedendom och djävulsdyrkan. Det finns även kritiska röster inom den svenska kyrkan som bland annat kritiserat att svenska biskopar på gudtjänsttid predikat i frimurarnas tempel. Förvånansvärt många av kyrkans män ingår i frimurarnas led och medlemsmatrikeln i mitten av 1980-talet innehöll namn på noga räknat 535 präster, många av dem i högsta ställning: 7 biskopar, 3 domproster, 69 kontraktsproster, 49 proster, 249 kyrkoherdar, 111 kommiministrar, 19 pastorer, 17 kyrkoadjunkter, 2 stiftsadjunkter och 2 hovpredikanter.

Den svenska kyrkan har flera gånger hamnat i blåsväder på grund av prästernas engagemang i frimurarerörelsen. Gång på gång har tidningar skrivit om att frimurareprästerna deltar i olika mer eller mindre makabra ritualer och ceremonier. 1983 anklagade till exempel en präst i Kalmar biskoparna i frimurarerörelsen för att dricka blod och fil kand Rolf Sjölund från Södertälje gjorde senare en anmälan till Ansvarsnämnden för biskopar.

-Frimurare Orden är en religion, skild från svenska kyrkan. Inom orden förekommer löftesgivande som bland annat accepterar frimurarnas religion och lära. Att biskopar inom svenska kyrkan utövar en främmande religion kan inte anses vara förenligt med de regler och löften som gäller biskopsämbetet.

Ett av de vackert utsmyckade kungarummen i palatset

Enligt många seriösa undersökare är det viktigt att understryka att frimurare av de lägre graderna ofta inte har en aning om vad som försiggår i toppen av hierarkin. Det som för många framstår som en trivsam herrklubb kan alltså visa sig ha helt andra sidor bland eliten.

HÖGSTA RÅDET

Stormästare i den svenska frimurarorden har genomgående varit en kunglig person - från Karl XIII till prins Bertil. Den nuvarande kungen Carl XVI Gustaf tackade dock nej när han tillfrågades efter sin farbrors död. Sedan den svenska landslogen stiftades 1760 har följande varit stormästare: Karl Fredrik Eckleff 1760-1774, Karl XIII 1774-1818, Karl XIV Johan 1818-1844, Oskar I 1844-1859, Karl XV 1859-1872, Oskar II 1872-1907, Gustav V 1907-1950, Gustav VI Adolf 1950-1973 och prins Bertil 1973-1997.

Den högsta ledningen består av tolv personer. Hans Kunglige Höghet Prins Bertil var länge Svenska Frimurare Ordens Stormästare och Högste Styresman. Vid sin sida hade han det Högsta Rådet som bestod av följande personer: Direktör Gustaf Piehl, ryttmästare Carl Nisser, generaldirektör Lars Ljunggren, biskop Sven Silén, hovpredikant Allan Alvestrand, bankdirektör Lars Piehl, civilingenjör Åke Sandberg, teologie doktor Curt Lindhagen, revisor Hadar Jacobson, professor Lars-Erik Böttiger och överdirektör Kjell Edström.

Den 12 januari -95 lade tidningen *Expressen* fram nya avslöjande namn och fakta. Nu var antalet svenska medlemmar uppe i 17 000. Tidningen presenterade samtidigt hemliga och tidigare okända detaljer om invigningsritualerna från de olika graderna.

Prins Bertil - stormästare

557

De svenska frimurarna indelar medlemmarna i elva olika grader och varje gång man stiger i graderna måste man genomgå ritualer och avlägga löften om tystnad. Den frimurare som har en högre grad får inte berätta denna grads hemligheter för frimurare av lägre grad.

Avslutningsvis kan tilläggas att det bara finns två sätt att lämna frimurarna:
* Att göra sig passiv, låta bli att gå på möten och inte betala in några avgifter. Efter två eller tre år stryks den passive ur medlemsmatrikeln.
* Eller att begära samtal med sin ordförande mästare och begära att få lämna logen. Det är en krånglig väg där den som vill sluta kallas till samtal vilket i sin tur kan bli en lång och komplicerad procedur. Detta är åtminstone den officiella versionen. Andra rapporter från utländska frimurarorganisationer hävdar att det är betydligt svårare och mer farligt än så.

Men låt oss nu studera de mycket hemliga invigningsritualerna. Vi börjar med de lägsta graderna och går sedan vidare uppåt:

GRAD I, ST JOHANNES-LÄRLING

Detta är invigningsgraden som följer en bestämd ritual med svärd, klubbor och andra symboler. Den blivande lärlingen får en bindel för ögonen och ombeds svara på frågor. Tysthetslöfte avges. Ordförande Mästaren (OM) säger, att den som bryter mot löftet utsätts för ett rättfärdigt straff. Varje lärling luras att tro att han missat inträdesprovet, men blir ändå upptagen i Orden om han består proven. Han får avge den gamla frimurareeeden, som i detalj säger vad som händer med den som bryter löftet:

"Men i fall jag, i ringaste måtto, skulle detta mitt löfte bryta, så samtycker jag, att min hals må blifva afhuggen, mitt hjerta utrifvet, min tunga och mina inelfvor utryckta samt allt kastat i hafvets avgrund, min kropp förbränd och dess aska kringspridd i luften, på det ingenting af mig och min hågkomst må finnas qvar ibland menniskor samt Frie Murare Bröder."

Lärligen får också redan här svara på frågan:
-Är du redo att blanda ditt blod med brödernas?

Ordförande Mästaren slår därefter tre slag mot en passare som hålls riktad mot nykomlingens hjärta varvid ritualen avslutas.

GRAD II, ST JOHANNES - MEDBRODER.

Andra graden kallas Livets grad. Den som ska utnämnas till medbroder tas emot med ljus och musik i en praktfull sal och leds runt i rummet enligt en bestämd ritual. Vid altaret avläggs medbrodereden som handlar om tystnad och trohet varvid Ordförande Mästaren upprepar proceduren med en passare mot bröstet.

GRAD III, ST JOHANNES-MÄSTARE

Detta är Dödens grad och lokalen ska vara en mörk gravkammare. På bilden nedan ses den så kallade Dödens Gång under Bååtska Palatset i Stockholm. Mitt i rummet står en likkista, på kistlocket ligger ett kranium och på altaret ligger en bibel, ytterligare ett kranium och två korslagda benknotor. Här utförs en rituell begravning där den som ska bli St Johannesmästare läggs i kistan och bärs bort under sorgemusik. Mästerordet Mac-Benac introduceras sedan, vilket ordagrant betyder köttet skiljes från benen eller kroppen har redan börjat upplösas. Ordförande Mästaren tillägger därefter Memento mori! Kom ihåg att du ska dö!

Efter ceremonin hängs en förgylld murarslev i ett blått band på den nyutnämnde St Johannesmästarens förkläde.

(1996 föll en dom i Högsta Domstolen som säger att det enligt Svea Rikes Lag är förbjudet att använda dödskallen som symbol. Lagen har hittills bara tillämpats på nynazisterna. Frimurarna har gått fria och inte ens varit på tal).

GRAD IV-V, ST ANDREAS-LÄRLING / MEDBRODER

Den här ceremonien genomförs i tre rum. Själva logen ska vara utsmyckad som en egyptisk gravkammare med välvt tak. På västra väggen en man i liksvepning

Dödens Gång (observera skelettet i kistan, se sid 540) under högkvarteret på Blasieholmen

och med fingret för munnen, en symbol för tystnadsplikten. Den som ska bli lärling eller medbroder i St Andreas logen utsätts nu för en symbolisk vandring genom dödsriket. Han går ensam genom en mörk gång som är dekorerad med dödskallar och benknotor. Innan allt är klart stöter Ordförande Mästaren sin ämbetsdolk först mot den sökandes högra öga, sedan mot hans mun. Samtidigt läses en rituell text.

GRAD VI, ST ANDREAS-MÄSTARE

På altaret finns en Bibel, en lampa, tre trearmade ljusstakar och ett kranium på korslagda benknotor. En likkista står mitt på golvet i ett angränsande rum. Lärlingen / medbrodern blir här Andreasmästare. Ett band knyts runt hans hals och deputerade mästaren säger:

-På grundval av dina avlagda löften binder jag dig med detta gyllene föreningsband så att du efter avslutad prövning må bli en länk i vår oupplösliga brödrakedja.

En egyptisk gravkammare under Bååtska palatset

GRAD VII, RIDDARE AV ÖSTERN

Den som når sjunde graden tituleras Riddare av Solens Uppgång i Öst och Jerusalem. I ett särskilt förberedelserum får han sju frågor som ska besvaras skriftligt. Frågorna handlar om frimurarrörelsen, till exempel: På vilket tal är Frimurarordens hemlighet grundlagd? Rätt svar är 3-talet, som ger talen 9, 12, 27 och 81.

GRAD VIII, TEMPELRIDDARGRADEN

För den som utnämns till Tempelriddare öppnas en större värld. Det är till exempel okänt för alla frimurare som har lägre grad än VIII att orden har ett eget kapell. Inför åttonde gradritualen ligger Bibeln uppslagen på ett bord i förberedelserummet. Där sitter Ceremonimästaren (CM) med ett formulär med nio löften som de sökande måste underteckna. Det sjunde löftet lyder: "Jag lovar att anse alla den Heliga Ordens Riddare och Bröder som mina förtroligaste vänner, de som ville uppta mig i sin krets och med vilka jag denna dag sammanknyter ett oupphörligt och evigt förbund."

I stora kapitelsalen är altaret klätt med en svart duk. Likkistan är täckt med ett svart kläde med silverkant och ett påsytt rött kors. Den som ska bli Tempelriddare eller mer fullständigt Högst Lysande Riddare Av Vår Herre Jesu Kristi Heliga Och Fattiga Tempelorden ska iklädas riddarrustning innan han dubbas. När antagningsritualen är klar blir den nye riddaren kysst tre gånger av Ordförande Mästaren. Varje riddare har egen vapensköld med ett eget valspråk. När han dör flyttas skölden från kapitelsalen till kapellet.

GRAD IX, DEN LJUSA GRADEN

För nionde gradens ritual behövs flera rum: förberedelserummet, kapitelsalen, det vita rummet och reningsrummet. Alla ordens riddare bär vita dräkter och dolk. Den som antas blir Upplyst Och Betrodd Broder Av St Johanneslogen. Först en ritual med nya löften, sedan paus för middag, därefter görs själva antagningen. Den sökanden renas i en ceremoni ledd av Ceremonimästaren och förs sedan till riddarsalen. Där tar Stormästaren (SM) emot och de sökande förs in i Tempelkommendörkapitlets arbetsrum, det så kallade Vita rummet.

GRAD X1 och X2, DEN HEMLIGA GRADEN.

Tionde graden är uppdelad i en öppen grad kallad X1 och en grad som hittills varit strikt hemlig med beteckningen X2, Det Inre Förbundet. X1-ceremonin innehåller löften och symbolhandlingar, Stormästaren bankar på altaret och alla går i procession till kapellet där en präst leder en ritual med brödsbrytelse.

Inför ceremonin till den hemliga graden X2 påminns

En frimurares speciella klädsel

den sökande om sitt löfte från
grad I om blodsblandning och
får sedan veta att detta nu ska
ske. En präst tar därefter fram
ordenskalken med vin.
Tidigare fick den sökande
rispa sig i höger hands tumme
och droppa blod ner i en
bägare. Numera görs detta
endast symboliskt.
Prästen tar enligt ritualen
fram en hemlig kristallflaska
med gammalt blod från
tidigare invigda bröder och
låter tre droppar blanda sig med
rödvinet från ordenskalken.

Den imponerande Riddarsalen på Blasieholmen

Han läser därefter ett bibelord
och uppmanar den sökande att dricka det blodblandade vinet. Därefter dricker prästen
själv och skickar sedan runt blodvinet till övrigt bröder runt altaret.

GRAD XI, EMPELMÄSTARGRADEN

Denna grad är en ämbetsgrad som ger titeln Högst Upplyst Brödrariddare och
Kommendör Med Det Röda Korset. Under ceremonin står likkistan mitt i salen omgiven
av 81 levande ljus. Stormästaren öppnar mötet samtidigt som en präst leder bön och
psalmsång. Riddaren som ska antas till den nya graden förs in i salen iklädd en vit kappa.
Ceremonin liknar mycket munk- och prästvigning i katolska och ortodoxa kyrkan.

Det finns också en hemlig XI-grad, som bygger på blodrit och leder till Det Inre
Förbundet. Det är en så kallad läsegrad och innebär att den som antas får tillgång till
hemliga dokument att läsa på egen hand.

GRAD XII, STORMÄSTARGRADEN

Den högsta graden innehas endast av landets högsta frimurarledare, Stormästaren,
som väljs av Högsta rådet. Stormästaren avlägger eden och alla närvarande bröder
avlägger därefter en trohetsed.

Över denna grad finns en ytterst hemlig sammanslutning som kallas Illuminaten.
Vem som ingår här är en hemligheternas hemlighet och endast känt av få.

INGEN BISKOPS BLOD

Man kan alltså utan vidare slå fast att Svenska Frimurare Orden är en organisation för den borgerliga eliten i samhället, ett brödraskap för män med makt och inflytande. Bankdirektör Lars Piehl i PK-banken var 1985 medlem i Högsta Rådet för Svenska Frimurare Orden med titeln Över-Arkitekten. Han har sedan dess troligtvis befordrats till Stormästare över hela den Svenska Frimurare Orden. Göran Skytte fick en personlig intervju. Första frågan gällde vad rörelsen egentligen står för:

-Man kan kort säga att vi är en organisation på kristen grund som bedriver välgörenhet. I det arbetet försöker vi skapa en positiv utveckling för oss själva och våra medmänniskor. På det ekonomiska planet innebär det bland annat att vi tar hand om en del barn och ungdomar med svåra hemförhållanden. På det andliga planet försöker vi utvecklas som människor genom att delta i olika sammanträden och ritualer.

Det finns cirka 24 000 medlemmar i den svenska frimurarerörelsen. Praktiskt taget samtliga kommer från överklassen och den övre medelklassen. Hur många barn och ungdomar tar ni hand om i er välgörenhet?

-Hördududu, just nu tror jag vi tar hand om cirka femton.

Man påstår följande: Den som blir medlem i frimurarna måste svära en ed att utåt hålla tyst om organisationen. Sedan kan man stiga i olika grader inom organisationen och varje gång man stiger måste man avlägga en ny ed om tystnad. Den frimurare som har högre grad får inte berätta vissa hemligheter för frimurare av lägre grad. Stämmer detta?

-Ja.

Varför måste man svära en tystnadsed?

-Vi vill i görligaste mån hålla våra ritualer hemliga. Vi anser att dessa ritualer måste vara hemliga för att medlemmarna skall känna att de utvecklas när de blir frimurare och när de stiger i graderna.

Man påstår att ni har olika riter i samband med att ni svär tystnadseder. I en viss grad har man förbundna ögon och svär eden med en värja mot blottat bröst. I en annan grad måste man ligga i en likkista. Är något av detta sant?

-Om jag röjer de här ritualerna då förstör jag totalt intresset för den som skall bli medlem och stiga i graderna. Därför svarar jag inte på frågan.

Vilken betydelse har ceremonierna och ritualerna?

-De har stor betydelse. Av den anledningen att de innehåller rätt mycket av symbolik som får människor att sätta sig ner och fundera.

Man påstår ju att ni har dödskallen som symbol.

-Den är en av våra symboler. Men de som kritiserar oss drar ofta en felaktig slutsats. De säger att vi på något sätt ägnar oss åt en dödsrikesreligion. Men dödskallen symboliserar ju döden och det finns ju en debatt som går ut på att vi människor bör fundera mer på döden än vi gör i vanliga fall. På så sätt kan man kanske minska rädslan för döden. Du måste tänka på att dödskallen är en vanlig symbol även i den svenska kyrkan. Det är ingenting konstigt.

Man påstår att ni har benknotor och skelett i era lokaler. Är det sant?

-Det kan finnas till exempel en dödskalle med benknota, det är riktigt. Men jag har inte sett skelett. Inte i den bemärkelsen som man ser på olika bilder som påstås vara tagna hos frimurare. Att det hänger skelett i lokalerna, det har jag inte sett.

Man påstår att ni har rum som är klädda med benknotor. Är det sant?

-Det är fel. I vart fall har vi inget sådant rum i Stockholm. Vad jag känner till, men jag har inte varit överallt i alla lokaliteter.

För något år sedan påstod en präst att ni har ritualer där ni dricker blod. Han beskyllde bland annat vissa biskopar i frimurarerörelsen för att dricka sitt eget blod. Är det sant?

-Det kan du stryka helt. Det finns inte en blodsritual, det kan jag försäkra. Utan att trampa på ritualbegreppet i övrigt. Jag har aldrig druckit en biskops blod. Skriv inte det där sista.

Jag har ett förslag. Vi går ner till Svenska Frimurare Ordens hus här i Stockholm. Du visar mig samtliga lokaler. På så sätt kan jag intyga för läsarna att det inte finns några skelett eller likkistor (se sid 551).

-Du är välkommen att senare se vissa rum. Men det finns rum som vi inte visar för allmänheten.

För något år sedan avslöjade man i Italien en hemlig och olaglig frimurareorganisation kallad P2 (se sid 507). I denna organisation fanns det ledande män från politiken, militären, rättsväsendet, maffian, Vatikanen och näringslivet. Avslöjandet ledde till att man tillsatte en stor parlamentarisk undersökning. Denna undersökning visar att P2 var inblandad i jättelik ekonomisk brottslighet, utpressning, mord samt planer på en statskupp. Journalisten Mino Pecorelli som avslöjade namnen på medlemmarna i denna hemliga frimurarloge blev skjuten i munnen. Hur påverkade detta avslöjande om P2 er som frimurare i Sverige?

-Det har kommit väldigt många frågor. Man kopplar ihop begreppet Frimurareorden P2 med Svenska Frimurare Orden, och man sätter likhetstecken mellan de två. Detta är besvärligt för oss. Det svenska frimureriet är en helt självständig organisation och vi har inte någon som helst kontakt med frimurarna i Italien.

Du säger här två gånger att ni inte har någon kontakt med de italienska frimurarna. Men det stämmer inte. I er egen medlemsmatrikel har ni en förteckning med följande rubrik: *Främmande storloger med vilka Svenska Frimurare Orden har förbindelse*. I den förteckningen har ni tagit upp Grande Oriente d'Italia. Det är

Artiklarna väckte stort rabalder

huvudorganisationen för de italienska frimurarna. Praktiskt taget samtliga i P2 kom från denna organisation.

-Jag sa att vi inte har någon kontakt med de italienska frimurarna. Men vi har förbindelser. När jag säger ingen kontakt så menar jag att vi inte på något sätt styrs utifrån. Vi har inget samarbete. Däremot har vi förbindelse på så sätt att de till exempel kan bjuda oss att vara med om ett jubileum."   (slut artikel)

Sedan 1978 hade det även inom Säpo funnits ett ordenssällskap kallat Säk-Ringen. Klubben bestod av säkerhetspoliser och andra som ansågs att på ett förtjänstfullt sätt ha verkat för rikets säkerhet. Grundförutsättningen var att man arbetat minst tio år inom Säpo och att man hade fått en rekommendation från någon medlem. Det sistnämnda för att säkerställa att det bara var folk med den "rätta inställningen" som kom med.

SÄK-Ringen grundades av en av spaningsledaren Hans Holmérs gamla vapendragare, polisintendent Rune Beckman, och höll två möten om året: Ring-Blot på hösten och Ring-Ting på våren.

-Vi använder oss av gammalnordiska benämningar och tar namn från den fornnordiska mytologin som Oden och Tor, förklarade en ledamot i SÄK-Ringens styrelse.

Kamraterna i sällskapet höll sig även med en supporterklubb kallad Ringvännerna. Här kunde endast personer från samhällets toppskikt som stöttat säkerhetspolisens verksamhet få vara med, till exempel landshövdingar eller någon i Rikspolisstyrelsens parlamentariska styrelse. Rikspolischefen, Säpochefen och avdelningschefen var några av de som deltagit i mötena. Allt avslöjades i en artikel i tidningen *Arbetet i april -87* och byggde på förre Säpokommissarie Ture Holmblads uppgifter.

-Jag erbjöds att vara med, men när jag såg deras stadgar fylldes jag med avsmak, berättade han. De var rent nazistiska.

-Det stämmer inte alls, svarade Polisförbundets ordförande Gunno Gunnmo. Ordenssällskapet SÄK-Ringen inom Säpo är bara en harmlös kamratorganisation.

Vem kan man lita på och vem kan egentligen kontrollera hemliga ordenssällskap? Sällskap som har supporterklubbar vars osynliga tentakler sträcker sig ut i det civila samhället? Ett hemligt nätverk av inflytelserika personer är alltid en fara för demokratin och det måste ses som alarmerande att parlamentariker ur Rikspolisstyrelsen ingick / ingår i denna förening, eftersom det ju är de som ska utöva demokratisk kontroll över den hemliga polisen.

Efter sin artikelserie fick journalisten Göran Skytte brev och telefonsamtal från cirka 300 personer. Fem av dem hävdade att de hade bilder från hemliga skelettrum i frimurarnas lokaler i Stockholm. Två av dem bedömdes av Göran Skytte att ha äkta skelettbilder. Det första bildbeviset bestod av en 8 mm smalfilm tagen i smyg av en elektriker som utfört några installationer i frimurarnas högkvarter Bååtska Palatset på

Blasieholmen i Stockholm, strax bakom Grand Hotel. Filmen visade att väggarna i en trång gång i källaren är täckta med skelettdelar och dödskallar.

Bildbevis nummer två kom från en byggnadsarbetare, som även han släppts in i det allra heligaste för olika restaureringar: Han hade tagit en hel serie stillbilder inne i ett rum i frimurarnas högkvarter på Blasieholmen. Bilderna var mycket tydliga och föreställde en vägg som var full med skelettdelar och dödskallar från golv till tak. För de flesta låter allt detta både bisarrt och otroligt. Helt klart är dock att sådana hemliga sekter och nätverk bör exponeras i ett demokratiskt land. Många har försökt men få har kommit till tals. Pastor Jack-Tommy Ardenfors vid Smyrnakyrkan i Göteborg var året efter Palmemordet ytterst oroad över vad han kallade djävulsdyrkans utbredning i Sverige, speciellt inom etablerade samhällskretsar. I *Aftonbladet den 1 juli -87* gick han ut med följande anklagelser:

-Mycket kända politiker och näringslivspersoner är djävulsdyrkare. De deltar i mässor där man dricker blod och har gruppsex. Kulmen nåddes vid en stor djävulsmässa i Mellansverige förra helgen, där ledaren för satankyrkan i USA, Anthon LaWey var med. I Göteborg hölls de första svarta mässorna i början av 1950-talet och i hela Sverige finns nu tusentals människor som dyrkar djävulen.

-De senaste 15 åren har djävulsdyrkan ökat konstant i hela landet, men i Göteborg förekommer det nog mest. Här samlas hundratals människor varje kväll, utom lördagar, i olika lokaler runt om i stan. Man hyr in sig under täckmantel av till exempel ordenssällskap i bland annat hotell och gästgiverier. Jag skulle kunna namnge minst tio mycket kända politiker och folk inom näringslivet som jag vet är djävulsdyrkare. Ni skulle aldrig tro mig!

Förutom gruppsexorgier och att man tog nattvarden genom att dricka blod, tillbad djävulsdyrkarna Satan när de höll sina mässor. Det hela fungerade som en omvänd gudstjänst och människor döptes även i blod. Pastor Ardenfors berättade vidare att de som ville bryta sig ur djävulssekterna kände djup fruktan, de ville men kunde inte på grund av att de tvingats svära evig tystnad inför sekten. Hela deres sociala liv var uppbundet kring detta hemliga löfte.

-Vi måste ge ljus åt detta. Jag vågar göra det för att jag är under Guds beskydd och trots att jag mordhotats tre gånger för den information jag har.

OBELISKEN - DÖDENS TECKEN

För utländska turister är det mycket förvånande att det inte finns några statyer eller museum efter Olof Palme, Sveriges mest internationellt kända politiker. Några få gator och torg har döpts efter honom - annars ingenting. Till och med gatstenarna där statsministern mördades är utbytta för att ingenting ska påminna om mordet. Detta enligt familjen Palmes vilja. Ett tag brann en gaslåga på mordplatsen men även det stoppades av Palmes närmaste som också har sagt nej till ett minnesmärke. Det enda som finns kvar är en spartansk kopparplatta med texten: "På denna plats mördades Sveriges statsminister Olof Palme den 28 februari 1986."

-Vi måste respektera familjens önskemål, kommenterade gatuborgarrådet Lennart Rydberg (fp).

Det kan tyckas som om statsminister Olof Palme i det

Kopparplattan i trottoaren - det enda minnesmärket

närmaste ha upphört att existera och man kan fråga sig varför socialdemokraterna inte har lagt ner större möda på att minnas den tidigare så älskade ledaren. Varför denna tystnad?

Frimureriets dolda makt bygger till stor del på symbolik och hemliga tecken som endast invigda förstår. På så sätt kan frimurare kommunicera utan ord. I ritualer, invigningsceremonier och konstverk är många motiv ständigt återkommande. Några av de vanligaste är passaren, vågen, vinkeln, det svartvita schackmönstret, den eviga lågan och obelisken.

Just obelisken har en märklig förmåga att dyka upp i suspekta sammanhang. Vid större mordoperationer där frimurare bevisligen har verkat bakom kulisserna inträffar ofta följande fenomen: Ungefär ett år efter dådet reses en diskret obelisk inom en radie av cirka hundra meter från brottsplatsen. Detta görs under förevändning att platsen behöver utsmyckas eller dylikt. För vanligt folk ser det bara ut som en intetsägande staty, men för de invigda har obelisken en stor symbolisk betydelse. .

Tre välkända mord kan beskriva företeelsen. Det är då viktigt att inse att krafterna vi nu talar om har verkat i flera hundra år, om än i mindre skala. (Följande påståenden kan tyckas mycket svagt underbyggda och tagna ur det blå, men vissa historiker och författare har lagt ner tusentals timmar på att gräva fram sanningen, se Bibliografin beteckning F):

Efter mordet på den svenske kungen Gustaf III restes en obelisk utanför slottet i Stockholm. Obelisken är rest mitt emot en staty av den mördade kungen, vars baneman kapten Anckarström var frimurare och numera står som hedersbyst i entrén på frimurarnas internationella huvudkvarter i Paris - Grand Orientlogen. Gustaf III var även själv frimurare sedan han och hans bröder Carl och Adolf Fredrik på hösten 1771 hade intagits i orden. Denna händelse kom att bli av utomordentlig betydelse för svenskt frimureri.

I Washington DC har en liknande obelisk rests mitt emot statyn på Abraham Lincoln. Monumentet restes långt före mordet, men invigdes i en stor frimurarceremoni (se diverse

uppslagsverk). Även här spelade frimurare en framträdande roll
i planeringen av mordet, som än idag är fullt av frågetecken
eftersom den officiella versionen och medicinska fakta inte
går ihop. Vi ser också här att "den ensamme galningen" (se
sid 263) inte är något nytt påfund. President Abraham Lincoln
påstås ha mördats av en ensam förvirrad skådespelare vid
namn John Wilkes Booth. Det kan då tyckas märkligt att 8
personer arresterades för inblandning och att den påstådde
mördaren John Wilkes Booth "av misstag" sköts till döds
då han obeväpnad försökte överlämna sig till militären.

Olof Palme - frimurare?

Och på Dealey Plaza i Dallas dröjde det inte länge efter
mordet på John F Kennedy förrän en vit obelisk prydde det säregna torget där skotten
föll (se sid 263). Även här mördades den påstådde gärningsmannen, innan han ens hunnit
lämna polishuset. Nu senast har man föreslagit att placera en obelisk på Ground Zero
i New York, där Twin Towers en gång stod. Detta "terroristdåd" innehåller också en
mängd frågetecken.

Vad få vet är att precis samma sak hände efter mordet i Stockholm. På
Luntmakargatan parallellt med Sveavägen skedde 1987 en upprustning av gaturummet
på initiativ av "tio privata fastighetsägare". Bland dessa fanns Skandia, detta bolag som
verkar syssla med mer än bara försäkringar (se sid 493), SPP, ABB, NCC, Reinolds och
Bonniers. Enligt en av Skandia Fastighets ansvariga, Rolf Gallon, hade man utlyst en
tävling för utsmyckningen av gatan. Det vinnande bidraget var fem stora obelisker eller
så kallade "luntor", som placerades ut längs med Luntmakargatan. Två av dem står

Utanför slottet i Stockholm..   *på Dealey Plaza i Texas*   *...och i Washington DC*

på Tegnérgatan som en inkörsport till Luntmakargatan. Designen är utformad för att passa Skandias fasader.

En annan obelisk är placerad i direkt anknytning till mordplatsen. Dess placering är anmärkningsvärd eftersom den står runt hörnet till Tunnelgatan på ett asymmestriskt, skrymmande och föga utsmyckande sätt. Det var dock exakt här mördaren flydde på väg mot trapporna upp till Malmskillnadsgatan.

Studera bilderna och döm själv. Glöm inte att ta med i beräkningen att obelisken eventuellt också skulle kunna vara ett hedersmonument. Detta antagande utgår givetvis från att Olof Palme i så fall själv kan ha varit frimurare.

Foto taget från mordplatsen. Notera obeliskens udda placering - längs mördarens flyktväg

Skandiahuset på Sveavägen var länge huvudkvarter för den superhemliga statsgerillan Stay Behind och ska även ha haft ett kontor som fungerade som förenande länk mellan CIA och den svenska gerillan (se sid 485).

Här följer ett intressant tips inskickat till spaningsledningen och undertecknat THULE, namnet på Skandias föregångare fram till 1963:

"För Palme med rötter i nuvarande Skandia var det en förutsättning för hans karriär att politiskt genom lobbyism bearbeta lagstiftare och lagmän till lagförändringar och lagtolkningar anpassade till Skandia.

Vidare användes solidariteten som täckmantel för att genom massinvandring nedmontera

Inskriptionen på obelisken vid mordplatsen

569

trygghetssystemen vilket på sikt
även skulle ge Skandia större
befolkningsunderlag för tänkta
framtida privata pensionsfonder
där cirka 11 procent på grund
av den stora byråkratin,
direktörer och liknande, skulle
få ha sina av företag betalda
pensionsförmåner på helt
skattebefriade stiftelsekonton
med extremt hög avkastning
otillgängliga för vanligt folk.
Samtidigt skulle cirka 24
procent av befolkningen hållas
utanför detta system för att
hålla inflationen låg. När Palme
nått sitt politiska mål försökte
han stoppa nedmonteringen
av trygghetssystemen och
anslutningen till nuvarande EU.

Därför mördades Palme på
initiativ av och med direktiv
från försäkringsdirektörer
inom Skandia. Det är fråga

*Den märkliga obelisken sedd från trappornas topp.
I bakgrunden platsen där Olof Palme mördades*

om ett tillskott på tänkta cirka 290
miljarder kronor bara för Skandia de
första tre åren efter välfärdssystemets
sammanbrott. Har tillgång till ett band
där direktörer 75 i Skandiahuset påstår
att ingenting skall få stoppa Sveriges
inträde i nuvarande EU och att svenska
folket inte vet sitt eget bästa. Den
oerhörda mörkläggningen av mordet på
Palme beror på dominoeffekten.

Allt hänger ihop. Palmemordet,
DC3- affären, åsiktsregistrering, politiskt
dubbelspel, SÄKs springpojkstjänst på
skattebetalarnas bekostnad åt Skandia.
Skandiahuset, Sveavägen, Olof Palme,
dubbelspel, täckmantelverksamhet.

Obelisken från baksidan av Skandiahuset

Personer inom SÄK skuggar Palme och finns i Skandiahuset mordnatten. En har tidigare på kvällen spelat narkotikalangare och lurat Pettersson (se filmen *Sista kontraktet, författarens anmärkning)*. En frilans amerikan fanns även i Skandiahuset. Han lämnar Sverige på diplomatpass med vapnet som nu är nedsmält i USA." (slut)

Forskaren Ola Tunander skrev 1994 en längre artikel i den danska kulturskriften *Kritik 110 – Den usynlige hånd og den Hvide* som bekräftade en del av tipset: "Enligt en källa, som önskar att vara anonym, fanns fyra personer från Skandias säkerhetsteam på plats vid tiden för mordet. De var alla utrustade med kommunikationsutrustning. Vidare anslöt en amerikan sig till dem få minuter efter dådet (se sid 445?)."

Vi ska återkomma till detta, men först mer om frimurarna.

T-BANESTATIONEN - ETT FÖRTEMPEL

Vid ett diskret besök i organisationens högkvarter på Blasieholmen förklarade guiden i förbigående att Kungsträdgårdens T-banestation i själva verket är frimurarnas eget förtempel!? Ett frimurartempel? Kan detta verkligen vara möjligt?

-Det finns så mycket som är mystiskt nu för tiden, svarade guiden undvikande på en direkt fråga.

Vana resenärer har säkert lagt märke till att denna station är exklusivare än andra.

Ur ruinerna ska den nya världen byggas upp enligt Den Nya Världsordningen (se sid 394). Bredvid en byst med avhugget huvud vilar ett ägg med det svartvita frimurarmönstret.

571

Likheterna mellan Johannessalen och Kungsträdgårdens T-banestation är slående. Enligt en guide på Bååtska Palatset är tunnelbanestationen ett förtempel till frimurarnas palats!

Den ligger också rakt under SE-Bankens (det vill säga Wallenbergarna, se sid 725) huvudkontor på Kungsträdgårdsgatan. Denna underjordiska utställning handlar enligt SLs presentation om Historia, Dåtid och Nutid och konstnären Ulrik Samuelsson utförde den dekorativa gestaltningen tillsammans med arkitekter och tekniker från SL och Trafikens Konstnämnd. Takmålningarna utfördes i samarbete med Arne Fredrikson och skulpturerna i stationens västra del mot Gallerian är avgjutningar eller original

Vinkelhaken - en frimurarsymbol *Vart leder denna fyra meter höga kopparport?*

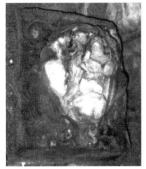

Ännu en grotesk mask

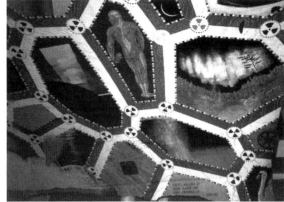

I takmålningarna återfinns många frimurarsymboler

Ser inget - hör inget

Djävulen, det alltseende ögat och radioaktivitet (?)

Mask med utslitna ögon

Ytterligare stark symbolik. Men vad betyder den?

573

från byggnader som finns,
eller har funnits, i närheten
af Kungsträdgården, till
exempel palatset Makalös
uppfört av släkten de la
Gardie på 1600-talet.
Men om vi studerar
stationens utsmyckning
med guidens påstående i
bakhuvudet är det lätt att
se en annan bild. Överallt
dyker det upp skulpturer och
föremål som direkt anspelar
på frimurarritualer, alltifrån
det svartvita mönstret som
pryder rulltrappnedgången

Ett fingeravtryck, en fallossymbol och en mansgestalt

till alla målningarna i tunnelbanestationens tak. Svarta korpar, dödskallar och porträtt av
djävulen återfinns dolda bland många andra motiv vars mening är okända för författaren.
En mansfigur identisk med en målning inne i frimurarpalatset återkommer till exempel
i olika variationer (se bilden ovan).

På vägen ner till stationen finns en fyra meter hög kopparport monterad (se sid 564),
till synes utan funktion. Om den enbart är där som utsmyckning kan man ifrågasätta
placeringen mitt i en trappuppgång. Finns det kanske en tunnel bakom och vart leder
den i så fall? Ha i åtanke att det bara är ett hundratal meter till huvudkvarteret Bååtska
Palatset, beläget strax bakom Grand Hotel.

Längs väggarna uppenbarar sig vidare en lång rad förvrängda djur- och
människomasker som hämtade ur en mardröm. Flera av dem har blod i mungiporna,
andra utslitna ögon ur blödande ögonhålor (se sid 565).
Vid ett flertal besök på T-banestationen var blodet inte
ens torrt! Vad är det som försiggår? Tanken svindlar.
Genomför man rent av ceremonier här då stationen är
stängd för allmänheten nattetid?

Det mest uppseendeväckande på stationen är något
mycket diskret som ytterst få har lagt märke till. Längst
till vänster på den stora perrongen står en gjuten, avsågad
trädstam, cirka 150 centimeter hög och 45 centimeter i
diameter. Observera den så kallade Operation Tree (se sid
505) och det mystiska telegrammet (se sid 503) som skickades
strax före Palmemordet från den italienska frimurarlogen

Blod i mungiporna

P2s ledare Licio Gelli till hans frimurarbroder Philip Guarino, en nära medarbetare till den amerikanske vicepresidenten George Bush: "Hälsa vår gode vän Bush att det svenska trädet kommer att fällas". Tre dagar senare var Palme död.

Enligt den officiella versionen föreställer denna trädstam de almar som 1971 orsakade stridigheter mellan beslutsfattare och demonstranter. En avgjutning

Bredvid trädet ligger ett försänkt gult och blått oljefat

av almstammen "ska påminna om oss att vi ej ska låta oss förstenas". Men med tanke på obelisken vid mordplatsen finns det utrymme för spekulation. Kan stammen i verkligheten ha med Telegrammet att göra? Denna del av tunnelbanestationen invigdes samma år som statsministern mördades. Bredvid stammen finns ett gult och blått oljefat, nersänkt i marmorgolvet och med "olja" rinnande över perrongen in under en stor staty föreställande guden Zeus. Enligt informerade källor var en bidragande orsak till likvideringen av Olof Palme att han tidigare skrivit över Sveriges alla rättigheter till Nordsjöoljan - samma olja som förvandlade Norge till ett rikt land.

Är allt detta bara tillfälligheter - eller finns det ett samband? I så fall är det skrämmande att se med vilken arrogans dessa minnesmärken placerats mitt framför näsan på oss.

Det fällda trädet på T-baneperrongen

SKRÄMD TILL TYSTNAD

Nätverk som frimurarnas och samhällets övriga struktur uppbyggd på missvisad lojalitet och rädsla för att stöta sig med makten, kan vara en del av förklaringen till

den tystnad som råder kring nationella skandaler som
Palmemordet och Estonia (se sid 731). Men detta är långt ifrån
hela sanningen. Vi tar en titt på polisen:

I *Dagens Nyheter den 14 oktober -96* beskrev förre
rikspolischefen Carl Persson och förre byråchefen vid
Rikspolisstyrelsen Esbjörn Esbjörnsson den drastiskt
förändrade situationen inom poliskåren:

-I dag utreds bara snatterier och mord. Den vardagsnära
brottsligheten utreds knappast alls. Polisorganisationen
har slagits sönder och delats upp i en mängd olika
organisationsformer, skiftande från län till län och

Esbjörn Esbjörnsson

administrativa arbetsuppgifter som tidigare utfördes centralt sköts numera på 24 eller
ibland ännu flera ställen. Personalen saknar numera arbetsro, utsätts för stora psykiska
påfrestningar och förlorar arbetslust, engagemang och motivation - ovärderliga
tillgånger i en så personalintensiv verksamhet som polisen.

-Genom att ändra tillsättnings- och lönesystemen har man satt munkavle på polisens
befattningshavare och gjort dem beroende av ministrars och chefers gunst. På så sätt
har skapats tysta poliser på alla nivåer. Och då går det som det har gått och ingen vågar
ifrågasätta en dålig polisreform. När överheten inget hör, tror den sig naturligtvis leva
i den bästa av världar.

Som vi tidigare har sett finns det även starka kopplingar till Nato bakom mordet.
Denna organisation är en mycket stark kraft som verkar både öppet och i det fördolda.
Fenomenet har beskrivits av *Dagens Nyheter*s mycket erfarna journalist Cecilia Steen-
Johnsson i boken *Ett folkbedrägeri - DC 3an och svensk säkerhetspolitik:*

"Nato och de västliga underrättelsetjänsterna har stort inflytande över tillsättningen
av höga tjänster på de svenska företag som tillhör totalförsvaret, och även i offentlig
förvaltning och massmedia. Personer som
anses "opålitliga" av politiska eller andra
skäl bör inte få sådana befattningar, det
låter man svenska beslutsfattare förstå.
Det finns inflytelserika informatörer i
Natos tjänst på de stora rikstidningarna
och inom radio och TV, som rapporterar
om diskussioner och planer inom
redaktionerna, som de givetvis också
påverkar i "rätt" riktning. En del av dem
sitter i chefsposition och kan därför stoppa
kontroversiella artiklar eller förhindra att

Obelisker vid infarten till Luntmakargatan

journalister rotar i förhållanden som alltför nära berör Natos strategiska eller politiska intressen i Sverige. Det finns också en handfull politiska kolumnister och kommentatorer som får sina krönikor serverade färdigskrivna med de rätta åsikterna.

Åtskilliga journalister kan vittna om att deras intresse för vissa känsliga frågor mötts av aktivt ointresse, avslag på begäran om till exempel respengar eller andra nödvändiga resurser. Ibland kan det till och med handla om rena yrkesförbud, uttalade eller outtalade, när kollegor som anses pålitliga i stället sätts att arbeta med samma fråga. Inom massmedia kan det också handla om tillsättning av viktiga och prestigeladdade tjänster, som till exempel ett jobb som utrikeskorrespondent, där ledningen lyssnar på de önskemål som kommer från västalliansen, direkt eller via pålitliga mellanhänder."

KOMMISSIONER - MAKTENS SKYDDSVERKTYG

Det finns fler sätt att övertyga allmänheten om att allting är som det ska vara. Ett av dessa är kommissioner: maktens verktyg att syna sig själv - eller skydda sig själv?

Hur stora bristerna i diverse utredningar än har varit med misstankar som avfärdas med egendomliga motiveringar, handlingar som försvinner, oklarheter som aldrig reds ut och så vidare, så vaggar kommissionerna oss till ro. Ett land med några få miljoner invånare där politiska, ekonomiska, akademiska och intressegruppseliter sedan länge skolats i en gemensam förhandlingskultur har inte utrymme för oberoende, seriösa kritiker. Ofta får man för sig att det är massmedierna och de så kallade privatspanarna som istället granskas. Först då blir kommentarerna vassa och kritiken hård.

Låt oss göra en snabb genomgång och granskning av de fyra kommissioner som tillsatts efter Palmemordet.

JURISTKOMMISSIONEN

Juristkommissionen tillsattes den 22 maj 1986 och avlämnade sin första utredning den 12 maj 1987 och sin slutrapport senhösten samma år. Kommissionen bestod av:

Olof Bergqvist, justitieråd och ordförande i Arbetsdomstolen samt tidigare rättschef i Arbetsmarknadsdepartementet, Dag Victor, straffrättsexpert från Justitiedepartementet, Stefan Ryding Berg, avdelningsdirektör vid Försvarsstaben, polisöverintendent Kjell-Arne Eliasson från Malmö, polisintendent Sven Persson från Rikspolisstyrelsen, Nils-Olof Berggren, byråchef hos Justitiekanslern, Tore Samuelsson, avdelningsdirektör hos JO, Gunnel Lindberg, åklagare i Västerås, Carl-Ivar Skarstedt, hovrättspresident i Umeå och tidigare rättschef vid Försvarsdepartementet samt Per-Erik Nilsson, JO och kommissionens ordförande. Nilsson avgick som Justitieombudsman i juni 1987 och entledigades då också på egen begäran från kommissionen, varvid Skarstedt tog över ordförandeskapet.

Juristkommissionen riktade i sin slutrapport hård kritik mot spaningsledaren Hans

Holmér och åklagarna. Man klandrade även regeringen för det inträffade.

EDENMANKOMMISSIONEN – PARLAMENTARIKERKOMMISSIONEN

Parlamentariska kommissionen eller Edenman-kommissionen tillkallades den 19 mars 1987 och avlämnade sin slutrapport den 22 april året därpå. Den bestod av ministrar från tre tidigare regeringar: Ragnar Edenman ordförande, Thorbjörn Fälldin, före detta statsminister och Håkan Winberg, tidigare justitieminister. Därutöver ingick Sven Gustafson, Doris Håvik, Ivar Nordberg, Jörn Svensson, Anders Litzén, Stefan Strömberg, Lars Lindström samt kommunalrådet Sören Mannheimer.

Ragnar Edenman

Kommissionens uppgift var att dra slutsatser ur Juristkommissionens material, men också att granska Polisspåret (se sid 416). Man gjorde en stor genomgång och höll en del förhör. Men det visade sig senare att man i själva verket hade fått nöja sig med undanglidande svar och i en del fall rena lögner. Kommissionen hade inte rätt att höra någon under ed och "alla de som lämnat uppgifter har gjort det frivilligt och utan att vi har kunnat ställa några formella krav på fullständighet eller sanningsenlighet".

-Jag krävde vid första sammanträdet att det skulle knytas någon till kommissionen som stod fri, som kunde gräva och ta fram fakta. Men jag fick inget gehör, berättade kommissionsledamoten Sven Gustafsson i *Striptease*. Och nu vet vi ju att några av de vi förhörde, bland andra Rikspolischefen, ljög för oss. De hade ingen skyldighet att berätta sanningen och det gjorde de uppenbarligen inte heller.

Valet av ordförande kan tyckas lite uppseendeväckande. Ragnar Edenman fick ta posten trots att han själv hade ett väldokumenterat nazistiskt förflutet på 1930-talet. Det kan tyckas att hans ungdomliga utsvävningar borde vara förlåtna, men helt så enkelt är det inte då han sattes som frikännande domare över nazistiska poliser.

Parlamentarikerkommissionens kritik var som följer:
"Ett helhetsomdöme måste ändå bli att polisen inte fungerade tillfredsställande under de viktiga timmarna närmast efter mordet. Det omdömet drabbar i första hand arbetet på Sambandscentralen. Den handfallenhet och förvirring som präglade verksamheten där är uppseendeväckande. Vi är förvånade över att verksamheten fungerade så dåligt. Man befann sig i Sveriges största och mest välutrustade Ledningscentral for polisverksamhet."

MARJASINKOMMISSIONEN - MEDBORGARKOMMISSIONEN

Efter en del rabalder i massmedia och påtryckningar från bland andra de så kallade Privatspanarna fick man till sist igenom att en tredje kommission skulle tillsättas. Regeringen planerade att offentliggöra direktiven för denna under våren 1994. Men så lovade spaningsledaren Hans Ölvebro plötsligt att mordet snart skulle vara löst, varpå regeringen beslutade om uppskov till sommaren. Så småningom erkände Ölvebro emellertid att han egentligen inte hade någon mördare. *Svenska Dagbladet* avslöjade i stället *den 16 mars -94* att Palmegruppen rutinmässigt ljugit om sina påstådda spaningar!

-Det är ett sätt att avslöja läckor i den närmaste omgivningen, förklarade Ölvebro oberört. Ett par, tre gånger har vi direkt kunnat fastställa vem som fört våra uppgifter vidare.

Marjasinkommissionen kom att bestå av ordförande Sigvard Marjasin, landshövding i Örebro, Inga-Britt Ahlenius, generaldirektör för Riksrevisionsverket, Hans-Gunnar Axberger från Brottsförebyggande rådet och tillika docent i straffrätt, Gull-Britt Mårtensson, kommunalråd i Östersund och Håkan Winberg, president vid hovrätten för nedre Norrland samt parlamentariker i den gamla Edenmankommissionen, där han i praktiken varit med om att avskaffa Polisspåret (se sid 413).

Sigvard Marjasin

Marjasinkommissionens uppdrag var att granska hur brottsutredningen hade skötts. Kommissionen fick sina direktiv den 29 september 1994 och arbetsmaterialet kom från Palmegruppens utredningar. Det var inte tal om att ställa egna frågor till vittnen eller andra inblandade, men Sigvard Marjasin förklarade att "inga stenar skulle lämnas orörda".

-Vi ska försöka undanröja eventuell misstro mot statsmakten. Men vi ska inte tysta samhällsdebatten.

-Vilken egenskap är viktigast för dig och för kommissionen när ni nu går in i det här jobbet, frågade *Striptease*-reportern Lars Borgnäs.

-Det är att arbeta med förtroende, att omvärlden (!) uppfattar det här som seriöst och förtroendefullt, svarade den nye ordförande. (Hade Marjasin bara tillsatts för att lugna en upprörd opinion?).

-Jag kan konstatera att de som sprider uppgifter och desinformation om att poliser ligger bakom mordet har lyckats rätt så bra, klagade spaningsledaren Hans Ölvebro i *Expressen den 11 februari -96*. Om Marjasinkommissionen kommer fram till att det kan vara så att poliser organiserat mordet, måste vi byta poliskår i Sverige. Ingen kan stanna kvar. Men jag är helt övertygad om att kommissionen kommer fram till vår slutsats. Huruvida den enskilde gärningsmannen skulle råka vara polisman har jag givetvis ingen aning om. Men han är i så fall ingen del av någon konspiration (?).

Ölvebro välkomnade samtidigt den tredje kommissionen.

-Vi är beredda att låta dem börja arbeta omedelbart eftersom de ska granska sådant som vi inte jobbar med (?). Att de kommer igång gör att vi avlastas från en del onödigt merarbete, till exempel alla kontakter med privatspanarna. Dessa kommer då i stället att vända sig till kommissionen.

Inga-Britt Ahlenius

Det skulle dock snart visa sig att allting inte stod riktigt rätt till. När ledamoten Inga-Britt Ahlenius till exempel skrev i en promemoria till ordförande Sigvard Marjasin om Polisspåret gömde denne omedelbart skrivelsen i sitt låsta kassaskåp. Detta uppmärksammades dock snart i pressen varvid skrivelsen publicerades. Här hade hon bland annat skrivit:

"Vi har (i kommissionen) gjort oss till polisens fångar... Något polisspår finns ju inte i polisens utredningar" och "En given hypotes / utgångspunkt är att granska utifrån antagandet att det är möjligt att det förelegat en konspiration inom polisen. Och att utifrån denna hypotes granska inte bara vidtagna konkreta åtgärder utan de strategiska beslut eller ICKE-beslut som polisen fattat".

Ahlenius kom även in på fallet med en kvinnlig hundförare som ansett sig trakasserad av sina kollegor:

"Det är alltså helt omöjligt att i ett offentligt uppmärksammat trakasseriärende få polisen att peka ut någon av de egna. Detta tyder inte på att det skulle vara svårt att dölja konspirationer av allvarliga slag - kårandan är utomordentligt stark, lojaliteten likaså. Det kan naturligtvis tänkas vara farligt att medverka i en utredning av frågan" och "Det är uppenbart att det i denna poliskår finns ett antal subkulturer - mer eller mindre permanent över tiden: Baseballigan (se sid 416) är ett exempel, hundförarna ett annat". "Inom poliskåren - eller delar av den - finns uppenbarligen en kultur där det inte anses anmärkningsvärt att ljuga".

I *Striptease* den 18 september 1996 framträdde hon åter med kritik mot kommissionens sätt att arbeta:

-Jag skulle vilja likna det vid om vi har ett stort skogsområde som ska kartläggas och startade den här undersökningen med att räkna varje träd. Och sedan fann vi att här fanns en miljon träd, men vi vet ingenting om vilka människor och djur som finns där, vilka betingelserna är för skogsbruk och så vidare. Därför måste det finnas ett annat perspektiv på den här stora utredningen, vi måste attackera de här 500 000 textsidorna på ett sätt som gör att vi får en överblick och kan lyfta oss upp ur detta brus av information som finns. För att spetsa till det kan jag säga att det är ointressant om vi granskar om polisen har gjort fel saker på ett korrekt sätt. Vi måste ju se om polisens strategiska vägval, där man inriktar sig på en typ av spaning, har varit väl underbyggt. Vilken var motbilden i en sån situation? Vilka var alternativen? Menar vi att polisen har värderat, har haft fog för att driva spaningen i en riktning istället för att följa ett annat spår.

För den som har studerat kommissionernas sätt att arbeta och förstått varför de tillsatts är det inte svårt att på ett tidigt stadium förutse hur deras slutrapporter kommer att se ut. Den framlidne Fritz G Pettersson, en av de mer framstående så kallade Privatspanarna, skrev för skojs skull sin version av Marjasinkommissionens väntade rapport:

"Visst har det förekommit vissa misstag speciellt under det första året, men det har ju tidigare kommissioner redan anmärkt på. Sedan har utredningen skötts på ett polisiärt professionellt sätt och det finns inte mycket att anmärka på. Men mordet är polisiärt löst och sedan är det bara så att i vi Sverige har så höga krav på bevis och rättssäkerhet att vi tyvärr inte kunnat fälla en gärningsman. Det finns ingenting här att kritisera utan det är bara ett bevis på att Sverige är en i alla avseenden föredömlig rättsstat. De så kallade Privatspanarna har väl menat väl, men tyvärr misstagit sig och dragit helt felaktiga slutsatser av lösa rykten och falska uppgifter."

1995 gick utan att mycket hände. Men under senhösten fastställde Inga-Britt Ahlenius generalplanerna för RRVs verksamhet under 1996. I dessa ingick kontroll av ett antal landshövdingar, inklusive Sigvard Marjasin, som skulle granskas av verkets två så kallade megautredare, revisionsdirektörerna Bo Sandberg och Christer Skogswik, båda säkerhetsklassade efter att ha genomfört stora och känsliga granskningar inom såväl säkerhets- som försvarsområden. Detta skulle komma att bli starten på en nationell skandal. *Den 14 februari* publicerade *Dagens Nyheter* så en artikel där kommissionens ordförande kritiserades för konstiga kvitton med mera och i augusti blommade den så kallade Marjasinaffären upp. Vidare uppstod en häftig offentlig debatt kring anklagelserna om att han skulle ha hemlighållit känsliga handlingar för kommissionens medlemmar. Efter en ren häxjakt i massmedia entledigades Sigvard Marjasin på egen begäran av regeringen den 6 juni 1996.

PALMEKOMMISSIONEN - GRANSKNINGSKOMMISSIONEN

Den 15 augusti samma år påbörjade hans efterträdare på ordförandeposten, landshövding Lars Eric Ericsson, sitt arbete genom att sparka kommissionens fyra experter och båda sekreterarna. Även de båda revisorer från Riksrevisionsverket fick lämna sina uppdrag. Marjasinkommissionen tycktes alltså i praktiken gå upp i rök i samma ögonblick som Ericsson tillträdde.

-Jag kan omöjligen sätta mitt namn på något som jag inte har varit med och utarbetat. Det är för mycket begärt att sekreterarna och experterna ska anpassa sitt arbetssätt till en ny ordförande. *Lars Eric Ericsson*

Därför vill jag inte att de fortsätter.

Den nya Palmekommissionen hade lokaler på Drottninggatan 2 och bestod av fem ledamöter: landshövding Lars Eric Ericsson, Riksrevisionsverkets generaldirektör, budgetdirektör i Finansdepartementet och sanerare av EU-kommissionen Inga-Britt Ahlenius, HSB-ordföranden Gun-Britt Mårtensson, hovrättspresident Håkan Winberg som tidigare även satt med i Edenmankommisionen samt juristen och debattören Hans-Gunnar Axberger, tillika docent i straffrätt. Hur man ännu en gång kom fram till Håkan Winberg som ledamot måste ses som anmärkningsvärt.

Ordförande Lars-Eric Ericsson hade hoppats på arbetsro efter Marjasinskandalen, men snart kom ett nytt angrepp mot kommissionen. Den här gången från Palmes son:

-Ett antal personer som säkert är framstående inom sina områden har plötsligt upphöjts till experter på mordspaning, något de aldrig tidigare sysslat med, konstaterade Mårten Palme och fortsatte: Det så kallade Polisspåret anses särskilt viktigt. Från kommissionen är man noga med att påpeka att detta spår utreds speciellt av två experter från Riksrevisionsverket. Att de är experter på mordutredningar förefaller osannolikt. Mord brukar inte utredas av Riksrevisionsverket och Kalle Blomkvist, fröken Smilla och reportern Tintin löser faktiskt aldrig mord i verkliga livet.

-Jag tror att han har missförstått vår roll, försvarade sig Lars-Eric Ericsson. Vi ska absolut inte utreda mordet (?). Tanken på en motivbild, en polisiär konspiration eller något liknande har över huvud taget inte förekommit i mordutredningens arbete.

Ledamöterna i Palmekommissionen hade nu ett gigantiskt material att gå igenom. Totalt rörde det sig om en halv miljon sidor förhör och utredningar från Palmegruppen och Säpo. Bara Hans Holmérs gamla PKK-spår krävde ett helt rum med hyllor. Och Polisspåret upptog tre bokhyllor med pärmar - från golv till tak. De granskade utredningen, men fick samtidigt hjälp av denna att läsa korrektur (!). Eller som de senare själv uttryckte det: "Kommissionen har sedan vid sammanträden med förundersökningsledningen respektive spaningsledningen inhämtat de synpunkter läsningen föranlett och korrigerat materialet därefter".

Lars Nylén

Fram till sommaren 1999 iakttog kommissionsledamöterna total tystnad under hänvisning till att ett betänkande skulle komma. Men när den 916-sidiga rapporten väl lades på bordet blev tystnaden om möjligt ännu intensivare och då *Striptease* ville ha en kommentar av ordförande Ericsson försökte denne nästan springa ifrån reportern Lars Borgnäs.

Rapporten sågades ganska omedelbart av *Striptease-*

Laila Freivalds

redaktionen och betecknades som ett illusionstrick med dubbla budskap, som dels gav kritik men som i nästa ögonblick bet huvudet av sin egen bedömning. Innan dess hade kommissionen dock hunnit konstatera att Polisspåret inte hade särskilt mycket substans. Detta tog Palmeutredningens chef, Lars Nylén, omedelbart fasta på:

-Det kan ju vara skönt för svenska folket att veta.
Justitieminister Laila Freivalds fick samtidigt möjlighet att besvara kritiken.

-Tycker du själv att det finns några frågetecken kring Säpo när det gäller mordutredningen kring mordet på Olof Palme, frågade reportern.

Lars Borgnäs

-Jag kan inte vare sig säga ja eller nej på den frågan, svarade Freivalds. Den går inte att bedöma.

-Man kan tycka att här har din egen partiordförande mördats för fjorton år sedan, du är justitieminister. Du får nu en rapport som du själv har beställt som visar stora, graverande luckor i det här polisarbetet som du ändå har trott att du var informerad om. Då skulle man ju kunna tycka att du skulle reagera på något sätt aktivt för att se till, konkret, att den här polisutredningen sköts på ett annat och fullödigare sätt i framtiden.

-Det får jag inte göra, försvarade sig Laila Freivalds. Det är jag grundlagsförhindrad (?) att göra. Vad jag kan göra är att informera mig om vad man faktiskt gör. Men jag kan inte på något vis ge order eller ens framföra önskemål om att polisarbetet borde bedrivas på ett visst sätt (?).

Precis som vanligt var Lars Borgnäs en ensamvarg på mediaarenan och ingen kollega brydde sig om att ens kommentera hans inlägg i Palmedebatten, än mindre följa i hans spår.

Ett samlat privatspanararkiv innehåller minst 50 000-100 000 dokument, men ingen av kommissionerna har hittills inte begärt in ett enda och de böcker som skrivits av journalister och privata utredare omnämns så gott som aldrig i kommissionernas arbete. *Mörkläggningen - Statsmakten och Palmemordet* av Gunnar Wall som belönades med Grävande Journalisters pris Guldspaden 1998 figurerade knappt med en rad, inte heller författaren Sven Anérs fem böcker i ämnet. Ej heller bröderna Poutiainens mycket viktiga bok *Inuti Labyrinten.*

-Det är med en närmast otrolig arrogans som dessa, samtidigt toppstyrda och självsäkra granskare under en landshövding av betongkarraktär, väljer att koncentrera sig på allt vad poliser vittnat och poliser utrett, medan övrig, möjligen något mindre partisk information lämnas åsido, skrev Sven Anér besviket i *PalmeNytt nr 2, 2000.*

***

583

Historien beskriver inte det som verkligen hände,
utan det som den efterlämnade dokumentationen säger
hände. Den som kan gömma undan dokumenten och
bevara hemligheterna kan också skriva historien.

Thomas Powers i boken om CIA-chefen Richard Helms

AVSLÖJANDET

Under mycket lång tid låg det så kallade Sydafrikaspåret nere. Ända tills kl 11.17 torsdagen den 26 september 1996. Chefen för de ökända dödskommandona, överste Eugene de Kock, satt då i långa förhör i domstolen i Pretoria. Domaren Van der Merwe, advokaterna och åklagaren Ackerman hade just återvänt från sin tepaus när de Kock berättade om hur fyra ANC-aktivister avrättats i östra Kapprovinsen. Som i förbigående lät han plötsligt bomben brisera:

-Precis som mordet på Sveriges statsminister Olof Palme var det en av Craig Williamsons operationer i Operation Longreach! Mordet skulle chocka alla som stödde motståndsrörelsen. Man ville visa att ingen motståndare gick säker. Anledningen till att jag avslöjar detta är att jag vill att det ska undersökas innan bevisen hinner sopas under mattan.

Det var dödstyst i säkerhetssalen när överste Eugene de Kock därefter lugnt och sakligt förklarade att han blivit informerad om Craig Williamsons inblandning i mordet 1992 eller 1993. Detta hade skett i mars 1993 genom den sydafrikanske senatorn Philip Powell som enligt uppgift själv tidigare varit kopplad till Craig Williamsons Operation Longreach.

På åklagarens fråga om han bara satt inne med hörsägen, svarade Eugene de Kock:

-Det är förstahandsinformation.

På några få sekunder hade Sydafrikaspåret blivit brännande hett igen. Över hela världen spreds nyheten som en löpeld: Superspionen Craig Williamson hade namngivits som hjärnan bakom skotten på Sveavägen! Även den sydafrikanske agenten

Craig Williamson

585

Anthony White pekades ut som delaktig. Kl 14.20 skickade nyhetsbyrån AFP ut ett telegram med rubriken:
"BRÅDSKANDE: Apartheidstyrkor delaktiga i mordet på Sveriges statsminister".
Tio minuter senare kom svenska *TT* med "BRÅDSKANDE: Sydafrikas säkerhetspolis inblandad i mordet på Olof Palme".

-Eugene de Kocks uttalanden är chockerande och kommer att utredas så grundligt som möjligt, kommenterade president Nelson Mandelas talesman Parks Mankahlana.

Många häpnade och ställde sig tvivlande inför en koppling till ett så avlägset land som Sydafrika. Landets ledning tog också väldigt illa upp och i ett pressmeddelande talade den sydafrikanska legationen i Stockholm om skandalösa anklagelser som helt saknade grund. Man hävdade samtidigt att Sydafrika fördömde politiskt våld och mord. I en intervju för TV2s *Rapport* uppgav en talesman för den sydafrikanska säkerhetstjänsten att man såg allvarligt på Eugene de Kocks uppgifter och att de sydafrikanska myndigheterna avsåg att starta en egen utredning. I Sverige, som ju borde vara överförtjust över det nya genombrottet i mordutredningen, var reaktionen en helt annan.

Ingemar Krusell

Sex år tidigare hade den dåvarande biträdande spaningsledaren Ingemar Krusell förklarat att Sydafrikaspåret helt avfärdats ur motivbilden.

-Vi har inga uppgifter som kopplar det till Sveavägen, var motiveringen.

Redan några få dagar efter mordet fick den brittiska underrättelsetjänsten MI6 en första indikation: "Medlemmar ur det sydafrikanska dödskommandot Koevoet - också kallat COIN - ligger bakom mordet med mästerspionen Craig Williamson som spindeln i nätet. Svenska polismän hjälpte till". Uppgifterna var uppseendeväckande, men kom från en pålitlig informatör.

Ungefär samtidigt blev Karl-Gunnar Bäck, generalsekreterare i Civilförsvarsförbundet och tidigare korrespondent för *Aftonbladet* i London, kontaktad av en engelsk bekant som varit agent för den brittiska underrättelsetjänsten i Belfast. Även han berättade att MI6 hade information om mordet, information som pekade ut sydafrikanska säkerhetsmän. Upprinnelsen till konspirationen kom från Sydafrika och bestod av ett hemligt samarbete mellan svenska affärsmän, sydafrikanska säkerhetstjänsten och en svensk Säpoman.

Mer konkret hade informationen inneburit att Boforsaffären och provisionerna i denna spelat stor roll för mordet. Ett provisionsföretag kallat A&I Services hade mottagit pengar och ägaren i detta hade bott i Sydafrika och Rhodesia. Ägaren hette Robertson / Donaldson / Bob Wilson och bodde omväxlande i London och Johannesburg.

Karl-Gunnar Bäck talade in uppgifterna på band och lämnade det till Säpo i Uppsala. Men tiden gick och ingen hörde av sig, förrän Bäck ett halvår senare fick veta att tipset var utrett och att det inte hade lett till någonting. Hur kunde Säpo ha utrett tipset och vara så säker på sin sak utan att ens ha talat med honom eller hans engelske kontakt? Först efter ett TV-program om Palmemordet våren 1994, kallades Bäck till förhör. Nu kom det fram att Palmeutredarna varken kände till hans band eller visste om tipset var utrett. Bandet var försvunnet. När Säpo 1988 lämnade över sina tre pärmar med tips om misstänkta poliser, fanns där heller inget tips som gällde en Säpoman.

Karl-Gunnar Bäck

-Aldrig i det material jag tog del av, intygade Ingemar Krusell, biträdande spaningsledare 1988-91.

Bäck skrev i samband med att han fick informationen en artikel i *Civilförsvarstidningen* där han påpekade att vapenhandeln kunde vara ett hett spår att nysta i. Inte långt senare blev han uppringd av Boforsdirektören Martin Ardbo (se sid 317), som försäkrat att artikeln var fullständigt felaktig och att det bara skulle skapa åtlöje kring Civilförsvaret och Bäck själv som person om man gick vidare i undersökningarna.

När TV-mannen Lars Borgnäs för sin filmserie 1999 *Mannen, mordet, mysteriet* bad Säpos PG Näss om en intervju, fick han som svar i ett kort brev: "Det saknas varje förutsättning för sammanträffande."

Redan *den 17 juni -88* skrev biträdande utgivare Duncan Campbell vid den ansedda engelska tidskriften *New Statesman & Society* om tre svenska affärsmän med tyska och finska inslag och med sydafrikanska finansiärer, som rest till London för att finna en samarbetsvillig attentatsman för att mörda Sveriges statsminister. De testade med vapenhandlare, legosoldater och en tidigare medlem av den brittiska antiterroriststyrkan SAS, men utan att få napp. Samtliga avböjde kontraktet och i stället för att samarbeta rapporterade flera av de tillfrågade till brittiska polisens säkerhetstjänst, Special Branch och till MI6. Enligt *New Statesman* rapporterades händelsen vidare till Säpo.

Ännu fler detaljerade tips om Sydafrikaspåret lämnades till Palmegruppen våren 1986.

-Bara några dagar efter mordet fick vi information om att Craig Williamson hade varit här med sin dödspatrull, bekräftade rikskriminalens förre chef Tommy Lindström (se sid 529) i *Aktuellt den 27 september -96*. Tipset kom från minst tre av varandra oberoende källor. Säpos operative chef PG Näss fick omedelbart och med högsta sekretess order om att använda sina kanaler i jakten.

-En av våra anställda på UD fick vid samma tid ett tips om att Williamson befunnit sig i Sverige, sa förre utrikesminister Sten Andersson. Vi bedömde det som allvarligt

och tog omedelbart kontakt med Säpo.
-Det var många stenar som vändes som det stod Sydafrika på, men det gav inga konkreta resultat, sa Hans Holmér.

FN-ambassadören Anders Ferm (se sid 408) skrev i en promemoria den 12 mars 1986 att Sydafrika hade motiv att mörda Olof Palme, eftersom denne trappade upp kritiken mot apartheidregimen och därför stod som en symbol för motståndet. Sverige hade till exempel givit stöd till Lesotho genom att sända rådgivare som användes för förhandlingar med Sydafrika och hade på så sätt förhandlat bakom kulisserna, vilket upprörde sydafrikanerna.

Sten Andersson

Promemorian kom att registreras av Palmeutredningen först 1992. På en direkt fråga från Granskningskommissionen uppgav spaningsledaren Hans Ölvebro att han inte hade en aning om hur detta kom sig.

Palmeutredarna gav dock en särskild spaningsgrupp i uppdrag att följa upp Sydafrikaspåret. Gruppen drog snart slutsatsen att uppgifterna "saknade näring eftersom informationen inte var kopplad till Sveavägen" och "att Sydafrika aldrig skulle ha använt sig av en så välkänd och lätt igenkännbar spion som Craig Williamson".

Tidningarna *Proletären* och *Norrskensflamman* skrev under tiden mycket aktivt om svenska Baseballpoliser och sydafrikanska agenter och det kom också tips från bland annat författaren och sydafrikakännaren Per Wästberg om Craig Williamson.
-Att följa upp det spår och de intressanta samband som vi redovisade verkade spaningsledaren Ölvebro och kompani ge högaktningsfullt fan i, kommenterade *Proletärens* besvikne journalist Olle Minell i *Expressen den 5 oktober -96*.
Det var egentligen först i mars 1990 som spåret blev offentligt känt. Det inträffade i samband med att Lisbet Palme träffade ANC-ledaren Nelson Mandela, endast några få månader efter att han frigivits efter 27 år i fängelse. Inom hans parti ANC hade man alltid varit övertygade om att mord på antiapartheidförespråkare inte bara utförts av enskilda personer, utan varit väl planerade och kallt kalkylerade dåd utförda på order av staten. Mandela sa:
-Är det inte hemskt att det tycks finnas ett samband mellan den sydafrikanska dödsskvadronen och mordet på din man?

Uppgifter om the South African Connection publicerades i den sydafrikanska tidningen *Raaport*, som bekräftade att Palmemordet var ett centralt samtalsämne under Mandelas besök. K-G Bäck var alltså långt ifrån den ende som på ett tidigt stadium hörde av sig om Sydafrikas inblandning i mordet. De mest utförliga uppgifterna kom emellertid från Schweiz:

Enligt ett säkert tips till *Svenska Dagbladet*s journalist Mari Sandström, tillika kontaktperson i FNs flyktingkommissariat i Genève, flög ett mordkommando på tre personer den 2 november 1985 med Lux Avia / Luxair från Johannesburg. Deras uppdrag: att mörda Sveriges statsminister Olof Palme. De hade alla erfarenheter från operationer i Namibia och dåvarande Rhodesia. Efter att ha landat i Luxemburg splittrades gruppen för att sedan återförenas i München, där en eller två av dem inhämtade en vit, ombyggd tysk- eller holländskregistrerad VW-buss, typ Winniebago. (Sandström ändrade senare uppgiften om bilmodellen och hävdade då att det inte var en husbil i egentlig mening utan mer en vanlig bil som man byggt om med sovplats över förarhytten). Från Tyskland färdades man därefter vidare till Stockholm via Helsingör - Helsingborg. Arrangemangen kring resan gjordes av en västtysk vid namn Franz Esser (se sid 602).

Väl framme tog mordkommandot god tid på sig. Trots den kalla vintern bodde de till en början i campingbilen ute i skogen för att inte bli registrerade som hotellgäster. De hjälpte därefter till med bevakning och kartläggning av det blivande offret och lärde sig så småningom hitta i huvudstaden, samtidigt som de nu med hjälp av svenska medhjälpare slussades mellan olika småhotell och privata gömställen. En av männen sades vara stor, över 180 cm lång, ha stort ansikte, händer och fingrar och vara rödhårig.

På "fritiden" roade männen sig med prostituerade, enligt ett tips hade en av dem till och med en flickvän i Bromma. Efter ett tag började de dock bli lite slarviga och uppdragsgivarna i Sydafrika fick en gång påminna dem om allvaret i uppgiften.

Efter mordet lämnade agenterna Sverige västerut, troligtvis via Norge.

Uppgiften om de påstådda flickvännerna bekräftades av gotländska Ulla Danielsson, enligt Hans Holmérs bok *Olof Palme är skjuten* "en tjugoårig prostituerad". En kväll två veckor före mordet besökte hon tillsammans med väninnan Eva restaurang Röda Rummet i centrala Stockholm. Även Eva var prostituerad. De båda flickorna slog sig då i slang med två "skottar eller irländare", de talade åtminstone engelska med en lite udda dialekt (sydafrikansk?). Den ena mannen var rödblond, ganska pratsam och hemskt trevlig, medan den andre var något äldre, mörk och tystlåten. Enligt Ulla var han ganska lik "Falconetti" i TV-serien *De rika och de fattiga* (för jämförelse se sid 707).

I ett försök att imponera avslöjade den rödblonde efter några timmar att de var i Stockholm för att mörda Palme! De hade spanat på honom i flera veckor och bodde i Gamla stan, inte långt från Palmes privatbostad. De båda tjejerna trodde inte på ett ord av vad de sa, vilket gjorde att männen tog med dem till Centralen.

Väl framme i den norra biljetthallen öppnade han en förvaringsbox och plockade fram tre revolvrar eller pistoler, varav en försedd med ljuddämpare.

-Du tvivlar visst fortfarande på att vi ska döda'n, sa den rödhårige med ett finurligt leende.

Ulla tyckte dock mest det hela var fånigt. Enligt vissa uppgifter följde flickorna sedan med männen till en etta i närheten av Isstadion. Ulla berättade på kvällen för sina föräldrar om det inträffade. Det här var alltså innan mordet. På morgonen efter mordet kom hennes chockerade mamma in och sa: -Nu har det hänt!

Efter mordet uppsökte Ulla spaningsledningen, som dock valde att avskriva hennes berättelse som livliga fantasier. Väninnan dog inte så långt efter, och Ulla Danielsson sägs idag vara mycket rädd och vägra uttala sig i ärendet.

Åter till Mari Sandströms källa, som hon beskrev som mycket pålitlig: en välartikulerad och berest europeisk affärsman, som använts som rådgivare av säkerhetstjänsterna hos både den sydafrikanska polisen och militären. Källan var mycket rädd om sin anonymitet och fruktade för sin säkerhet.

-Ni vet inte vilken brutalitet den sydafrikanska regimen är kapabel till.

En del av informationen hade källan fått vid ett internationellt polismöte i Sydafrika sommaren 1986. Där hade han även fått veta att man påbörjat mordplanerna redan 1982, när socialdemokraterna kom till makten med Palme som statsminister.

Enligt källan var mordet sanktionerat på högsta politiska nivå. Denne sa sig vidare ha sett en så kallad hitlist över personer apartheidregimen ville undanröja. Förutom Olof Palme fanns där namnet Mathias Hinterscheid, tidigare generalsekreterare i Europeiska fackliga samarbetsorganisationen, och en person med efternamnet Beit.

I journalisten Anders Hasselbohms omfattande dokumentation om Sydafrika finns en Sir Alfred Beit, numera avliden. Denne gjorde sig en förmögenhet på diamanthandeln i Sydafrika innan han flyttade till Irland. Nämnas kan att han 1986 blev bestulen på en ytterst värdefull konstsamling, som dock återfördes med hjälp av en brittisk legosoldat vid namn John Banks, känd för sina kopplingar till Sydafrika.

Palmeutredningen hade redan från första början arbetat särdeles "effektivt" med Sydafrikaspåret. När det i juli 1987 kom in flera mycket detaljerade tips om att de tre sydafrikanska agenterna tagit sig från Sydafrika till Luxemburg med flygbolaget Luxair den **2 november** 1985 inhämtades passagerarlistor från Luxairs flight 1101 från Johannesburg till Luxemburg - den **1 november** 1985.

Ulf Norlin, en av de poliser som var engagerade i mordutredningens inledning, blev utfrågad av journalisten Anders Hasselbohm i tidningen *VI nr 46 -96* om det i Palmematerialet funnits kopplingar till Sydafrika. I samband med detta kom han med ett mycket märkligt uttalande:

-Palme skulle förresten aldrig ha dött den där dagen (!?). Det fanns dock ett hot mot Palme, rent av samma eftermiddag. Ändå togs hans livvakter bort (se sid 45).

Anders Hasselbohm

Men låt oss för en stund syna de utpekade agenterna lite närmare i sömmarna. Vissa av agenterna har erkänt sin inblandning i mordet, andra förnekat den å det bestämdaste. Vi börjar med överste Eugene de Kock för att därefter fortsätta med den av alla utpekade spindeln i nätet: Craig Williamson. Ha i åtanke att Palmegruppen tidigt bestämt sig för att "inte undersöka Sydafrikaspåret då detta saknade substans", för att i stället koncentrera sig på en utslagen alkoholist utan motiv eller medel.

-Vi har tittat på det och valt bort det, sa spaningsledaren Hans Ölvebro.

-Sydafrikaspåret har helt avfärdats ur motivbilden, tillade biträdande spaningschefen Ingemar Krusell. Det här spåret är faktiskt inte mer intressant än utredningarna kring till exempel Scientologikyrkan (!?).

EUGENE DE KOCK

Polisöversten Eugene Alexander de Kock såg ut som en snäll och timid bankkamrer. Men hans profession var tortyr och våldsam död. Följande bakgrundsbeskrivning ingick i dokumentären *Prime Evil - Ondskan Själv* visad i *TV2 den 21 oktober -96* och gjord av den sydafrikanske journalisten Jacques Pauw.

BAKGRUND

Eugene de Kock, född omkring 1950, var en blyg och tystlåten pojke som växte upp i en "helt vanlig" sydafrikansk medelklassfamilj. Tillsammans med sin bror Vossie fostrades han som andra vita i sydafrikanska Hitlerjugend. Tonåren försvann snabbt och den unge Eugene ville tidigt in i armén, men fick avslag på grund av sin stamning och dåliga syn. I stället sökte han då in vid polisen, där det ingick i utbildningen att hjärntvättas av regimen och lära sig att hata alla svarta.

Varför just de Kock blev denna mycket våldsamma krigsmaskin är omöjligt att veta. Kanske berodde hans hat helt enkelt på att han inte fick gå vidare som vanlig polisman utan måste hävda sig på annat sätt. Han blev bitter och sökte kompensation i kriget i grannlandet Rhodesia. Officiellt deltog Sydafrika aldrig i detta krig, men bakom kulisserna hjälpte sydafrikansk polis till att slå ut gerillan och bränna deras byar. I detta brutala krig som krävde mer än 40 000 liv, tjänstgjorde Eugene minst tio perioder vid fronten. Varje period kunde vara upp till tre månader. Eugene de Kock betraktades tidigt som en lysande soldat och blev snart en levande legend. Stark, modig och oerhört lojal deltog han tillsammans med sina män i hundratals blodiga drabbningar. Helt orädd gick han ständigt i spetsen för sin trupp, som döpte honom till Lejonet.

Tortyr var vanligt förekommande som förhörsmetod.

Den unge de Kock

En favorit var att sticka upp glödande käppar i anus på tillfångatagna gerillasoldater. Man ställde även upp och hjälpte den lokala polisen att göra sig av med döda kroppar. Efter att ha bränt bort handflator, fotsulor och ansikten på liken, begravde man dem i grunda omärkta gravar.

Efter kriget i Rhodesia förflyttades Eugene till Namibia, där han var med och bildade polisens specialenhet Koevoet. Han var stillsamt belevad, totalt livsfarlig och styrde sina hårdföra män med brutalt våld och ren fruktan. Eugene de Kock mördade kallblodigt och för honom var mord bara ett jobb som skulle utföras. Koevoet var utrustad med tungt

Eugene de Kock

beväpnade pansarbilar av märket Casspir och dödade flest rebeller av alla. 1981 var dödslistan uppe i 510 Swaporebeller. Myndigheternas belöning: 2000 rand per död rebell.

I sin bok *Nuremberg in South Africa - A Bland Hit Man Details Apartheid's Secret War* ger Allister Sparks ytterligare bakgrund om Eugene de Kock. 1983 förflyttades han igen, den här gången tillbaka till Sydafrika. Kriget mot kommunismen och ANC skulle nu utkämpas på den egna bakgården. de Kocks nya placering var vid det superhemliga dödskommandot Vlakplaas, sektion C-10. Dödskommandot fungerade som Nationalistpartiets väpnade del och påbörjade en ny fas i kampen mot ANC - Det hemliga kriget. Basen var en 100-hektars farm väster om Pretoria. Här tränade man så kallade askaris, tillfångatagna ANC-soldater som "omvänts" och tränats till att bli några av de mest brutala mördarna. C-10 tränade även speciella avdelningar i ett hemligt läger nära Ulundi, huvudstaden i KwaZulu reservatet. Detta var skapandet av den så kallade Third Force som Nelson Mandela senare hänvisat till och som skördat över 20 000 liv innan valen i 1994.

Mördandet var kallt och besinningslöst och apartheidregimen hade till och med hemliga laboratorier som tillverkade dödande droger, som testades på politiska fångar. Framställningen av kemikalierna, som enligt tidningen *The Star* var godkänd av den högsta militära ledningen, bekostades med försäljning av narkotika. Över 200 bushmän togs även till fånga och drogades med preparat avsedda att orsaka hjärtbesvär. Apartheidregimen försökte därutöver att framkalla cancer hos svarta aktivister genom att impregnera deras T-shirts med kemiska gifter.

-Det liknar vad nazisternas läkare gjorde i koncentrationslägren, sa en talesman för Sanningskommissionen till *Expressen den 8 februari -97*.

1985 blev Eugene de Kock Vlakplaas nye chef. Här belönades han för mod, utomordentliga insatser och effektiv terroristbekämpning. 1963-1989 hade han varit delaktig i minst 49 mord och under den kommande tre årsperioden kom ytterligare 16 liv att läggas till räkningen. Hur många som därutöver föll offer för hans kulor i de svarta förstäderna är det ingen som vet. Han började bli labil och paranoid och hotade döda alla som inte lydde hans minsta vink. Kanske var de Kock psykopat som så många andra ur samma generation vita militärer och poliser. Varma, humoristiska och ibland ömsinta dubbelnaturer som mördade, våldtog och torterade för att bevara ett sjukt samhälle. Eugene de Kock själv hade hustru och två barn, som han älskade mer än något annat. Men väl tillbaka i jobbet förvandlades han till ett monster.

-Med Eugene måste man alltid ta det lugnt, inte pika honom eller göra några snabba rörelser, berättade hans bror Vossie de Kock. Bröt man mot dessa regler kunde han plötsligt bli fullständigt galen, hoppa över bordet och ta struptag. Han var verkligen skadad av sina upplevelser. 20 år vid fronter i Rhodesia, Namibia och Sydafrika har satt sina spår och han är i ordets sanna bemärkelse en dödsmaskin som aldrig fått psykologhjälp för sitt krigstrauma.

I början av 1990-talet stängdes så Vlakplaas tillfälligt i samband med att "förrädaren" Dirk Coetzee (se sid 598) hade avslöjat dödskommandot. Eugene de Kock fick då ett nytt uppdrag: att bekämpa den organiserade brottsligheten bestående av kokain-, vapen- och diamantsmuggling. Samtidigt deltog han i en operation som gick ut på att förse Inkatharörelsen med vapen, utbilda zuluerna och organisera massakrer.

-Vi hade order att utplåna alla svarta som var emot oss.

1992 blev han så småningom själv djupt inblandad i vapensmuggling. Året därpå upplöstes Vlakplaas och de Kocks 27-åriga karriär avslutades. President de Klerk godkände då att 17,5 miljoner rand betalades till de 84 poliser som tjänstgjort på dödskommandot. Officiellt betalades detta ut som förtidspension, mer troligt är dock att det var männens tystnad man köpte. Eugene de Kock fick själv drygt en miljon rand.

Men vid det här laget var tiden ute för den gamla apartheidregimen och samhällstopparna letade desperat efter syndabockar. Nu gällde det att rädda sitt eget skinn och låta andra gå under. Eugene de Kock var en av de som man ansåg sig kunna offra och en vecka efter valet i maj 1994 greps han av polisen. Innan dess hade han enligt *Göteborgs-Posten den 28 april -94* varit i Zürich i Schweiz för att söka arrangera en överflyttning av pengar till Sydafrika. Fonden han försökte få tillgång till med ett falskt pass innehöll tiotals miljoner dollar, insamlade av högergrupper i USA som betalning för afrikanska specialtrupper med uppdrag att ta tillvara amerikanska intressen i södra Afrika, särskilt Angola.

de Kock hade vetat att hans tidigare arbetsgivare hade vänt honom ryggen och att hans tid var ute. Nu var han extremt hatisk och hämndlysten. Han satt inne med mycket explosiv information - och han visste hur han skulle utnyttja den för egen vinning.

CRAIG MICHAEL WILLIAMSON

Spionen Craig Williamson har av olika källor pekats ut som hjärnan bakom

Palmemordet och inte mindre än sex vittnen säger sig ha sett honom i Stockholm vid tiden för mordet. Mycket tyder på att han är den verkliga hjärnan bakom planeringen av mordet på Olof Palme. Det kan därför vara av vikt att studera hans liv och ovanliga karriär. Det mesta av följande information har varit publicerade i diverse svenska dags- och kvällstidningar.

BAKGRUND

Craig Michael Williamson, född 1949, rekryterades enligt en intervju i *London Observer den 19 april -95* redan som student av den sydafrikanska säkerhetspolisen och var på 1970-talet spion och infiltratör i stödgrupper för ANC. Här hade han nära kontakter med antiapartheidrörelser i Sverige, Danmark, Norge, Kanada och Nederländerna och lyckades bland annat bli ordförande i studentorganisationen NUSAS.

År 1976 fick Craig Williamson - med kodnamnet RS 167 - det hemliga uppdraget att infiltrera International University Exchange Fund (IUEF) i Genève. IUEF hade officiellt skapats för att ge studiepengar åt flyktingar från södra Afrika. Under apartheidtiden stödde Sverige det då förbjudna ANC med miljontals kronor i årliga biståndspengar som slussades via UD och Sida. IUEF hjälpte regimkritiska studenter att fly och stödde dem med pengar och stipendier för studier i Europa. Ett annat nätverk med liknande uppgift var International Defence and Aid For Southern Africa (IDAF) i London. Men organisationerna bedrev också hemlig verksamhet inne i Sydafrika och förde en aggressiv kamp mot apartheid och för dess offer. Chef för det Olof Palmestyrda IUEF var Lars-Gunnar Eriksson. Trion Palmes pojkar bestående av Pierre Schori, Mats Hellström och Bernt Carlsson var dessutom djupt engagerade.

Trots sin unga ålder var Williamson mycket skicklig och lyckades lura svenskarna totalt. Interna IUEF-dokument visar att han vid ett möte i Botswana 1976 fick Eriksson att tro att säkerhetspolisen i Sydafrika var honom i hälarna. Han spelade livrädd för att när som helst gripas. Williamson måste fly och Eriksson erbjöd honom på stående fot arbete i Genève. I januari 1977 genomförde Craig sin låtsasflykt och snart firade IUEF denne "torterade" man som lämnat fosterlandet på grund av sin övertygelse om svarta och vitas lika värde. Tillsammans skulle man bekämpa rasistregimen.

Williamson genomförde nu en ren uppvisning i infiltration, kallad Operation Daisy. Han stal alla dokument han kunde komma över och avlyssnade en del av telefonerna på kontoret. Från sin utkikspost fick han en stark inblick i det svenska samhället och fick samtidigt se hur Sverige kanaliserade biståndspengar till ANC och PAC direkt in i Sydafrika. Apartheidregimen hade redan innan dess fått upp ögonen för Skandinavien. I och med införandet av FNs

Craig Williamson

vapenembargo mot Sydafrika 1979 blev landet samtidigt en av de största kunderna på den svarta vapenmarknaden där svenska vapentillverkaren Bofors redan var djupt involverad och särdeles aktiv.

I Genève kunde Craig Williamson samtidigt göra sig en bild av Olof Palmes inflytande inom både FN, den internationella fackföreningsrörelsen och Socialistinternationalen. Här var en person i världen som hatade apartheid mer än något annat, en person som dessutom var internationellt inflytelserik och beredd att lägga ner ett enormt arbete på att störta regimen i Pretoria - en för apartheidregimen mycket farlig person.

-Palme var ju i den vita världen en av de mest kända och mest våldsamma kritikerna av apartheidsystemet, kommenterade kabinettsekreterare Sverker Åström i SVTs *Aktuellt*. Och det var klart att apartheidregimen ville honom allt ont i världen.

Craig fick snabbt en hög position som biträdande chef och informationsansvarig i IUEF. När frågor kring Sydafrika debatterades i riksdagen vände sig UD ofta till IUEF i Genève. På säkerhetspolisens högkvarter i Sydafrika kände jublet inga gränser när deras man inbjöds att vandra in i fiendens allra heligaste och Williamson hyllades som en hjälte när han ljög sig ända in i den svenska demokratins hjärta - riksdagens talarstol!

Sydafrikas främste spion var alltså den som tog fram underlag till svenska ministrars framföranden i riksdagen. Däribland minst ett inlägg som fick biståndsorganet Sida att gå i taket. I talet citerade den unge riksdagsmannen Mats Hellström en sydafrikan som klagade på att Sida snålade med bidragen till befrielsekampen. Detta väckte stor irritation och Craig lyckades på ett utstuderat sätt föra in en kil i det svenska biståndssamarbetet. Hans uppdragsgivare befordrade genast den då 31-årige Craig Williamson till major.

I september 1977 torterades motståndskämpen och ANC-aktivisten Steve Biko till döds av säkerhetspolisen i Port Elizabeth. Det var, enligt många bedömare, Williamsons spionrapporter som ledde till att Biko greps. IUEF hade planerat ett hemligt möte i England mellan Biko och ANCs exilledare Oliver Tambo, vilket Williamson i smyg meddelat den sydafrikanska säkerhetstjänsten. Bara kort efter, den 6 september, fängslades Biko. Han kedjades fast och torterades svårt i rum 619 hos säkerhetspolisen i Port Elizabeth. Några dagar senare dog han. Hans liv och död kom att bli en internationell symbol för motståndet och beskrivs bland annat i Richard Attenboroughs film *Ett rop på Frihet*.

Steve Biko

-Jag skrattade ofta för mig själv, berättade Craig Williamson senare. Där satt jag, en sydafrikansk agent, och skrev tal åt svenskar som ledde omvärldens kamp mot apartheid. En gång handlade talet om varför Sverige inte satte större press på sydafrikanerna efter att Biko torterats till döds. Ett annat tal handlade om den vita polisens grymheter mot de svarta under upploppen i Crossroads. Det var verkligen kul.

Helt opåverkad av tragedierna som utspelades på grund av hans agerande arbetade han målmedvetet vidare. Hans upphöjda flyktingstatus gjorde att svenska UD alltid såg till att han fick bo på Hotell Birger Jarl i Stockholm när han var på tjänsteresa i Sverige. Hotellet ligger på gångavstånd till Sida, där Williamson rörde sig som en son i huset. Han fick genom sina kontakter med höga svenska politiker inträdesbiljett till diplomatiska kretsar och blev snart väl förtrogen med Stockholm.

-Via Schori, Hellström och Carlsson fick jag massor med viktiga uppgifter som jag förmedlade vidare. De handlade till exempel om ANC-folk i exil i Sverige och England.

Det hemliga svenska biståndet till ANC valde tidigt underjordiska kanaler. Men andra, mindre erfarna givare, skickade utan att veta det pengarna rakt i säkerhetspolisens giriga fickor. Enligt den tidigare kollegan Dirk Coetzee stoppade Craig Williamson och hans chef flera miljoner av svenska skattepengar i egna fickor under den här tiden.

-Säkerhetsagenterna hemma visste var de skulle plocka upp de svenska biståndspengarna, berättade Craig i *Expressen den 5 oktober -96*. Vi stal dem på posten - och sedan spred vi ut rykten att mottagaren av biståndet hade fifflat!

Enbart i Johannesburg hade 30-40 personer heltidsjobb med att läsa brev och så gott som allt från Skandinavien öppnades. Williamsons agentkollega Michael Leach var säkerhetsansvarig på post- och teleministeriet och organiserade en omfattande telefonavlyssning och brevöppning:

-En del av de stulna pengarna användes till att underminera regimens motståndare. Om till exempel en organisation skickade 1000 dollar till en fackförening här så tog vi hand om checken. Vi sände tackbrev till avsändaren och satte anonymt in en del av pengarna på ett privat konto hos fackföreningens ordförande eller kassör. Sedan spred vi ut rykten om att han var korrumperad och hade försnillat fackets tillgångar. På så sätt slog vi två flugor i en smäll.

Åren gick utan att Williamson blev avslöjad och de sydafrikanska aktionerna utomlands blev allt fräckare och dristigare. Det var bara en tidsfråga innan något skulle gå fel.

-Jag minns när jag började fatta misstankar om att allt inte stod rätt till, berättar ANCs Medi Gray i *Dagens Nyheter den 15 oktober -96*. Jag träffade Craig på gatan i Stockholm och körde honom till Hotell Aston vid Mariatorget, ett ställe han aldrig brukade bo. Han var stressad och ville inte att jag skulle berätta för någon på UD eller Sida att han var i Stockholm. Det här var i april 1978 och exakt samtidigt gjordes ett inbrott på vårt ANC-kontor. Så här i efterhand är jag säker på att han var inblandad.

När bubblan till sist sprack, stämde Craig träff med sin chef Lars-Gunnar Eriksson i baren på Hotel Zürich i den schweiziska staden Zürich. Almanackan visade då januari 1980. Här berättade han i detalj för den chockerade Eriksson att han i själva verket var kapten i den sydafrikanska säkerhetspolisen och arbetade som agent. Anledningen till att han berättade detta var några artiklar i den brittiska tidningen *The Observer*, som hotade att avslöja honom. Craig Williamson föreslog därför en uppgörelse som innebar att Eriksson - om detta hände - skulle gå i god för honom.

Men innan Eriksson hunnit hämta sig, kom ingen mindre än högste chefen för Sydafrikas säkerhetspolis (!), general Johan Coetzee, och slog sig ned vid deras bord. Generalen bekräftade att Williamson var hans bästa agent och att denne behövde sex månader ytterligare för att kunna fullborda

Enligt hemligstämplade dokument från norska UD hotades bl a Pierre Schori till livet av den sydafrikanska säkerhetstjänsten.

sitt uppdrag. För att betona allvaret i situationen hotades Eriksson, hans familj och vad som omtalades som flera ledande svenska socialdemokrater till livet.

Eriksson vägrade emellertid att låta sig kuvas. I stället gick han under jorden och kontaktade den engelska tidningen *The Guardian*. Snart var skandalen ett faktum och Craig Williamson var tvungen att avbryta sin operation.

När man gick igenom organisationens räkenskaper visade det sig att allt var i en väldig oordning och att stora summor hade försvunnit spårlöst. Det blev traumatiskt för Lars-Gunnar Eriksson att nu se hur hela IUEFs organisation smulades sönder

Johan Coetzee

på grund av avslöjandet, men märkligt nog anmäldes och undersöktes inte det enda hot som veterligen framförts mot den socialdemokratiska ledningen - direkt från högste chefen för en främmande makts säkerhetstjänst.

Med sina många erfarenheter från Genève i bagaget reste Williamson nu direkt hem och gjorde en analys av apartheidmotståndet och Olof Palme. Trots det uppenbara misslyckande hade han vid det här laget lyckats så väl att han stod högt i kurs hos president Botha. Han fick därför plats i det prestigefyllda och mäktiga presidentrådet, där han kom att bli Bothas personlige rådgivare. Nu blev han snart involverad i Civil Cooperation Bureau (CCB) som var sysselsatt med att bygga upp "The Third Force" i Sydafrika. The Third Force var specialiserad på likvidering av regimmotståndare samt att skapa splittring och hat inom ANC och andra motståndsgrupper.

Ruth First

Så småningom förflyttades Williamson under flera år till Angola för att bekämpa den marxistiska regimen i Luanda. Även här var han mycket aktiv och deltog i en rad mord, bland annat på Olof Palmes vän Ruth First i Moçambique. Ruth First var gift med det förbjudna kommunistpartiets ledare Joseph Slovo, levde i exil och arbetade som forskare vid universitetet i Maputo, när hon dödades av en brevbomb den 17 augusti 1982. Slovo själv avled 1995. Vidare deltog Craig i bombattentatet mot ANCs Londonkontor samma år, varefter han 1984 slog till mot ANC-aktivisten Marius Schoon i Lubango, Angola. Det tilltänkta offret var Marius själv, men det var hans fru Jeanette Schoon och sjuåriga dottern Katryn som öppnade det bombpreparerade paketet som skickats med falsk avsändare från Williamsons högkvarter i Pretoria.

Efter de sista morden började Williamson dock "bli desillusionerad vad gällde polisarbete".

-Jag kom fram till att kriget var förlorat därför att den strategi som användes var fel. Den blev mer och mer militärisk och mindre och mindre politisk. Därför beslöt jag att ge mig i kast med riktigt underrättelsearbete, särskilt på den internationella scenen.

På det sättet kom Williamson i maskopi med internationell vapensmuggling och diverse brottskarteller. Vid årsskiftet 1985-86 avgick han som major och började i stället arbeta för The Directorate of Covert Collection (DCC) inom den militära underrättelsetjänsten. Han befordrades till överstelöjtnant, blev chef för sektionen "Ander Lande" (Övriga världen) och opererade under täckmantel av åtskilliga privata firmor.

En av dessa var mångmiljardbolaget GMR.

ORGANISERAD BROTTSLIGHET

GMR Group Limiteds huvudkontor var förlagt på ögruppen Seychellerna. Ägt av den italienska svindlaren Giovanni Mario Ricci, född 1929, och styrt av engelsmannen Michael Irwing, tidigare hög marinofficer som vid denna tid fungerade som en länk mellan sydafrikansk och brittisk underrättelsetjänst. Irwing var en hårdför soldat som tjänstgjort både på Nordirland och i Falklandskriget. Mario Ricci var bland annat känd för sina starka kopplingar till den italienska maffian och frimurarelogen P2 (se sid 507) och var enligt tidningen *Mail & Guardian den 4 oktober –97* en generös donator till PW Bothas National Party.

GMR var inte bara inriktat på spionage och kamp mot antiapartheidaktivister, man arbetade också för att kringgå och bekämpa de internationella bojkotterna av Sydafrika, särskilt olje- och vapenembargot. Under hela 1980-talet fungerade Mario Ricci som förbindelse mellan underrättelsetjänsterna i Israel, Iran, Sovjet och USA, sysselsatt med kolossala vapen-, olja- och narkotikaoperationer i Mellersta Östern, Afrika och Sydamerika. Som bas för verksamheten användes Seychellerna, där Ricci 1981 tillsammans med sydafrikanska legosoldater tidigare misslyckats med att genomföra en statskupp för att uppfylla Sydafrikas hemliga krav på att återinsätta den tidigare presidenten James Mancham. Attentatsgruppen, ledd av "Mad Mike" Hoare, bestod av 43 legosoldater, däribland de två svenskarna Sven Helge Forsell och bankiren Jan Olov Sydow.

När en så kallad marxistisk regim tog över Seychellerna blev Ricci makten bakom tronen och hjälpte till att förvandla landet till ett skatteparadis av världsklass. Detta skedde till stor del genom företaget Seychelles Trust Company (Setco). Mario Riccis egen bank Seychelles International Bank blev till och med landets centralbank och hans lyxhotell en säker fristad för svindlare, gangsters och ljusskygga vapenhandlare. Som privat livvakt hade Ricci bland andra den sydafrikanske agenten Riian Stander (se sid 617), senare kallad Källa A.

Efter att ha kopplats ihop med ett flertal skandaler i öriket, såg Ricci sig tvungen att lämna Seychellerna i augusti 1986 för att istället slå sig ner i Sydafrika där han startade ett samarbete med Craig Williamson. Williamson valdes till styrelseordförande i juli 1986 och användes som konsult och kontaktman med säkerhetstjänsten. Bland styrelsemedlemmarna i GMR-South Africa fanns dessutom Anthony White (se sid 593). Williamsons ställning i Riccis imperium gav honom kontakt med ett betydande internationellt nätverk i Europa, Indiska oceanen, Somalia och Kenya, där GMR sas ha intressen i kasinon.

Ricci stod inför rätta i Frankrike 1987, anklagad för att ha beordrat avlyssning av Seychellernas oppositionsledare Gérard Hoareau, mördad i London några månader senare.

Craig Williamson var även med till att i samarbete med GMR starta ett företag i London som hette Longreach Ltd kort före mordet på den svenske statsministern. Enligt De Wet Potgieter, chef i Pretoria för den sydafrikanska tidningen *Sunday Times*, anställde Longreach även Anthony White som chef under tiden 1985-87. Williamson hjälpte sin vän Mario Ricci att få i gång företaget som sades syssla med säkerhetsfrågor, men Longreach var i själva verket ägt och styrt av den sydafrikanska underrättelsetjänsten. Andra uppgifter hävdade att Operation Longreach dessutom var täckmantel för en detektivfirma i London.

Mycket talar alltså för att White, Williamson och Ricci alla var involverade i Longreach under en 24-månaders period före och efter mordet på Olof Palme. Williamson erkände senare inför Sanningskommissionen att företaget hade värvat en fransk legosoldat för att utföra mordförsök på Ciskeis president Lennox Sebe. Tilläggas kan att deras gamle bekante, Riian Stander hade arbetat som säkerhetsvakt på Riccis farm. Stander hade levt sig in i rollen som godsägare och spenderat alla tillgångar, vilket ledde till att Williamson avskedade honom. Detta väckte ont blod och skulle komma att leda till framtida komplikationer. Stander hade sedan dess först blivit rik på narkotika från Colombia, för att sedan förlora allt igen.

Tidningen *Africa Confidential* publicerade *den 15 april -87* en historia om Ricci & Williamsonalliansen kallad *Sydafrika: En mästarspions nätverk*:
"Oljeexport till Sydafrika är förbjudet av FN, men fram tills nu har Sydafrika inte haft någon större svårighet att kringgå denna lagstiftning, till stor del via oberoende leverantörer såsom Mario Ricci. Ricci besökta faktiskt Seychellerna i 1984 för samtal med lokala tjänstemän och andra för att diskutera en plan att etablera öarna som transithamn för oljehandel, att köpa billigt från Mexiko och sälja den med förtjänst. Francesco Pazienza hade fött idén till detta projekt. Denna Pazienza hade varit anställd inom den italienska underrättelsetjänsten SISMI och och även arbetat som konsult åt den ökända Banco Ambrosiano. Pazienza var en utomordentlig politisk fixare och stod senare inför rätta i Italien för brott i samband med Banco Ambrosianos kollaps 1982.

Pazienza bodde på Riccis hotell på Seychellerna när han var på flykt från den italienska polisen i 1984. Det var då han kom fram med oljeprojektet, som han diskuterade med andra intressenter så som René, Ricci, Rich och Robert Armao, tidigare rådgivare åt familjen Rockefeller, talesman för avlidne Shah Mohammed Reza Pahlevi av Iran (se sid 799) och vän med CIA-chefen William Casey (se sid 790).

Ännu ett hemligt program i vilket Williamson och Ricci spelade en framstående roll var Operation Lock. Enligt journalisterna Potgieter och Kevin Dowling skickade Prins Bernhard av Nederländerna 1989 en elitgrupp av så kallade före detta brittiska SAS- kommandosoldater med överste Ian Crooke i spetsen till Sydafrika, skenbart för att eliminera de ledande tjuvskyttesyndikaten genom en samlad aktion. Men istället för att bekämpa dem gick Operation Locks team istället in och tog över delar av den illegala handeln med elfenben och noshörningshorn. Hela operationen var därutöver en kamouflerad militär destabilisering av hela södra Afrika.

Craig Williamson fixade diverse privata säkerhetsfasader för att kanalisera legosoldater in i Operation Lock. En av dessa var Executive Outcomes med veteranen Eeben Barlow som ledare. Executive Outcomes blev snabbt en av de största privata paramilitära operationerna i världen och hyrde ut privata militärteam till multinationella företag och regeringar. Enligt *The London Observer den 6 oktober -96* hade Barlows firma bland annat skickat lejda bataljoner till Sierra Leone, Sri Lanka, Malaysia och flera länder i Sydamerika.

Lars-Gunnar Eriksson

HOTAD TILL LIVET

Åter till Sverige där IUEF-chefen Lars-Gunnar Eriksson dog i en hjärtattack julen 1990. Dessförinnan hade han flera gånger hotats till livet av sin gamle vän Craig Williamson. Fram till sin död var han, den svensk som bäst lärt känna Williamson och hans metoder, övertygad om att Sydafrika låg bakom mordet på Olof Palme. Trots det hördes L-G Eriksson aldrig av Palmeutredarna. Man kan fråga sig hur mycket kunskap en svensk egentligen behöver ha och hur mycket han ska ha upplevt för att bli hörd av polisen om mordet.

Mörkläggningen har sedan dess varit massiv vad det gäller Sydafrikas inblandning. Mycket bevismaterial har manipulerats eller försvunnit. Till exempel upptäckte journalisten Anders Hasselbohm 1991 att delar av Sidadokument som visade på kopplingar mellan Williamson och ledande socialdemokrater hade rensats bort ur Sidas eget arkiv. Hasselbohm JO-anmälde då Sidachefen Carl Tham för att inte ha utrett vem som gjort detta. Vad som sedan hände? Gissa själva.

JAMES ANTHONY WHITE

Anthony White var en av de som först anklagades för att vara inblandad i Palmemordet. Journalisten Boris Ersson från Luleå åkte 1993 omkring i Sydafrika och samlade material om säkerhetstjänsten. Här träffade han bland många andra dödsskvadronernas förre chef Dirk Coetzee. Denne pekade tillsammans med agentkollegan Riian Stander ut Anthony White som varande den som avfyrade mordvapnet.

BAKGRUND

James Anthony "Ant" White föddes i Rhodesia 1949. Väldigt lite är känt om hans uppväxt och familjeförhållanden. Vad man säkert vet är att den unge rhodesiern påbörjade sin karriär i landets armé som 20-åring. Rhodesia styrdes då av en vit, rasistisk minoritet med Ian Smith i spetsen. White avancerade snabbt till officer och sökte sig efter några år till landets elitkommando, Selous Scouts.

Selous Scouts hårdföra agenter utförde uppdrag som andra soldater ryggade för och opererade ofta i grannländerna Moçambique och Zambia, där gerillafraktionerna hade sina baser. White och hans kollegors specialitet var att använda så kallade askaris - det vill säga svarta gerillasoldater som man omvänt med tortyr - till att infiltrera befrielserörelsernas styrkor. När infiltratörerna hade avslöjat gerillastyrkornas

Anthony White

Statskupp i Slowmotion

position skickades Selous Scouts ut i tungt bestyckade helikoptrar för att massakrera dem. White och hans kamrater beskrevs som mycket disciplinerade, vältränade och förhärdade. De hade överlevt i månadsvis i djungeln och var proffs som blint utförde de order de fick. Specialstyrkan dödade fler svarta än någon annan enhet under inbördeskriget och i augusti 1976 var Anthony White en av ledarna för ett anfall mot ett rhodesiskt flyktingläger i Moçambique. Vid denna attack, Nyadzoniamassakern, mördades uppemot tusen flyktingar. White befordrades nu till kapten, utnämndes till instruktör för elitförbanden och blev så småningom en av arméns mest dekorerade soldater.

I slutet av 1970-talet såg de sydafrikanska regimerna sig som en sista utpost i kampen mot världskommunismen. Kommunismens verktyg var befrielserörelser som ANC och genom sitt motstånd mot apartheid spelade de nordiska länderna, oavsett politisk färg på regeringarna, en framträdande och för Sydafrika mycket besvärande roll. I spetsen för kritiken stod den svenske statsministern, som med tiden blev en internationell symbol för motståndet mot apartheid. Det var han som drev på resten av världen med att utsätta Sydafrika för stenhårda sanktioner. Det dröjde därför inte länge förrän Olof Palme kom att stå överst på den vita regimens hatlista.

Mellan de sydrhodesiska och sydafrikanska underrättelseorganisationerna fanns starka länkar. De arbetade gemensamt på den vidsträckta fronten i det vita södra Afrika. När de tidigare gerillagrupperna vann valet i Rhodesia bestämde sig många vita för att lämna landet. Samtidigt försvann paramilitära grupper som Selous Scouts till Sydafrika, där de togs emot med öppna armar. Under de stora förändringarna sökte dessa agenter och poliser sig nu till annan verksamhet, såsom skumma affärer, smuggling, tjuvjakt och så kallade säkerhetsuppdrag åt högst betalande. Anthony Whites personliga specialitet var likvideringar utomlands.

Den 10 december 1978 flögs "Anton Witt" i hemlighet från Johannesburg i Sydafrika till Zambia. Han hade blivit handplockad av regimen i Rhodesia för att mörda Joshua Nkomo, ledare för gerillarörelsen Zapu. En specialpreparerad Ford Escort fördes samtidigt in i landet. Planen var att White skulle placera fordonet nära Nkomo. Via en radiosändare skulle han sedan utlösa en installerad bomb, döda gerilladedaren och ta sig osedd från platsen. Hans order var att ligga lågt några dagar och därefter ta ett reguljärt flyg tillbaka till Sydafrika.

Anthony White spenderade flera veckor på att kartlägga offrets rörelser. Men Joshua Nkomo hade levt större delen av sitt liv under mordhot, han var smart, sov sällan två nätter på samma ställe och tog alltid olika vägar på olika tider mellan sin bostad och kontoret. Detta gjorde uppdraget mycket svårt att genomföra och vid ett tillfälle övervägde White irriterat att skjuta ner Nkomo på öppen gatan.

Mordkomplotten fick dock ett snöpligt slut då White en dag överfölls av ett

602

ungdomsgäng på en bakgata i Lusaka. Svårt misshandlad tvingades han avbryta operationen. En dryg månad hade förflutit och ledningen för Selous Scouts ansåg att risken för upptäckt var för stor om han stannade kvar i Zambia. I slutet av januari reste han därför tillbaka till Johannesburg. Detta var inte första gången White försökt mörda Nkomo. Under sin tidigare karriär hade han en natt anfallit Nkomos hus med en mindre attackstyrka. En granatkastare avfyrades och dödade alla i huset. Först senare upptäckte man att Nkomo tillbringat natten på annan plats.

Joshua Nkomo

Enligt egen uppgift slutade han efter 16 år i armén som kapten i oktober 1979. (Enligt Granskningskommissionen 1999 slutade han officiellt inte förrän i april 1990). Under åren som följde är mycket av Anthony Whites aktiviteter höljda i dunkel. Han beskrivs som en mycket ljusskygg person som alltid undvikit intervjuer och annan uppmärksamhet. Ingen av Johannesburgs stora tidningar hade ens någon bild av honom i sina arkiv. Känt var dock att han hade mörkblont hår, var senigt muskulös och rörde sig med lugn, smygande gång.

Ett dokument från South African Research Center visar att White någon gång vid den här tiden utbildades i den brittiska (!) antiterroriststyrkan SAS, Special Air Services. Efter det rörde han sig hemtamt i ett flertal branscher, alla kantade av ond bråd död och stora pengar. White var nu på samma gång okänd och ökänd.

Med brittiskt pass startade Anthony White så en ny framtid i Sydafrika. Året var 1981. Han bildade först säkerhetsföretaget Security Scouts, som sysslade med som det hette bevakning och säkerhetsfrågor i Johannesburg, för att sedan värvas av Craig Williamson till frontföretaget Longreach (se sid 577). Enligt Williamson var Anthony Whites enda officiella uppdrag att fungera som livvakt åt Seychellernas president France-Albert René. Kontraktet var ett av de största som Williamsons låtsasföretag lyckades teckna.

-Han var anställd, det är sant, förklarade Williamson senare. Men han jobbade för det mesta bara med samma sak som vi andra, att skaffa information som var nyttig för Sydafrika. Vi hade inga mordaktioner för oss.

Detta stämmer dock inte. En hemlig underrättelserapport som citerats i sydafrikansk TV sa att Longreach gjorde en del legitimt säkerhetsarbete, men sannolikt också utförde lönnmord åt privata klienter och åt den sydafrikanska regeringen. Whites skicklighet gjorde honom åtråvärd som yrkesmördare och när Sydafrika ville göra sig av med Lesothos premiärminister Leabua Jonathan, gick uppdraget till White. Planen var att mörda Jonathan under festligheter där premiärministern skulle stå på en balkong. White tänkte fylla balkongräcket med dynamit och spränga honom i småbitar. Men planerna stoppades av okänd anledning i sista stund.

1982 deltog han därefter i bombattentatet mot ANCs kontor i London tillsammans med Special Branch officerarna överste Piet Goosen, nästkommanderande Craig Williamson (se sid 585), Eugene de Kock (se sid 583), Peter Casselton (se sid 607) och troligtvis även svensken Bertil Wedin (se sid 608). London var under apartheid Sydafrikas huvudstad i Europa.

I takt med att de koloniala regimerna i södra Afrika störtades en efter en, uppstod en ljusskygg värld av brutala poliser, agenter, underrättelsefolk och lönnmördare förenade i sina tidigare blodiga åtaganden. Många bytte land och identitet och utvecklade ett liknande kontakt- och nätverk som efter Tredje rikets fall. Ken Flower, som skapade den sydrhodesiska säkerhetsorganisationen Central Intelligence Organisation (CIO) har i memoarverket *Serving Secretly* gett en bra bild av det som pågick.

Vi börjar nu närma oss året då White påstås ha accepterat uppdraget att ta hand om en känd toppolitiker i Skandinavien. Förändringarnas vindar drog vid den här tiden fram över den afrikanska kontinenten och nu inträffade det som ingen trott var möjligt. I mitten av 1980-talet var den sydafrikanska ekonomin i gungning, bland annat på grund av det stora militära engagemanget i grannländerna.

1984 infördes undantagstillstånd och bankerna i New York började ana att deras stora lån till Sydafrika var i fara. I stället för att förlängas krävdes de nu in eller sades upp. Detta var rena katastrofen för den vita minoriteten som desperat försökte stå emot ett samhälle med svart majoritet. Den döende regimen började sparka vilt omkring sig för att försvara apartheid, både som politiskt och ekonomiskt system.

Anthony White levde sedan många år tillbaka i denna märkliga agentvärld. Nu var det hög tid att överge skutan innan det var för sent. Han bestämde sig därför för att lämna säkerhetstjänsten. I samma veva upplöstes bolaget Longreach och White flyttade till Beira i Moçambique, där han startade ett sågverk och företaget TCT, Transport Commodity and Trade Northern Area. Sågen startades 1989 och hade sju år senare 436 anställda. (Det finns uppgifter om att även Craig Williamson en tid jobbade för TCT - men då i Angola).

Att White inrättade sin bas mitt på Moçambiques långa kustremsa var ingen slump. Hamnstaden Beira, en dammig, gudsförgäten håla, ligger i ett land där det länge pågick ett blodigt inbördeskrig. Här bodde ett par hundra tusen människor som livnärde sig på havskräftfiske, timmer, kopra och ädelstenar. Staden fungerade också som en gigantisk smuggelcentral där det fanns fantastiska möjligheter att tjäna förmögenheter. Här hade White en stor villa vid stranden i stadsdelen Macuti, där han bodde med sin fru Pat, sonen Graham och dottern Carrie. Det var inte svårt att hitta honom, ofta sågs han på golfklubben eller på stadens enda stjärnkrog PicNic.

Sågverket var beläget i den fattiga förorten Manga och utanför de bevakade fabriksgrindarna satt människor och sålde jordnötter och cigaretter. Inne på fabriksområdet sågades virke från skogarna i provinsen Sofala för att bli möbler. Allt var en till synes legal och fridfull affärsrörelse. Men sågen var en perfekt täckmantel för diverse suspekt verksamhet. Vapen och droger är två produkter som nämnts.

Anthony White ägde två lastbilar plus en enmotorig Cessna som han själv flög på regelbundna, hemliga smuggelresor över de dåligt bevakade gränserna i sydöstra Afrika. Enligt en hemlig rapport upprättad av den sydafrikanska säkerhetstjänsten försåg Anthony White samtidigt stans borgmästare med lyxvaror. I utbyte fick han skydd av landets säkerhetsstyrkor.

1988 startade White så ett nytt säkerhetsföretag kallat Flocon International. Han fortsatte under tiden sin karriär som yrkesmördare. Polisöverste Vic McPherson avslöjade att Anthony White så sent som 1989 genomförde ytterligare ett attentat mot Lesothos premiärminister Leabua Jonathan. Han placerade då en sprängladdning intill vägen där premiärministern skulle passera. White stod i bergen ovanför och utlöste bomben, som emellertid exploderade några sekunder för sent. Premiärministern klarade sig, men den efterföljande bilen sprängdes i luften och flera människor dog.

I 1995 utgav den sydafrikanska journalisten De Wet Potgieter sin bok *Contraband* om den illegala handeln med afrikanskt noshörningshorn och elfenben. I boken påvisar han viktiga avslöjanden om de aktiviteter som Craig Williamson, Anthony White och en del andre hade haft för sig, som varit inblandade i den så kallade South African Connection. Potgieter dokumenterade en kriminell infrastruktur som täckte hela Afrika, och som slaktade stora delar av kontinentens flockar av elefanter och noshörningar för att sälja elfenben och noshörningshorn på den globala svarta marknaden. Bland de ledande tjuvskyttarna i denna multimiljondollarhandel fanns Dr Jonas Savimbis Unitarebeller, som finansierade en stor del av sitt krig i Angola med handel med elfenben och noshörningshorn. En utredare som Potgieter citerar var Craig van Note, en amerikan som vittnade inför US Representanthus Merchant Marine and Fisheries Committee:

-Jonas Savimbi och hans Unitarebeller i Angola, till stor del utrustade från Sydafrika, har skoningslöst utrotat kanske 100 000 elefanter för att hjälpa till med att finansiera kriget. De flesta av betarna har transporterats ut på sydafrikanska flygplan eller lastbilar även om några har transporterats genom Zaire och Burundi. De kraftiga sydafrikanska fyrhjulsdrivna lastbilar som transporterar krigsmateriel och andra förnödenheter till Savimbis styrkor i södra Angola åker tillbaka fulla med elfenben och värdefulla tropiska träsorter. I andra rapporter misstänktes just White tillhöra denna grupp som tros ha skövlat skogarna i Moçambique för att sälja virket i Zimbabwe, där priserna var mycket höga. Inte ens nationalparken Gorongosa har klarat sig från skövlingen.

Vad som verkligen är sanning är det få som vet och åsikterna om och beskrivningarna av Anthony White var många:

-Förr högg han ihjäl människor - nu hugger han bara ned träd, skojade en av Whites vänner. Men han har dödat många människor, bland annat i London (?).

-99 procent legoknekt, en procent politiker, kommenterade en annan bekant.

-Han är en hård, notorisk lögnare och den typen av person som man inte lurar ostraffat, kommenterade en källa inom underrättelsetjänsten. Han dödar utan en sekunds tvekan.

-Det är en kille som jag gärna dricker en öl med på puben, sa författaren och vännen Peter Stiff och beskrev honom som en iskall mördare, men även som rolig, charmig och intelligent.

-Han är en av södra Afrikas största tjuvskyttar och handlare med elfenben och noshörningshorn, sa en undersökare. Tillsammans med Craig Williamson köpte han bland annat upp ett lager på 84 ton elfenben från Burundi, vilket kraftigt har bidragit till att hålla liv i den illegala handeln. White och Williamson identifierade spekulanten som Mario Ricci (se sid 590). De hade arrangerat så att det burundiska elfenbenet skulle smugglas in på världsmarknaden med förfalskade försäljningstillstånd som Moçambiques regering skulle förse dem med. Det är till stor del Whites skuld att elefanterna i Moçambique och dess grannländer är så gott som utrotade.

Allt detta samtidigt som White var efterlyst för dubbelmord. Han hade tidigare förföljts av viltvårdarna Martin Sibanda och Martin Marimo. Dessa båda hade dock plötsligt försvunnit och återfunnits mördade i ett naturreservat i Zimbabwe.

Zimbabwes polisiära underrättelsetjänst blev därmed också nyfiken på Whites affärer. I en sex sidor lång hemligstämplad rapport gavs bilden av en hänsynslös handlare i allt som gav stora pengar, inklusive ädelstenar, kokain och legosoldater. Enligt rapporten använde Anthony White ett flertal pseudonymer i sina affärer: James White, Ant White, Anthony Greenwood, Anthony Greenstone, Anthony Greenway och Abe White. Departementets underrättelseavdelning varnade i en hemligstämplad PM daterad den 23 augusti -91 sina agenter:

"Det bör påpekas att Anthony White har rykte om sig att inte tveka att döda om han blir hotad."

Televisionen i Sydafrika beskrev i sin tur White som "en livsfarlig mördarmaskin som sålde sig till den som betalade bäst".

Detta var inte bara tomma ord. Enligt *Dagens Nyheter den 2 oktober -96* fanns det bevis på att Anthony White tillsammans med senator Philip Powell arbetade med dödspatrullerna i Natalprovinsen så sent som 1994. Två år dessförinnan hade han varit engagerad i Operation Lock (se sid 592), ett hemligt mordkommando riktat mot de svarta befrielserörelserna och lett av den legendariske grundaren av brittiska SAS, överste Sir David Sterling. Denna underrättelseverksamhet, bestående av 25 före detta SAS-kommandosoldater, finansierades enligt tidningen *EIR-Report* av Världsnaturfonden (!) under

Philip Powell

täckmantel av jakt på tjuvskyttar i nationalparkerna.

Kontakterna uppåt i världseliten var påtagliga och den som ledde Operation Lock efter Sir David Sterlings död i 1990, var en viss Sir James Goldsmith, privat vän till Margaret Thatcher och George Bush (se sid 790) och nära släkting till familjen Rothschild.

1996 kom så det ödesdigra beskedet att Anthony White plötsligt pekats ut som den svenske statsministern Olof Palmes baneman. Indicierna mot honom var starka och den 2 oktober rapporterade den spanske korrespondenten Villar Mir att två svenska polismän hade sett White endast några få hundra meter från mordplatsen.

DIRK COETZEE

Dirk Coetzee (ej att förväxla med general Johan Coetzee) var den som först avslöjade Sydafrikas inblandning i Palmemordet. Redan 1994 fick den svenske dokumentärfilmaren Boris Ersson detaljerade uppgifter om både motiv och personer bakom mordet, uppgifter som han på hösten samma år lämnade vidare till Palmegruppen.

-Er statsminister var alltför generös i sin hjälp till Sydafrika, för pro-ANC och för apartheidfientlig. Det är därför han dog. Och den sydafrikanska underrättelsetjänsten var inblandad!

Ersson skrev därefter en 20-sidig rapport med namn och *Dirk Coetzee* detaljer till ministern Pierre Schori, vilket resulterade i att justitieminister Laila Freivalds brevledes kontaktade Sydafrikas justitieminister Omar för att försäkra sig om att svensk polis skulle få all hjälp den behövde av sydafrikanska myndigheter.

-Schori tyckte att det som jag berättade var fantastiskt, men ville konstigt nog inte ha några exakta uppgifter om namn och annat. Det ville han att jag skulle gå till polisen med, berättar Ersson. Och spaningsledaren Hans Ölvebro sa när vi träffades att "Vi har tidigare tittat på det här och valt bort det", så jag vet inte vad svensk polis har gjort med mina uppgifter. Just nu är jag bara bekymrad för att eventuella bevis ska försvinna och att ännu fler människor får betala med sina liv efter den uppmärksamhet som fallet har fått.

I februari 1995 var statsminister Ingvar Carlsson på officiellt besök i Sydafrika. Laila Freivalds var med på resan. I samband med besöket träffade hon personligen justitieminister Omar och tog då på nytt upp frågan om hjälp till svensk polis. De politiska gesterna gentemot Sydafrika var gjorda, vägen var öppen för svensk polis att börja bringa klarhet i Sydafrikaspåret. Men inget hände.

607

BAKGRUND

Förre chefen för de sydafrikanska dödsskvadronerna, Dirk Coetzee, född omkring 1945, var ingen nybörjare i mordbranschen. Det var faktiskt han som grundade den hemliga terrorbasen Vlakplaas, belägen på en farm utanför Pretoria. Här trimmade han under fem år dödskommandona och utnämndes till regimens lejde mördare nummer ett. Först 1981 lämnade han jobbet efter internt bråk med ledningen. Efter en stor så kallad polisrättegång 1985, då Craig Williamson deltog som stjärnvittne mot honom, tilläts han sluta vid poliskåren av medicinska skäl. Detta inträffade den 31 januari 1986.

-Min uppgift var mord och sabotage inom landet. Craig Williamson hade hand om utländska operationer. Vi försvarade den sista vita utposten i Södra Afrika. Någon måste göra det. Det rörde sig om sanktionerade militära operationer där folk dog. Själv var jag en "hitguy" i "The Need To Know Chain", en beslutsordning konstruerad för att rädda högre officerarna och regeringen från att behöva ta ansvar. Det var andra som bestämde vilka som skulle attackeras, jag utförde dåden.

-Vi ingick alla i Firman och säkerhetsfamiljen var liten och tät. Det handlade om en handfull män som alla visste vad som hände, även om det aldrig sas rakt ut. Vi hade ett eget språk, en egen jargong med egna koder. När jag till exempel hade utfört mordet på Griffiths Mxenge, mötte jag Craig Williamson ett par dagar senare. Han log stort och nickade, och jag visste att han visste att det var jag som låg bakom. Det var så det fungerade. Vi var mördare allihopa, berusade av makt och brutalt våld. Vi var oåtkomliga och gjorde vad vi ville, med och mot vem som helst. Beskyddet var totalt. Vi var Gud och bestämde över liv och död. Vi var mitt i horans hjärta.

Coetzees trovärdighet i det nya Sydafrika är grundmurad eftersom han har haft det oerhörda modet att först av alla med högre rang ta avstånd från apartheidregimen, och detta långt innan det stod klart att den vita regimen skulle falla. Året var 1989 och chockvågorna otroliga. Coetzee blev samtidigt avstängd från sin tjänst inom NIA, National Intelligence Agency, och gick under jorden i väntan på rättegång. Sedan följde fyra år i exil då han utblottad och jagad flyttade 38 (!) gånger mellan Zambia, Zimbabwe och Storbritannien.

Hans avslöjanden hade skakat hela säkerhetsapparaten i grunden och fullständigt kaos hade utbrutit bland överstar och generaler. Den hemliga terrorbasen Vlakplaas stängdes omedelbart och Eugene de Kock och hans lakejer fick fullt upp med att bränna alla dokument, pass och ID-handlingar som använts vid diverse aktioner. Efter det här blev överste de Kock som besatt av tanken på att likvidera Coetzee. Alla var ense om att förrädaren måste dö!

En gång skickade de Kock till och med en specialpreparerad freestyle med ett band märkt *Bevis om dödspatrullerna* till Dirk Coetzee, som då höll sig gömd i Lusaka. De medföljande hörlurarna var fyllda med sprängämnen som skulle explodera i samma ögonblick någon tryckte på Playknappen. Dirk anade dock ugglor i mossen och hämtade inte ut paketet, som i stället tragiskt nog gick i retur till "avsändaren", hans advokat Bheki Mlangeni. Intet ont anande mottog denne paketet och sprängdes till döds mitt framför ögonen på sin unga hustru och deras barn.

-Nu kan det svenska folket se att en stor del av deras IUEF-pengar, som var avsedda för fattiga universitetsstuderande, stals av den

Bheki Mlangeni sprängdes till döds

internationelle tjuven och terroristen Craig Williamson. För en stor del av dessa pengar köptes den nya terrorbasen Daisy Farm (!), belägen cirka 12 kilometer från den lilla staden Vrasakplats. Det var

jag som byggde upp basen, sedan kom Craig och förvandlade det till ett supermodernt, datoriserat högkvarter. Craig lade ner miljontals dollar på projektet och inom säkerhetstjänsten var det ingen hemlighet att pengarna kom från biståndet från Sverige.

Enligt Granskningskommissionens betänkande 1999 hade både den tidigare basen Vlakplaas och Daisy Farm använts för att utbilda och träna agenter i att kidnappa, tortera och mörda regimens motståndare, både lokalt och globalt.

Dödsskvadronernas högkvarter - Daisy Farm

-I källaren fanns ett väl använt tortyrrum där bland andra Anthony White jobbade med jämna mellanrum. Det fanns inga fönster, bara järnbalkar i taket och kala cementväggar med olyckliga offers inristade initialer.

Människor som försvann under apartheidtiden togs ofta hit. De utsattes för hårda förhör och tortyr var vanligt. Men det vanligaste var svältkuren - de

Huset där Palmemordet planerades

609

fick varken mat eller vatten förrän de talade. Sedan de berättat försvann de för gott.

-Det var förresten väldigt lätt att få finansiellt stöd vid den här tiden, eftersom Daisy Farm påstods användas till ledarträning för den vita vänstern i Sydafrika. Men alla dessa "vita vänstermän" var underrättelseofficerare.

-I föreläsningssalen satt våra agenter, som arbetade i Europa och Storbritannien, likt små skolbarn och undervisades i internationell terrorism. Det var bland annat här som mordet på den svenske statsministern Olof Palme planerades (!). Inte mindre än 80-90 agenter arbetade med planeringen under flera månader!

-Faktum är att såväl bombattentatet mot ANC i London (se sid 612) som mordet på Ruth First (se sid 589) var de första stegen på väg att eliminera Olof Palme.

-Numera är Daisy Farm närmast en ruin, men tidigare var enbart namnet ett fruktat begrepp i hela Sydafrika. Alla visste att säkerhetstjänsten hade ett hemligt högkvarter.

-Men ingen visste var. Och de som bodde i närheten ville inte veta.

FRANZ ESSER

Franz Esser var en skrupelfri bilhandlare i Hamburg med högerextrema åsikter. Det är denne man som utpekats som den som körde de tre sydafrikanska agenterna från München till Stockholm. Han påstås även ha deltagit i själva mordet.

BAKGRUND

Franz Esser, född ca 1941, tjänade massor med svarta pengar på suspekta bilaffärer och drog på sig en mängd anmälningar från lurade kunder. Enligt *Expressen den 5 oktober -96* fanns det alltid beväpnade livvakter utanför hans firma Auto Esser och för pengarna levde Esser ett jetsetliv med vackra kvinnor, sportbilar och en stor yacht i Medelhavet. Enligt vissa källor härstammade en del av hans förmögenhet från att han samtidigt utförde en del så kallade dirty jobs åt den sydafrikanska polisen. Han var en våldsam natur med storviltsjakt som favoritnöje och 1977 dömdes han till två års fängelse för våldtäkt, olaga hot, bedrägeri och skattebrott.

Franz Esser

Hans sydafrikanska vänner hjälpte honom att fly och trots att tyska myndigheter vid två tillfällen begärde honom utlämnad, fick han stanna i Sydafrika. Vad han hade för sig här under första hälften av 1980-talet är okänt. Vad man vet är dock att han i samband med planeringen av attentatet i Stockholm rest ett flertal gånger till Europa och Västtyskland under falsk identitet.

Efter mordet på den svenske statsministern återvände Franz Esser till Sydafrika, där det till en början gick mycket bra. Bland annat fick hans son jobb som polis. I Johannesburg fortsatte han sitt vidlyftiga lyxliv och sågs snart mingla med societén och de högsta regeringskretsarna. Han jagade och spelade golf med inga mindre än utrikesminister Pik Botha och finansminister Barend du Plessis och utsågs till ordförande för National Party i norra Johannesburg. Här lärde han även känna Craig Williamson.

Pik Botha

Men trots att allting verkade perfekt på ytan, började Esser bli uttråkad och snart var han inblandad i diverse suspekt verksamhet igen. 1990 hade han dragit på sig hundratals nya anmälningar för bedrägerier och stölder och polisen bestämde sig därför för att göra en husrannsakan i hans hem. Enligt sydafrikanska tidningsklipp hade Esser ansett sig stå över lagen och hänvisat till sina regeringskontakter när han konfronterades med anklagelserna.

Franz Esser, 55, blev dock aldrig dömd. Den tyske bilhandlaren dog i en bilolycka en tidig januarimorgon 1990. Även hans hustru Emily, 28, och deras 5-åriga dotter fick sätta livet till.

Och precis som vid andra liknande olyckor dröjde det inte länge förrän en så kallad städpatrull skred till verket för att sudda ut eventuella spår. Vid midnatt två dagar efter olyckan gick larmet i Essers hus på Morsin Avenue och polisen grep två män i färd med att bära ut diverse stöldgods.

Enligt sydafrikanska journalister är det allmänt känt att säkerhetstjänsten arrangerade bilolyckor när de ville bli av med obekväma personer. En favoritmetod var den så kallade Blockbuster, en liten bomb som slår ut motor och styrning och som utlöses med en fjärrkontroll. Denna dödliga apparat används också av bland andra SAS, Englands antiterroriststyrka.

Esser var inte den förste som dött på detta sätt. I mitten av 1980-talet dödades apartheidmotståndaren Molly Blackburn i en bilolycka i samband med att hon gjorde en utredning om polisövergrepp. Även den norske ambassadören i Zimbabwe, Olav Dørum, dödades när han den 19 september 1987 blev påkörd mitt i Genève. I över 15 år hade Olav Dørum jobbat aktivt för den svarta befrielseskampen i Afrika och varit huvudansvarig för Norges kontakter med ANC, Swapo och MPLA.

-Dørum hade känt sig hotad och förföljd och efter hans död framkom det att han

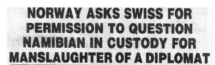

NORWAY ASKS SWISS FOR PERMISSION TO QUESTION NAMIBIAN IN CUSTODY FOR MANSLAUGHTER OF A DIPLOMAT

skyddats av livvakter, förklarade hans efterträdare Herman Pedersen till norska *Dagbladet*. Den springande punkten är inte bara varför han dog men också varför och av vem han fick ett så dyrbart skydd.

Olycksbilen kördes av en namibier vid namn Hans Guibeb, som tidigare hade erhållit stipendium från IUEF (se sid 587), samma organisation som infiltrerats av Craig Williamson. Guibeb dödades i en annan trafikolycka.

Enligt den sydafrikanska Sanningskommissionen finns ännu fler liknande mord, bland annat på den namibiske advokaten Anton Lubowski som mördades i Windhoek i september 1989 och sydafrikanen David Webster.

HEINE HÜMAN

I samband med att de sydafrikanska dödskommandonas verksamhet blev känd, avslöjade en man vid namn Heine Hüman i ett förhör i Zimbabwe att han den 29 mars 1988 medverkat vid mordet i Paris på ANCs representant i Frankrike, Schweiz och Luxemburg, Dulcie Evonne September, 45. Erkännandet bekräftades vid en personlig intervju i den sydafrikanska tidningen *Vrije Weekblad den 12 januari -90*. Dulcie September hade förgäves begärt polisskydd sedan hon utsatts för olika typer av hot, men utan att hörsammas av de franska myndigheterna. I stället sköts hon ner på öppen gata med sex skott när hon gick ut för att hämta sin post. Mordvapnet var troligtvis en Ruger MK 1 med ljuddämpare.

Detta var bara ett i raden av terrordåd under några få veckor. Dagen före, den 28 mars, dödades fyra personer i en terrorattack i Botswana i södra Afrika. Den sydafrikanska regimen tog på sig ansvaret för dådet där tre botswanska kvinnor och en manlig sydafrikansk flykting miste livet. Samma dag hade en mycket kraftig bomb placerats utanför ANCs chefsrepresentants kontor i Bryssel. Bomben upptäcktes dock i tid och desarmerades. Det var andra gången på kort tid som ett sådant attentat genomfördes i Bryssel.

Enligt tidningen *Vrije Weekblad* i Johannesburg bekräftade dödspatrullernas tidigare ledare Dirk Coetzee att Heine Hüman verkligen deltagit i mordet på Dulcie September. Andra deltagare i mordet ska enligt Sanningskommissionen ha varit den franska legosoldaten, kapten JP Dessales, samt vapenhandlaren och agenten Dirk K Stoffberg, chef för Z-Squad Incorporated, ett toppteam av ytterst skickliga yrkesmördare med i det närmaste obegränsade ekonomiska tillgångar och möjlighet att verka var som helst i världen. Z-Squad var skapat av den sydafrikanska underrättelsetjänsten BOSS.

Agenten Heine Hüman

Avslöjandet

-Vår uppgift var att göra sådant som den sydafrikanska regimen inte kunde låta sig ses göra, medgav Stoffberg vid ett förhör i London.

Vrije Weekblad hade också själva fått tag i Heine Hüman, som medgav att han deltagit i både planeringen och genomförandet av mordet på Dulcie September. Bland annat hade han hämtat mördaren på flygplatsen i Heathrow. Efter avslöjandet hade han dock blivit rädd och tillsammans med sin 8-årige son uppsökt både den svenska och nigerianska ambassaden i Harare, Zimbabwe. Nigerianerna lät honom söka skydd hos dem från den 1 december 1989. Samtidigt talade ett tips till Säpo om en europé, tidigare bosatt i Sydafrika och som deltagit i ett mord i Europa, även varit med vid planläggningen av mordet på Olof Palme. Var det Heine Hüman man menade?

BAKGRUND

Heine Hüman, född 1951, var före detta elitsoldat och sydafrikansk agent. Hans mamma var troligtvis fransyska och hans pappa av tysk härkomst. Efter tiden i Sydafrika flyttade han till Vietnam, där han enligt egen utsago var lastbilsmekaniker vid ett större gruvbolag. Vietnam var ett land som låg honom varmt om hjärtat. Han var därefter servicechef vid Porschefabriken i Tyskland och var enligt vissa expert på insprutningsmotorer.

I början av 1980-talet kom han till Sverige. 1982 blev han svensk medborgare och i januari 1986 flyttade han och hans familj till Björklinge utanför Uppsala - en ort som blev bekant för Palmespanarna när de granskade ett mystiskt telefonsamtal 14 minuter efter statsministermordet:

På mordkvällen hade något märkligt hänt hemma hos ett äldre par i Bromma. Enligt kvinnan, Ann W, ringde någon okänd person till makarnas villa kl 23.35 (se sid 105). Hennes man, som hade gått och lagt sig, lyfte irriterat luren efter att omkring tio signaler gått fram.

-Nu är det klart. Palme är död, sa en mycket lugn och sansad svensk mansröst.

-Jaså, det struntar väl jag i, svarade mannen surt.

-Jaså, gör du det?!

Därefter lade mannen som ringt upp snabbt på luren. Paret trodde någon skämtade och somnade om. När polisen en dryg vecka senare fick information om samtalet togs ingen notis. Samtalet gick ändå inte att spåra, fick man till svar. Först långt senare kontaktades paret av Säpo. Och då i minst sagt märkliga former. I stället för att följa upp spåret försökte Säpo med alla medel misstänkliggöra pensionärsparet, få dem att erkänna att samtalet varit ett dygn senare, att klockslaget inte var det som paret uppgav, att det var en släkting som hade ringt osv.

-Vi har haft så mycket med polis och Säpo att göra att jag nästan ångrar att jag ringde, klagade kvinnan i tidningen *Proletären nr 12 -87*.

613

Det som gör samtalet intressant är framförallt att det kom så snabbt efter mordet. Så dags hade varken radio, TV eller polisradion givit besked om att Palme var död. Enligt radioprogrammet *Kanalen* kunde felringningen ha varit avsedd för en tekniker på televerket som snabbt skulle riva eventuell avlyssningsapparatur till Olof Palmes telefon. Det hemliga nummer till televerkets cityanläggning är snarlikt det nummer som gick till det äldre paret i Bromma, precis som numret till en högerextrem tidigare polischef vid Norrmalmspolisen, Åke Lindsten. 1986 upptäckte privatspanaren Sven Anér emellertid att idrottsklubben SK Iron i Björklinge hade exakt samma telefonnummer som paret 377550 - fast med riktnummer 018 i stället för 08. Björklinge ligger i direkt anslutning till E4an, en trolig flyktväg för mördaren (se sid 699).

Agenten Hümans villa på Enbärsgränd 15

SK Iron i Björklinge

Den tidigare sydafrikanske hemlige agenten Heine Hüman bodde i en tegelvilla på Enbärsgränd 15 (se sid 33), bara en knapp kilometer från klubblokalen.

-Hüman hade inte något samröre med klubben, förklarar Alf Gustafsson som var ordförande i SK Iron. Men han kan säkert ha kommit över en nyckel på något sätt, eftersom det fanns tio-femton i cirkulation.

I början av april 1986 skickade Heine Hüman ett brev till Säpo och påstod att han hade viktig information att lämna och därför önskade träffa en säkerhetspolis i hög befattning. Den 12 april sammanträffade två Säpopoliser med Hüman. Denne berättade då att han för SIDAs räkning arbetat i Vietnam. Under en semesterresa till Sydafrika i februari 1985 hade han gripits av säkerhetspolisen i Kapstaden och erbjudits ett samarbete. Man ville att han skulle utföra bombattentat och mord med mera. Mannen som framställt erbjudandet var troligtvis en vis brigadier Griebenawer, chef för Norden-avdelningen och ärenden som berörde ANC. Griebenawer hade vid samma tillfälle visat Hüman en dödslista med bland andra Olof Palmes och dåvarande utrikesminister Lennart Bodströms namn.

Efter att Hüman återvänt till Sverige fick han enligt egen uppgift besök av en viss David Olwage Gericke, chef för Sydafrikanska Legationen i Stockholm (se sid 430). Även denne försökte förmå Hüman att samarbeta, bland annat genom att ta emot nattgäster i sin bostad. Sex dagar före mordet på Olof Palme hade han också mycket riktigt fått ett anonymt telefonsamtal med en förfrågan om han kunde "erbjuda en sängplats åt en sydafrikansk medborgare".

Anledningen till att Sydafrika försökte värva Hüman trodde denne dels var att sydafrikanerna hoppades att han satt inne med försvarshemligheter, dels att han i Sydafrika hade ett arv på 1 miljon kronor som han inte kunnat få loss. I maj 1988 kontaktade han Säpo i Uppsala. Då berättade han bland annat att han fått ett nytt samtal om en ny sänggäst. Den här gången hade det varit tre dagar före mordet på ANC-ledamoten Dulcie September (se sid 603).

Vänner till Hüman beskrev honom som ytterst nervös och paranoid. Bland annat brukade han kasta sig på golvet och gömma sig om en polisbil passerade förbi. Han verkade ha problem med droger och drack en hel del. Hans umgängeskrets var lite udda, bland annat deltog han i många diplomatfester i Stockholm och påstod sig känna bland andra Ebbe Carlsson mycket väl! Med på festerna var bland andra en del höjdare och diplomater från södra Afrika.

Bekanta ansåg honom vara väldigt snäll och vänlig, men i det närmaste mytoman, kanske för att dölja sitt förflutna. Han var en mycket bra fallskärmshoppare. Vid ett sådant hopp hade han dock brutit båda benen, vilket återspeglades i hans sätt att gå. Det var inte bara hans sätt att gå som var lite säreget, han hade också ett väldigt speciellt uttal (se sid 224) och en udda röst som ibland nästan slog över i falsett.

Enligt grannarna försiggick det en del märkligheter i hans vita villa. Tvärt emot vad han själv påstod, verkade han inte vara någon speciellt bra bilmekaniker och många gånger fick en bilverkstad i nära anslutning till huset hjälpa till när han hade stött på problem. Grannarna misstänkte i stället att han handlade med narkotika.

-Man fick intrycket av att verkstaden var något slags täckmantel, berättade några av dem i *Expressen den 1 oktober -96*. Han verkade inte duktig på att laga bilar, snarare tvärtom. Och det var alltid en massa trafik på nätterna. En natt kom det till exempel en Porsche och en Ferrari samtidigt. Varje bil var endast inne i garaget ett par minuter innan de for iväg i olika riktniningar på E4an.

En annan bekant berättade att han kort före mordet försökt sälja en blå VW-Passat till honom. Affären blev dock aldrig av och spekulanten fick aldrig se bilen. Lägg märke till att det troligtvis var just en sådan bil som användes som flyktbil vid statsministermordet (se sid 98).

Vid förhör i maj 1988 berättade han själv att han haft regelbundna besök i sin verkstad av folk från ryska ambassaden, sydafrikanska legationen med flera. På en direkt fråga om varför han valde att lämna uppgifterna just då, svarade han att han några dagar tidigare sett "Sten Andersson och tre negrer på TV", vilket gjort honom orolig.

1988 försvann Hüman från Björklinge. Allting från hemmet och verkstaden var

spårlöst borta, utan att han förvarnat någon av sina vänner.
-Han hade alltid sagt att "en dag kommer jag bara att vara borta, utan några spår",
berättade en nära bekant. Och det var precis vad som hände.
-Jag blev verkligen förvånad, förklarade grannen Åke Hagman. De flyttade över
dagen och sa aldrig adjö. Plötsligt var de bara borta.
Efter mordet på Olof Palme flyttade den 45-årige sydafrikanske agenten enligt
Expressen den 28 september -96 först till Landskrona i södra Sverige, därefter tillbaka
till Sydafrika och sedan vidare till USA. Innan dess hade han dock av okänd anledning
varit i Vietnam.

PETER CASSELTON

En annan av de sydafrikanska agenterna var Peter
Casselton, född 1944 i England, som numera levde ett
liv på Johannesburgs barer. Han hade arbetat som pilot i
Sydafrika och Moçambique i samband med sitt agentarbete.
Ett av uppdragen hade varit att infiltrera befrielserörelserna
utomlands, företrädesvis i London. Casselton var vid den
tidpunkten medborgare i före detta Rhodesia, nuvarande
Zimbabwe.
-I början av 1980-talet var jag även många gånger i Sverige
tillsammans med agenten Bertil Wedin (som vi snart ska
Peter Casselton
återkomma till), eftersom jag hade ett nätverk av informatörer
där, berättade Casselton senare. ANC hade ju ett stort kontor i Stockholm och mitt
jobb var att hålla reda på vad de gjorde. Det var bra tider och vi var mycket effektiva.

Casselton var redan dömd till två år för inbrott i ANCs, PACs och Swapos kontor
och riskerade nu ytterligare 25 år bakom galler för andra dåd. När han släpptes 1987
hade han återvänt till Sydafrika och återupptagit kontakten med sina gamla vänner,
bland andra svensken Bertil Wedin, som då hade flyttat till Cypern.
Han bodde samtidigt under långa perioder hemma hos Craig Williamson och
återupptog så småningom jobbet som pilot i agentvärlden. Enligt Williamson bröt de
två dock med varandra i samband med att Williamson 1995 bestämde sig för att vittna
inför Sanningskommissionen. Sedan dess hade de varit ovänner.
Även Casselton gick i början av oktober 1996 ut och anklagade Craig Williamson
och Operation Longreach för att ligga bakom Palmemordet. Mördaren var enligt
Casselton en europé som levde i Turkiet.
Av Eugene de Kocks beskrivning drog Peter Casselton slutsatsen att mördaren
måste vara Bertil Wedin.

BERTIL OLOF WEDIN

Bertil Wedin, född omkring 1941, kom med tanke på sin aristokratiska framtoning från förvånansvärt enkla omständigheter. Visserligen växte han upp i de burgna kvarteren på Östermalm i Stockholm, men hans pappa var vanlig statstjänsteman på SJ och hans mamma scoutledare. Låt oss för skojs skull försöka följa hans märkliga liv och karriär i en bisarr värld av spioner och agenter.

BAKGRUND

Bertil Wedin

Efter realexamen gjorde Wedin sin värnplikt som signalist. Därpå följde FN-tjänst i Kongo 1963, där han var operativ- och underrättelseofficer med majors grad och vid ett tillfälle tillfångatogs av fienden, och på Cypern 1964-65, där han anslöts han till en "hemlig svensk underrättelsetjänst - inte IB". Här arbetade han på Försvarsstabens avdelning för kontraspionage med uppdrag för det svenska näringslivet. Det dröjde dock inte länge innan han "kritiserades i sovjetisk press för att kränka den svenska neutraliteten". Regeringen drog då in hans tjänst av budgetskäl.

1966 gick han som 25-åring av okänd anledning in på USAs ambassad i Stockholm och begärde att få åka till Vietnam och slåss. Han erbjöd även sina tjänster åt CIA, men fick nobben. I stället anställdes han 1967 vid arméstaben i Stockholm.

Den 24 oktober samma år kunde man läsa följande i *Expressen* (något nerkortat):
"Under stort hysch-hysch har högerledaren Yngve Holmberg i veckohelgen tagit emot en amerikansk delegation av den ultrakonservative Kalifonienguvernören Ronald Reagans vänner. Bland dem som sammanträffat med de amerikanska gästerna var högerns ungdomsförbunds förre ordförande Birger Hagård (se sid 381) samt som representanter för World Anti Communist Leagues (WACL) skandinaviska avdelning, Arvo Horm (se sid 363) och löjtnant Bertil Wedin i försvarsstaben. Löjtnant Wedin tillhör de aktiva bakom Kommittén för ett fritt Asien. Efter en titt på regalskeppet Wasa träffade amerikanerna på söndagen WACL. Under varma applåder uttryckte därvid löjtnant Wedin en förhoppning om att USA ökar effektiviteten i Vietnamkriget. Bertil Wedin förordade också ett aktivt samarbete mellan de konservativa i Sverige och deras ideologiska bröder i USA".

Wedin representerade alltså WACLs (se sid 379) skandinaviska avdelning och blev så småningom rapportör åt Säpo. Så kallade kommunistsympatisörer låg illa till när han rapporterade till sin kontaktman Jan Zelmerlööv, senare Säpochef i Malmö.

Överklassen lockade och den skenbart elegante och älskvärde mannen, på samma gång både aggressiv och flammande i sin intensitet, bjöd ofta sina vänner på

Operabaren. Enligt bekanta brukade han omge sig med ett
följe av konservativa studentledare, bisarra antikhandlare och
folk från Demokratisk Allians. Den före detta officeren vid
arméstaben, FN-soldaten och underrättelsemannen, gjorde
ingenting för att ge intryck av att vara en vanlig person. I
stället vinnlade han sig om en snobbig, brittisk framtoning
i kombination med högerextrema åsikter. En av hans nära
vänner var till exempel Assar Oredsson, grundare av det
nazistiska rikspartiet NRP. På frågan om han själv var nazist
brukade Wedin svara:
-Jag har inte nazistiska åsikter, enbart aristokratiska.

Marcus Wallenberg

Mina negativa känslor mot Olof Palme representerar bara en sund opposition, tillåten i
vår fina demokrati. Jag tycker dock att vi ska ha så lite statlig inblandning som möjligt,
låga skatter och så vidare. Men högerextremist - det tycker jag inte att jag är.

När Wedin skrev och talade var det ofta "skrävlande och med rasistiska inslag".
Hans tes var att Olof Palme styrdes av mörka krafter, främmande makter och deras
säkerhetstjänster. Enligt honom placerade Palme mycket strategiskt "sitt folk" i
statsapparaten för att kontrollera landet och meningsmotståndarna. Wedin såg Palme
som sammansvuren med kommunismen, men farligare och intelligentare och det var mot
Palme personligen som hans uppdragsgivare byggde sina allianser, sin säkerhetsapparat
och sina internationella nät.

Till en början var hans antikommunistiska engagemang ganska oskyldigt, men
Wedin blev snabbt alltmer avancerad. Han hade skaffat sig ett kontor på Drottninggatan
80 där hans huvudsyssla utåt var att sammanställa nyhetsbrevet *Mediasammandrag*
åt SE-Banken. Byrån som gav ut tidningen hade även kontor på Stureplan 2 och
Kungsgatan 27. Nyhetsbrevet delades ut fem gånger i veckan i 1250 exemplar till
ledare inom näringslivet, diplomater, militärer och höga politiker.

-Med min erfarenhet av militär underrättelsetjänst eftersträvade jag absolut
korrekthet, varför journalen, trots att den var dyr och såg enkel ut, blev känd som en
mycket pålitlig informationskälla. Enligt SE-banken var det Dr Marcus Wallenbergs
högst prioriterade dagliga läsning.

1967 startade han nyhets- och utredningsbyrån Näringslivets Information på
uppdrag av samme Marcus Wallenberg. Enligt egen uppgift försökte KGB nu värva
honom till spionverksamhet. När detta misslyckades utsattes han i stället för misshandel,
mord- och kidnappningsförsök. Efter KGB trakasserierna blev det för obekvämt för
honom att stanna kvar i Sverige och W Marc Wallenberg Jr ska då personligen ha ingripit
för att han skulle komma ur hetluften och i stället etablera sig utomlands.

Hösten 1971 underställdes byrån samme Wallenberg Jr. Efter någon månad hittades
denne dock skjuten till döds. Fallet avskrevs som självmord.

TOP PRO KILLERS

Ryktet om Wedins speciella kunnande spreds så småningom och 1972 kartlade han enligt egen uppgift kommunistisk infiltration på Volvo.

-Ett tag delade jag min tid mellan Natoorganisationen Interdoc i Haag, där jag hade titeln "Scandinavian Chief Delegate", och att samla information och bevaka säkerhetsfrågor åt det privata näringslivet i Sverige. Interdoc arbetade med att kartlägga sovjetisk infiltration i Europa. De stod för allt, jag kunde träffa vem jag ville, resa vart jag ville och med vilket transportmedel som jag behagade.

Det finns dock uppgifter om att han även hade andra järn i elden. Enligt Granskningskommissionens betänkande 1999 skulle han vid det här laget ha lagt sig till med ett rykte om att vara "a gun for hire". En källa beskrev honom som en mellanhand för mordkontrakt, en annan som en av Europas Top Pro Killers.

1976 flyttade han så till London där han först hade ett eget kontor på tidningsgatan Fleet Street. Här ägnade han sig främst åt att arrangera seminarier och möten mellan svenska näringslivsledare, ledande brittiska affärsmän, politiker och tänkare. Han arbetade som konsult åt Sveriges Industriförbud och SAF med översikter över den ekonomiska situationen i olika länder, analyser och information om ekonomi, säkerhet och terrorism. Volvo, LM Ericsson, AlfaLaval, Atlas Copco och ASEA ska ha hjälpt till att finansiera verksamheten, som nu blev allt luddigare i kanterna.

Enligt hans egen levnadsbeskrivning knöts han 1980 till en hemlig brittisk organisation, vars syfte var att störta sovjetmakten genom kartläggning av dess verksamhet. Ett annat mål var att till varje pris bekämpa de krafter som förordade apartheidbojkott, men samtidigt hitta lämpliga personer som kunde ta över när regimerna i södra Afrika så småningom skulle falla.

Wedin, som alltså var säkerhetspolitisk rådgivare till svenskt näringsliv, var självklart intressant för apartheidstaternas säkerhetstjänster och det var nu bara en tidsfråga innan han till slut hamnade hos den mest hårdföra, kompromisslösa och fruktade av dem alla: Sydafrikas säkerhetstjänst Bureau of State Security (Boss). Boss skapades 1969 och har sedan dess ändrat namn ett flertal gånger, bland annat till Directorate of National Security (Dons) och National Intelligence Service (Nis).

Den som värvade honom var ingen mindre än Craig Williamson (se sid 585). Enligt en hemlig källa var Wedin inte bara verksam i Sydafrika utan även i Rhodesia och Namibia, och fick bland annat genomgå utbildning i sabotageverksamhet. Han tilldelades samtidigt kodnamnen Morgan respektive John Wilson.

Under tiden fortsatte Bertil Wedin att hålla kontakt med den svenska pressen genom brev från London, Vatikanstaten, Sydvietnam och Afrika. Ofta var dessa kryptiska meddelanden om sammansvärjningar och agenter. I svenska dagstidningar placerades

i samma anda platsannonser som sökte svenska legosoldater
för jobb i Rhodesia. Basen han utgick ifrån var London och
företaget African Aviation Consultant, en täckmantel för den
sydafrikanska säkerhetspolisen, betalade hans kontorshyra.
Hans chef här i fyra år var den engelskfödde, sydafrikanske
sambandsmannen, piloten och agenten Peter Casselton.

I början av 1980-talet gick något emellertid snett. ANC hade
vuxit sig alldeles för starkt och man ansåg från sydafrikansk
sida att det var hög tid att slå till. Craig Williamson och sex
andra ur den sydafrikanska säkerhetstjänsten tog sig därför in
i Storbritannien med falska pass. En av dessa var chefen för

John S Adam

Sydafrikas spionage i Europa, John Shearer Adam.

Anledningen till att det krävdes ett så stort team var enligt Williamson att operationen
var oerhört känslig. Olika bombdelar, insmugglade i sydafrikanska diplomatväskor av
agentkollegan Michael Leach, monterades ihop och den 14 mars 1982 sprängde man
ANCs kontor på Penton Street nära Kings Cross.

-Bomben exploderade tidigt på morgonen, berättade Craig Williamson senare.
Vi var mycket nöjda med resultatet och lämnade London var för sig några få timmar
senare. Jag själv tog mig till Belgien, Wedin och Casselton flög till Cypern.

Operationen som Craig Williamson, Casselton och de andra var involverade i var
inte bara bombningen av ett hus. Just detta veckoslut hade ANC avslutat en internationell
konferens med exilledaren Oliver Tambo. I sista ögonblick fick han emellertid förhinder.
Om han hade varit på denna konferens hade han säkerligen befunnit sig i ANCs hus
när bomben exploderade.

Den 20 juli samma år var det inbrott i ANCs nya Londonkontor. Knappt tre
veckor senare, den 7 augusti, bröt någon sig in i den namibiska befrielserörelsens
SWAPOs kontor. Bytet vid dessa inbrott var FN-pass, kartor, fotografier och pamfletter.

Båda befrielserörelserna anklagade omedelbart
Sydafrika för att ligga bakom dåden, något som
naturligtvis kategoriskt förnekades. Förnekanden
av det här slaget hör till spelets regler och i en väl
utförd underrättelseoperation ska den inblandade
myndigheten alltid ha möjlighet till "plausible
deniability", det vill säga att trovärdigt kunna förneka
all inblandning.

Peter Casselton greps emellertid snart misstänkt
för delaktighet i sprängattentatet. I hans innerficka
hittade polisen ett brev från Craig Williamson till
Wedin. Man bestämde sig därför för att göra en

Wedins tolvrumsvilla

husrannsakan i svenskens tolvrumsvilla i Tonbridge, Kent. Här fann man skisser och detaljerade kartor över sydafrikanska motståndsorganisationens PACs lokaler i London plus en rad stulna dokument från andra inbrott.

LÄMNADE LANDET I ALL HAST

Trots avslöjandena fortsatte Bertil Wedin 1983 att arbeta som konfliktanalytiker och Deputy Director vid Foreign Affairs Research Institute i den engelska huvudstaden. Allt såg lovande ut, men så en dag åtalades Wedin för häleri och anstiftan till inbrott. Under förhandlingarna i domstolen Old Bailey kom det fram att en engelsman vid namn Edward Aspinall skulle ha utfört själva inbrotten. Misstankar fanns dock att han gjort detta på uppdrag av Peter Casselton och Bertil Wedin.

Både Peter Casselton och Edward Aspinall erkände sig skyldiga till anklagelserna. Samtidigt medgav Wedin att han blivit avlönad via ett konto i Schweiz. Varje månad hade den sydafrikanska säkerhetstjänsten satt in motsvarande 35 000 kronor i dagens penningvärde. Han hade dessutom fått ersättning för speciella utlägg plus

Bertil Wedin

fria resor. Pengarna kom via en underrättelseagent kallad "Clayton", major Craig Williamson.

Bertil Wedin började nu bli ordentligt orolig på grund av det som kommit fram. Men redan under häktningstiden visade sydafrikanska intressen en märklig omsorg, bland annat skickade advokatbyrån Brink, Pfaff & Co i hemlighet en man vid namn Hennie Goosen att ordna med borgen för Casselton. Enligt uppgift var denne Hennie son till chefen för den sydafrikanska

"Clayton"

säkerhetspolisens utlandsavdelning, general Piet Goosen, som befordrats till general sedan han 1977 lett dödsmisshandeln av den svarte frihetskämpen Steve Biko (se sid 587). Bertil Wedin tog det säkra före det osäkra, sålde villan och lämnade i all hast landet. Åtalet mot honom lades senare ner.

JAMES BOND-VÄRLD

Året därpå dök han plötsligt upp i England igen och i september 1984 kallade han samman till en besynnerlig presskonferens i London. Anledning: att klarlägga sin inblandning med Sydafrika.

Men mötet blev mest av allt ett angrepp på Palmeregeringen och en beskrivning av Sverige som en James Bond-värld med bas för sovjettränade sabotörer och agenter. I den bild han tecknade sa han att det fanns 10 000 utlänningar i Sverige, utbildade till gerillasoldater eller sabotörer, tränade i Syrien, Sydjemen, Kuba och östblocksländerna. 25 medlemmar som deserterat från en internationell sabotagearmé (Stay Behind? se sid 485) skulle dessutom nyligen ha avrättats i Sverige (!).

"Rikets fiende"

Trots alla politiska övertoner och påstående var uppgifterna om Wedins verksamhet dock mycket svävande. Hans svar var ofta motsägande och oklara och presskonferensen bidrog snarast till att öka förvirringen.

-Det har sagts om mig att jag är spion. Ibland har uppgifterna varit korrekta, ibland inte. Jag arbetar mot Palme och den svenska regeringen. Detta sker i samarbete med underrättelsetjänsten i skandinaviska länder.

-Säpo och svensk militär står i klart motsatsförhållande till sin egen regering och jag ser det som en viktig uppgift att motarbeta denna statsminister.

***

SYDAFRIKASPÅRET

Sedan nio dagar tillbaka hade den före detta chefen för säkerhetspolisens hemliga dödsskvadroner Eugene de Kock släppt den ena sensationen efter den andra. Efter att i 18 månader ha suttit nästan helt tyst började han nu prata i hopp om att få strafflindring. Om inte annat för att få så många som möjligt med sig i fallet. Till synes helt utan känslor hade han lämnat detaljerade skildringar av groteska avrättningar och smutsiga tricks som genomförts för att hindra de svarta att ta över makten. Han hade även pekat ut höga polischefer och regeringsmedlemmar.

-Loppet är kört och jag har inget att vinna på att ljuga, utan har beslutat mig för att berätta allt jag vet. Mitt huvud kommer kanske att rulla, men det ska i så fall inte bli det enda.

Eugene de Kock

Över 80 personer, varav många tidigare kollegor från terrorbasen Vlakplaas, hade vittnat mot honom. Eugene de Kock visste att hans dom skulle bli hård och att han inte kunde få amnesti genom Sanningskommissionen *(The Truth and Reconciliation Commission)*. Kraven var för höga och hans bestialiska handlingar föll utanför ramen. De kort han hade på handen spelade han därför ut med noggrannhet och skicklig beräkning.

-Förre presidenten FW de Klerk, hans företrädare PW Botha och deras regeringar visste vad vi gjorde. Det var de som gav de blodiga orderna. Vi utförde dem.

de Kocks avslöjanden om Palmemordet hade vållat stort rabalder bland utländska journalister. Trots det hade han märkligt nog inte fått några följdfrågor från åklagaren.

-Har du inga ytterligare avslöjanden som kan hjälpa oss med, till exempel mordet på John F Kennedy också, frågade åklagaren Anton Ackermann lite hånfullt.

-Nej, jag var för ung då, svarade de Kock gravallvarligt.

En källa med insyn i utredningen kommenterade:
-de Kocks påståenden måste ses i sitt sammanhang. Han avsåg inte att komma med ett stort avslöjande. Han ville visa vilken miljö han arbetade i, att han inte var en galen ensam polis utan en kugge i ett maskineri. Därför räknade han upp säkerhetspolisens aktioner i Sydafrika, Zambia, Swaziland och England och flikade även in vad han hört om Palmemordet.

-Eugene de Kocks uppgifter gör mig fullständigt mållös, försvarade sig senator Philip Powell, som blivit utpekad som den som berättat vem som låg bakom det svenska statsministermordet. Han slungar beskyllningar omkring sig i hopp om att de anklagade av nervositet ska börja beskylla varandra och dra uppmärksamheten från hans egna dåd. Jag vet inte alls hur mordet på Palme gick till och jag har heller aldrig arbetat för eller med Craig Williamson.

Enligt ett senare vittnesmål lämnat under ed av de Kock i Pretoria Central Prison den 15 september 1997, framgick dock följande (*se Aftonbladet den 16 juni 2001*): När de Kock och Philip Powell i mars 1993 försåg ett hemligt träningsläger för Inkatha-anhängare med vapen, ammunition och sprängmedel, passade de Kock på att fråga vilka erfarenheter Powell hade av direkta operationer. Efter att ha försökt imponera med berättelser om vad han hade gjort tillsammans med pakistanska Mujahedin och Unita i Angola, hade Powell i förbigående nämnt att Sveriges statsminister Olof Palme hade mördats av "en svensk attentatsman, bosatt i södra Turkiet, som hade tillhört den svenska underrättelsetjänsten". Under de få minuter de pratade om saken fick de Kock också svenskens namn, adress och telefonnummer. Skälet till detta var att de Kock vid den här tiden hade börjat göra affärer i norra Europa och Powell trodde att han kanske kunde få nytta av svensken någon gång, eftersom denne var en "säker person som man kunde lita på".

Eftersom Powells parti Inkatha hade plats i parlamentet och politikern Powell kunde knytas till den smutsiga verksamheten, var den här saken politisk dynamit. Men strax därpå tilläts Powell att lämna Sydafrika för att istället flytta till Storbritannien för att enligt uppgift studera "internationell konfliktlösning" vid universitetet i Bristol.

Att han på detta sätt tilläts smita utan att behöva svara för sin smutsiga byk väckte bestörtning i vida kretsar och enligt journalisten Anders Hasselbohm är det numera allmänt vedertaget att Powell slapp av kroken genom en "deal", en uppgörelse.

-Man ansåg det klart att Sydafrika inte alls var berett att se alla sanningar i vitögat, förklarade Hasselbohm senare i en tidningsartikel i samband med att han begärde

Philip Powell

att justitieministern skulle utreda Powellfallet. Inkathapolitikern besatt nog en alltför djup kunskap om sådant som, om man ytterligare rotade i saken, hade kunnat spränga djupa kilar i Sydafrikas bräckliga politiska liv.

ÄLSKVÄRD MASSMÖRDARE

Efter överste Eugene de Kocks avslöjanden hade förre chefen för de sydafrikanska dödsskvadronerna Dirk Coetzees situation drastiskt förändrats. Plötsligt stod han åter i blickfånget och massmedia från hela världen sökte honom för intervjuer. Det var fina tider för denne till synes charmerande och älskvärde man - en tidigare massmördare - som numera levde ett relativt vanligt liv. Tillsammans med sin hustru hade han en villa i Pretoria, bara några få kvarter från Nelson Mandelas hem.

Men idyllen var falsk. Dirks förflutna var alltid närvarande och han var ständigt beväpnad och på sin vakt.

Dirk Coetzee

-Jag tar inte ett steg utan pistolen, jag går inte ens till badrummet i mitt eget hus obeväpnad, suckade han.

Snart skulle även han ställas inför rätta. Dirk Coetzee anklagades för mordförsök, diamantsmuggling, sabotage, mordbrand, misshandel och stöld. Han hade därutöver erkänt sig skyldig till sex mord, bland annat avrättningen av ANC-medlemmen och advokaten Griffith Mxenge som höggs ihjäl med 40 knivhugg i november 1981. Även dennes hustru Victoria hade gått en våldsam död till mötes. Morden skulle se ut som ett vansinnesdåd för att säkerhetstjänsten inte skulle misstänkas.

Dirk Coetzee trädde åter fram i *Dagens Nyheter den 30 september*. Han var då i upplösningstillstånd över varför hans avslöjande till den svenske journalisten Boris Ersson redan 1994 (!) inte hade uppmärksammats av Palmegruppen.

Riian Stander

-Varför har inte svenskarna fått veta något? Varför? Jag fattar det inte, det är ju ett och ett halvt år sedan jag avslöjade att Sydafrika låg bakom mordet. Mannen som mördade Olof Palme heter ju Anthony White! Han är en ex rhodesier, legosoldat och kvalificerad yrkesmördare som numera lever på turkiska sidan av Cypern. Han arbetade i en grupp på fyra eller fem agenter.

Anthony White i Beira

625

Coetzee grundade sina uppgifter på tre källor: Riian Stander och Peter Casselton, båda före detta agenter som först jobbat med Coetzee själv och därefter åt Craig Williamson, då denne skötte Sektion C inom den hemliga underrättelsetjänsten. Craig Williamson var den så kallade mästaren i desinformation och spioneri och Sektion Cs specialitet var Dirty Jobs utomlands. Den tredje källan var legosoldaten Lars Tander som tjänstgjort tillsammans med White i samma kommandogrupp. I en artikel skriven av den spanske korrespondenten Villar Mir framfördes påståendet att Palme 1985 hade genomfört hemliga förhandlingar i Zambia, Sverige och Senegal för att få slut på apartheid och att dessa förhandlingar skulle ha ägt rum på begäran av Wilhelm de Klerk, bror till den sydafrikanske presidenten. Journalisten Magdalena Kvarning skrev samtidigt att den sydafrikanska underrättelsetjänsten deltagit i mordet på grund av Palmes motstånd mot apartheid, men också därför att han stoppat flera vapenleveranser till Iran som gått via Sydafrika. Armsfront, en militär gren hade till exempel haft långt gående planer på att exportera stora mängder sprängämnen till Iran, men detta skulle ha stoppats av den svenske statsministern fyra veckor före mordet.

FALSKA ANKLAGELSER

Nu hade internationella massmedia äntligen uppmärksammat Coetzees uppgifter och flera av de utpekade var ytterst pressade. Agenten Anthony White hade förbluffande snabbt fått faxat översatta artiklar från de svenska kvällstidningarna till sig. Han visste att han var namngiven som Palmemördare och förskansade sig till en början hemma. Men snart blev massmediatrycket för stort.

-Om svensk polis förhör mig ska jag berätta allt, lovade White. Men bara om Palmefallet. Jag ställer mig fullständigt tillgänglig både när det gäller tid och plats för officiella förhör. Ingen kommer att tro mig om inte de svenska myndigheterna säger att jag är oskyldig. Mitt enda mål nu är att få en chans att rentvå mig och jag är beredd att resa till Maputo, Johannesburg, Stockholm eller Sibirien om så krävs.

I *Expressen den 1 oktober -96* fortsatte han att besvara anklagelserna:

Fantombilden, orginalteckningen (se sid 175) och Anthony White. Hur stor är likheten?

-Det är inte klokt. Det ligger ingen som helst sanning i dem. Jag lever som en slags inbjuden gäst här i Moçambique, men trots det är jag inte rädd för att myndigheterna ska tro att jag verkligen är skyldig. De vet precis vad jag gör. Därför är det kanske bara bra att det har skrivits att jag handlar med vapen och droger. Myndigheterna vet att det är felaktigt och inser därför säkert att även mordanklagelsen är falsk.

När *Expressen* passade på att visa den välkända Fantombilden och påstå att White var lik den, något som även Rikskriminalens förre chef Tommy Lindström flera gånger påpekat, svarade han med ett kort skratt:

-Jag visste inte att jag var så snygg.

-Likheten mellan White och Fantombilden är oerhört tydlig, konstaterade Lindström i *Expressen den 1 oktober -96*. Ansiktsdragen är nästan på pricken lika.

-Det var en ren avrättning, bekräftade förre spaningsledaren Hans Holmér till *Aftonbladet* samma dag. Det är självklart att mordet var planerat, att det finns en internationell organisation i bakgrunden. Bara några dagar efter mordet fick Palmegruppen tips om att en organisation bevakat partihögkvarteret på Sveavägen. De som skuggade Palme visste att han ofta gick från Rosenbad till partihögkvarteret utan skydd.

Boris Ersson var en av få svenska journalister som träffade Craig Williamson i Sydafrika innan denne avslöjades. Mötet resulterade i en TV-intervju i Williamsons bostad. Williamson visade då utan omsvep upp flera hemliga dokument om svenska politiker och berättade också om hur han lyckades nästla sig in i det socialdemokratiska toppskiktet (se sid 586). På frågan om hans eventuella inblandning i Palmemordet, svarade han bara att det var fullständigt absurda anklagelser. Enligt Erssons hemliga informatör, Källa A eller som det senare visade sig Riian Stander, hade mordet planerats i Johannesburg och på flera ställen i Europa. Kodordet för mordet var *Hammer*.

Svenska säkerhetsagenter hade deltagit i operationen genom att kartlägga Palmes rörelsemönster och vanor veckorna före mordet. Denna avdelning leddes av en kvinna. Ansvarig för mordet på plats i Stockholm var enligt Riian Stander kollegan Anthony White. En annan person som sades vara inblandad i mordet var Paul A, en sydafrikan med skandinaviskt släktskap. Även här nämndes Craig Williamson som spindeln i nätet.

-Min källa har försett mig med mycket utförliga och detaljerade uppgifter, förklarade Ersson. Det finns information om allt från planeringen och genomförandet av mordet till hur det finansierades.

En annan som konfronterat Craig Williamson om hans roll i mordet var Tor Sellström, forskare vid Nordiska Afrikainstitutet i Uppsala.

-Ja, när han bekräftat att det var hans information som ledde till gripandet av och mordet på Steve Biko, frågade jag honom om Olof Palme. Williamson raljerade över frågan, sa att det var absurda beskyllningar, nonsens bara. Sedan svarade han med ett ironiskt "Javisst".

Vad gällde anklagelserna från Dirk Coetzee (se sid 598) svarade han lugnt:
-Coetzee ställdes inför krigsrätt eftersom han hade sysslat med diamantsmuggling, otillåten avlyssning och sådant. Jag vittnade mot honom, vilket ledde till att han fick begära avsked. Det hela är en hämnd för det - tio år senare.

INGEN BRÅDSKA

I Sverige mottogs nyheterna med stor uppståndelse av alla - utom Palmegruppen. Spaningsledaren Hans Ölvebro visste **ingenting** om utvecklingen av Sydafrikaspåret på grund av fjällsemester i Storlien, där det inte gick att nå honom. Han hade nämligen valt att stänga av mobiltelefonen för att få vara i fred.

-Eftersom jag fortfarande var ledig och ingen journalist hade fått tag på mig, höll jag mig undan även under helgen, sa han i *Aftonbladet den 2 oktober -96.*

Först på tåget hem fick han veta vad som hänt - av tågkonduktören. Väl hemma kallades han omgående till ett kaotiskt möte på justitiedepartementet. Vad som hände bakom stängda dörrar är okänt, men efteråt verkade Ölvebro både skakad och butter. Biträdande riksåklagaren Solveig Riberdahl satt bakom en skog av mikrofoner och svarade utan att säga något, en bister Hans Ölvebro knuffade sig fram genom journalisthopen och muttrade att mobiltelefonen inte fungerat under semestern, chefsåklagare Anders Helin stod omringad av reportrar och bara skakade på huvudet.

-Av alla utländska spår är Sydafrikaspåret helt klart det mest sannolika, kommenterade Ölvebro lite senare i TV4s program *Svart eller vitt.* Tro inte att vi har lagt det åt sidan. Det har legat på mitt skrivbord i ett och ett halvt år (!). Nu kommer vi att begära att få skicka ner folk och förr eller senare kommer vi att åka.

Chefsåklagare Danielsson tillade:
-Men det är ju inte direkt någon brådska för svensk polis och åklagare att åka dit. Vi behöver inte åka idag eller i morgon, inte nästa vecka heller. De aktuella personerna lär ju inte springa sin väg. Motivbilden är dessutom undersökt så långt det har varit möjligt. Både som motivbild betraktad, men också vad gäller om den reellt haft någon koppling till Sveavägen - och det har man inte funnit.

Protesterna bland allmänheten och i massmedia blev dock högljudda över detta lama, märkliga förfarande, och snart tvingades myndigheterna motsträvigt inhandla flygbiljetter med destination Sydafrika. Samtidigt arbetade Palmegruppen intensivt vidare för att försöka få till en ny resning mot Christer Pettersson. Det gällde tydligen att till varje pris hålla allmänhetens uppmärksamhet borta från Sydafrikaspåret.

I början av 1987 hade Williamson avslutat sitt arbete i militära underrättelsetjänsten. Han engagerade sig därefter politiskt och blev nominerad av National Party till

Parlamentet. Samtidigt utnämndes han till och med till medlem i det prestigefyllda President's Council, där han sedan arbetade åren 1990-91.

Många tidigare underrättelseagenter levde vid denna tid på att sortera ut den sörja de själva varit med om att skapa. En del av dem hade plötsligt blivit rumsrena och kunde nu verka öppet i länder där de tidigare bedrivit hemligt krig mot de nuvarande makthavarna. Andra ingick i ett globalt nätverk av lejda mördare och legosoldater samlade under täckmantel av ett otal privata företag. Arvet efter dessa är ett ännu större världsomspännande nätverk av legosoldater, illegala vapenhandlare, narkotikahajar, penningtvättare, terrorister och

Craig Williamson

privata spioner. Kollektivt kallades de för Asteroiderna, opererade utanför regeringars räckvidd och var inblandade i smuggling, terrorism och politisk destabilisering över hela världen.

1989 hade Williamson för första gången fått höra att han var misstänkt för delaktighet i Palmemordet. Han hade då skrivit ett brev till de svenska myndigheterna, där han hävdade att svenskarna fallit offer för en sovjetisk desinformationskampanj. Mycket vatten hade flutit under broarna sedan dess och i nuläget hade han påbörjat ett större byggprojekt. Nu tänkte Williamson röja för ett stort inhägnat område för mycket rika personer utanför Johannesburg. Innanför höga murar skulle lyxvillor, affärer och en egen golfbana byggas. Det hela var tänkt som en egen liten välbevakad värld.

1990 började så den så kallade CCB-skandalen rullas upp i Sydafrika. Apartheidregimen var vid det här laget besatt av sin egen säkerhet och den vita minoriteten kämpade desperat för att hålla sig kvar vid makten och sina privilegier. Lojaliteten bland många boer (infödda vita) var blind och säkerhetstänkandet var A och O. CCB var en topphemlig enhet med uppdrag att mörda apartheidmotståndare och ledande ANC-medlemmar världen över. Den tidigare okända styrkan CCB ansågs ha utfört mer än 200 mord utanför Sydafrika och avslöjandet skulle komma att bli det första i raden av många som komma att föra de forna agenterna i fördärvet.

Den förre spionen Craig Williamson var 1996 officiellt affärsman och arbetade som konsult åt Multi Pacto, ett företag som levererade utrustning och förnödenheter till angolanska diamantbolag. Han sysslade även med köttimport och grönsaksexport och enligt nyhetsbyrån Reuter kontrollerade han personligen nästan hela potatishandeln i Angola. Här stortrivdes han i vimlet av smugglare, äventyrare och agenter som alla försökte tjäna förmögenheter i Afrikas kanske rikaste land. Han tillhörde en elit som tidigare inte behövt bekymra sig om några konsekvenser för sitt våldsamma förflutna.

De intensiva dagarna gick medan världspressen följde rättegångsförhandlingarna med stor spänning. Nu skulle mordet på Olof Palme äntligen lösas i och med att Eugene de Kock insisterat på att det var en person bosatt i Turkiet som utfört själva mordet. Men efter ett tag svävade överste de Kock plötsligt på målet vad gällde mördarens identitet. Många började misstänka att han gjort en hemlig överenskommelse med myndigheterna. de Kock hävdade dock att han skrivit upp mördarens namn på en papperslapp, men att denna försvunnit i samband med att polisen grep honom i maj 1994. Han sa sig förgäves ha försökt erinra sig namnet, det enda han var säker på var att det varken var Bertil Wedin (se sid 608) eller Anthony White.

En av de andra nyckelpersonerna i Sydafrikaspåret, Peter Casselton, började också dra tillbaka tidigare tvärsäkra påståenden. Tidigare hade han hävdat att mördaren var svensken Bertil Wedin. Nu var han betydligt försiktigare.

-Jag säger bara att polisen är på fel spår om de jagar Anthony White, suckade han i *Expressen den 5 oktober -96*. Av de Kocks beskrivning av mördaren - en europé som håller sig undan på en ö i Medelhavet - drog jag tidigare slutsatsen att det måste vara Wedin, men det är fel.

SUPERSPIONEN I STOCKHOLM

Hemma i Sverige följde många spänt utvecklingen av dramat. *Fredagen den 27 september* hade *Expressen* avslöjat att Säpo suttit inne med uppgifter om att spionen Craig Williamson funnits med i publiken när Palme höll sitt sista tal om apartheid en vecka före mordet. Samma dag uttalade sig ingen mindre än chefsåklagare Jan Danielsson i TV4s *Nyheterna*:

-Att han befann sig i Sverige kan jag bekräfta (!). Det vet vi att han gjorde (!?). Men han var inte på Sveavägen, om det är det du menar. Det vi kan säga säkert är att det inte är han som skjutit, eftersom han inte alls påminner om Christer Pettersson (!?).

Många journalister satte kaffet i halsen när de hörde detta uppseendeväckande uttalande och försökte omedelbart få klarhet i vad han menade. Men Danielsson drog sig undan, vägrade svara på frågor och har i efterhand undvikit att kommentera sitt uttalande.

Fredagen den 21 februari 1986 hade Olof Palme stått i talarstolen i Folkets hus i Stockholm. Den så kallade Folkriksdagen hade arrangerades av Isolera Sydafrikakommittén (ISAK) och Svenska FN-förbundet och på första bänk satt ANC-ledaren Oliver Tambo som hann uppleva det gamla systemets fall före sin död. Säkerhetsmuren var massiv och trängseln kring ledarna skapade en orolig stämning. Andra inbjudna gäster var Thabo Mbeki, Abdul Minty och representanter från UDF och SWAPO.

-Ett vedervärdigt system...

Det hade varit ett möte med ett tusental människor och det formligen glödde när Palme utanför sitt skrivna manuskript förbannade den sydafrikanska apartheidpolitiken.

-Jag vill göra ett tillägg utanför mitt skrivna tal om detta ohyggliga system som apartheid utgör: Apartheidsystemet är ett klassiskt exempel på ondska och dårskap och kan bara leva vidare därför att det får stöd utifrån. Lyssna inte på president PW Bothas innehållslösa tal! Ett system som apartheid kan aldrig reformeras, bara avskaffas!

I samband med Folkriksdagen hade Säpo på Stockholmspolisens begäran tagit reda på om det finns någon hotbild mot hedersgästen Oliver Tambo. ANCs ledare hade flera gånger varit utsatt för attentatsförsök arrangerade av Sydafrikas säkerhetstjänst, ofta med stöd av lokala nationella grupper. Man fann att "viss hotbild finns mot Oliver Tambo samt att behov av personskydd för honom föreligger". Livvakter från Säpo avdelades. Fanns det sydafrikanska agenter i lokalen? Tänkte de slå till mot både Tambo och Palme på en gång? Blev

ANCs Oliver Tambo och Olof Palme

de kvar i Stockholm ytterligare en vecka? Numera säger man på säkerhetspolisen att det normalt inte fanns någon hotbild när ANCs ledning kom på besök. Varför var det annorlunda den här gången?

-Vi är alla ansvariga för apartheid, dundrade Palme. Om världen verkligen vill ha ett slut på apartheid är det möjligt att krossa systemet redan imorgon genom att helt enkelt dra tillbaka stödet till apartheidregimen. I grunden är detta en djupt emotionell fråga som djupt berör våra känslor, därför att det är ett så sällsynt vedervärdigt system att på grund av människors hudfärg döma dem till en mycket sämre tillvaro. Och det är en skam för världen så länge detta består.

Det var ett mycket starkt uttalande som tog andan ur alla församlade och samtidigt vredgade både högerextrema i Sverige och Sydafrika. I publiken satt enligt uppgifter till polisen sydafrikanska säkerhetsagenter med Craig Williamson i spetsen. Kanske var det nu han skrev under sin egen dödsdom.

Ytterligare minst sex personer visste att Craig Williamson varit i Sverige när Palme mördades. Deltidspensionären Henry Nyberg (se sid 198) arbetade 1986 som vaktmästare i riksdagen. Under mordveckan upptäckte han tre män utanför makarna Palmes bostad i Gamla stan. Männen uppehöll sig på Västerlånggatan från tidig morgon till sena eftermiddagen under hela veckan. Efter mordet försvann de. Henry hajade till när han fick se bilden av Craig Williamson i tidningen.

-Herregud! Han var ju en av de män jag såg utanför Palmes lägenhet! Några dagar senare trädde även en kvinna boende i Linköping fram. -Det var dagen efter mordet på Olof Palme, berättade hon i *Expressen den 30 september -96*. Jag bodde då i Umeå och satt på första morgonplanet till Stockholm. Där skulle jag byta för att flyga vidare till Göteborg. På Arlanda fick jag se tidningen med rubriken om att Palme var skjuten. Jag satt på en av platserna längst fram i planet och läste chockerad tidningen när en mycket storvuxen man kom och satte sig bredvid mig. Det var så konstigt för han behöll ytterkläderna på hela vägen. Och han satt fullständigt tyst och bara stirrade rakt fram. Jag reagerade på att han inte ens tittade i min tidning med de stora mordrubrikerna.

-När vi så kom fram rusade han ut först av alla. Jag såg att han möttes i trappan av en annan man, som liksom grep tag i honom och snabbt förde ut honom genom en sidodörr i terminalen. Allt var så konstigt och gick så fort. När jag kom hem igen, ringde jag Umeåpolisen och berättade allt. Jag vet inte vad det blev av det sedan. Men när jag fick se löpsedlarna med Williamson ryckte jag till. Jag hade ju haft tid att se precis hur han såg ut. Och eftersom han uppträdde så konstigt har jag aldrig kunnat glömma honom.

Två av varandra oberoende svenska poliser hävdade vidare att Craig Williamson under taget namn bott dagarna före mordet och på mordnatten i den internationella polisorganisationen IPAs gästhus på Kammakargatan 36, cirka 200 meter från mordplatsen. De hade båda två omedelbart känt igen honom på bilderna som kablades ut över världen. Ordförande i stockholmsavdelningen var kriminalkommissarie Christer H Sjöblom, som själv varit mycket aktiv i mordutredningen och bland annat förhört Lisbet Palme.

-Bokningsliggaren som skulle kunna bevisa om Williamson varit här finns tyvärr inte kvar, beklagade han. Men hela idén verkar enligt min mening ganska långsökt. Den som hyrde kunde rimligen inte veta ifall andra skulle bo där samtidigt, så om någon ville komma hit i dolska avsikter är det osannolikt att välja ett sådant boende.

-Jag vet inte om man använde sig av IPA-lägenheter i just den här operationen, men det är mycket möjligt. Vill man bo billigt och ha en bra täckmantel är det perfekt att använda sig av IPAs lägenheter, kontrade Dirk Coetzee, före detta chef för dödsskvadronerna (se sid 585).

Palmeutredarna lät senare införa en förfrågan i den svenska IPA-journalen, där svenska polismän som bott i den aktuella

Kammakargatan 36 i Stockholm

632

lägenheten under 21-28 februari 1986 ombads ta kontakt. På det sättet fick man fram uppgifter om ett knappt tiotal personer som bott där, de flesta deltagare vid Polis-SM i bordtennis. Ingen av de som hördes hade stött på någon som kunde stämma in med beskrivningen av Craig Williamson. Därmed avskrevs tipset.

TOMMY TURBO DYKER UPP

Men den 4 oktober 1996 förändrades allt. Helt oväntat greps Williamson av angolanska säkerhetsmän i stadsdelen Jana i huvudstaden Luanda. Officiellt beskylldes han för oklarheter med visumet, men en poliskälla avslöjade att det gällde hans diamantaffärer och eventuella inblandning i Palmemordet.

Samma dag dök ingen mindre än Tommy Lindström (!) (se sid 529), den för grovt bedrägeri avsatte chefen för svenska rikskrim, plötsligt upp i Pretoria. Det här var helt oväntat och innan de riktiga utredarna ens hade hunnit packa sina resväskor. Knappt hade han hunnit landa förrän han uppsökte statsfängelset. Här träffade han advokaten Schalk Hugo, påstod att han jobbade för tidningen *Aftonbladet* och presenterade sig med ett gammalt, utgånget visitkort från rikspolisstyrelsen. Schalk Hugo fick intrycket av att Tommy "Turbo" fortfarande var inblandad i Palmeutredningen och lät honom därför som en av ytterst få träffa överste de Kock under pågående process. Vad som exakt sades i detta långa samtal är inte känt. En del av det citerades dock i *Aftonbladet*.

Schalk Hugo

-Uppgifterna om att den sydafrikanska säkerhetstjänsten ska ligga bakom mordet är felaktiga, påstod Eugene de Kock. Det var tabu att ge sig på ministrar eller regeringschefer. Männen bakom Palmemordet agerade helt på egen hand och hade inga som helst direktiv från säkerhetstjänsten. Det är viktigt att poängtera att jag inte är intresserad av belöningen på 50 miljoner kronor, jag vill bara att mordet ska lösas.

Tommy Lindström

Efter besöket var den svenske tidigare chefen för rikskriminalen ganska skeptisk.

-Sydafrikaspåret är nog tyvärr mest hörsägen, suckade han.

Fängelset där de Kock satt inspärrad

När Tommy Lindströms märkliga besök läckte ut till pressen, möttes det med ett ramaskri. Förundersökningsledaren Solveig Riberdahl ansåg att Tommy Lindström allvarligt skadat utredningen genom att på eget bevåg ha utfrågat de Kock före Palmegruppen. Lindströms tilltag kunde allvarligt störa landets relationer med de sydafrikanska myndigheterna. Tommy Lindström sades till och med riskera två års fängelse för att ha utgivit sig för att vara polis.

-Jag tror hans agerande beror på att han har ett jädra behov av att ge igen, kommenterade Ingemar Krusell som satt som biträdande spaningsledare 1988-91 och som därefter arbetade på rikskriminalens underrättelseenhet med Lindström som chef.

-Är detta verkligen möjligt? utbrast chefsåklagare Antoinette de Jager. Jag måste säga att jag blev oerhört förvånad när jag fick veta att svensk polis redan var här och hade börjat höra de inblandade utan att först kontakta oss på åklagarmyndigheten. Den bild som vi fått var att detta var en officiell representant för den svenska polisutredningen.

Advokaten Hugo kände sig förd bakom ljuset och flämtade:

-My God, oh no, oh no.

Den 10 oktober var det så äntligen dags för de "riktiga" svenska mordutredarna att ge sig iväg till Sydafrika. Entusiasmen lyste med sin frånvaro eller som biträdande spaningschefen Krusell senare uttryckte det:

-Naturligtvis hade inga utredare rest ner i det här läget om det inte hade varit för massmediatrycket. Inte just då och inte på de här premisserna.

Efter en femton timmars flygfärd anlände man till Kapstaden för vidare färd till Johannesburg. Spaningsledare Ölvebro och chefsåklagare Jan Danielssons besök omgärdades med största sekretess. Chefen för Angolas säkerhetspolis, överste Miala, var den som i hemlighet ordnat med alla praktiska detaljer kring möten med agenter och prominenta myndighetspersoner såsom justitieministern Dullah Omar, säkerhets- och polisministern Sydney Mufamadi och överåklagaren d'Oliviera med flera.

Man planerade att höra folk både i Sydafrika och i Angola. Det skulle dock komma att handla mer om vanliga samtal än om regelrätta förhör. De svenska utredarna hade nämligen inga lagliga möjligheter att tvinga någon att tala, utan allt byggde på frivillighet från de inblandade. Förutom Eugene de Kock och Craig Williamson ville man förhöra de förra säkerhetsagenterna Karl Edwards, Dirk Coetzee, Peter Casselton och polisöversten Vic McPherson, som tidigare arbetat med desinformation inom säkerhetspolisen.

Inkathasenatorn Philip Powell, som Eugene de Kock påstod vara den som berättat för honom om Sydafrikas inblandning i Palmemordet, vägrade däremot att träffa svenskarna. Powell skulle enligt de Kock ha arbetat för STRATCOM - Strategic Communications - som sysslade med propaganda och så kallade dirty tricks, innan han övergick till Craig Williamsons Operation Longreach (se sid 577).

-Jag är emellertid beredd att stanna här så länge som krävs för att få klarhet, sa Jan Danielsson. Till och med i månader.

Dagen efter träffade utredarna överste Eugene de Kock inne i biträdande riksåklagarens bunkerliknande lokaler i centrala Pretoria. I samma lokaler hade chefsåklagare Antoinette de Jager drivit utredningen om de mord och terrordåd som Eugene de Kock beordrat och själv utfört som chef för den sydafrikanska säkerhetspolisens dödspatruller 1986-89.

Vic McPherson

Enligt advokaten Schalk Hugo avslöjade Eugene de Kock inte heller för de svenska utredarna något namn på mördaren eller *The Shooter* som han kallades:

-Han berättade bara samma sak som han berättade för den falske polisen Tommy Lindström.

-Det är fel att säga att de uppgifter vi fick skulle ha varit sensationella eller väldigt intressanta, kommenterade Jan Danielsson i *Expressen*. Men han sa även sånt som var nytt för oss och som inte framkommit i massmedierna. Nu ska vi analysera det.

Jan Danielsson

Klockan fyra en torsdagsmorgon flög ett specialchartrat privatplan sedan vidare till Luanda i Angola. Till skillnad från överste Eugene de Kock hade Craig Williamson inte tidigare ställts inför rätta. Hans advokater menade att det inte gick eftersom hans brott begåtts utomlands. Men förutom alla inkomster Craig fått på diverse märkliga sätt via den sydafrikanska staten, hade överste Eugene de Kock dessutom anklagat honom för att ha stulit pengar från själva Longreach. Totalt åtta miljoner rand, det vill säga 11,5 miljoner kronor. Under senare förhör kom det även fram att Williamson omfördelat delar av Sveriges flera hundra miljoner kronor stora ANC-stöd till topphemliga projekt.

Tidningen *The Guardian* i London spekulerade tidigt i att ett av dessa projekt kunde vara mordet på Olof Palme. Tanken är verkligen skrämmande - tänk om svenska biståndspengar finansierade statsministermordet...

Centro Operativo-fängelset i Luanda var en stor kontrast till lyxhotellet Tivoli där Craig Williamson hade hållit sig undan. Över 20 fångar delade cell, många sov på fängelsegården, maten var usel och bara den som hade egna pengar kunde äta sig mätt. Hans advokat Allan Levin påstod upprört att det var Sverige som sett till att Williamson tvingats sitta i detta vidriga fängelse, vilket stred mot all internationell praxis.

-Jag är oskyldig, hävdade Williamson. Jag var en soldat i statens tjänst och utförde de uppdrag jag fick. Men Palmemordet? Nej, absolut inte. Ni måste hjälpa mig ut ur fängelset så att jag kan bevisa att jag inte har något med mordet att göra. Det hela är ju ren galenskap. Jag var i Johannesburg vid tiden för mordet. Det kan jag bevisa om jag bara släpps. Jag har över huvud taget inte varit i Sverige efter 1980. Men det räcker nog inte med att jag visar mitt pass, då säger era polisutredare bara att jag haft flera pass. Härnäst kommer jag väl att anklagas för att ha försökt mörda påven (se sid 482?) och Ronald Reagan också (?!).

-Två veckor i fängelse har tagit mig hårt och jag är känslomässigt utmattad eftersom jag blivit behandlad som en mördare, stönade Williamson. Utan förvarning hämtades jag fredagen den 19 oktober ur cellen och fördes iväg. Jag trodde jag skulle till flygplatsen för att sättas på planet till Johannesburg, men i stället kördes jag till inrikesministeriets gästhus. Där fick jag vänta i flera timmar. En sydafrikansk säkerhetsman ville ställa frågor, sa de. Sedan fördes jag in i ett rum där några svenska utredare och två sydafrikanska säkerhetspoliser satt med bandspelare och anteckningsblock. Jag blev helt ställd!

-Han svarade dock frivilligt och utförligt på alla våra frågor och tackade nej då vi erbjöd honom att ha en advokat, svarade Jan Danielsson. Vi fick också vissa uppgifter som tidigare inte varit kända för oss. Men det tre timmar långa förhöret måste flera gånger avbrytas, då han behövde samla sig efter förtvivlade gråtattacker.

-Ännu viktigare än Williamsons uppgifter har emellertid mötena med sydafrikansk polis och åklagare varit, tillade Danielsson. De har suttit inne med information som vi i olika avseenden varit intresserade av. Vi hade möjligheten att höra Williamson ytterligare en gång, men valde att avstå då vi bedömer att han svarat på alla frågor vi har.

I mitten av oktober reste utredarna så vidare för ett timslångt förhör på hemlig plats med Anthony White (se sid 593). Detta genomfördes måndagen den 15 oktober på svenska ambassaden i Pretoria och White passade på att lämna över en del dokumentation för att bevisa att han var oskyldig, bland annat ett pass som styrkte att han varit i Sydafrika vid tiden för mordet.

-Vi är nöjda med att han ställde sig till förfogande. Han svarade på alla våra frågor på ett koncist och distinkt sätt, helt inställd på att samarbeta med oss. Men om hans svar är helt sanna kan vi naturligtvis inte veta, sa Danielsson efter mötet.

Efter blixtbesöket återvände Ölvebro och Danielsson direkt till Pretoria. Några timmar senare släpptes Craig Williamson och sattes på ett plan. Han anlände till Johannesburg i Sydafrika den 19 oktober och låste omedelbart in sig i sin muromgärdade villa på Orange Street. Fyra pistolbeväpnade vakter placerades utanför för att komplettera de enorma larmsystemen. Craig Williamsons

Anthony White

636

hem i den förmögna förorten Orchard - ett välbevakat fort.

MÖRDAREN - EN TURKISK KURD

Samtidigt fortsatte utvecklingen av fallet i Europa när en sydafrikan vid namn Brian Davies *den 18 oktober -96* gick ut i *Aftonbladet* och förklarade att han kunde skaffa fram mördarens namn för 2 miljoner kronor. Brian hade bakgrund som yrkesmilitär i Sydafrika, Rhodesia och Angola. Under många år hade han arbetat med att stoppa Operation Lock, det vill säga smuggling av elfenben och noshörningshorn. Det var i samband med detta som han stötte på Operation Longreach

Davies förklarade att Craig Williamson ledde morduppdraget och att Anthony White ansvarade for logistiken, det vill säga transport, flyktbilar och tillgång till

Brian Davies

vapen och övrig utrustning. White var även delaktig i planeringen. En amerikansk CIA-agent och mycket nära vän till Craig, Vernon Gillespie, stod för kontakten med den kurdiske skytten, som tillhörde PKK. En före detta officer instämde i att mördaren var en turkisk kurd och sa att turken handlade på direkt uppdrag av Craig Williamson, som alltid själv fanns på plats när större uppdrag skulle utföras.

-Motivet var framför allt vapensmuggling. Strax före mordet kom Palme en omfattande vapensmuggling på spåren. CIA och Gillespie hade under denna period nära kontakt med PKK. Och Piet Botha var med och beordrade eller godkände mordet. Men det är inte säkert att han hade inblick i de praktiska detaljerna, förklarade Davies, som flera gånger hotats till livet. Jag vet att det här är farligt för mig att gå ut med. 1989, när jag hade samlat på mig en ansenlig samling information om den sydafrikanska kopplingen, ringde Craig Williamson och sa att det var bäst för mig att sluta snoka i Palmemordet. En annan gång kom hotet från Piet Lategan i den sydafrikanska polisen. Men jag är yrkessoldat och kan knepen. Mig överraskar man inte så lätt.

Den 23 oktober var näste man på tur dödspatrullernas tidigare chef Dirk Coetzee. I samband med förhöret överlämnade Coetzee ett 150-sidigt manuskript benämnt *Hitsquads*, som han önskade tillföra utredningen.

Sista helgen i oktober var det så dags för de svenska utredarna att höra Sydafrikas högste spionchef och tidigare rikspolischef - den numera pensionerade general Johan Coetzee (se sid 588) (ej att förväxla med Dirk Coetzee). Vid samma tillfälle hördes även förre säkerhetsagenten Karl Edwards, en nära medarbetare till Craig Williamson i Operation Longreach.

-Vi vill inte gå in på vad general Johan Coetzee sa, poängterade Danielsson efter förhöret. Mitt intryck är att han vill vara till lags. Däremot kan jag inte säga om han talar sanning.

På fredagen den 2 november besökte svenskarna åklagarmyndigheterna i Pretoria, men avböjde ett möte med överste de Kock. Palmespanarna Jan Danielsson och Hans Ölvebro ansåg att Eugene de Kock var ett avslutat kapitel i undersökningen runt Palmemordet eftersom han "bara hade andrahandsuppgifter".

-Vi erbjöds att träffa honom, förklarade Danielsson. Men vi hade bara en fråga och den ställde vi genom en polisman. Den hade bäring på de Kocks kontakt med svenska poliser. Kopplingen mellan Sydafrika och svensk polis är inget hett spår, men vi ska försöka sopa upp allting som har förekommit i det här sammanhanget. Vad som nu gäller är basfakta, förstahandsuppgifter och konkreta bevis.

Senare uppgav Ölvebro inför Granskningskommissionen att han under 14 dagar förhandlat med journalisten Boris Erssons informatör Källa A - agenten Riian Stander (se sid 617) - för att få till stånd ett förhör. Detta hade dock misslyckats, varvid både förundersökningsledaren Jan Danielsson och Hans Ölvebro stämplade denne som informationssvindlare.

Den 7 november var det så dags att vända kosan hemåt efter fyra veckors arbete i Sydafrika. Väl hemma igen i Sverige möttes Ölvebro och Danielsson på Arlanda av ett stort pressuppbåd.

-Vi har samlat på oss ett mycket omfattande material som måste gås igenom noga, förklarade chefsåklagare Jan Danielsson i *Dagens Nyheter den 9 november -96*, och jag har därför för närvarande ingen fullständig bild av läget.

I Sverige hade förhoppningarna och intresset varit enormt och nu var besvikelsen lika stor. De flesta upplevde det som ytterligare ett misslyckande från spaningsledningens sida. Nu kom det fram att man egentligen inte velat åka utan bara gett vika för trycket.

-Självklart styr massmedia Palmeutredningen, men inte hela. När massmedierna tar upp en sak måste utredningen avsätta några man på detta. Skulle vi inte göra det fick vi inte någon arbetsro i övrigt, sa Ölvebro.

-Vi hade egentligen ett mer lovande spår. Men i det tryck som rådde fick vi prioritera om. Det var rena hetsjakten. Så vi åkte till Sydafrika. Och när vi väl kom dit var det ganska trevligt, sa Jan Danielsson vid Publicistklubbens sista debatt 1996.

I TV3s program *Efterlyst* där Hans Ölvebro brukade fungera som bisittare fick han frågan som alla ville ha svar på:

-Nå, hittade ni något intressant i Sydafrika?

-Javisst, Sydafrika är ju ett spännande land med intressanta nationalparker (!?).

Det hade vid det här laget påståtts i massmedia att mördaren - *The Shooter* - skulle vara en svensk underrättelseofficer. I mitten av november 1996 meddelade polisöverintendenten Kurt Malmström vid säkerhetspolisen att det i Turkiet inte fanns någon person med kaptens grad (?) och ett förflutet i svensk underrättelsetjänst.

Vidare informerade Hans Ölvebro senare Granskningskommissionen om att det i själva verket visat sig finnas en kopia av de Kocks notering av mördarens namn. -Men anteckningen innehöll varken något svenskt namn, någon adress eller något telefonnummer i Turkiet, påstod Ölvebro.

En fråga innefinner sig naturligtvis - vad var namnet på den påstådda mördaren?! Det har Ölvebro aldrig yttrat ett ord om.

Expressen hade innan dess lyckats hitta den utpekade agenten Heine Hüman (se sid 603) i hans nya hem på 1145 Shannon Avenue 39, Indiatlantic i ett avskilt bostadsområde utanför Miami. Mängder av underrättelsefolk från USA och andra länder hade valt att slå sig ner i detta vackra område i Florida - den amerikanska underrättelsetjänstens egen bakgård - och beväpnade vakter kontrollerade att ingen obehörig släpptes in. Här bodde Hüman under ny identitet med sin svenska hustru och en av sina söner och hjälpte några Volvoåterförsäljare att fixa bildelar från Sverige.

Heine Hüman var förvirrad och upprörd och antydde själv att han sedan lång tid tillbaka väntat på att Sydafrikas hemliga agenter och hans egen person skulle hamna bland tidningsrubrikerna. Han dementerade dock febrilt alla spekulationer om att han på något sätt själv skulle ha varit inblandad i statsministermordet. (Följande är en sammanställning av intervjun):

-Jag flyttade hit för att slippa bli jagad av allt och alla, sa han på sin märkliga tysk-svenska som varje gång han blev upphetsad slog över i falsett. Advokaterna ringer hela tiden. Vi väntar bara på att mördaren ska gripas. Allt är klart, vänta bara! Mina advokater säger att jag kommer att få 35 miljoner i skadestånd för allt som massmedia har kokat ihop om mig. Allt är klart för stämningar i domstol och flygbiljetten till Stockholm ligger och väntar.

-Jag har ingen aning om hur den här Craig Williamson ser ut, jag vet inte ens om han är svart eller vit. Jag kan dock mycket väl tänka mig att han har något med mordet att göra. Han kan ha lejt högerextremistiska sydafrikaner, även i Sverige. Sådana finns, jag vet. Jag undrar vad som händer med Williamson nu, det skulle inte förvåna mig om han tar livet av sig. Jag har själv inte mer en tre år kvar att leva på grund av ett hjärtfel, jag hoppas bara att jag får uppleva den dag polisen tar Palmes mördare. Men jag är oskyldig, jag vet ingenting. Kvällen då Olof Palme mördades reparerade jag en Volvo hemma i Björklinge tillsammans med min svärfar. Anklagelserna har haglat och jag sägs till och med ha blivit utpekad som underrättelseagent för apartheidregimen! Jag, som i Sydafrika blivit trakasserad och anklagad för att vara kommunist! När jag reste dit i februari 1985 togs jag in på förhör av säkerhetspolisen. En polisöverste hävdade att jag var agent för ANC. De ville värva mig, men jag vägrade. Fråga svenska ambassaden i Pretoria!

-Hur vill du kommentera uppgiften om att du ska ha informerat ANC om att du deltog i planläggningen av mordet på ANCs representant i Paris, Dulcie September (se

sid 603), frågade Expressens reporter.
-Hahaha, jag var i Vietnam då.
-Nej, det var du inte. Det här skedde i 1988, två år efter att du lämnat Vietnam.
-Jaså. Ja, jag har i alla fall inget som helst med det här att göra. Kolla mitt pass!
Jag har inga stämplar till Paris.
-Det påstås heller inte att du varit där. Men känner du till just det här mordet?
-Jo, ja, det gör jag. Men har inte Williamson erkänt det där?

KROSSADES AV LASTBIL

Pressen sökte upp flera andra sydafrikanska agenter. En av dessa var Peter Casselton (se sid 607), överste Eugene de Kocks vän och den som först pekat ut Bertil Wedin som Palmes mördare. Den fetlagde, utblottade och bostadslösa engelsmannen verkade ur balans och talade bittert om det förflutna medan samtalet hoppade från ämne till ämne. Han betonade att han inte ville peka ut sin svenske vän, men i nästa sekund diskuterade han honom som den självklara mördaren.

-Jag tycker nästan synd om honom. Jag känner mig ... skyldig. För att... för att jag känner honom.

-Mordet var i och för sig en ganska enkel enmansoperation.
Men killarna i Longreach kunde inte utföra det själva, eftersom de inte kände Sverige tillräckligt väl. Därför valde de svensken.
Wedins motiv för att utföra mordet var pengar. Men jag kan inte säga om Craig Williamson personligen gav ordern, för det vet jag inget om. Troligtvis var det i stället någon mycket högt upp i regeringen som beordrade själva dådet. De vita boerättlingarna kunde fatta beslut om ett sådant mord hur lätt som helst, eftersom Olof Palme ju var mycket hatad på grund av sin hårda politik mot Sydafrika. De var kapabla till vad som

Peter Casselton

helst, men en del pratar man om och annat inte. Jag har till exempel dödat en massa människor men vill inte diskutera det. Jag har slagits för de styrande i hela mitt liv och nu vänder de mig ryggen. Men en engelsman visar trohet. Jag har till exempel hälsat på min vän de Kock varje söndag i två år. Varför? Därför att jag är engelsman.

-Vi var 45 man i huvudkvarteret Vlakplaas. Desinformatörer, mördare och attentatsmän i ett hemligt brödraskap. Men nu berättar de allt, som om de vill dra ned oss alla i avgrunden när världen omkring dem rämnar. Om vi bara hållit samman hade ingenting kommit ut. Men en efter en har de börjat prata. De fega uslingarna hoppas slippa fängelse om de berättar. Jag hatar Craig Williamson, Dirk Coetzee är bara en pratmakare och Anthony White skulle inte ens klara av att mosa en pudding. De kan dra åt helvete allihop!

Det här var en mycket farlig tid för de tidigare agenterna. Alla var måna om att rädda sina egna skinn och man såg inte med blida ögon på tjallare. Ingen visste när döden skulle komma och Peter Casselton var själv på väg mot ett groteskt slut. Inom några månader skulle han vittna inför Sanningskommissionen och då bland annat berätta allt om sin inblandning i sprängattentatet i London (se sid 612) och vad han visste om Palmemordet. Detta stoppades dock brutalt tisdagen den 4 februari 1997.

Den förre agenten höll på att reparera en lastbil hemma hos sin gode vän Paul Venter i Pretoria när fordonet plötsligt startade av sig själv (?) och

Palmevittnet krossad av bil

"Sanningen om mordet dör med honom"

Expressen den 6 februari -97

rullade mot en garagevägg. Peter Casselton hamnade emellan, hade inte en chans och krossades av det väldiga fordonet.

-Det hängde en massa lösa sladdar under motorhuven och bilen tycks ha startat då de slog emot varandra, berättade Venters förtvivlade fru Cherry för *Expressen*.

Casselton fördes direkt till sjukhus, men avled den 9 februari av inre skador.

Ytterligare agenter från denna krets skulle komma att misstänkas för eventuell inblandning i Palmemordet och den 27 mars 1997 fängslades den sydafrikanske agenten Nigel Barnett i Maputo i Moçambique, misstänkt för spioneri. Enligt den svenska ambassaden i Maputo beskrevs arresteringen som "mycket allvarlig" av polisen. Palmeutredningen kontaktades också flera gånger av den svenska ambassadören i Moçambique, som hade informerats om Nigel Barnetts möjliga involvering i statsministermordet.

Barnett, som hade pekats ut av en tidigare affärskollega vid namn Richard Fair, erkände snart att han på 1980-talet varit sydafrikansk spion med uppgift att övervaka ANC i Moçambique. Han hade även använts för andra operationer utomlands. Hans anställning sedan 1984 hade enligt Granskningskommissionens protokoll varit i The Directorate of Covert Collection (DCC). Här gick han under namnet Mr 200% på grund av hans skicklighet på att hämta in underrättelser och på att utföra operationer.

Nigel Barnett var personligen bekant med polisöversten Eugene de Kock, Craig Williamson, Anthony White och Peter Casselton och var efterlyst för spionage, vapensmuggling och för att ha lejt kriminella till att bränna ned ett par tidigare vänners hus och båt. Tre olika sydafrikanska och brittiska pass, ID-handlingar och kreditkort utställda på namnen Nigel Barnett, Henry William Baconel och Nico Estling hittades i hans bil. Man fann även en revolver .22, en AK 47 och en 9 mm-pistol

Nigel Barnett

av märket Glock, en teknisk avancerad modell som inte kan upptäckas med röntgen. Enligt en utsänd kommissarie från Sanningskommissionen i Sydafrika innehade Barnett även minst en Smith & Wesson .357 Magnum sedan 1983. Denna skulle förvaras i ett kassaskåp i Sydafrika och provsköts senare, dock utan att uppvisa likheter med mordkulan i Palmemordet (Sakkunnigutlåtande från SKL den 29 september 1997).

Kort efter gripandet upptäcktes dessutom en kassett med en inspelning från Radio Sweden som Barnett sparat. Inspelningen handlade om hur två finska kvinnor sett den så kallade Dekorimamannen på Sveavägen minuterna före Palmemordet (se sid 472). Bandet sägs senare ha försvunnit efter att Barnett haft besök av representanter för den sydafrikanska säkerhetstjänsten.

Den 9 april -97 publicerade tidningen *Mediafax* i Maputo en lång artikel om Barnett. Rubriken löd: *En mycket speciell misstänkt. Vem är sydafrikanen som hålls fängslad av PIC? Kan han vara Palmes mördare?*. Även Sanningskommissionen visade intresse för Barnett och innehade redan en akt om denne i sitt register.

I juni 1997 besökte den sydafrikanske kommissarien Palmegruppen. I samband med detta överlämnade han en rad handlingar, bland annat ett protokoll från en lögndetektortest. Av protokollet framgick att Barnett bland annat reagerat över frågorna om han deltagit i mordet på Olof Palme, respektive om han misstänkte någon särskild för mordet. Han hade vid samma tillfälle sagt att han var helt säker på att mordet varit en sydafrikansk operation och att han hade sina misstankar om vem som var inblandad.

Vid förhören hade Nigel Barnett varit ytterst förtegen om sin bakgrund. Det hade dock framkommit att han föddes 1949 i Sydafrika och tidigt placerades på barnhem. Två år gammal adopterades han av en svensk kvinnlig missionär som arbetade för Svensk Lutherska kyrkan i Sydafrika. Adoptivfadern var brittisk medborgare. Det visade sig också att han flera gånger hade besökt Sverige och att han talade både svenska och finska. Enligt vänner kom han till Maputo 1986, samma år som Palme mördades. Han levde ganska flott, till synes utan ordentliga inkomster, och poliskällor gjorde gällande att han försörjde sig på vapenhandel. Banden med Skandinavien fanns ännu kvar.

-Han brukade till och med visa bilder på en ö i Sverige som han sa att han ägde, berättade en vän. Vidare påstod han att hans mormor ägde stora landområden i södra Sverige.

"STYR UTAN ATT SYNAS"

Bara några dagar innan den förre polisöversten Eugene de Kock påstod att Sydafrika låg bakom mordet, hade den svenska agenten Bertil Wedin (se sid 608) skrivit en rapport om mordet till de svenska myndigheter. Men ingen har velat lyssna - ända tills Sydafrikaspåret dök upp. Helt oväntat blev Wedin då själv misstänkt! Och plötsligt stod hela världspressen i kö för att intervjua honom. Senare anställdes Bertil Wedin av det turkiska informationsministeriet och fick utbildning av den turkiska säkerhetstjänsten MIT, som stod den sydafrikanska säkerhetstjänsten mycket nära. På det turkcypriotiska informationsministeriet fanns han nu registrerad som frilansjournalist. Den sydafrikanska organisationen Victims Against Terrorism (VAT), anlitade honom samtidigt som chef för sin internationella avdelning. VAT påstods vara en sammanslutning av offer för våldsdåd, men var i verkligheten kosmetika för samma krafter som opererade

Bertil Wedin

i Sydafrikas säkerhetstjänst. VAT hade till exempel samma adress och postboxnummer i Sydafrika som kommittén som stödde de sydafrikanska säkerhetsstyrkorna.

Bertil Wedin hade i omgångar bott med sin familj på en bergssluttning utanför den lilla kuststaden Kyrenia på Cypern. I november 1985 flyttade familjen, bestående av hans engelska fru och deras tre barn, dit för gott. Norra Cypern är ockuperat av turkarna sedan 1974 och har inget utlämningsavtal med någon annan nation. Ett perfekt gömställe för en agent som vill ligga lågt och samtidigt lätt kunna göra utflykter världen över.

-Tiden innan jag flyttade till Cypern arbetade jag på en bok med arbetstiteln *Undue Soviet Activities in Sweden 1965-1985*. Men en dag stals manuskriptet av en person som hade utgivit sig för att vara skatterevisor. Jag är övertygad om att skatterevisorn var anlitad av KGB eller någon annan sovjetisk underrättelseorganisation

På Cypern fick Wedin genom Informationsministeriet ett eget radioprogram i Radyo Bayrak. Programmet hette *Tre kronor* och ägnade sig i huvudsak åt fosterlandspropaganda. Dess påhopp på Palme gjorde många svenska turister så illa till mods att det blev ett problem för resebyråerna på ön. Men kort efter Palmemordet upphörde de politiska programmen och från radiostationen strömmade istället engelskspråkiga och betydligt mer turistvänliga program.

Wedin har sedan dess ansökt om vapenlicens för ett handeldvapen, eftersom han var rädd för sina forna sydafrikanska så kallade affärskontakter. När ansökan avslogs skaffade han sig istället ett hagelgevär. En tid senare arresterade den lokala polisen honom för rattonykterhet. I samband med detta uppgav Wedin att han hade dödat minst sex personer.

Under många år hade Wedin dessförinnan försökt föra fram sina teorier. Han hade enligt egen uppgift fått i uppdrag av Sveriges Television att hitta mördaren och då under en längre tid haft samtal med sina kontakter över hela världen. I en rapport som lämnades i juni 1987 redogjorde han för Palmegruppen om hur han blivit som besatt av kriminalgåtan.

-Men jag blev censurerad. Och inte bara jag: regeringen och rikspolisstyrelsen har

Statskupp i Slowmotion

lyckats stoppa minst fyra oberoende mordutredningar. Hans Holmérs som bara sopades under mattan, sedan misstankarna mot en utländsk diplomat (se sid 54), min egen och så det hemliga gripandet av en man första veckan efter mordet.

Wedin talade om komplicerade lösningar som starka intressen legat bakom och var medveten om att det var mycket farligt att röra sig i kretsar där ett liv inte betyder så mycket. Av säkerhetsskäl placerade han därför ut sitt material på olika platser.

I mitten av november 1987 tog journalisten Jan Mosander kontakt med Wedin och bad honom utveckla sina teorier. Mötet resulterade dock i att Mosander för alltid avförde honom som uppgiftslämnare.

-Han var berusad och berättade ett fullständigt sammelsurium om en tysk kvinna i Beirut, en asiat som talade tyska, en man med schweiziskt pass och några svenskar han hade avlyssnat på en bar. Bakom alltihop stod KGB.

-Men den som ligger bakom mordet på Olof Palme är en planerande hjärna som styr utan att synas, kommenterade Bertil Wedin kryptiskt med stirrande blick. Det är en hon, så mycket vet jag. *Författarens anmärkning: Jämför detta märkliga uttalande med Wallenbergarnas latinska valspråk: Esse non videri - Att vara men icke synas (se sid 725).*

Redan i december 1986 hade Wedin kontaktat den engelska tidningen *Times* Sverige-korrespondent. Han uppgav då att mordet utförts av en terroristliga på 6-7 medlemmar som han personligen spårat till Libanon. Där hade han tvingats döda en av medlemmarna i en eldstrid. Uppdragsgivaren hade enligt Wedin anlitat en grupp kallad Ligan för att värva yrkesmördarna. Ligan hade anförts av en tysk kvinna vid namn Ingrid Schaumann, som beskrevs vara cirka 40-45 år, kortväxt med bakåtkammat hår, troligtvis bosatt i Beirut. Det var hon som var mastermind till mordet. Vidare ingick en man i 40-årsåldern med kodnamnet Ulrich, cirka 180 cm lång och med halvlångt krulligt hår. Den siste medlemmen var en man med kodnamn Schweizaren. Wedin nämnde även namnet Wooler, som sas vara kontaktman med den sydafrikanska underrättelsetjänsten. Attentatet skulle enligt planen genomföras den 15 mars 1986.

Efter viss sökan hade Ligan kommit i kontakt med en professionell mördare med kodnamnet Buhran (uttalas Bohran och betyder Explosionsartad Kris på persiska / kurdiska). Buhran var en specialutbildad kommandosoldat van att döda. Han var kurd med turkiskt ursprung och hette egentligen Aschmed (uttalas Ahmed) Latef. Detta är troligtvis samma person som blev utpekad som mördare i samband med det så kallade Sydafrikaspåret (se sid 577).

Mosander borde kanske ha tagit sig tid att lyssna lite bättre.

I *Dagens Nyheter den 3-4 oktober -96* preciserade Wedin sina misstankar. Anledningen till mordet skulle vara de svenska lastbilarna som exporterats till Iran-Irak kriget. Under 1970-talet och början av 1980-talet hade Volvo levererat cirka 15 000 lastbilar till Iran. När svensken Olof Palme samtidigt gav sig på att medla i konflikten blev det för mycket för irakierna, som blev oerhört upprörda och beslutade sig för att

644

hämnas.

-Jag har namn på affärsmän som vet mycket om detta. Mycket som Palmespanarna skulle behöva veta. Många uppgifter har tystats ned i Sverige, bland annat uppgifter som bevisar att Sovjet var delaktiga i mordet, hävdade Wedin. En diplomat (*Författarens anmärkning:* troligtvis Bernt Carlsson) kände till detta och berättade för sina vänner i New York att han fruktade för sitt liv. Några dagar senare var han ett av offren i Lockerbie attentatet den 21 december 1988 då Pan-Am flight 103 sprängdes över en by i Skottland. Samtliga 270 passagerare ombord omkom. Han var Palmes närmaste

Bernt Carlsson - död

man under medlingsuppdraget mellan Iran-Irak och hade sannolikt god inblick i alla eventuella affärer. Vid sin död hade Bernt Carlsson, en svuren apartheidmotståndare, nyligen blivit utnämnd till FN-kommissarie i Namibia och sågs som ett allvarligt hot av den vita regimen i Sydafrika.

Detta kan stämma väl överens med Bernt Carlssons påstående inför sin amerikanska flickvän Sanya Popovic kort tid före Lockerbiekatastrofen (se *Tidningen Z nr 9 -91* och *Aftonbladet den 30 april -91)*:

-Jag är en av fyra - fem, som vet vad som verkligen hände Olof Palme.

Motivet till mordet skulle enligt dessa artiklar vara att Palme vägrade att låta USA använda sig av Bofors smuggelnätverk för att sälja vapen till Iran, samt att han avsåg att ta upp vapen- och droghandeln i FN. Detta skulle vara en stor katastrof för Reagan / Bushadministrationen, som av många mycket initierade källor utpekats som ansvariga för en stor del av den illegala knarkimporten till Nordamerika! Att hota med att avslöja dessa förhållanden var lika med att skriva under sin egen dödsdom.

Även Bernt Carlsson visste för mycket och måste röjas ur vägen.

Katastrofen skylldes länge på Libyen men i *oktober -99* bekräftade undersökningar utförda av den österrikiska tidningen *Kronen Zeitung* att det i själva verket var sydafrikanska agenter som hade placerat en specialgjord bomb i Bernt Carlssons lilla bandspelare.

Enligt det italienska veckomagasinet *Avvenimenti* var det egentligen dokument som Bernt Carlsson hade i sin ägo som skulle förstöras. De som placerade sprängladdningen var i själva verket agenter från Sydafrikas säkerhetsstyrkor och inte terrorister från Libyen eller Iran.

Genom att spränga ett helt passagerarplan i luften doldes motivet mycket effektivt, eftersom utredarna omöjligt kunde veta vem av passagerarna som var målet för attentatet.

När Carlssons syster och hennes man åkte till Bernt Carlssons lägenhet några dagar efter flygkraschen var den

Aftonbladet 3 okt -96

645

i total oordning - som om någon hade sökt efter något.

SJÄLV MORDMISSTÄNKT

Expressen mötte agenten Bertil Wedin *den 2 oktober -96* på restaurang Harbour Club i Kyrenias hamn.

-Hur jag känner mig när jag anklagas för Palmemordet är en riktig damtidningsfråga, förklarade han och drog ett bloss på sin cigarr. Om jag säger att det inte berör mig ett dugg framstår jag som en iskall människa, men så är det faktiskt. Jag är van att bli anklagad för allt möjligt. När det var PKK, var det jag som hade spritt uppgifterna som desinformation. När det var CIA som låg bakom, var jag agent för dem och när det var Säpo, var jag deras man. I min rapport besvaras varför jag hela tiden pekas ut i olika teorier om mordet.

Längre fram i intervjun avslöjade Wedin att det i själva verket var två personer som skulle ha mördats i Stockholm natten till den 1 mars 1986. Olof Palme och Bertil Wedin själv! Mordet på honom själv hade försetts med kodnamnet Bröllop, kanske för att hans efternamn är så likt det engelska ordet wedding.

-När jag var död skulle jag pekas ut som Palmes mördare och ett mysterium skulle uppstå om jag hade begått självmord eller i min tur mördats av andra personer. Tack och lov trodde gärningsmännen att jag var i Stockholm, men jag var här på Cypern.

Dagen efter publicerade *Aftonbladet* så Bertil Wedins egen berättelse under rubriken: *ÅKER DU TILL SVERIGE BLIR DU MÖRDAD*. Utdraget ur Bertil Wedins text börjar när han vaknar upp på morgonen efter mordet:

"På morgonen den 1 mars 1986 fick vi höra över BBC-radion att statsminister Palme hade skjutits till döds i Stockholm. Den 13 mars, mindre än två veckor efter mordet, blev jag uppringd av en Jan Mosander vid Sveriges TV som undrade om jag hade någon idé om varför och av vem Palme hade mördats. Då hade jag ännu inget uppslag. Mosander bad mig kontakta honom om jag fick något tips eller någon ledtråd. Jag svarade att jag i så fall skulle lämna min information till ansvariga svenska myndigheter.

När, enligt nyhetsförmedlingen, den svenska statsmakten hade bett den internationella allmänheten om frivillig hjälp till mordfallet, startade jag med egna medel en egen undersökning. Från en brittisk, icke-officiell källa fick jag tips om en möjlig mastermind, en tysk kvinna, och när jag under en tid hade sökt uppgifter om hennes förflyttningar och umgänge före och efter mordet, levererades till mig det första av flera hot. När två av mina barn och jag intog lunch på en uteservering vid Kyrenias hamn på Cypern, kom en europeisk man fram, satte sig objuden och sade till mig på engelska:

-I know that you are hunting for Palme's murderer and so am I, but another murderer and he is here, and he will be shot, not by me, I cannot shoot, my hands are too small, but there are others in countries nearby who are willing to shoot and capable of doing so.

Jag fick mannen fotograferad och skuggad och senare hans tillhörigheter genomsökta. Bland dessa fanns fotostatkopior av svenska tidningsartiklar med bilder på mig. Mest intressant var en handskriven notering i datumrutan på ett svenskt missiv med vilket artikelbunten var ihophäftad. Där stod "860217". Således, om dateringen inte var ett misstag hade kompileringen gjorts elva dagar innan Palme mördades. Detta antydde att de för statsministermordet ansvariga på förhand hade räknat med att jag skulle komma att undersöka mordfallet. Mannens hänvisning till "another murderer" hade jag tolkat som att jag, efter min död, skulle bli utpekad som Palmes mördare.

Ytterligare hot följde. Ett var drastiskt och riktat mot familjen. Vidare genomsöktes hemmet av en annan europeisk man när han felaktigt trodde sig inte vara bevakad. Jag kunde identifiera honom. Han hade ganska nyligen avskedats från sitt europeiska hemlands krigsmakt, då hans överordnade hade betraktat honom som en säkerhetsrisk.

Jag kunde spåra några av de fientliga åtgärdernas iscensättare och lyckades finna varifrån de dirigerades. De leddes av en engelsman, som med falska referenser hade lyckats hyra ett hus med särskild prestige som skyddade hans verksamhet. En av hans medhjälpare var en tysk, som återkommande tog sig över gränsen till den södra sidan. Tysken bodde i en bergsby några kilometer från engelsmannens ställe. Från min brittiska källa fick jag veta, att den misstänkta tyska kvinnan någon tid efter mordet på Palme hade vistats i samma by. När engelsmannen fått veta att jag kommit honom på spåren försvann han med första flyg, men då hade jag redan uppgifter om hans permanenta adresser. Hos det lokala televerket gick jag igenom dennes noteringar om de utlandssamtal han hade beställt. Han hade flera gånger ringt till ett Stockholmsnummer, vilket innehades av en Anders Larsson (se sid 363?). Snart fick jag från Sverige veta att denne Anders Larsson hade förhörts av den svenska polisen som starkt misstänkt för att på förhand ha känt till mordet på statsministern. Enligt säkra uppgifter hade engelsmannen och Larsson länge arbetat för sovjetisk underrättelsetjänst, ofta tillsammans.

Jag hade nu ett ganska omfattande material som, enligt min mening, skyndsamt borde ges till polisens mordutredare hemmavid. Det bestod av fotografier, bandupptagningar, känsliga uppgifter om personer som möjligen skulle acceptera att vittna i en svensk domstol samt mina förklarande noteringar på svenska.

Denne Anders Larsson?

Stor var min förvåning, när jag fann att berörda svenska myndigheter inte ville ta emot mina uppgifter om Palmemordfallet, i varje fall inte mot kvitto, heller inte över telefonen. Enligt första ambassadsekreteraren Annika Svahnström vid Sveriges ambassad i Ankara kunde jag skicka mina uppgifter till beskickningen med post, men jag skulle inte få bekräftelse på att de hade mottagits. Alternativt kunde jag resa till Ankara och lämna min information till ambassadens reception, men igen utan att få något bevis på överlämnandet. Hon beskrev det som "fullständig uteslutet" att någon ambassadtjänsteman skulle komma till Cypern för att hämta mitt material. Sveriges ambassad i Israel, vilkens diplomater återkommande besökte Cypern, meddelade att ingen av dessa skulle mottaga min information vid ett sådant besök.

Jag skrev flera brev till RPS med meddelandet att jag hade uppgifter över Palmemordet samt att jag ville överlämna dessa. Inget av breven besvarades. Många telefonmeddelanden med samma innehåll till svenska myndigheter lämnades obesvarade. När jag över telefonen frågade polisbefäl vid RPS om min information var censurerad osedd, fick jag bara tystnad till svar. När jag ringde rikspolisstyrelsen utan att presentera mig och bad att få lämna uppgifter om Palmemordet, svarade en dam att det skulle gå bra. När hon på begäran fick mitt namn ändrade hon sig dock och sade att hon "inte kunde" mottaga någon information från mig samt att hon omedelbart måste lägga på luren, vilket hon gjorde.

Min fru, som är brittisk, men talar och förstår svenska, lyssnade på flera av dessa samtal från en sidolur och anmärkte att mina landsmän "måste ha blivit galna". Vid den tiden publicerade både *The Wall Street Journal* och *The Economist* omdömet att Sverige blev som ett "mad house" när dess myndigheter försökte handlägga säkerhetsrelaterade ärenden som Palmemordet och ubåtskränkningar. Min familj och jag besöktes på Cypern av en svensk man som sade sig ha varit verksam inom en svensk säkerhetstjänst. Som enda bevis för detta gav han några allmänt okända uppgifter om mina tidigare säkerhetsrelaterade uppdrag för svenska myndigheter.

-Det var "känt", sa han, att jag hade gjort en undersökning av Palmemordfallet och att jag var på rätt spår. Hans uppdrag var dock inte att mottaga mina resultat. I stället hade han kommit för att meddela att de som var ansvariga för mordet på statsministern kände till att jag hade uppgifter som kunde bevisa deras skuld. Därför avsåg de att mörda även mig. Risken för att de skulle lyckas med detta vore störst, sade han, om jag besökte Sverige. Jag var därför ombedd att under en lång tid hålla mig borta från fosterlandet. För att skingra eventuella missförstånd och försöka få till stånd klarspråk, meddelade jag besökaren att - enligt mina undersökningsresultat - sovjetiska intressen var skyldiga till mordet på Olof Palme. Han svarade att KGB "självklart" var skyldigt (se sid 704).

-Var det min undersökning efter mordet på Olof Palme som gjorde att sovjetiska intressen kände sig hotade av min vetskap eller var det något som jag hade känt till redan innan mordet begicks? frågade jag.

-Bådadera, svarade svensken, du samlade på dig känsliga uppgifter under din tid i Sverige.

-Något särskilt? undrade jag.

-Det kan jag inte svara på, sa han.

Sydafrikaspåret

Under cirka sju månader återkom svensken till mitt hem flera gånger. Vid varje tillfälle upprepade han att jag riskerade att bli dödad om jag kom till Sverige. När han i april 1987 hade fått veta att jag flugit till Norge, for han till mit hem i Kyrenia och verkade, enligt min fru, vara mycket upprörd. Han bad henne att skyndsamt ringa mig i Norge för att igen varna att jag kunde råka mycket illa ut om jag fortsatte resan över gränsen till Sverige. Innan jag reste till Norge hade jag telefonkontakt med två av mina svenska vänner, båda före detta diplomater. Den förste reagerade på min beskrivning av refuseringarna med att ringa till någon han kände inom den svenska polisledningen. Han fick beskedet att min information inte kunde mottagas samt att inget skäl till detta kunde ges. Den andre före detta diplomaten meddelade mig bedömningen, att någon inom regeringen eller UDs ledning hade lyckats få mitt material censurerat osett med någon hänvisning till att en handläggning av det skulle kunna "skada Sveriges internationella relationer och anseende".

Från Cypern ringde jag därefter till UD och bad att få lämna mina uppgifter om statsministermordet till Pierre Schori som nu var kabinettssekreterare. Denne svarade mig genom sin sekreterare:

-Din information kommer aldrig att mottagas, varken nu eller någonsin senare.

Inget skäl gavs.

Från Oslo ringde jag till den svenska RPS vid vilket en herr Stålnacke över telefonen bekräftade att denna myndighet hade mottagit såväl brev som telefonmeddelanden från mig med min vädjan om att få överlämna uppgifter om Olof Palmemordet. Jag erbjöd mig att på egen bekostnad fara vidare till Stockholm för att överräcka mitt material om nu bara någon kunde lova att ta emot mig om jag kom.

-Om ni kommer, svarade han, blir varken ni eller era uppgifter mottagna.

Inte heller denna gång gavs något skäl. Ett brev från mig till dåvarande statsministern Ingvar Carlsson är ännu obesvarat.

Pierre Schori

I mars 1992 tog jag upp saken i ett långt brev till Carlssons efterträdare, Carl Bildt. Efter tre månader svarade han kort att mitt brev inte skulle föranleda någon åtgärd från hans eller regeringens sida. Under ett telefonsamtal (som jag tog upp på band) med en av hans medarbetare, en sakkunnig Morhed, svarade hon jakande på min fråga om min information om Palmemordet fortfarande var censurerad osedd. Hon tillade:

-Såvitt jag förstår vill ingen ta del av det.

Sent år 1992 for jag till Stockholm för att besöka min sjuka mor. Hon berättade att Pierre Schori skulle tala på ett möte i närheten. Jag träffade honom och han konverserade artigt, men ville tydligt undvika att Palmemordfallet berördes. På fredagsmorgonen den 4 december 1992 när min mor hade förts till sjukhus, ringde jag till RPS - först utan att presentera mig - och frågade om jag kunde komma inom en halvtimme för att lämna de uppgifter jag hade om Palmemordet. Jag tillade att jag bodde i utlandet och var bokad för återresa med flyg den kommande söndagen. Ett polisbefäl svarade att detta skulle gå bra, men när jag på hans begäran hade lämnat mitt namn ändrade han sig och sade sig plötsligt komma ihåg att alla på avdelningen stod med rockarna på för att fara hem och påbörja tidigarelagd veckoslutsledighet. På min förfrågan sade han också att det vid RPS inte heller fanns någon vakthavande tjänsteman, som kunde mottaga uppgifter om statsministermordet.

År 1994 fick jag veta att förre Asea-direktören Åke Liljefors hade blivit medlem av någon "kommission" med uppgift att granska "Palmeutredningen". Jag har under mina tidigare verksamheter lärt känna direktör Liljefors och jag ringde nu från Cypern till hans hem utanför Stockholm. Efter att ha meddelat att jag om Palmemordet hade uppgifter som censurerats osedda, bad jag att få skicka dessa till honom med post. Han ville att jag skulle vänta med detta. Först skulle han skriva till mig, sade han. Det har han ännu inte gjort.

Efter återkomsten till Cypern från Norge 1987 placerade jag mitt material om mordfallet i ett stort packkuvert, som jag förvarade gömt på ett kontor i turkiska Nicosia och tog hem bara när tillägg behövde göras samt när jag emellanåt träffade en brittisk vän till mig. Denne hade accepterat att hålla sig underrättad om mina undersökningsresultat för att försöka föra dem vidare, om jag skulle bli oförmögen att göra det. På kuvertet hade jag skrivit "RPS, Stockholm, Sweden". I augusti 1987, efter ett misslyckat försök från min sida att få materialet överlämnat till svensk FN-polis på Cypern, fick jag med posten ett brev från den svenska Ankaraambassaden med beskedet att mina försök att medverka till Palmemordfallets lösning hade varit "tillfyllest". Jag hämtade informationspaketet från Nicosia för att lägga in en kopia av brevet och hade ett möte med min brittiske vän för en förnyad genomgång av materialet.

På måndagen den 31 augusti 1987, när jag avsett att återföra paketet till gömstället i Nicosia, insjuknade jag plötsligt och fördes med ambulans till ett sjukhus där läkarna konstaterade att jag hade farligt högt blodtryck. När ingen medicinering hjälpte, fick min fru beskedet att mitt liv inte kunde räddas.

Medan vi var på sjukhuset stals informationspaketet från mitt arbetsrum i hemmet. Under en vecka låg jag mestadels medvetslös. Den 14 september hittades min brittiske vän död i sin säng. Hans blodtryck hade blivit för högt.

När ambulanspersonal anlände uppmärksammades en man som genomsökte den avlidnes arbetsrum. Mannen kunde identifieras. Han var den som hade genomsökt mitt hem. Att jag överlevde var, enligt läkaren, ett "mirakel". Utan miraklet hade mina uppgifter om Palmemordet helt försvunnit".   (slut artikel)

Så långt Wedins artikel. Trots den detaljerade beskrivningen har Palmeutredningen fortsatt att visa föga intresse. Först efter att Wedin skrivit ett personligt brev till kung Carl XVI Gustaf sa sig spaningsledningen plötsligt beredd att lyssna. Wedin har sedan dess övervägt att ställa den svenska regeringen inför domstol i Luxemburg.

212 ÅRS FÄNGELSE

Under tiden fortsatte de smärtsamma domstolsförhandlingarna i Pretoria. Bland annat hade agenten Michael Leach berättat om hur landets säkerhetstjänst till exempel fått utbildning på Taiwan av före detta CIA-agenter och argentinska juntageneraler (se sid 460). Dessa var lärare i psykologisk krigföring och experter i verksamheter som att konstruera bomber, förgifta motståndare och så vidare.

Många ville se överste Eugene de Kock död. Han hade mördat och terroriserat i apartheidregimens namn och offrens släktingar hatade honom. Under den långa rättegången lyckades han dock märkligt nog väcka ett slags beundran: För att han konkret avslöjat långt mer av apartheids grymhet än vad Sanningskommissionen förmått, för att han försökt skydda sina vänner och för att han öppet vågat attackera sina forna överordnade.

Han hade avslöjat de mörkaste hemligheterna utförda av den vita regimen och förrådde nu männen han lovat trohet under Vlakplaas motto "Döden hellre än vanära". Eugene de Kock hördes uttala stor bitterhet över att topparna inom apartheid kom undan utan straff och ofta med bibehållna karriärer i det nya Sydafrika.

Eugene de Kock

Prime Evil, Ondskan själv, fick en av de sista dagarna i oktober 1996 sitt straff utmätt. Enbart för två av de 89 brott han fälldes för gav domaren honom sammanlagt 212 års fängelse. Enligt *Expressen den 31 oktober -96* fanns det dock en teoretisk möjlighet att de Kock snart skulle kunna vara fri igen!

-Eugene de Kock får inte bli syndabock för alla de som satt högre upp i hierarkin, poängterade biskop Desmond Tutu, som ledde Sanningskommissionen. Ska vi kunna läka detta vackra land måste hela sanningen komma fram. Det inbegriper även de som hade det yttersta ansvaret.

Den 5 augusti 1999 beviljades Eugene de Kock inte helt oväntat amnesti för ett av många terrordåden han legat bakom. Tillsammans med 14 andra poliser och Sydafrikas före detta polischef Johan van der

Dömdes till 212 års fängelse

Statskupp i Slowmotion

Merwe, benådades han från att ha sprängt det sydafrikanska kyrkorådets högkvarter i Johannesburg i luften 1988. Ingen människa dödades vid dådet och de åtalade slapp undan på grund av att de erkänt brottet, inte dolt någonting och redovisat alla relevanta fakta fullt ut. (2010 ansökte han åter om nåd, nu från president Jacob Zuma).

Anthony White hade innan dess låtit höra av sig igen. I september 1998 lämnade hans juridiska ombud Henning Sjöström in två stämningsansökningar till Stockholms tingsrätt. Anthony White stämde nu *Expressen* och *Aftonbladet* för grovt förtal och krävde ett skadestånd på 8,6 miljoner kronor.

I februari 2000 kom utslaget. De båda tidningarna fälldes på ett fåtal av de punkter som Whites advokater ansåg vara förtal: dels att han sysslat med tjuvjakt på elefanter, smuggling samt vapen- och drogaffärer, dels att han pekats ut som Palmes mördare.

-Juryns utslag är dock svårtolkat, kommenterade Peter Althin, advokat till en av de dåvarande chefredaktörerna. Tidningen *Expressen* fälls för att ha pekat ut honom som Palmes mördare, men inte *Aftonbladet*.

SYDAFRIKASPÅRET BLOSSAR UPP IGEN

Historien om Sydafrikas inblandning i Palmemordet är dock ännu inte slut. I januari 2003 var det dags för nästa kapitel, den här gången i form av den svenske affärsmannen Kent Ajlands privata spaningar. Enligt *Dagens Nyheter den 20 januari -03* hade dessa börjat i samband med ett grillparty i Sydafrika 1998 eller 1999. Med på festen var tre vita före detta säkerhetspoliser som hade antytt att de visste mer om Palmemordet än vad som stått i tidningarna. Sedan dess hade Kent Ajland varit fast besluten att finna mördaren och spenderat uppemot två miljoner kronor på att köpa hemlig information från den sydafrikanska militära underrättelsetjänstens arkiv.

2001 introducerade Ajland sin viktigaste informatör för Palmegruppen: generalmajor Tai Minnaar från den militära säkerhetstjänsten MI. Med sig hade de bland annat en reseräkning från en man som de ansåg vara Olof Palmes baneman (Tai Minnaar avled några få månader efter mötet med den svenska polisen).

Den utpekade mannen var en vit sydafrikan vid namn Roy Allen, 37 år när mordet begicks, och operationen hade gått under kodnamnet Slingshot. Mordvapnet skulle vara en fransk .357 Magnum av märket Manurhin. Dokumentet var daterat den 14 mars 1986, attesterat av agenten Riian Stander (se sid 617) och utställt till ett täckföretag för den militära underrättelsetjänsten. Mottagare var ingen mindre än Craig Williamson (se sid 585).

Enligt reseräkningen skulle Roy Allen ha tagit sig från

Den utpekade mördaren

Sydafrika till London, därefter via Amsterdam i Holland till Danmark och vidare med bil till Stockholm, dit han anlänt dagen före mordet och tagit in på Hotel Wellington på Östermalm. Han lämnade sedan huvudstaden dagen efter mordet och fortsatte samma väg tillbaka till Sydafrika.

Agenten Roy Allen i Bangkok

Lite detaljer:

1986 ska den utpekade ha tjänstgjort som chef för underrättelsetjänsten vid Sydafrikas militärbas i Oshakati i norra Namibia. Han avancerade senare till överstelöjtnant och förflyttades till ett förband i Durban. Efter sin tid inom militären jobbade han som säkerhetsvakt vid flygplatsen i Johannesburg, där han anlitats av ett företag som transporterade tillbaka asylsökande till deras hemländer. Under tiden bodde han i Pretoria, där han också sa sig vara född. I början av 2003 uppgavs han vara bosatt i Perth i Australien, men vistades trots flytten till och från i Sydafrika.

- Jag är helt oskyldig , kommenterade Roy Allen lugnt i samband med att han förhördes av svensk polis i Bangkok. Jag har inget att dölja. Nu får ni jobba vidare själva med att hitta mördaren.

-Det finns alltid en risk för vad vi kallar underrättelsesvindel - alltså att man försöker sälja falska uppgifter, kommenterade Rikskriminalens chef Lars Nylén i *Dagens Nyheter den 20 januari -03*.

-Enligt min erfarenhet genomförde man alltid såna här uppdrag utan att lämna något efter sig, förklarade advokaten Julian Knight för *Expressen den 21 januari -03*. Och om det skulle finnas dokument, då är det en "cover story" för att ge alibi åt något annat. Dessa papper bevisar bara motsatsen.

-Om det var ett specialuppdrag utomlands fick agenterna en summa kontanter och behövde aldrig deklarera kvitton, tillade överste Vic McPherson (se sid 626).

En tidigare yrkesmördare bekräftade hur liknande operationer brukade gå till:

- När uppdraget var utfört var vi alltid två personer som tog hand om alla dokument. De kördes i en dokumentförstörare och sedan brändes resterna. Det enda som fanns kvar var registerkortet, filmappen och ett så kallat förstörelseprotokoll. Att spara dokument skulle ha varit det värsta handhavandefel man som säkerhetsman kunde begå.

Det fanns även frågetecken angående de inblandade agenterna. Expressen avslöjade senare

Ett av de avslöjande dokumenten

653

att Tai Minnaar och Riian Stander bland annat gjort affärer tillsammans i bolaget Intercol, tidigare kontrollerat av apartheidregimen.

Tyska och sydafrikanska myndigheter har utrett och kommit fram till att Intercol lurat investerare flera gånger om, vilket bekräftades av U.S. District Court i New York där Tai Minnaar och Riian Stander påstods vara välkända bedragare.

Duon uppgavs bland annat ha jobbat för ett par bolag som svindlat fyra amerikanska affärsmän och ett konsortium i början av 1990-talet. Bedrägeriet var avancerat och de *Rikskrims Lars Nylén* inblandade sydafrikanerna och deras företag blev 1995 dömda att betala inte mindre än 100 miljoner kronor i skadestånd plus ränta, totalt 139 miljoner kronor.

***

UNDER ATTACK

Trots alla avslöjanden om motsatsen var chefen för Palmegruppen, Hans Ölvebro, under alla år helt fokuserad vid bilden av en ensam galning.

-Sedan vi fick Gärningsmannaprofilen arbetar vi inte längre med konspirationsteorier. Mördaren är en man i 40-årsåldern och alla konspirationsteorier kan därmed en gång för alla avfärdas.

Resonemanget byggde på ett tre dagars besök som Hans Ölvebro gjort hos den amerikanska federala polisen i Washington i januari 1994.

Med på resan till FBI Academy i Quantico, Virginia, var de två som låg bakom sammanställningen *Brottsanalys och Gärningsmannaprofil*, kriminalkommissarie Jan Olsson och rikskriminalens psykiatriker Ulf Åsgård. En gärningsmannaprofil (GMP) kan definieras som "ett polisiärt spaningsinstrument bestående av en demografisk, social och beteendemässig beskrivning av mest sannolika gärningsmän till ett brott." Den har också beskrivits som en psykologisk fantombild. Palmemordets GMP omfattade 116 sidor, exklusive bilagor. Härav utgjorde själva profilen mindre än tio sidor.

Jan Olsson

Denna GMP drog konklusionen att mycket talade emot en konspiration på grund av vad som sades vara avsaknaden av information om motiv, den uteblivna effekten av mordet, för få tecken på övervakning samt de praktiska svårigheterna att genomföra kartläggning under den kalla årstiden, att ingen gruppering tagit på sig ansvaret vare sig direkt eller indirekt, bristen på professionalism hos gärningsmannen och taktisk oförmåga i den postulerade gruppen. Istället var mördaren

Ulf Åsgård

655

troligtvis en personlighetsstörd man som agerade ensam, alltså en ensam galning.

-Om det är anledningen till att man utesluter en konspiration så håller det inte alls, kommenterade förre utrikesminister Sten Andersson i *Dokument Inifrån* 1999. Det var lätt att se flera som hade ett intresse av att röja honom ur vägen. Olof Palme hade ju ett inflytande på internationell politik som sträckte sig ganska långt och han var engagerad i frågor och sammanhang som stred emot de intressen som företräddes runt omkring i världen.

Harry Schein

-Hatkampanjerna var så oerhört personfixerat vid Olof Palme, fortsatte vännen och samhällsdebattören Harry Schein. Och om man nu hade fått för sig att det var personen Palme som styrde Sverige på ett så dåligt sätt blir ju den förväntade effekten att om Olof Palme är borta så styrs Sverige på ett annat sätt. Så jag begriper inte hur utredarna resonerar.

I februari 1996 inträffade något oväntat när FBI-agenten och profilexperten Greg McCrary hävdade att man visst inte kunde utesluta en konspiration. Redan 1995 hade han uttalat sig i *Striptease*:

-Man måste sätta in mordet i sitt politiska sammanhang. Var det till exempel nånting politiskt känsligt eller riskabelt som pågick vid den tiden? Gjorde han nåt politiskt kontroversiellt på hemmaplan och så vidare?

-Om ni hade fått veta att det vid den här tiden funnits stora politiska spänningar, hade er slutsats då blivit annorlunda, frågade reportern.

-Ja, svarade Greg McCrary. Det hade jag velat veta mera om.

Psykiatern Ulf Åsgård tog kritiken med fattning och skrattade när han hörde vad hans amerikanske kollega hade sagt.

-Under en och en halv dag drog jag ärendet för FBI. Jag fick kommentaren att det var en av de mest excellenta föredrag de hört. Vi redogjorde för alla fakta kring såväl brottet som Olof Palmes person och om vad som pågick kring honom. Sedan gav de oss sin analys som mycket väl överensstämde med vår.

-Den här journalisten som gjort intervjun, Lars Borgnäs, har bara sysslat med konspirationsteorier år ut och år in, suckade spaningsledaren Hans Ölvebro uppgivet.

Mycket intressant är dock att när Marjasinkommissionens ordförande den 23 augusti 1995 bad Åsgårds kollega kriminalkommissarie Jan Olsson att vidare utveckla sina teorier, framtonade en helt annan bild. Uppsatsen skrämmer, eftersom den tydligt visar att de invigda är medvetna om att Gärningsmannaprofilen är en lögn.

Här följer Olssons verk med rubriken *Att tala för en konspiration,* uppdelad med kommentarer från diverse experter:

Väckte hatkänslor

"Olof Palme levde i en verklighet där han var medelpunkt i den politiska debatten. Han väckte starka känslor och mot honom riktades bland vissa individer ett hat, som tog sig uttryck i mordet. Hans politiska engagemang i omvärlden med medlingsuppdrag – arbete för svenska exportorder för bland annat försvarsindustrin, som kunde påverka maktbalansen i oroliga delar av världen, samt hans arbete för befrielserörelser runt om i världen gjorde honom till mål för motkrafter. I sin roll som statsminister tog han beslut som försvårade möjligheten för motståndsrörelser till olika regimer att verka i landet. Ur alla dessa krafter måste tanken - planeringen - genomförandet ha sin grogrund.

Om Olof Palme eliminerades skulle någon sådan inriktning uppnå en vinst som kunde vara hämnd eller en förändring av omständigheter som varit besvärande om Olof Palme varit i livet. Eventuellt en kombination av dessa faktorer.

Genomförandet:

Den grupp som planerade attentatet hade olika alternativ att välja mellan: 1) Att genomföra attacken när Olof Palme obevakad rör sig inom det område där han inte skyddas. Till och från Statsrådsberedningen – Gamla Stan med mera. 2) Att genomföra attentatet i Olof Palmes bostad. 3) Att angripa, då Olof Palme följs av sin bevakning (eventuellt för att markera sin styrka).

Varför inte nr 1: Konspirationen har en uppenbart amatörmässig utformning som självfallet inte kan förstå att en statsminister inte bevakas då han rör sig på gatorna. Gruppen har en överdriven uppfattning om säkerhetsorganens möjlighet att arbeta diskret runt Olof Palme och tror att Olof Palme ändå bevakas.

Varför inte nr 2: Samma skäl som ovan.

Varför inte nr 3: Styrka, skäl för detta finns ej hos konspirationen.

Varför genomfördes attentatet på detta sätt: De sammansvurna ville träffa på Olof Palme i en situation där de kunde vara säkra på att han ej bevakades. De hade tanken att om en bevakning skedde vid bostaden kunde de kvällstid, då få människor rörde sig på gatorna, avgöra att Olof Palme ej var omgiven av bevakning när han kom ut från bostaden. De bevakade bostaden ofta två och två för att ge sken av att tillfälligt ha träffat varandra och stannat på gatan för en liten pratstund. De upplevde svårigheten av att inge omkringstående intrycket att de tillfälligt stannat i detta syfte och ibland blev det så att de bara stod intill varandra och därför uppmärksammades de. Rimligen bör de ha avlöst varandra - för att inte väcka onödig uppmärksamhet och / eller att kylan gjorde att samma personer kunde inte stå – gå runt bostaden kväll efter kväll. Sannolikt var de fler än två, kanske 4 eller 6 eller 10 stycken, som delade på bevakningen.

Kommunikationen mellan medlemmarna i cellen har utgjorts av bärbara radioapparater och att kommunicera även genom att ringa från till exempel en av tobaksaffärerna runt adressen. Hela ligan kännetecknades av en målmedvetenhet och hängivenhet för att uppnå målet, fast det bör i vissa stunder känts avlägset. Sammanfattningsvis kändes bevakningen svår att genomföra runt bostaden, men genom att bevaka trapphuset från baksidan och rondera i området gick det att genomföra.

En möjlighet kan också vara att ligan just börjat sin bevakning och plötsligt så uppenbarar sig paret Palme på väg ut ur bostaden. De är oförberedda på detta och "skarprättaren" finns inte på plats. De vill kanske inte attackera i Gamla Stan med risk att bli instängda där efter dådet, även om medel finns på plats för att uppnå målet. Paret förföljs genom gränderna och på tunnelbanan fram till Rådmansgatan och tills de är säkra på att Palme skall gå på bio. Under biobesöket förbereds attentatet. Mördaren tas till platsen om han inte varit med i förföljandet. De får nu en bråd tid med förberedelse av attentatet och flyktvägar för attentatsmannen. Attentatsmannen har förutom vapen utrustats med radio för att kunna hämtas upp efteråt. Denne har utrustat sig med ett vapen och ammunition, som skall kunna genomtränga en skyddsväst och denne vet att det säkraste sättet att döda är att skjuta i ryggraden på nära håll. Han är så säker på att effekten av en kula mot denna del av kroppen är tillräcklig."

-Det ligger en tanke bakom val av vapen och ammunition, och att gärningsmannen håller i Palme samtidigt som han avlossar ett skott mitt i ryggen, instämde förre Palmeutredaren Alf Andersson. Jag tycker att det tyder lite på att mannen är utbildad i närstrid. Sedan säger vittnen att han har hölstrat vapnet direkt efter. I militär och polisiär utbildning ska vapnet hölstras på detta sätt efter utförd skjutning.

Tillbaka till Jan Olssons rapport:
"Han riktar nästa skott mot Lisbet Palme för att hon ingår i attentatsmålet eller / och att hon kan bli ett besvärande vittne. Han tappar kontrollen över situationen, då han ser att Lisbeth Palme ej tagit skada och den tveksamhet han känner om han skall skjuta igen tar sig uttryck i de tvekande rörelser han gör innan han lämnar platsen springande.

Varför välja denna plats? Mördaren och medbrottslingarna, vilka är utplacerade, ser paret gå Sveavägen söderut. De är fortfarande tveksamma om paret har skydd. En tveksamhet de känt under hela förföljandet från Gamla Stan. De ser paret gå över Sveavägen och med den större överblick de har på den breda gatan kan de nu avgöra att paret ej skyddas. De förstår nu att paret skall gå hela vägen ner till Kungsgatan. Mördaren går förbi paret på samma sida eller motsatta sidan och stannar och inväntar på mordplatsen.

Mordplatsen har fördelar jämfört med andra platser på vägen. Där finns en bra belysning från skyltfönstret som samtidigt bländar iakttagare. Mördaren kan sedan efter dådet springa uppför trapporna till Malmskillnadsgatan och inga bilar kan förfölja denna väg. Mördaren vill inte använda rulltrappan, då det där inne är mer upplyst och möjligheten att bli iakttagen eller hindrad ökar. Nackdelen är trafiksignaler i korsningen Sveavägen – Tunnelgatan och att bilar kan ha

Mordet uppifrån

stannat där uppvägs av de tidigare relaterade fördelarna. Via sin radiokommunikation blir mördaren upphämtad på lämplig plats."

-Brottet utfördes snabbt och målmedvetet om nu syftet var att först skjuta statsministern och sedan hans hustru, kommenterade Ray Pierce, en mycket erfaren mordutredare från New York. Sedan flydde han utan att förivra sig snabbt från platsen in i ett område som han verkar ha känt väl till. Det var helt säkert en överlagd handling. Jag menar inte att han nödvändigtvis har en hög IQ, men det är en tänkande person som fungerar väl i samhället. Han verkar ha kunnat platsen och vapnet så väl att han inte behövde frukta något efteråt. Att hölstra pistolen i en situation som kunde bli farlig tyder på att han var så van att han visste att han kunde slita fram vapnet vid behov. (*Författarens anmärkning:* Stämmer den här beskrivningen in på en vanlig alkoholist eller våldsverkare à la Christer Pettersson? se sid 282).

Ray Pierce

Rapporten fortsätter:

"Konspirationen kanske inte hade någon bevakning i Gamla Stan, men av en slump ses paret på väg till Grand eller på biografen. Samma scenario utvecklar sig, men gruppen har större svårigheter att samlas och förbereda sig under denna korta tid.

Varför har det varit så tyst efter dådet? Hur kan en sådan grupp sätta munkavle på samtliga medlemmar trots att bland annat stora belöningar hägrar? Gruppen har omedelbart tagits ur landet. Misstanke om lösmynthet har lett till att konspiratörerna har tystats för gott".

(slut rapport)

Det här är inte de första avslöjanden om en konspiration från officiellt håll.

-Olof Palme var utsatt för en mordkomplott, hävdade biträdande spaningsledaren Ingemar Krusell i en artikel i *Polistidningen* redan i *maj -86*. Utanför biografen Grand väntade flera alternativa gärningsmän. Han hade inte chans. Man måste ha klart för sig att det här handlar om ett politiskt mord, där det är angeläget att avslöja hela konspirationen. Den person som avlossade det dödande skottet mot Olof Palme är en av gärningsmännen, de övriga som medverkat vid handlingen eller främjat densamma är i lika hög grad gärningsmän. Man kan tala om ett kollektivt gärningsmannaskap.

-Alla objektiva fakta talar om att mordet utförts av en grupp av gärningsmän, fortsatte han. De kriminalistiska fakta som framkommit vid brottsplatsundersökningen och av vittnesutsagorna visar att det var en konspiration, ett politiskt mord. Varken gärningsmannen, eller personer invid brottsplatsen,

Ingemar Krusell

659

och i området, vilka misstänkts tillhöra gärningsmannagruppen, tycks tillhöra någon utomeuropeisk folkgrupp. Snarare ger den sammantagna bilden anledning att tro att gärningsmannagruppen kommer från Mellan- eller Nordeuropa.

-Mordet på statsminister Olof Palme var planerat. Även om det inte kan ha planerats till tid och plats förrän i sista stund. Det som planerats under längre tid kan endast ha varit att Palme skulle mördas. Familjen Palme stod under gärningsmannens observation och det givna tillfället blev den kalla fredagskvällen då makarna Palme gjorde sitt biobesök utan personligt skydd.

-Antaganden? Javisst. Men välgrundade sådana. Eftersom de bygger på slutsatser av vittnesutsagorna. Flyktvägar och flyktbilar fanns till hands, enligt minst tre alternativ, vilket understryker existensen av en kallt kalkylerande gärningsmannagrupp.

I dag vill Krusell dock inte längre kännas vid artikeln i *Polistidningen*, den är historia.

I UDs material finns en promemoria från den 12 mars 1986 författad av den pensionerade ambassadören och mästerdiplomaten Sverker Åström: "En del tyder väl på att mordet förövats av en hyrd mördare eller mördarliga. Om detta är riktigt, minskar sannolikheten att de skyldiga är att söka bland kända terroristorganisationer av typen PKK, extrema palestinier eller kroater, RAF etc. Sådana förövar väl dåden själva. Vem kan då ha tillräckligt starka motiv, respektive förfoga över tillräckliga penningresurser (rimligen miljonbelopp) för att engagera en mördare? Jag bortser här från möjligheten av svenskbaserad uppdragsgivare.

Sverker Åström

Den som anlitat en professionell mördare måste rimligen vara en person eller grupp eller organisation eller stat som ansåg Palmes försvinnande som en angelägenhet av vital betydelse (men som inte ville ge sig tillkänna). Vederbörande måste ha funnit att Palmes fortsatta verksamhet, själva hans existens, var ett enormt hot mot den sak man företräder. Motivet måste alltså vara utomordentligt starkt, så starkt att man även var beredd att ta en viss, låt vara begränsad, risk för upptäckt. Var kan man hitta motiv av sådan intensitet? Två möjligheter skulle kunna vara tänkbara: Sydafrika och antikommunistiska extremister i och kring USA."

Ett argument som dock brukar framföras mot en stor konspiration är att det är osannolikt att en sådan skulle kunna hemlighållas, särskilt med tanke på den stora belöningen som utfästs. En belöning har mycket riktigt satts upp - först på en halv miljon, sedan på fem miljoner. Från sin nya statsrådspost hösten 1987 såg justitieminister Anna-Greta Leijon därefter raskt till att summan höjdes till osannolika 50 miljoner kr. De många miljonerna har sedan dess fungerat som maktens eget alibi.

I TV-programmet *Striptease* tog journalisten Lars Borgnäs upp frågan med Palmeåklagaren Anders Helin:

-Jag måste säga att det är en stor myt att de femtio miljonerna skulle bidra till gåtans lösning om det är en konspiration, kommenterade Lars Borgnäs. Det är nämligen på det sättet att ingenting betalas ut förrän en mördare är gripen och laga kraft dom är vunnen. Det kan alltså gå flera år innan den här tipsaren, som då anger

Belöningen på 50 miljoner kronor existerar inte

sina kamrater, blir känd och får sitt namn publicerat, vet om han ens får ett korvöre. Det enda han vet är att han har förrått sina kamrater. Och i de här kretsarna som vi talar om är ju inte så populärt att ange sina kamrater.

-Sedan är det väl så, Anders Helin, att om man själv är delaktig så är man inte säker på att få någon belöning?

-Det kan vara riktigt, svarade Anders Helin. Men jag tror inte alla gör de här kloka övervägandena som du gör i efterhand.

I *Polistidningen* fick biträdande spaningsledaren Ingemar Krusell frågan om belöningen haft sin önskade effekt.

-Nej, och det borde stämma till eftertanke, svarade Krusell. Det tyder på att antingen är det en oerhört homogen grupp - själv skulle jag vilja säga att en underrättelsetjänst är allra troligast som alternativ - eller en ensam förövare...

-Men några öronmärkta miljoner har faktiskt inte funnits sedan 1990, förklarade kommissarie Åke Röst, ansvarig för frågan om belöningen vid Palmegruppen. Det underhandsbesked jag har fått är att man från regeringens sida anser att om ett avgörande tips kommer in så får man se vad det är värt innan någon form för betalning görs.

EXTREMA LIVVAKTER

I efterhand sägs spaningsledaren Hans Holmér under nästan hela första året ha haft den kurdiska organisationen PKK som huvudspår. När man pusslar ihop bitarna framträder emellertid en annan bild och enligt *Dagens Nyheter* började spaningsledningen i början av sommaren 1986 koncentrera sig på ett nytt huvudspår. Ett spår som skulle komma att förändra de närmaste månaderna till en nationell kris.

Spaningsledningen hade från första början bestått av chefen för kriminalavdelningen

Hans Wranghult, chefen för rikskriminalen Tommy Lindström, Säpochefen Sven-Åke Hjälmroth, chefen för Spaningssektionen SL Petersson, chefen för Våldsroteln Nisse Linder och två kommissarier från Tekniska roteln, Rune Bladh och Elving Gruvedal. Dessutom ingick Rikspolisstyrelsens informationschef Leif Hallberg för att sköta kontakterna med massmedia samt två utomstående tjänstemän från Justitiedepartementet, Klas Bergenstrand och Kurt Malmström, senare chef för Säpos kontraspionage.

Rikspolisstyrelsen och våldsroteln hade till sin hjälp en av världens då mest avancerade dataanläggningar som sköttes av välutbildade tekniker dygnet runt. Polisen hade även tillgång till en mängd olika person- och brottsregister och i den tekniska utrustningen ingick ett avancerat laboratorium, data- och TV-skärmar över hela Storstockholm, helikoptrar, piketbussar och specialutrustad personal för terroristbekämpning. Man hade samtidigt ett omfattande tekniskt samarbete med Interpol, FBI och ett speciellt Palmekommando inom västtyska rikskriminalen Bundeskriminalamt i Wiesbaden. Holmér krävde samtidigt att få ytterligare ett par Säpoavdelningar med specialister på terroristbekämpning underställda Palmeutredningen.

Direkt efter mordet började spaningsledaren Hans Holmér också omge sig med livvakter var han än vistades. Till och med vid förhör hos JK, JO och Juristkommissionen. Tillsattes dessa livvakter av Säpo för att ha kontroll över Holmér? Eller var det så att man upplevde ett hot utifrån? Att döma av en intervju i *Aftonbladet* kunde det inte vara efter uttalat önskemål från Hans Holmér själv. Den specialutbildade livvaktsstyrka som fanns i Stockholm utnyttjades heller inte. Istället knöt Holmér ett gäng hårdföra Baseballpoliser (se sid 416) kring sig som nu fick nästan total insyn i utredningen.

Bland dem fanns P-O Karlsson och Per Jörlin, senare dömd till fem års fängelse för mord på sin filipinska sambo. Både P-O Karlsson och Per Jörlin samt vapenhandlaren CG Östling blev senare inblandad i den så kallade Ebbe Carlsson-affären. Även kollegan Sten Warmland hoppade in som livvakt.

Per Jörlin

Först två dagar efter mordet fick partiledarna Säpobevakning. Då bedömdes behovet av extra skydd för partiledarna plötsligt som ytterst akut. Samma dag ringde den nye statsministern upp moderatledaren Ulf Adelsohn, som i sin dagbok skrev:
"Ingvar Carlsson sa:
-När nu detta har hänt hade det varit bättre om det varit en enstaka vettvilling. Men det verkar mycket väl planerat, lång tid i förväg. Det är ett tecken på att det finns en grupp som inte drar sig för något för att skada det svenska samhället."
Mycket tyder på att han hade rätt. Följande handskrivna brev, avsänt den 20 maj -86, sägs komma från en av medlemmarna i mordkommandot och beskriver hur hitteamet

utfört operationen men inte fått ut sina pengar efter fullfört värv. Av den anledningen ansåg man sig tvungna att dra åt tumskruvarna på det svenska etablissemanget. Terrorn hade kommit till Sverige:

"To: The editors Dagens Nyheter, Stockholm
Gentlemen:
I must confess that I'm well informed about the guys who fixed Olof Palme. As a matter of fact I'm sort of involved in this case. An as a good sportsman I'll give you some hints in order to solve some of your problems, because there is a lot of hushhush among the cops and politicians. Then you have all the muck rakers in the press, too. One of the fellows who have masterminded the operation is a rather rich and well known socialist author in Sweden. Thru other people he hired a gunslinger. So the guy who punched Mr Palme across is also a well-known trigger-man in other parts of the world.

Three heat-packars and three observers were acting in the deed, but only one of them had to be the bumpman. I, myself have got a drag out of the dough since I offered my former know-how as a private eye. Together with an other guy I spyed on Olof Palme for 4 weeks. We were six guys involved in the outrage, one of whom is an American, one Norwegian, one Iraqi, one Frenchman and two Germans. In fact we have shared 500 Big Ones! But we had to put the heat on the King pin and Mister Big in order to have the handsome ransom at our command. It wasn't difficult to gang up on mr Palme and fire the gun. Of course you don't do such a thing for kicks.

The *(överstruket)* suspect is a smart aleck but he is all of a doodah. He is a very talkative and bragging fellow but he isn't involved in the matter at all. But the guy had an unexpected and unsettling effect on the execution of our task. He always on the wrong side of the street talking to people. Hans Holmer tried to kangaroo the poor boy, but mr Holmer himself is a real goof and is sure to have pressed the panic button in vein. He and his cops will have to dance the carpet now, and in the public opinion mr Holmer is a dead duck. But a man called Haste seems to be well posted in many details and fixed me a room at Hotel Danielsson, a Fleatrap close to the Norra Bantorget.

Thoug mr Sten Wickbom, the minister, refuses to enhance the reward I'll give you some facts. Three get-away cars, one blue Volkswagen Passat and one white Volvo 244 GL and one red Ford Escort were involved in our retreat. One of the gun-men changed cars between Stockholm and Arlanda Airport before he left Sweden by air. Furthermore, we used two walkie-talkies in the operation. I'm fed up with the whole thing and I feel sorry for mrs Palme, the widow. But of course the show must go on and I'm leaving Sweden tomorrow and I'll never return and tell anybody anything about this fantastic true story. Maybe the Swedes will never forgive me, but please, try to understand my difficult situation.

Statskupp i Slowmotion

To: editors
Dagens Nyheter
Stockholm

TIDNINGS AB MARIEBERG
Ankom 1986 -05- 2 8
KONCERNPOSTEN

Gentlemen:

I must confess that I'm well informed about the guys who fixed Old Palme. As a matter of fact I'm sort of involved in this case. As an aged sportsman I'll give you some hints in order to solve some of your problems because there is a lot of hush-hush among the cops and politicians. There you have all the muckrakers in the press, too. One of the fellows who masterminded the operation is a rather rich and well known socialist author in Sweden. Then other people he hired a gunslinger. So the guy who punched mr Palme across is also a well-known trigger-man in other parts of the world. Three beat-packers and three observers were acting in the deed, but only one of them had to be the hangman. I, myself have got a drag out of the dough since I offered my former know-how as a private eye. Together with an other guy I spyed on Olof Palme for 4 weeks. We are six guys involved in the outrage, one of whom is an American, me Norwegian, one Iraqi, one Frenchman and two Germans. In fact we have chased 500 Big Ones! But we had to put the heat on the Kingpin and Mister Big in order to have the handsome ransom at our command. It wasn't difficult to gang up on mr Palme and fire the gun. Of course you don't do even a thing for kicks. The ███████ culprit is a smart aleck but he is all of a doodah. He is a very talkative and bragging fellow but he isn't involved in the matter at all. But the guy had an unexpected and unsettling effect the execution of our task. He always on the wrong side of the street talking to people. Mean Holmer tried to Kangaroo the poor boy, but mr Holmer himself is a real goof and is sure to have pressed the panic button in vain. He and his cops will have to dance the carpet now, and in the public opinion mr Holmer is a dead duck. But a man called Haste seems to be well posted in many details and fixed me a room at Hotel Danielsson, a Flea trap close to the Norra Bantorvet.

To be continued on page 2.

Den anonyma brevet avslöjar en del detaljer om mordet, bland annat antalet flyktbilar

*Thug ar Sten Wickbom, the minister, refuses to enhance the reward.
I'll give you some facts. Three get-away cars, one blue Volkswagen
Passat and one white Volvo 244 GL and one red Ford Escort were
involved in our retreat. One of the gunmen changed cars
between Stockholm and Arlanda airport before he left Sweden
by air. Furthermore, we used two walkie-talkies in the operation.
I'm fed up with the whole thing and I feel sorry for mrs Palme,
the widow. But of course the show must go on and I'm leaving
Sweden tomorrow and I'll never return and tell anybody anything
about this fantastic true story. Maybe the Swedes will never
forgive me, but, please, try to understand my difficult situation.*

Very truly yours,

Enligt brevet fick hitteamet inte betalt och beslöt därför att sätta hårt mot hårt

Till redaktörerna

Mina herrar,

Jag måste erkänna att jag vet en hel del om killarna som fixade Olof Palme. Jag är faktiskt på sätt och vis själv inblandad, men eftersom jag är juste ska jag ge er några tips som kan lösa några av era problem, eftersom det är en massa hysshyss inom polisen och bland politikerna. Och sedan har ni ju alla skandaljägarna i pressen. Mästerhjärnan bakom operationen är en ganska rik och välkänd socialistförfattare i Sverige. Via mellanhänder hyrde han en revolverman. Killen

En medlem i mordteamet bodde på Hotell Danielsson

som gjorde slut på Palme är därför en välkänd proffsmördare i andra delar av världen. Tre hitmän och tre observatörer var delaktiga i dådet, men endast en av dem kan vara mördaren. Jag har själv fått en del av stålarna eftersom jag stod till tjänst med min tidigare erfarenhet som privatdetektiv. Tillsammans med en annan kille spionerade jag på Olof Palme i fyra veckor.

Vi var sex som var inblandade i mordet, en amerikan, en norrman, en irakier, en fransman och två tyskar. Vi har faktiskt delat på 500 Big Ones! Men vi var tvungna att sätta åt King Pin och Mister Big för att få tillgång till den fina belöningen. Det var inte svårt att konspirera mot Mr Palme och avfyra vapnet. Sånt gör man självklart inte för skojs skull.

Den *(överstruket troligtvis 33-årigen, se sid 267)* misstänkte är en smart kille, men tämligen korkad. Han är pratsjuk och skrävlande men han var inte inblandad i mordet. Däremot hade han en oväntad och oroande effekt på operationen eftersom han alltid var på fel sida av gatan och pratade med folk. Hans Holmer försökte sätta dit den stackarn, men Mr Holmér är själv en idiot och har säkert tryckt på panikknappen förgäves. Han och hans snutar måste nu dansa efter vår pipa och i allmänhetens ögon är Mr Holmér finito. Men en man vid namn Haste (se sid 688) verkar känna till en hel del och fixade ett rum åt mig på Hotell Danielsson, ett sjabbigt ungkarlshotell nära Norra Bantorget.

Även om Sten Wickbom, ministern, vägrar att höja belöningen ska jag ge dig några ledtrådar. Tre flyktbilar var inblandade i flykten: en blå Volkswagen Passat, en vit Volvo 244 GL och en röd Ford Escort. En av skyttarna bytte bil mellan Stockholm och Arlanda innan han lämnade Sverige med flyg. Därutöver använde vi två walkietalkies i operationen. Jag är skittrött på alltihop och tycker synd om Palmes änka. Men naturligtvis, the show must go on. I morgon lämnar jag Sverige för att aldrig mera återvända och berätta något för någon om denna otroliga men sanna historia. Kanske kommer svenskarna aldrig att förlåta mig, men snälla, försök att förstå min svåra situation.

Med vänliga hälsningar (undertecknat) (slut brev)

Det finns fler brev på samma tema som pekar ut samma inblandade och samma flyktbilar. Bland annat fick justitieminister Sten Wickbom följande anonyma brev (eventuellt från Bertil Wedin, se sid 608) den 23 maj 1986.

"Dear Mr Wickbom:
This is a warning I'm not kidding. The men who assassinated Olof Palme could easyly squeeze you to death, if they wanted to. But noone is interested in you since you are completely incompetent and have no political future! On the other hand Sten Andersson and AG Leijon are on the

Sten Wickbom

deathlist and they are going to be killed any time.

The *(överstruket)* guy has nothing to do whatsoever with the crime. Well, in one sense he is involved, because he caused the gang some trouble by talking to a lot of people on the street close to the place where Olof Palme was killed.

I´ll give you a clue: three get-away cars were used, two walkietalkies, and six guys from different countries participade in the murder. If you are willing to enhance the reward to an amount of US$ 800 000, I would tell you the whole truth.

(Quand on n'est pas riche, il faut penser au lendemain.)

Sincerly Yours
Mr. B.W."

Käre herr Wickbom.

Det här är en varning och inget skämt. Männen som mördade Olof Palme kan hur lätt som helst krossa dig till döds om dom har lust. Men ingen är intresserad eftersom du är totalt inkompetent och inte har någon politisk framtid! Å andra sidan finns Sten Andersson och AG Leijon på dödslistan och de kommer att likvideras när som helst. (överstruket) killen har ingenting med brottet att göra. Nåja, på ett sätt är han inblandad, eftersom han förorsakade gruppen en del besvär genom att prata med en massa människor på gatan nära den plats där Olof Palme mördades. Jag ska ge en ledtråd: det användes tre flyktbilar, två walkietalkies och sex killar från olika länder.

Tobe continued (p. 2

Ett annat brev med liknande information

Statskupp i Slowmotion

Om du är villig till att höja belöningen till 800 000 dollar kan jag berätta hela sanningen. (Den som inte är rik, måste tänka på morgondagen).

Med vänliga hälsningar
Herr B.W.

TERRORN BÖRJAR

Kan dessa anonyma brev vara sanningsenliga eller är det bara några virrhjärnor som har varit igång? Vi backar tillbaka i tiden för att se vad som hände under våren och sommaren 1986. Förekom det då verkligen regelrätta attacker mot det svenska samhället?

Redan veckan efter mordet fick ingen mindre än kung Carl Gustaf XVI flera personliga attentatshot till slottet i Stockholm. Det som gjorde hoten extra allvarliga var perspektivet av en internationell terroristgrupp. Hans Majestät var skakad och den redan starka Säpobevakningen kring kungafamiljen skärptes väsentligt.

-Jag tog själv emot ett av hoten, berättade kungens hovmarskalk Lennart Ahrén för *Aftonbladet*.

Den 7 mars sprängdes så en bomb utanför det amerikanska flygbolaget Northwest Orients kontor på Birger Jarlsgatan i Stockholm. Ingen människa skadades. Dagen därpå greps den så kallade 33-årigen, Victor Gunnarsson (se sid 267), för första gången. Mördarjakten var igång, månanderna gick och i slutet av maj sammankallade spaningsledaren Hans Holmér till en av många presskonferenser:

-Jag tror vi har nyckeln till gåtan, förklarade han. Nu är det ju så att jag spelar ett högt spel därför att förr eller senare får ni facit (?).

En månad tidigare, tisdagen den 8 april, hade hans fru blivit överfallen under en joggingrunda vid Kolartorp i Huddinge.

-Två okända män hoppade på mig bakifrån. De hade huvor på huvudet och hotade mig med kniv, berättade Ingrid Holmér som vid överfallet slagits medvetslös. "Hälsa Hans Holmér att det här är sista varningen", hade en av männen väst enligt *Dagens Nyheter den 28 augusti -87*.

Ett enormt uppbåd på 15 polisbilar och drygt femtio polismän med hundar och specialutrustning sökte efter männen, men utan resultat. Efter denna uppskakande händelse blev fru Holmér en av Sveriges mest välbevakade personer. Detta var nämligen hennes andra incident på kort tid. Den 3 april hade hon blivit hotad av en man på Drottninggatan. Signalementet hon då uppgav var likt den så kallade Skuggan (se sid 176).

De påstådda spaningarna fortsatte och den 1 juni författade den ansedde amerikanske journalisten Roy S Carson ett intressant telex som eventuellt avslöjar en del av intrigerna bakom scenen:

"Efter fyra månaders spaningsarbete för att avslöja identiteten på mördaren som dödade den svenske statsminister Olof Palme på en gata i Stockholm (28 februari kl 23.30), har en högt uppsatt polisman nu brutit tystnaden för att ge en exklusiv intervju om den pågående utredningen. I en bandinspelad intervju berättade han för mig hur illa berörd han och åtskilliga av hans kollegor är över alla politiska manipulationer för att dölja mördarens verkliga identitet och motivet till mordet.

-Det är farliga tider vi lever i, sa polismannen. Utredarna är så nervösa att minsta ord som faller utanför ramarna kan leda till att man blir arresterad. Medborgerliga rättigheter har helt försvunnit vad gäller denna utredning.

-Samtidigt försöker svenska politiker påverka polisutredarna till att ignorera ledtrådar som inkluderar häpnadsväckande avtal där svenska regeringen har agerat mellanhand för att tvätta ryska rådiamanter. Dessa har fraktats via Angola och de Beers för att hjälpa kommunisterna med västvaluta och till att betala procenter i förtäckt rysk hjälp till både ANC och Swapogerillan.

-de Beers har ett kontrakt med Moskva som tillåter dem att behålla sitt monopol på den internationella diamantmarknaden, sa vår poliskälla. Anledningen till detta finns att hitta i deras inblandning men vi har blivit varnade mot att fortsätta undersökningen av detta spår eftersom det är för politiskt hett att handskas med. Det finns dock lösa ändar som involverar Salomon Bank i New York, de Beers, Oppenheimer och även Rothschilds.

Carson tog också upp ryktet om den svenske statsministerns påstådda kvinnotycke.

-Alla visste om statsminister Palmes kärleksaffär med miljonärskan Emma Rothschild. Hon var hans trogna följeslagare vid utlandsresor. Han hade med henne i Palmekommissionen och hon var rådgivare vid FNs Iran / Irak-förhandlingar. Han befordrade henne även till ny VD för Sipri-Institutet (se sid 350) i Stockholm, men hon drog tillbaka sin nomination när hennes kärleksrelation med statsministern riskerade att exponeras i pressen.

-En av teorierna i utredningen - som polischef Hans Holmér har förbjudit oss att tala om - är att Emma Rothschild kan ha varit planterad hos Olof Palme för att på bäst möjliga sätt sköta sin familjs och andras investeringar i Sverige. Det sägs att internationella bankirer har köpt upp till 45 procent av Sveriges nationalskuld för att kunna tvinga Palme och hans regering att uteslutande på deras villkor öppna för handel med Sovjetunionen.

Just handeln med öst sades vara central för mordmotivet:

-Palme försökte gå sin egen väg vad gällde handeln med Moskva och de internationella investerarna beslöt att det var på tiden att lära honom en läxa. Han ville inte ge med sig i vitala frågor. Därför beslöt de att likvidera honom, effektivt och som en varning till andra världsledare i liknande finansiella situationer.

Till hjälp att genomföra likvideringen hade man den ovetande älskarinnan:

669

-Den kärlekskranka Emma Rothschild hade flyttat in i en lägenhet endast hundra meter från Olof Palmes våning på Västerlånggatan i Gamla stan bara månader före mordet. Hennes fysiska och känslomässiga relation var en offentlig hemlighet som man inte talade om. Hon kan mycket lätt ha ringt Olof på morddagen och frågat om han ville sova över hos henne den natten. Palme hade redan ordnat med sin fru, son och några få vänner till familjen att gå på bio. Hon kunde ha fått alla relevanta detaljer och en logisk följdfråga som till exempel: Varför kommer du inte upp till mig efteråt? kunde ha besvarats med: Det blir för sent, Lisbet och jag tänker promenera hem efter bion.

-Även om jag inte för en sekund tror att Emma Rothschild avfyrade mordvapnet, är jag övertygad om att den information hon fick av Olof Palme var själva startskottet för mördarna som hade skickats för att göra av med honom, avslutade journalisten Roy Carson. Jag tror att hon oavsiktligt förde sin älskade in i döden."

(slut telegram)

SÖVDES MED GAS

Snart var det dags igen. Nu gällde det Paris där flera ambassader den senaste tiden hade utsatts för terrorattentat. Trots det fanns det inga vakter utanför det svenska residenset på Barbet-de-Jouy när några okända män natten till den 8 juni smög över ambassadmuren, förbi alla larm och bröt sig in i byggnaden. Väl inne i residenset sövde de ner den sovande ambassadören Lidbom och hans fru Lena med gas!

Inbrottet utlöste en febril aktivitet hos den franska säkerhetspolisen. De båda makarna Lidbom tog dock händelsen med påtaglig fattning.

-Det inträffade har drag av en polis- eller science

Carl Lidbom tyckte att det påminde om en agentfilm

670

fictionfilm. Där brukar man ju använda droger för att söva ner sina offer, skämtade Carl Lidbom i *Aftonbladet den 9 juni -86*. Men även om vi hade haft femtio killar med k-pistar utanför tror jag inte att det hade hjälpt (?), de hade nog tagit sig in i alla fall. Både jag själv och den franska polisen tror att tjuvarna var ute efter hemligstämplat material, men sådant förvarar jag aldrig hemma.

-Det hela verkar så besynnerligt, tyckte Lena Lidbom, och vi är mer förbryllade än uppskakade. När vi vaknade med sprängande huvudvärk var hela ambassadvåningen tillstökad, alla lådor utdragna och skåp genomsökta. Men det enda som hade försvunnit var lite småpengar ur Calles plånbok.

Vi återvänder till Sverige där det inte dröjde länge förrän nästa attack. Företagsledaren Bo Ax:son Johnson, farbror till en av Sveriges mäktigaste kvinnor Antonia Ax:son Johnson, hade den 17 juni dukat upp till stor middag hemma på Annebergs gård på Norra Lagnö utanför Stockholm. Speciella hedersgäster var USAs ambassadör Gregory J Newell och Mexikos ambassadör Andrès Rozental. Inbjudna var också ett tjugotal nära vänner till Ax:son Johnson.

Strax efter klockan åtta samlades sällskapet till en välkomstdrink på terrassen, helt ovetande om den dödliga fara som gömde sig i gräset. Det visste heller inte kriminalens livvaktsgrupp som hade beordrats att sköta bevakningen.

Dramat utlöstes när en av Säpomännen plötsligt hörde ett mystiskt prasslande cirka hundra meter från den stora miljonvillan.

-Jag fick syn på två män som kom smygande uppför en sluttning, berättade han upphetsat. De var i 25-årsåldern, av medellängd, med sydländskt utseende, mörkt krulligt hår och klädda i skinnjackor. I samma ögonblick vi såg varandra siktade de på mig med sina grovkalibriga vapen. Jag hade inget annat val än att öppna eld.

Säpomannen reagerade blixtsnabbt och avlossade tre skott samtidigt som han kastade sig ner

Allmänheten följde spänt Ambassadörsdramat

mellan buskarna. Han sköt för att träffa, men männen lyckades oskadda fly från platsen på en motorcykel. Livvakten slog därefter omedelbart larm till Nackapolisen och inom loppet av en timme hade den stillsamma idyllen förvandlats till ett fälthögkvarter. Tjugo man från polisens antiterroriststyrka, två båtar, två helikoptrar, fem motorcyklar, tre hundar och sju polisbilar deltog i jakten efter gärningsmännen. Totalt uppgick polispådraget till knappt 60 man, fem vägspärrar och kontroll av varenda bil som kom från Annebergstrakten.

Greg Newell

-Vi arbetar enligt teorin att männen var utsända för att rekognosera, förklarade kommissarie Sven Lilja för den samlade pressen. Förmodligen skulle de sedan dra sig tillbaka till en väntande huvudstyrka för att därefter tillsammans slå till. Det är ytterst sällsynt att en amerikansk ambassadör står helt oskyddad på en terrass, så tillfället var väl valt.

Hedersgästen Gregory Newell, en blott 36-årig mormon från Salt Lake City, hade kommit till Stockholm som ny USA-ambassadör den 13 december 1985. Dessförinnan hade han trots sin ringa ålder varit rådgivare åt presidenterna Richard Nixon och Gerald Ford samt i fyra år tjänstgjort som biträdande utrikesminister åt president Ronald Reagan.

Newell deklarerade kort efter sin ankomst att en av hans viktigaste uppgifter var att utveckla förhållandet mellan Reaganadministrationen och den svenska statsministern. Lägg märke till inte Sverige som land, utan Palme som person. Vid denna tid hade motståndskampanjen mot Palme varit intensiv och hoten duggat tätt. Ett av dessa framfördes av just Newell. Enligt en artikel i *Göteborgs Posten* hade ambassadören sammanträffat med statsministern både i januari och februari 1986. Ämnet som diskuterats var ett eventuellt besök i Vita Huset. Ambassadören Gregory Newell hade här gjort klart för Olof Palme att ett officiellt besök hängde samman med hur Sverige uppträdde i FN och andra internationella organ. I ett öppet samtal påpekade Newell att det inte sågs på med blida ögon att i FN anklaga USA för inblandning i till exempel Nicaraguakonflikten. Fanns det kritik skulle den framföras på tu man hand och inte offentligt. Om Sverige inte hade några egna intressen i ett område borde man rösta amerikanskt eller lägga ner sin röst. Allt annat skulle uppfattas som en ovänlig handling. Ambassadören gjorde alltså klart att ett svenskt statsministerbesök var att betrakta som belöning för gott uppförande. Palme hade blivit mycket upprörd och väst:

-Det där låter som utpressning!

Det så kallade koncept som den amerikanske ambassadören hade förelagt innefattade enligt *Göteborgs Posten den 14 maj –86* också följande: "USA vill att Sverige ser till att ingen illegal export sker av högteknologi till östblocket, att de svensk-amerikanska handelsförbindelserna förbättras och att Sverige deltar i aktioner mot till exempel terrorism och narkotika". Ett konkret avtal med liknande punkter hade

Resan till USA var inte offentlig men avsåg att planera Olof Palmes besök hos Ronald Reagan - det besök som Ingvar Carlsson senare gjorde. Jag skulle bl a träffa en medarbetare till Reagan och en representant för State Departement.

Besök var också inbokade hos ordföranden för det republikanska partiet och hos Edward Kennedy. Jag skulle vidare hålla ett föredrag vid Brookings.

Ulf Dahlsten

Ulf Dahlsten bekräftade den mystiska resan i ett brev till författaren Sven Anér

undertecknats av Natoländerna tidigare, men Olof Palme hade avböjt med hänvisning till den alliansfria politik Sverige följde. Några dagar efter det sista samtalet mördades han. Ytterligare tre månader senare skrev regeringen Ingvar Carlsson under dokumentet.

Här kan det vara på sin plats att lägga märke till en detalj som inte har uppmärksammats i pressen. Förre statssekreteraren Ulf Dahlsten ansvarade ytterst för säkerheten för statsministern. I två förhör inför Juristkommissionen har han hävdat att hans sista samtal med Palme på mordagen gällde en resa till USA dagen därpå!

-Amerikaresan var inte offentlig men avsåg att planera Olof Palmes besök hos Ronald Reagan, det besök som Ingvar Carlsson senare gjorde, förklarade Dahlsten. Jag skulle bland annat träffa en medarbetare till Reagan och en representant för State Department. Besök var också inbokade hos ordförande för det republikanska partiet och hos Edward Kennedy. Jag hade också packat för att resa dit, när vakthavande på polisens ledningscentral Hans Koci försökte komma fram till mig. Men jag satt i telefon med Kjell Lindström och gjorde mitt samtal med rikspolisstyrelsen (?).

Var Olof Palme på väg till Reagan, men blev skjuten innan resan hunnit arrangeras? Var hans statssekreterare beredd att flyga till Washington för att förbereda ett storpolitiskt möte? Fick han på Palmes dödsdag order att resa men underlät att boka biljett? Några handlingar eller uttagande av reseförskott finns nämligen inte registrerat inom regeringskansliet.

-Skulle Ulf Dahlsten ha varit på väg till Reagan för Palmes räkning och jag inte varit informerad? utbrast förre utrikesministern Sten Andersson förvånat. Det är inte möjligt - eller naturligtvis sensationellt om det vore sant. Dahlsten talar tydligen om en inofficiell resa, men även sådana resor måste underställas den sittande utrikesministern. Dessutom

Ulf Dahlsten till USA?

kan en resa med så många inblandade inte planera sig själv. I varje fall inte utan assistans från vår ambassad i Washington.

FEBRIL AKTIVITET

Det rådde under denna period febril aktivitet på många håll och för utomstående var det väldigt svårt att veta vad som egentligen pågick. Den vanliga polisen kände sig också överkörd och *den 27 juni -86* gick polisinspektör Lennart Granberg, ordförande i Stockholms överkonstapelförening, till attack mot Säpo. Motionen publicerades i *Aftonbladet*.

-Som poliser är vi alla ansvariga för rikets säkerhet. Det är inte bara Säpos jobb och vi är trots allt kollegor. Därför menar vi att Säpo gått till överdrift i sin tystlåtenhet. Många polismän känner stark oro inför sina arbetsuppgifter med anledning av den slutna värld som säkerhetspolisen lever i. De är oroliga över att de inte får veta vad som egentligen pågår i Sverige. Säkerhetspolisen lever uppenbarligen fortfarande i det kalla krigets dagar och är ett undantag i strävan efter öppenhet och demokrati.

Under tiden fortsatte spelet bakom kulisserna och den 18 augusti fattade två bilar eld i garaget under Sydafrikas ambassad i Stockholm. Branden startade vid åttatiden på morgonen, tretton brandbilar deltog i släckningsarbetet och tre fastigheter på Linnégatan fick utrymmas på grund av explosionsrisken. Brandkåren trodde att branden var anlagd, men enligt polisen var det sannolikt inte ett attentat.

Få dagar senare var det dags igen när tre män var en hårsmån från att sprängas i bitar. Någon hade apterat åtta dynamitpatroner under motorhuven på en parkerad bil på Hornsbergsstrand i Stockholm. Ett minimalt fel i bilens elsystem räddade livet på föraren och hans två passagerare. Polisens tekniker kunde snabbt konstatera att det var ett professionellt utfört jobb, men trodde att gärningsmannen hade råkat placera bomben under fel bil. I samma veva sprängdes polisstationen i Viskafors strax söder om Borås av okända gärningsmän.

Det är inte säkert att dessa händelser har något med varandra att göra. Det är å andra sidan heller inte säkert att dessa incidenter är de enda som inträffade. Men under första halvåret efter Palmemordet råkade vårt land ut för vad författaren anser kan vara mordteamet från Stay Behinds vrede (se sid 485). Sverige var i det närmaste under belägring och många personer i maktpositioner var både skakade och rädda. Till en början satte Sverige hårt mot hårt:

-Nu tror vi att vi vet hur mordet gick till och vilket motivet var, förklarade Hans Holmér i *Dagens Nyheter den 25 augusti -86*. Men spaningarna är mycket känsliga och jag vill inte på något sätt utveckla vart spåret leder. Osäkerheten och förvirringen ligger i vårt intresse. Det kan säkert komma fram omständigheter som är besvärande, ett statsministermord har ju alltid politiska aspekter. Men sanningen ska fram. Det förekommer inga försök att dölja den. Lösningen av det här mordet kommer att styra det svenska folkets syn på skydd och säkerhet. Det är ju en viss skillnad om det är en välorganiserad stadsgerilla eller en ensam galning som mördat statsministern.

Sa han "stadsgerilla" eller STATSGERILLA? Samma dag gjorde spaningsledaren följande säregna uttalade i *Dagens Nyheter den 25 augusti -86*:

-Om sanningen om mordet på Olof Palme kommer fram, kommer Sverige att skakas i sina grundvalar (!?).

-Vi vet nu i vilken miljö och bland vilka människor det bestämdes att Palme skulle dö, sa en annan av tidningens källor. I gruppen kan finnas utlänningar, men den har en klar svensk bas. Och detta är något vi har vetat ganska länge.

Bo Toresson

De misstänkta personerna är under ständig uppsikt. Dygnet runt bevakar polisen vilka kontakter de tar och var de rör sig. Deras telefoner är avlyssnade och deras rörelser följs av civila poliser som hela tiden finns i deras närhet. Handskas vi inte mycket försiktigt med våra kunskaper är det stor risk för att personerna försvinner ut ur landet och sprider sig till olika delar av världen.

Flera nyckelpersoner betonade också att upplösningen skulle få omedelbara konsekvenser, både inrikes- och utrikespolitiskt.

-När polisen slagit till blir det en lång och händelserik utveckling som kommer att vålla rabalder kanske åratal framöver, sa en källa i spaningsledningen. Det gäller därför för den svenska regeringen att dra i de rätta spakarna efter upplösningen.

Men tydligen gick det inte riktigt som man tänkt sig och snart började mordhot mot högt uppsatta personer dugga tätt. Socialdemokraternas partisekreterare Bo Toresson tillhörde den lilla krets som hade god inblick i spaningsarbetet. Den 26 augusti fick även han ett hotbrev till partihögkvarteret på Sveavägen.

-I brevet står att jag ska avrättas, berättade han skakad i *Aftonbladet*. Jag vill inte gå närmare in på de motiv som anges och hur brevet undertecknats. Men det här är inte det första hotet, jag har fått flera brev med varierande motiv.

Den 27 augusti -86 fortsatte dramat när *Aftonbladet* publicerade artikeln *POLISEN VET ALLT OM MÖRDARLIGAN.* (Här följer en direkt avskrift):
* De är svenskar och utlänningar
* De planerade dådet noggrant
* De har högerextrema åsikter
* De hade gott om tid och pengar

-Polisen vet vilka mördarna är. Det är ingen svensk galning. Det rör sig om en utländsk organisation med svensk anknytning. Det säger en av statsminister Ingvar Carlssons närmaste medarbetare i förtroende till *Aftonbladet*. Han fortsätter:

-Det var ett noga planlagt dåd av terroristtyp. Mer fakta vill jag inte ge dig.

Det var heller ingen slump att Olof Palme mördades just den kväll han valde att gå på bio på Sveavägen. En liten krets kring Ingvar Carlsson har hela tiden informerats om alla detaljer i polisens spaningsresultat. Det är justitieminister Sten Wickbom (se sid 359), som varje dag sedan mordet haft sin medarbetare Klas Bergenstrand på plats i Palmerummet, utrikesminister Sten Andersson, ett par statssekreterare och ett par andra högre tjänstemän med speciella funktioner kring mordutredningen. Större delen av den övriga regeringen har hittills bara fått mycket översiktlig och knapphändig information. Statsministerns medarbetare fortsätter:

-I början pekade allt på att dådet var uteslutande "svenskt". Även vi var helt inne på den linjen. Nu vet vi sedan en längre tid mer. Nu är bilden helt annorlunda.

Nu börjar också personer i och kring den tidigare hermetiskt tillslutna spaningsledningen att läcka ut en del detaljer till journalister. Det scenario kring själva mordet som spaningsledningen arbetar efter ser ut på följande sätt:

En större utländsk grupp med extrema politiska åsikter - högerextrema, erfar *Aftonbladet* - väcker i en kontakt med några likasinnade i Sverige tanken på att mörda Olof Palme. Det rör sig alltså inte om en känd terroristgrupp utan om en mer förtäckt politisk gruppering. Organisationen, med tentakler i flera länder, ställer upp med erfarna agenter för planering och för själva mordet. Svenskarna bistår med lokalkännedom och detaljer kring Olof Palmes vanor. Det är iskalla människor med gott om pengar och tid. Dådet planläggs noga och Olof Palmes vanor kartläggs i detalj. Polisen har redan offentligt medgivit (?) att Olof Palme skuggades en tid innan mordet skedde.

Det står snart klart att mordet bör ske vid Sveavägen. Där ligger både socialdemokraternas partihögkvarter - mitt emot biografen Grand - och ABF. I samma hus som Grand. Anledning: Från just dessa båda lokaler, som Palme ofta besökte, brukade han vandra till fots. Utan Säpoeskort. Tänkbara attentatsplatser, flyktvägar och platser för flyktbilar kring de kvarteren hade planerats in. Attentatsmännen, lejda proffsmördare, var vana att planera minutiöst, och vana att undkomma.

En av dem skuggar paret Palme mordkvällen, blir positivt överraskad när de tar Tunnelbanan, utan Säpoeskort, och ännu mer positivt överraskad när de väljer just biografen Grand. Han inser att mordet kan iscensättas. Paret Palme kommer troligen att promenera hemåt. Om inte hela vägen, så åtminstone en bit. Tunnelbanan går inte så ofta närmare midnatt och paret Palme var kända för att promenera i stan.

När Olof Palme ställer sig sist i biljettkön larmas de övriga i organisationen. De har två timmar på sig. Flyktbilarna kommer på plats, en sannolikt i korsningen Tunnelgatan - Olofsgatan, en annan inte långt från trapporna till Malmskillnadsgatan. Polisen tror att två attentatsmän väntade utanför biografen, en på vardera sida om Sveavägen vid biografen.

När paret Palme korsar Sveavägen ett femtiotal meter från biografen hakar attentatsmannen på den sidan Sveavägen på, medan attentatsmannen utanför Grand lugnt avvaktar. Det förklarar varför ingen såg någon följa paret Palme när de korsade Sveavägen. Vid Tunnelgatan, intill den perfekta flyktvägen uppför trapporna till

Malmskillnadsgatan, slog mördaren till.

Redan den 28 maj sa Hans Holmér att han hade nyckeln till mordgåtans lösning. Sedan dess har bilden blivit ännu mycket klarare. Den extremt reaktionära, närmast religiösa, gruppen bakom mordet ansåg att Olof Palme måste röjas ur vägen därför att han blivit för slapp i sin attityd mot kommunister, extremvänster och Sovjet (se sid 390). Gruppen ansåg att det socialdemokratiska partiet ohämmat infiltrerats av vänsterextremister och speciellt misstänkt var Palmes samarbete med Sovjets Georgi Arbatov i Palmekommissionen.

Varför hade polisen då ännu inte slagit till?

-Det finns fler tänkbara förklaringar. Polisen känner till organisationen, flera av medlemmarna är identifierade liksom människorna bakom den - både i Sverige och utomlands - men vet inte vem den lejde mördaren är.

Men enligt källor i polishuset befann sig mördaren just då nere på kontinenten. Bundeskriminalamt i västtyska Wiesbaden var alarmerat och beredskapen hög."

(slut artikel)

Nästa dag utvecklades situationen på ett skrämmande sätt och *den 28 augusti -86* gick *Aftonbladet* ut med larmartikeln *VI ÄR BEREDDA PÅ ETT NYTT ATTENTAT*:

"Sverige står inför en omedelbar och svår krissituation. Den högsta polisledningen räknar med ett nära förestående mordförsök på en ledande socialdemokratisk politiker, en polischef eller någon i kungahuset. Situationen är så allvarlig att rikspolischefen Holger Romander, 64, som själv är dödshotad, nu för *Aftonbladet* öppet erkänner:

-Det föreligger allvarliga risker för ytterligare attentat.

Polisen förbereder just nu en aktion mot den organisation och de intressen som stod bakom mordet på Olof Palme. Organisationen har låtit polisen och regeringen förstå att det då blir ett nytt mord på högsta nivå. Rikspolischefen bekräftar att flera regeringsmedlemmar, flera personer i polisens spaningsledning och samtliga medlemmar av kungahuset den senaste tiden fått väsentligt utökad säkerhetsbevakning. Bevakningen förstärktes redan omedelbart efter mordet på Olof Palme, utökades ytterligare när polisen började få grepp om vilka farliga intressen som stod bakom mordet och kommer inom en mycket snar framtid - det kan vara fråga om dagar - att skärpas på ett för Sverige och svenska förhållanden nästan ofattbart sätt.

Holger Romander:

-Situationen är att bedöma som allvarlig och den redan höjda beredskapen, det kan vara så att den ytterligare måste höjas. Om det polisen kommit fram till är riktigt blir det konsekvenser vi måste vara beredda på mycket snart. Redan nu har vi vidtagit höjda säkerhetsåtgärder.

Holger Romander

677

Statskupp i Slowmotion

Allt fler höga politiker får säkerhetsskydd?
-Ja, hotbilden är för närvarande sådan att man får bedöma situationen som oroande.
Gång på gång betonar Holger Romander allvaret i vad som kan hända. Och när reportern påminner honom om att överåklagaren Claes Zeime dagen innan talat om "värsta tänkbara situation" och om "ett hot mot hela vårt samhällssystem (!?)", nickar Holger Romander instämmande och säger kort:
-Ja.
Är attentatsmännen av den typen att de öppet hotar eller har deras avsikter kommit fram på annat sätt?
-Det har förekommit hot också.
Hur ser ni på hotelsebrevet till socialdemokraternas partisekreterare Bo Toresson, där det står att han ska avrättas?
-Som situationen är måste vi ta sådant extra allvarligt.
Du verkar mycket oroad.
-Ja.
Ni är rädda för att ett ingripande mot personerna bakom Palmemordet leder till ett nytt attentat?
-Det är naturligtvis en möjlighet vi måste räkna med.
Ni kommer inte av den anledningen att undvika ett ingripande?
-Nej, naturligtvis inte.
På frågan om rikspolischefen själv nu har ständigt Säposkydd blir svaret:
-En fråga det inte är särskilt klyftigt att svara på.
Att motiven till mordet på Olof Palme är rent politiskt klargörs än en gång när rikspolischefen säger att personer i hög samhällsställning av typen företagsledare inte löper någon risk att utsättas för attentat.
-Nej, det gäller politiker och några av dem som deltar i polisarbetet.
Och kungahuset?
-Ja, naturligtvis. Men de har redan nu en ännu mer förstärkt bevakning än vanligt.
Avslutningsvis sammanfattar rikspolischefen Holger Romander:
-Kort och gott är det så att när vi nu nalkas en upplösning av det här, så är situationen oroande och det föreligger allvarliga risker för ytterligare attentat."
(slut artikel)

MORDHOT OCH PANSARGLAS

I samma veva beställde spaningsledaren Hans Holmér varor och tjänster för bortåt 1,2 miljoner kronor av Baseballpolisen och vapenhandlaren Carl-Gustaf Östling (se sid 424). Den dyraste posten, mer än 620 000 kronor, gällde installation av pansarglas i

Palmerummet. Därutöver reagerade många över att Holmér ständigt omgavs av livvakter. Var detta agerande överdrivet? Så har påståtts. Men av polisutredningen framgår att följande hot avslöjades vid samma tid:
Statsminister Ingvar Carlsson, mordhotad. Justitieminister Sten Wickbom, mordhotad. Invandrarminister Anita Gradin, mordhotad. Rikspolischef Holger Romander, mordhotad. Säpos spaningschef Alf Karlsson (se sid 724), mordhotad. Riksdagsmannen Anders Björck (se sid 547), mordhotad. Säpos byråchef PG Näss, mordhotad, Säpochefen Sven-Åke Hjälmroth, mordhotad. Länspolismästare Hans Holmér, mordhotad. Turkiska ambassadören Ozgül Haluk, mordhotad. Polishuset

Även Ingvar Carlsson mordhotades

i Stockholm, attentatshotat och kanslihuset, attentatshotat.

JO inledde i augusti 1987 en utredning om Hans Holmérs livvaktskostnader. Hans hustrus skydd hade kostat skattebetalarna 2,7 miljoner kr och Holmérs livvakter 1,9 miljoner kr. I utredningen konstaterades att det var Hans Holmér själv som hade beslutat om både sitt eget och hustruns livvaktsskydd, men JO ansåg det orimligt att polisens resurser användes för bevakning i samband med hustruns resor till Åre eller under segelturerna i skärgården med en av distriktets två polisbåtar som skyddande följeslagare.

-Överfallen på fru Holmér är dock falsarier som vi sätter liten tilltro till, kommenterade kommissarie Rune Hårdeman i *Aftonbladet den 27 augusti -87*. Det bestämda intrycket vi har är att de är starkt överdrivna.

Holmér med vakterna Karlsson och Jörlin

Statskupp i Slowmotion

(Senare dök det upp ett hemligt FBI-dokument där en anonym källa uppgav att det var SAPPO-officerare (?) som på uppdrag av något som omtalades som the Swedish Espionage Group hade hotat och misshandlat fru Holmér. The Swedish Espionage Industrialist Apparatus var enligt källan styrd av AVARICE, en "icke-politisk, ultrasekulär, frimuraraktig organisation med kultiska drag och avsevärt inflytande (se sid 543). Detta har aldrig utretts eller bekräftats).

Holmér fick också utstå stark kritik vad gällde valet av livvakter då flera av dessa kom från den ökända Baseballigan (se sid 416).

-Jag valde mina livvakter från Ordningspolisen i stället för från kriminalavdelningen eller Säpo, försvarade sig Hans Holmér. Mitt val har en mycket enkel förklaring. Det började med att den ordningspolis som brukade köra mig när jag behövde en chaufför fick i uppdrag att också skydda mig. Han fick snart en annan ordningspolis som medhjälpare och efter kort tid bildades en grupp som följde mig under många månader.

BOMB I CENTRALA STOCKHOLM

Kampen mot de yttre krafterna fortsatte och reaktionerna lät inte vänta på sig då det fanns tecken på att sydafrikanska intressen var inblandade. En kraftig bomb exploderade till exempel den 8 september i ANCs kontor på Gamla Brogatan i centrala Stockholm. Sprängladdningen blåste ut hela fjärde våningen och tryckvågen var så stark att porten slets loss och splitter spreds bland förbipasserande på gatan.

-Bombdådet är bara en förlängning av våldet mot de svarta i Sydafrika och inte bara ett attentat mot ANC, sa organisationens representant Lindiwe Mabuza. Det är också riktat mot Sverige och är ett bevis på att inget land i världen är skyddat mot det aggressiva våldet. Det visar samtidigt att regimen i Sydafrika inte bryr sig det minsta om vad världen anser om den.

Bröderna Poutiainen kommenterade händelsen i sin bok *Inuti labyrinten*:
"Säkerhetstjänsterna i det västliga underrättelse-komplexet håller varandra om

ANCs högkvarter i Stockholm sprängdes i luften

680

ryggen. Därför finns definitionsmässigt ingen så kallad statsterrorism som emanerar från något västland. Hade Iran eller något arabland bedrivit en liknande kampanj med bombattentat och mord som Sydafrika gjorde i Västeuropa under 1980-talet, skulle landet omedelbart ha stämplats som en terroriststat. Men icke apartheidregimen. Polisen brydde sig knappt om att utreda attentaten "för det handlade ju om interna uppgörelser inom ANC".

Resonemanget bekräftades av följande:

-Det finns ingenting som tyder på att någon främmande agent skulle ha placerat ut sprängladdningen, hävdade Säpomannen Krister Hansén i *Proletären nr 19 -88*.

På en direkt fråga kommenterade poliskommissarie Sune Tillström på polisens specialrotel:

-Det var visst några hängningar på gång i Sydafrika och de behövde väl lite publicitet.

-Det är min personliga hypotes att ANC själva arrangerade sprängningen, fortsatte hans kollega Björn Erlandsson i TV-programmet *20:00*. ANC hade tecknat ett hyreskontrakt för en ny lokal tre veckor innan sprängningen, vilket ju är en intressant omständighet.

-Jag trodde ända tills nu - när de börjar anklaga oss för något så förvridet som att försöka döda oss själva - att den svenska polisen var oskuldsfulla för att de levt avskärmade från våldet i andra delar av världen, kommenterade en bestört Lindiwe Mabuza. Men vad ska man tro?

Ärendet lades ner på våren 1988 och attentatet är enligt vad författaren erfar fortfarande ouppklarat. Ungefär samtidigt övertog rikskriminalen ansvaret för Palmeutredningen. Kommissarie Hans Ölvebro hade redan i oktober 1987 tackat ja till erbjudandet om att bli ny spaningsledare trots att han var ung, oprövad och med lägsta tänkbara rang för uppdraget. Från sitt tjänsterum sju våningar upp i rikspolisstyrelsens lokaler på Polhemsgatan 30 ledde han nu förnöjt den krympande skaran av utredare. Inte för ett ögonblick verkade det falla honom in att han i själva verket var chef för ett av kriminalhistoriens mest monumentala fiaskon. Tvärtom stöttades han av regering och riksdag och fick sitta kvar i åtta år utan att ett ord av kritik någonsin riktades mot honom.

Hans Ölvebro

GRAVA MISSLYCKANDEN BELÖNADES MED TOPPJOBB

Utvecklingen har fortsatt i samma anda och Sverige kan uppvisa en skrämmande lång förteckning över personskiften i den högsta samhällstoppen, samtliga relaterade till tiden efter mordet. Det tidigare trygga svenska samhället har alltsedan 1986 tvingats notera den ena skandalen efter den andra, vilket har urholkat gamla värderingar och moral. Sådant som tidigare uppfattades som osannolikt har inträffat så ofta att ingenting längre tycks förvåna eller chockera. I Palmemordets fotspår handlar det också om att sparkas rätt upp till de faktiska toppjobben. Meriten tycks genomgående ha varit att riktigt gravt ha misslyckats med viktiga uppdrag i ärendet. De byråkrater som under Palmeutredningens första år fick tänja på lagarna belönades med toppjobb. Regeringen har också tagit sitt så kallade ansvar genom att befordra de polischefer som till följd av sina insatser i mordutredningen blivit prickade.

Olof Palme

Den livvaktsgrupp som skötte bevakningen runt statsministerns person hade bestått av åtta rutinerade och välutbildade poliser. De var pistolbeväpnade, fysiskt vältränade och jobbade två och två dygnet runt. De var även specialutbildade i att köra den skottsäkra Volvo 760 och andra specialutrustade bilar som statsministern åkte i. Livvaktsstyrkan bestod av bland andra kriminalinspektör John-Erik Hahne, Björn Söderberg, Sixten Johnsson och chefen Sture Höglund. Dessa hade utfört ett klanderfritt jobb före mordet, men av oklar anledning lämnat Palme utan tillsyn vid middagstid på morddagen.

I Granskningskommissionens rapport finns nämligen Lisbet Palmes uttalande att hennes make försökt få livvakter på mordkvällen, men att det inte hade gått att ordna utan förhandsbegäran. Om denna uppgift är korrekt går det tvärs emot den offentligt vedertagna, att Olof Palme personligen hade avböjt Säpobevakning denna kväll.

I vilket annat land som helst skulle rikspolischefen och chefen för säkerhetspolisen tvingats avgå om statsministern oskyddad skjutits ihjäl i ett gathörn. Men i Sverige anförtroddes i stället rikspolischefen Holger Romander uppgiften att leda jakten på mördaren och Säpochefen Sven-Åke Hjälmroth befordrades till chef för Stockholmspolisen.

Ulf Dahlsten, högste ansvarige för Palmes säkerhet, utsågs till chef för Posten, ett av landets finaste och bäst betalda ämbetsmannajobb, den person som hade det högsta ansvaret i Rosenbad, Johan Hirschfeldt, blev justitiekansler och Klas Bergenstrand, känd för att ett par timmar efter mordet på Olof Palme ha ingått i Palmegruppen som

Jörgen Almblad   *Ulf Dahlsten*   *N-E Åhmansson*   *K Bergenstrand*

regeringens representant, blev Sveriges riksåklagare. Kvalificerade jurister har betecknat Klas Bergenstrands närvaro i en oberoende polisutredning som grundlagsstridig.

Jörgen Almblad, som under sin tid som åklagare vid Riksåklagarämbetet blev berömd för obelagda, osanna uttalanden, blev först Tommy Lindströms efterträdare som Sveriges rikskriminalchef och senare en av höjdarna inom Säpo.

Det var Almblad som påstod att alla passagerare på Buss 43 (se sid 85) hade hörts - lögn. Det var Almblad som hävdade att vittnet Sunniva Thelestam (se sid 61) hade sett en väktarbil i stället för en polisbil på Drottninggatan – lögn. Det var Jörgen Almblad som påstod att de två walkietalkiemän vittnet Inga Strömbeck-Larsson (se sid 49) sett i Gamla stan var identifierade knarkspanare - även det en ren lögn. Vidare skulle walkietalkiemän observerade vid spelklubben Oxen i närheten av mordplatsen ha varit kronofogdemyndigheten på uppdrag - lögn igen.

Även rikspolischef Nils-Erik Åhmansson hamnade i onåd 1988. Men i samband med att han tvingades avgå fick han en chefspost på Skandia (se sid 493), samma försäkringsbolag som vi har sett djupt involverad i spökarmén Stay Behind (se sid 485). Officiellt straffad och utbytt, men i själva verket kvar inom "familjens" varma famn.

Med hjälp av regeringens kontakter fick förste spaningsledaren Hans Holmér nytt jobb och blev expert hos FN i narkotikafrågor, stationerad i Wien. Mellan 1990 och 2000 gav han ut ett tiotal polisromaner som sålde bra. Men hans hälsa började svikta och sina sista år levde han på gården i Västra Alstad utanför Trelleborg tillsammans med sin hustru Åsa. Han led av hjärtproblem och en immunbristsjukdom som gjorde honom extra känslig för infektioner. Trots att han kämpade in i det sista avled han fredagen den 4 oktober 2002. Enligt en sista artikel i kvällstidningarna "medgav han sig aldrig vara bitter över sin roll i Palmedramat. Förbannad och hämndlysten, ja, men inte bitter."

Åsa Holmér

Spaningsledaren Hans Ölvebro, känd för sina många säregna uttalanden kring Palmeutredningen, blev 1999 handläggare vid krigstribunalen i Haag där han var med till att utreda krigsförbrytelser i det forna Jugoslavien. Enligt polischefen Lars Nylén ingick han i en ärendegrupp som fick åka jorden runt för att söka vittnen och förhöra dem om deras krigsupplevelser.

Vi avslutar presentationen med några framgångsrika åklagare som deltagit i Palmeärendet. *Den 18 augusti 2000* kunde man läsa följande i *Uppsala Nya Tidning:* "Ny Säpochef med titeln generaldirektör: Jan Danielsson." Och den 22 januari 2004 var det dags för ingen mindre än Klas Bergenstrand att ta över samma titel.

Jan Danielsson

Medborgarna har en rätt att få veta allt
- som går att berätta.

PG Vinge, Säpochef 1962-70

EN FOT I GRAVEN

Måndagen den 8 maj 1989 inträffade en av de svåraste flygolyckorna i svensk historia. En femtonsitsig Beach Craft 99 hade startat från Arlanda kl 08.20 med fjorton passagerare och två besättningsmän. Planet var en beprövad arbetshäst och skulle ha landat kl 09.30 på Oskarshamns flygplats bana 19. Men strax innan landning råkade planet ut för överstegring och slog i marken med full kraft. Nedslagsplatsen låg 150 meter från den så kallade banröskeln och 50 meter till vänster om inflygningslinjen.

-Jag såg kraschen, berättade Ulla-Karin Henriksson som satt i biljettkassan på flygplatsen. Planet, som legat något lägre än normalt, stegrade sig plötsligt och vek av över vänster vinge innan det störtade parallellt med landningsbanan och fattade eld. Allt var ett fruktansvärt brinnande inferno och när brandkår och räddningspersonal kom till platsen var det redan för sent.

Enligt trafikledarna på Virkvarns flygfält utanför Oskarshamn fanns det inget i radiokommunikationen före kraschen som antydde några problem för piloten. Det var strålande solsken och alla yttre förutsättningar var idealiska för en säker landning. Men någonting hade ändå gått fruktansvärt snett.

-Denna olycka är fullständigt oförklarlig, kommenterade en tagen John-Olof Holmström, ägare till Holmström Air AB i Hultsfred.

Listan på de döda var lång:

Brandkåren kunde ingenting göra för de 14 passagerarna

685

Den så kallade Post-
och Televerkskommittén
ledd av den välkände
stockholmspolitikern
John-Olle Persson bestod
av: Riksdagsmännen
Anders Andersson (m),
Claes Rensfeldt (s), Anna
Wohlin-Andersson (c)
och Håkan Rosengren (s),
andre förbundsordförande

Planet var ett Beach Craft 99 - en beprövad arbetshäst

i Statsanställdas förbund Nils Lindström, ekonomidirektören i Televerket Sven-Roland
Letzén, direktör vid Riksdataförbundet N-G Svensson, biträdande förhandlingschef
i Statstjänstemannaförbundet och sektionschef Roy Helmsjö, kommunalrådet och
utredningens expert Egon Gröning (s), departementssekreterare i utredningen Bengt
Ringborg och Lena Askne vid Civildepartementet, Per Andersson och Patrik Tholsson,
båda studerande samt flygkaptenerna Ulf Engström och Hans Morndal.

Statens Haverikommission (SHK) var inom några timmar på plats med
generaldirektör Olof Forssberg i spetsen, samme Olof Forssberg som senare skulle
komma att sitta som svensk ordförande i Estoniautredningen (se sid 731). Trots att det var
en mycket allvarlig olycka slogs John-Olof Holmström med flera dock av hur snabbt
haveriundersökningen genomfördes.

-Redan samma eftermiddag som
olyckan hade de flesta gett sig av, berättade
John-Olof Holmström senare.

Eftersom planet inte var utrustat med
färd- och ljudregistrator (Flight / Voice
Recorder) var man tvungen at förlita sig
helt på de fåtaliga vittnesuppgifterna
och haveriundersökningen. Planet hade
startat med en vikt på 4 947 kg, bara två
kg under maxgränsen. Vid denna flygning
fanns endast en väska och en postsäck på
sammanlagt tolv kg i främre lastrummet
och snart lanserades teorier om att lasten
varit felplacerad. Detta i kombination
med att de tyngsta passagerarna satt sig
längst bak gjorde enligt kommissionen att
flygplanets tyngdpunkt legat 13 cm bakom

Planet slog ner alldeles nära ett bostadshus

den bakre tillåtna gränsen, vilket enligt vissa uträkningar innebar att gränsvärdet kraftigt överskridits.

Haveriutredningen använde sig vidare av flygpsykologen Kristina Pollack och i *Expressen den 17 februari −90* konstaterades torrt att olyckan hade kunnat undvikas: "De båda männen i cockpit var inte särskilt erfarna och långt ifrån samarbetsvilliga". Osämjan påstods vara så djup att flygchefen tvingats kalla dem till försoningssamtal. Hård kritik riktades samtidigt mot bolaget Holmström Air AB som enligt kommissionen inte borde ha låtit dessa två arbeta tillsammans.

Flygchefen Holmström ställde sig helt frågande.

-Det stämmer inte alls, det fanns inget groll inom besättningen. Och hur kan någon veta om de har suttit och grälat i planet, det var ju ingen som överlevde kraschen. Den schism som fanns mellan kaptenen och

En fruktansvärd olycka - eller sabotage?

styrmannen gällde hur man skulle ta emot passagerarna och var för länge sedan utagerad. Att denna lilla meningsskiljaktighet har fått sådana proportioner beror på att flygpsykologens tyckande genomsyrar hela rapporten. Det är inte bra att en enda psykologs åsikter ska väga så tungt.

Anklagelser om att styrmannen inte hade tillräcklig kunskap i hur man lastar och räknar ut balansen ansåg han också vara tagna ur luften.

-Jag kände styrmannen mycket väl och visste vad han kunde. Jag vet inte var utredningen har fått denna uppfattning från. Han hade gjort chefsprov på Luftfartsverket och den korta inskolningen kompenserades av att han följde vår chefsinstruktör i ytterligare drygt nio timmar innan han fick arbeta tillsammans med en kapten. Styrmannen hade dessutom mycket lång flygerfarenhet. För övrigt är vikt- och balansuträkningar så grundläggande i all pilotutbildning att

John-Olof Holmström

han helt enkelt inte kan ha missat det.

Enligt flygets årsbok *Flyg -91* fastslog utredningen till sist att den mest sannolika olycksorsaken till den utlösande tipstörningen var "klaffutfällningen till full klaff i förening med effektökning på motorerna. Stabilisatorn hade därmed på ett ögonblick helt förlorat sin balanserande förmåga". Men vid en intervju hösten 1999 var John-Olof Holmström fortfarande undrande inför haveriorsaken.

-Jag har alltid hävdat att det inte var en naturlig olycka. Det är för mycket som inte stämmer.

Någon riktig klarhet åstadkoms heller aldrig *(läs dock brevet på sid 706)*.

Samma natt som haveriet gick ett storlarm utan förvarning hos tusentals militärer. Sveriges största beredskapskontroll genom tiderna rullade igång och styrkorna på Stockholms regementen försattes i högsta beredskap. Tidigt på morgonen fanns plötsligt kuppförsvarsstyrkor från regementet K1 på plats vid nyckelpunkter i huvudstaden. I hela landet berördes 80 000 försvarsanställda, varav 10 000 enbart i Stockholm!

-Man måste poängtera att det här inte var en övning, utan en kontroll av hur den högsta beredskapen fungerar, förklarade Thomas Gür, informationsansvarig på Försvarsstaben.

Med tanke på de väldiga krafter som ligger bakom mordet kan man fråga sig om dessa två händelser eventuellt kan ha med varandra att göra? Det kom även ett mycket mystiskt brev till John-Olof Holmström, endast några få dagar efter olyckan, ett brev som visar på ett eventuellt samband med Palmemordet (se sid 527).

FÖRLORADE EN HALV MILJARD KR

Huvudpersonen i det här dramat är utan tvekan den folkkäre John-Olle Persson. Under åren 1979-86 hade han varit ett omtyckt men tufft finansborgarråd i Stockholm. Politikerna i stadshuset hade dock i mitten av 1980-talet inlett något som har liknats vid en motorsågsmassaker mot huvudstadens invånare. Man ville skära ned kostnaderna för nästan all kommunal service i staden. Nu avslöjades å andra sidan att tjänstemän under John-Olles tid spekulerat bort skattepengar och handeln på den så kallade optionsmarknaden hade enligt tidningen *Proletären nr 8 -87* medfört att kommunen förlorat närmare en halv miljard kr.

Istället för att regelrätt få sparken fick John-Olle tillbaka ett jobb som han lämnat fjorton år tidigare. Han blev därmed sekreterare i den socialdemokratiska arbetarkommunen. Men John-Olle valde att avgå och blev istället hösten 1988 ordförande i Arbetsmiljökommissionen. Den 1 juli 1989 skulle han därefter ha övertagit generaldirektörsposten vid

John-Olle Persson

688

AMS efter Allan Larsson och vid tiden för sin död var han ordförande i den så kallade Post- och Televerksutredningen som skulle sammanträda i Oskarshamn. Eftersom tre av de omkomna passagerarna hade arbetat som riksdagsledamöter hölls en tyst minut i riksdagen, varefter talman Thage G Peterson höll en parentation där han bland annat sa:

-Motivet med resan var att göra Sverige rättvisare (?).

Men vad har detta med Palmemordet att göra? Svar: Ett flertal brev från medlemmar i mördarteamet har pekat ut John-Olle och hans vän "HH" (se sid 655) som införstådda i mordattentatet. Detta är mycket allvarliga anklagelser, speciellt då det gäller avlidna personer som inte kan försvara sig. Men offren kring dessa storpolitiska händelser har varit många och måste undersökas.

Det kan tyckas märkligt att misstänka en gammal trotjänare som John-Olle Persson, men före detta kulturminister Bengt Göransson har på senare år berättat om hur regeringen reagerade under mordnatten. Utrikesminister Sten Andersson ville genast, utan intern debatt i partiet, tillsätta Ingvar Carlsson som ordförande i partiet och som statsminister. Diskussion uppstod dock och nästa dag hade man två och dagen därpå tre kandidater till partiordförande. Bland dessa fanns ingen mindre än John-Olle Persson.

Stämmer uppgifterna i de anonyma breven (se sid 704), hade John-Olle stått och väntat i kulisserna på att ta över statsministerposten och visste han i så fall för mycket? Var man tvungen av göra sig av med honom och valde att slå till när han var ombord på ett flygplan? Detta är ett välkänt knep bland terrorister, eftersom det gör det mycket svårt att spåra vem av passagerarena som är det tilltänkta offret.

"RULLA BARA SAKTA FÖRBI MORDPLATSEN"

Det finns även andra indicier.

Låt oss för en stund återvända till länspolismästare och förste spaningsledaren Hans Holmérs förehavanden under morddygnet. Officiellt var han som bekant i Borlänge för att åka Wasaloppet, något som sedan dess har visat sig vara en grov lögn (se sid 523). Detta har bland annat exponerats av hans privatchaufför, den numera avlidne polisinspektören Rolf "Dallas" Dahlgrens avslöjanden (se sid 527) om att han i själva verket kört Holmér förbi brottsplatsen 7 minuter efter mordet!

I samband med ett besök i Riksdagshuset i slutet av 1980-talet överlämnade Rolf Dahlgren en detaljerad version *(se PalmeNytt nr 7-02)* av det inträffade till riksdagsmannen Jerry Martinger, Moderata samlingspartiets ordinarie ledamot i Justitieutskottet 1988-92. Rolf Dahlgrens berättelse finns återgiven i Jerry Martingers PM som inlämnats till Riksåklagares Enhet för Speciella Mål den 13 juni 2000, registrerat med beteckningen C-1-31-99 (men som så mycket annat bevismaterial idag inte existerar i utredningen. Detta enligt kriminalkommissarie Åke Röst):

Fredagen den 28 februari 1986 var det meningen att polisinspektör Rolf Dahlgren skulle tjänstgöra från kl 15.00 fram till midnatt. Strax efter lunch blev han emellertid uppringd av sin chef Hans Holmér som uppgav att han kunde vara ledig resten av dagen, bortsett från en hämtning vid Stockholms Centralstation kl 15.00. Som skäl för att ge chauffören Dahlgren ledigt, förklarade Holmér:

Hans Holmér

-Jag avser inte att vara i Stockholm under kvällen.

Dahlgren uppfattade det som att samtalet kommit från Holmérs tjänsterum och begav sig iväg mot centrala Stockholm. Mannen han skulle hämta visade sig vara en chefsperson i 60-årsåldern som Dahlgren gissade hade kommit med tåg från någon annan del av landet.

Efter en kort biltur till Slottskajen parkerade Dahlgren i nära anslutning till Mynttorget. Mannen var borta cirka tjugo minuter. När han kom tillbaka hade han mycket bråttom och uppgav att man måste skynda sig till polishuset. Dahlgren blev stressad och råkade nu backa på en bil. Men när han steg ur för att lämna en lapp till ägaren skrek hans passagerare upprört:

-Det har vi för helvete inte tid med nu. Jag tar bilnumret och ordnar den saken senare.

Under färden från Slottskajen till polishuset var det tyst i bilen. Väl framme underströk mannen att Dahlgren skulle köra ner i polishusets garage, där två yngre män stod och väntade.

Efter det här uppdraget körde Dahlgren hem till sin bostad på Kungsholmen för att ta det lugnt med några kollegor under eftermiddagen. Ett par timmar senare, kl 17.20, kom en annan polisman oväntat till Dahlgrens lägenhet. Dahlgren kände honom inte, men visste att han jobbade "nära Holmér". Det visade sig också att han hade med ett uppdrag från länspolismästaren som innebar att Dahlgren trots allt skulle tjänstgöra under kvällen och bland annat plocka upp Holmér.

(Rolf Dahlgren ville av okänd anledning inte avslöja för riksdagsmannen Jerry Martinger var, när och på vilket sätt han skulle hämta Hans Holmér (se sid 527). På en direkt fråga om inte hämtningen skulle ske på vanligt sätt, uppgav Dahlgren att han i nuvarande läge var förhindrad att svara på detta. Vi tvingas därför lämna en 5-timmars tidslucka i berättelsen och återvänder till Martingers skrivelse, som fortsätter med parets aktiviteter senare under kvällen):

Enligt chauffören Rolf Dahlgren kryssade han tillsammans med länspolismästare Hans Holmér från ungefär kl 22.30 runt i Stockholm på ett sätt som Dahlgren hade svårt att förstå. Holmér gav hela tiden order om att köra till nya platser, vilket fick Dahlgren att känna det som om han skjutsade omkring en nyfiken turist.

Rolf Dahlgrens förehavanden under morddygnet: A) *Centralstationen.* B) *Slottskajen.* C) *Polishuset.* D) *Mariatorget.* E) *Operahuset.* F) *Rådmansgatan.* G) *Odenplan.* H) *"Vid ena änden av Hagagatan"* = *Sveaplan?* *(se även händelser på Frejgatan sid 94).* I) *Norrmälarstrand.* X) *Mordplatsen.*

Vid kl 22.45-tiden hoppade Holmér ur bilen vid Mariatorget på Söder och gick fram till en trappuppgång invid något slags hotell. Dahlgren la märke till hur Holmér pratade med en okänd man i porten, samtidigt som denne gav Holmér en kvällstidning. Mannen bad i samband med detta Dahlgren att vänta några minuter medan länspolismästaren läste något i tidningen.

Därefter fortsatte färden in mot de mer centrala delarna av Stockholm, varvid man passerade den kommande mordplatsen ett flertal gånger. Den äldre mannen som Dahlgren skjutsat runt under eftermiddagen, hämtades sedan vid Operan, inte långt från Kungliga slottet, Utrikesdepartementet och Riksdagshuset. Detta skedde några minuter före kl 23.00. Tillsammans åkte man nu runt kvarteret vid Rådmansgatan ett flertal gånger - Dahlgren upplevde det som om mannen och Holmér letade efter något eller någon där - varefter mannen släpptes av i närheten av Odenplan.

Strax före kl 23.30, det vill säga få minuter efter de ödesdigra skotten på Sveavägen, befann man sig vid "ena kanten av Hagagatan" i närheten av Sveaplan. Holmér steg då ur bilen och gick fram till en man i 25-årsåldern. Det verkade som om de hade stämt möte i förväg. Efter några få minuter kom Holmér tillbaka och berättade att Olof Palme blivit skjuten på Sveavägen. Dahlgren gasade genast iväg mot brottsplatsen där det nu samlats en hel del folk, men fick då order om att bara "rulla sakta förbi", vilket han uppfattade som mycket märkligt! Landets högste polischef har just fått reda på att landets statsminister utsatts för ett blodigt attentat och beordrar sin chaufför att bara fortsätta köra... Rolf Dahlgren var säker på att de passerade mordplatsen sju minuter efter mordet, cirka kl 23.28.30, ungefär vid samma tidpunkt då kommissarie Gösta Söderström (se sid 178) kom till platsen som förste polis (se sid 81).

Någon halvtimme senare (strax efter midnatt), när man efter fortsatt rundkörning i Stockholms centrala delar befann sig på Norrmälarstrand, fick Dahlgren order om att plocka upp en väntande kvinna i 50-årsåldern. Kvinnan skjutsades sedan till en adress i Sundbyberg. Dahlgren mindes inte adressen, men upptäckte senare att hon hade glömt kvar någon sorts jacka eller dylikt i bilen. *(Författarens anmärkning: Kan det här plagget ha någonting med mysteriet kring Lisbet Palmes kappa att göra (se sid 259)? Lägg också märke till att båda kvinnorna är i samma ålder).*

Dahlgren fick slutligen order om att köra vidare till Mälarhöjdens tunnelbanestation, där han lämnade av Holmér strax före kl 00.30. I samband med detta påminde länspolismästaren kraftfullt Dahlgren om den gällande tystnadsplikten,varefter han försvann iväg i en mörkblå Volvo, i vilken det satt minst en person förutom föraren. Den kvarglömda jackan tog han med sig.

Här slutar Hans Dahlgrens redogörelse för mordkvällen, en version som tidigare publicerats på olika sätt och som väckt stor förundran. Journalisten Sven Anér har genom idogt grävande lyckats få fram Dahlgrens lönespecifikationer *(se PalmeNytt nr 7 och 8 -02)* från mordkvällen, bevis för att han verkligen jobbade över denna dag, något som alltid förnekats från officiellt håll.

I mars 2003 trädde två nya vittnen fram och avslöjade att de hade sett Hans Holmér på mordnatten, utanför Kreditbanken i hörnet av Norrmalmstorg och Hamngatan. Klockan hade vid tillfället varit cirka 02.20 och Holmér var iförd svart skinnjacka. De kände igen honom både på ansiktet och "den tuffa framtoningen".

ALLA TRE AVLED

Efter sammanträffandet med polisinspektör Rolf Dahlgren tog riksdagsmannen Jerry Martinger kontakt med en bekant, polisöverintendent Roland Ståhl vid Rikskriminalpolisen. Denne fick en kopia av Dahlgrens dagbok samt anteckningar från mötet och ville genast informera sina kollegor. Men av detta "blev det bara skit".

Ståhl förklarade aldrig närmare vad han menade, men det stod senare klart att han fått problem varje gång han försökt visa upp dagboken. Efter diverse motgångar under flera års tid bestämde de två sig för att sitta ner och prata.

Mötet ägde rum i Fruängen kring årsskiftet 1999-2000. Ståhl sa då att han kände till att Martinger "råkat illa ut" och att han med anledning av detta hade viss information som han trodde riksdagsmannen kunde ha nytta av. Polisöverintendenten kände sig emellertid lite krasslig och lovade att höra av sig vid ett senare tillfälle. Detta skedde dock aldrig och när Jerry Martinger ringde upp honom på hans tjänsterum några få veckor senare fick han beskedet att - Roland Ståhl hade avlidit i cancer.

Jerry Martinger

-Jag påstår inte att dödsorsaken är en bluff, men den kom onekligen plötsligt, i vart fall för Ståhls arbetskamrater på Rikskriminalpolisen, kommenterade en skakad Jerry Martinger i sin skrivelse.

Något år före denna händelse hade Jerry Martinger bestämt lunchträff med förre chefen för Rikskriminalen, Jörgen Almblad.

Jörgen Almblad

-Jag hade sett hur pressad Ståhl varit efter att han fått Rolf Dahlgrens dagbok och ville helt enkelt veta vad som pågick. Men Almblad dök aldrig upp och trots att jag sedan sökte honom i flera veckor var han aldrig anträffbar.

-Någon tid senare ringde Alf Enerström av alla människor upp mig och berättade att Almblad för honom uppgivit att han febrilt hade försökt få tag i mig under lång tid. Men detta är helt enkelt inte sant. Jag hade fullständig koll via växel och sekreterare

Alf Enerström

och han hade inte försökt att nå mig en enda gång.
(En fråga: Vad har den extreme Palmehataren Alf Enerström (se sid 370) med chefen för Rikskriminalen att göra?)

"SLUTA ROTA - ANNARS SÄTTER JAG PUNKT FÖR DIG!"

Jerry Martinger hade tidigare visat upp dagboken för moderate riksdagsmannen Anders Andersson (se sid 678). Detta hade skett en tisdag i mars-april 1989. Andersson hade då kontaktat tidigare finansborgarrådet John-Olle Persson (se sid 678), som i sin tur ringde upp Martinger för ett möte i Gamla Stan. Enligt Martinger var John-Olle mycket intresserad av Rolf Dahlgrens förehavanden under mordkvällen, men yttrade lite kryptiskt:

Arne Andersson

-Jag har följt dig som åklagare. Du har dessutom hjälpt en släkting till mig så jag vet att du är en rekorderlig karl. Jag tror därför att du här kan ha hittat något intressant och jag vill då ge dig ett råd: Var väldigt försiktig, eftersom jag tror att det finns folk i partiledarkretsen som ogillar det du håller på med just nu.

-Några veckor senare ringde John-Olle upp mig och vi bestämde oss för att träffas i mitten av maj, skriver Martinger. Något ytterligare sammanträffande blev det emellertid inte. Både John-Olle Persson och Anders Andersson fanns med på listan över omkomna vid flygkraschen i Oskarshamn (se sid 677).

Riksdagsmannen var dock fast besluten om att försätta sitt sökande. Resultatet lät inte vänta på sig. I slutet av maj 1991, kallades han in till ordförande i Försvarsutskottet, riksdagsmannen Arne Andersson, som gav honom en rejäl utskällning.

-Andersson sa rent ut att det skulle sättas punkt för mig om jag inte omedelbart slutade med mitt rotande och att han personligen kunde komma att bidra till att jag fick sota för det som jag höll på med! Jag förundrades över hur han kunde känna till så många detaljer som han gjorde. Dagboken hade jag ju inte fört vidare till närmare utredning på annat sätt än att jag givit den till polisöverintendent Roland Ståhl.

Tyvärr slutar inte historien om Jerry Martinger här. Som så många andra som har försökt bana väg för sanningen, har han blivit illa bränd. Inte långt efter inlämnandet av Martingers PM den 13 juni 2000 blev han plötsligt anklagad för sextrakasserier. Jerry Martinger, en gång påtänkt som justitieminister i Carl Bildts regering och parlamentarisk ledamot i Rikspolisstyrelsen, fann sig nu misstänkt för:

Jerry Martinger

1) Ofredande - i form av 139 samtal till barnfamiljer, det handlade om både flåssamtal och hotfulla, smattrande ljud.

Syftet med samtalen var enligt överåklagaren Hans Lindberg *(se Aftonbladet den 6 februari -01)* att smutskasta en man som hans dåvarande hustru hade ett förhållande med

2) Sexuellt ofredande - Martinger påstods ha ringt obscena samtal till barnfamiljer

3) Misshandel och olaga hot - han anklagades för att ha hotat döda en kvinna

4) Övergrepp i rättssak - han var även misstänkt för att ha ringt upp kvinnan och försökt få henne att ta tillbaka anmälan.

"Kul" karikatyr

I och med dessa hårda anklagelser tvingades Jerry Martinger lämna både platsen i Rikspolisstyrelsen och stolen i riksdagen, samtidigt som han utsattes för en brutal mangling i massmedia och av etablissemanget.

I den följande rättegången behandlades ett antal av de påstådda telefonsamtalen. Ett av dem spårades till en telefonkiosk vid tunnelbanestationen i Stockholmsförorten Bredäng. Ett problem uppstod dock när man försökte tillskriva Martinger detta samtal, eftersom han själv ringt från sin bostadstelefon till Riksdagen och ett kommunalråd 2 minuter och 11 sekunder efter samtalet i Bredäng.

Polisen vidhöll emellertid bestämt att det var fullt möjligt att köra från Bredäng till Martingers bostad på angiven tid. Tidningen *Contra* testade *den 21 maj 2001* sanningshalten i påståendet:

Att springa från telefonkiosken vid tunnelbanan till närmaste gata tog 27 sekunder. Martinger skulle då ha 1 minut och 51 sekunder på sig att köra den angivna sträckan samt ta sig in i bostaden och slå numret. Tidningen *Contras* testförare klarade sträckan på 4 minuter och 25 sekunder trots att han då bröt mot alla hastighetsbegränsningar. På sträckan, som huvudsakligen är en både kurvig och backig tvåfilig väg genom tättbebyggt område, passeras 5 trafikljus. Stoppen vid rödljusen räknades bort med hjälp av stoppur. Den sista halva kilometern består dessutom av smala villagator med fartgupp.

Om man istället antar att en medhjälpare stått och väntat med en uppvärmd och extremt snabb motorcykel hade medelhastigheten behövt vara 138 km/tim. Men det här var inga problem att genomföra, allt enligt polisens vittnesmål inför domstol.

I samband med sitt försvar begärde den anklagade Jerry Martinger att få se logglistorna från de telefonkiosker där samtal som tillskrivits honom hade ringts. Det kunde ju vara så att någon ringt flera samtal vid samma tidpunkt och att namnen på mottagarna skulle kunna avslöja något om vem som verkligen utfört handlingen (om det nu inte var Martinger).

Telefonkiosken var inte flitigt använd, det var ofta en halvtimme mellan samtalen och när logglistorna till sist kom fram, trots polisens och åklagarens protester, visade det sig att ett samtal som ringts ett par minuter före det aktuella samtalet hade gått till ingen mindre än förre statsrådet Carl Lidbom!? Samme Lidbom som dykt upp i så många märkliga sammanhang kring statsministermordet (se sid 36, 282, 521, 662, 709). (Lidbom avled 26 juli 2004) Ett annat obscent samtal som Jerry Martinger anklagades för hade ringts i juli 1999. Polis och åklagare påstod här att Martinger i samband med en taxifärd från bostaden i Segeltorp till Riddarholmen stannat till vid Hornstull för att ringa därifrån kl 12.50. Till stöd för teorin åberopades förhör med taxiföraren. Inför tingsrätten uppgav denne dock att han fått platsen Hornstull av polisen och erkände enligt tidningen *Contra* rent ut att han lika gärna hade kunnat säga till exempel Marieberg, om polisen så hade velat.

Trots att den ansträngde Jerry Martinger hela tiden hävdat sin oskuld, dömdes han slutligen till stränga böter och villkorlig dom. Huddinge tingsrätt beslutade dessutom att han skulle genomgå en Paragraf 7-undersökning, en så kallade liten psykundersökning.

Jämför detta med den likaledes brutala behandlingen av Amnesty Internationals förre ordförande Jesús Alcalá (se sid 229, 414).

MÖRDARENS EGNA ORD

Vi letar vidare efter ledtrådar. Palmeutredningen har kantats av dussintals underliga brev. Många av dem tycks ha kommit från ett och samma håll. Enligt *Aftonbladet den 22 februari -89* hotades bland andra Palmeåklagaren Jörgen Almblad (se sid 197) till livet av denne anonyme brevskrivare. Almblads brev var skrivit på franska, avskickat i Helsingborg och kom till A-pressens Stockholmsredaktion: "Jörgen Almblad befinner sig på avgrundens rand. Det kan ni vara säkra på. Han har redan en fot i graven".

Hans Haste

-Jag känner igen brevskrivaren och tror mig veta vilken krets han kommer ifrån, sa Almblad som trots ett glatt yttre verkade skakad.

Han var inte den enda som kände sig pressad. Ett stort antal privatpersoner och myndigheter hade fått brev där bland annat författaren och John-Olle Perssons nära medarbetare Hans Hastes (initialer HH) angivits som avsändare (se sid 705).

-Jag tror att denne person har ett visst släktskap med den som har skrivit de övriga breven, konstaterade Haste, mannen som många observerat uppträda nästan överdrivet upprört på brottsplatsen dagen efter mordet och gråtande yttrat orden:

-Det är som om Palmes sista gärning var att befria våra känslor.

I de anonyma skrivelserna sa sig brevskrivaren tillsammans med några kompisar

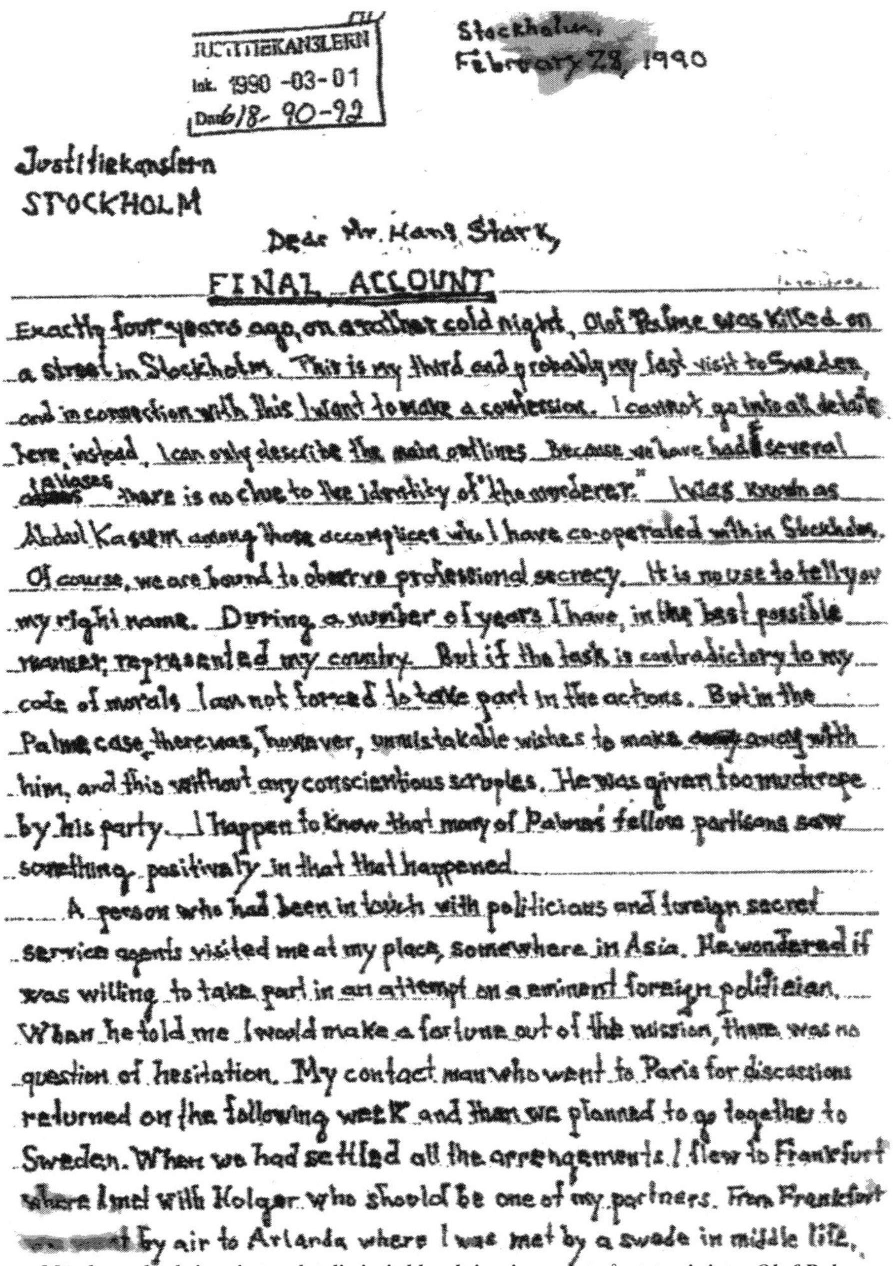

Stockholm,
February 28, 1990

Justitiekanslern
STOCKHOLM

Dear Mr. Hans Stark,

FINAL ACCOUNT

Exactly four years ago, on a rather cold night, Olof Palme was killed on a street in Stockholm. This is my third and probably my last visit to Sweden, and in connection with this I want to make a confession. I cannot go into all details here, instead, I can only describe the main outlines. Because we have had several aliases there is no clue to the identity of "the murderer." I was known as Abdul Kassem among those accomplices who I have co-operated with in Stockholm. Of course, we are bound to observe professional secrecy. It is no use to tell you my right name. During a number of years I have, in the best possible manner, represented my country. But if the task is contradictory to my code of morals I am not forced to take part in the actions. But in the Palme case, there was, however, unmistakable wishes to make away with him, and this without any conscientious scruples. He was given too much rope by his party. I happen to know that many of Palmes fellow partisans saw something positively in that that happened.

A person who had been in touch with politicians and foreign secret service agents visited me at my place, somewhere in Asia. He wondered if I was willing to take part in an attempt on a eminent foreign politician. When he told me I would make a fortune out of this mission, there was no question of hesitation. My contact man who went to Paris for discussions returned on the following week and then we planned to go together to Sweden. When we had settled all the arrangements I flew to Frankfurt where I met with Holger who should be one of my partners. From Frankfurt we went by air to Arlanda where I was met by a swede in middle life,

Mördaren beskriver i stor detalj sin inblandning i mordet på statsminister Olof Palme

697

who also helped me to get along in Stockholm. In this town we stayed over one and a half month. We got regular information about them back we ough to be acquainted with. We had to watch Olof Palmes flat in Gamla Stan and we should also follow or tail him and other people and visit shaby places like the joint Oxen. By watching video tapes we made acquaintance with Olof Palme as well as some real criminals. We began to understand that we were seriously involved in an expected attempt on the swedish Prime Minister. Discretely enough we split up into three groups that later on had worked independent of each other. Holger and I used a blue Volkswagen Passat equipped with a radio device (the tag) to connect with the walkie-talkies.

We were responsible for fire arms, too. (It is fairly easy to come by fire-arms nowdays.

Though we were staying on different places, sometimes at hotels, sometimes in private dwellings, we, Holger and I saw each other every day. Holger, who knew Stockholm very well showed me round about the Stockholm area. Sometimes I was the driver and Holger the co-driver i.e. the one who read the map. But it also often happened that we took the subway downtown. On such an occasion I was addressed by a young man who mistook me for Olle Nordin, the coach of the swedish national soccer team. We were only informed a couple of times about the other four accomplices and their activities without knowing their right identities. We also learned that our operations were made easier thanks to collaboration with Swedes, both politicians and policemen. The fact is that we were under the aegis of the social-democratic party. We were also informed that Palmes phone was tapped. I must emphasize that I and my friends always used assumed names, one for each task, when travelling around the world. Thus my names have always been related to different missions. I have only used the name Abdul Kassen during the period when I dealt with my colleagues in connection with the assassination of Olof Palme, otherwise I used other names, for instance when I put up at hotels etcetera, in Stockholm.

En man i tunnelbanan tog fel på mördaren och förbundskaptenen i fotboll, Olle Nordin

After one and a half month of preparations for the task it was time to take action. On February 28th we learned that Olof Palme would not have any body-guards that evening, and that we should stand by. A coup' of hours later we were set to work. I was introduced to a german called Heine and in a hurry we were equipped with walkie-talkies and we were also instructed to watch Palmes front-door and to follow him when he left. By our devices it was not very difficult for us to connect each other and one of our principals. We had brought two bags in which we protected our walkie-talkies from view, when we got into the underground train. We each took a carriage, one of which was the same one as the Palme couple nearby. When reaching Grand, Lisbet and Olof entered the cinema while we met with Stuart, who was a tall fairhaired fellow, outside. Right in the middle of the cinema performance our radio contact three get-away cars to places at convenient distances from Sveavägen. When the people came pouring out of the cinema I was ordered to cross the street and to take my stand in a doorway near Kungsgatan. Heinz and Stuart should follow Palme on the same side as the churchyard and fix him some distance ahead. For that reason they carried guns with silencers and a poisoned needle, just in case - - - - - -

But the decree of fate made Palme cross the street at an earlier stage than expected. He came into my sphere of interest and fell on my lot to put him out of action. A strong tension took possession of me when I peeped out from my hiding place and saw how he came closer. Then I fastened the walkie-talkie inside my jacket and simultaneously I pressed up against the door. I got hold of my revolver out of my pocket and when Palme was right in front of me I stepped out into the street right behind him. Now it's no way back I thought and grasped his shoulder. I raised my weapon and squeezed the trigger firmly at close range. The shot went off with a violent echo and I damned the bad silencer. Now everything went very fast although it seemed to pass in slow motion.

Efter dödsskotten flydde mördaren snabbt till en väntande flyktbil på Snickarebacken

699

Statskupp i Slowmotion

ha utfört statsministermordet. Vidare berättade han att mördarteamet hade återförenats i Östersund sommaren 1988 och att de skrivit till lokaltidningen för att fria den så kallade 33-åringen, Victor Gunnarsson (se sid 267). Som stöd för sina påståenden framförde han en berättelse som enligt tidningen föreföll förvirrad och utan verklighetsanknytning. Men var detta en korrekt bedömning? Samme brevskrivare fortsatte att skicka avslöjanden per brev, bland annat följande anonyma skrivelse till justitiekansler Hans Stark, författad på dagen fyra år efter mordet på Olof Palme.

(Brevet har tidigare publicerats i boken *Han sköt Olof Palme*, författad av kriminalinspektör Börje Wingren i bearbetning av Anders Leopold på *Expressen*, som även skrev om detta i en artikel *den 28 september -93*. Deras tolkning av brevet är dock mycket annorlunda än den här bokens).

Här följer en exakt avskrift av brevet, inklusive stavfel och översättning:

"JUSTITIEKANSLERN
INK. 1990-03-01
DNR. 6/8-90-92

Justitiekanslern   *Stockholm, February 28, 1990*

Dear Mr. Hans Stark,
FINAL ACCOUNT

"Exactly four years ago, on a rather cold night, Olof Palme was killed on a street in Stockholm. This is my third and probably my last visit to Sweden, and in connection with this I want to make a confession. I cannot go into all details here, instead, I can only describe the main outlines. Because we have had several aliases there is no clue to the identity of "the murderer". I was known as Abdul Kassem among those accomplices who I have co-operated with in Stockholm. Of course, we are bound to observe pro-fessional secrecy. It is no use to tell you my right name. During a number of years I have, in the best possible manner, represented my country. But if the task is contradictory to my code of morals I am not forced to take part in the actions. But in the Palme case, there was, however, unmistakable wishes to make away with him, and this without any conscientious scruples. He was given too much rope by his party. I happen to know that many of Palme's fellow partisans saw something positively in that that happened."

Käre Hans Stark,
DEN SISTA REDOGÖRELSEN

700

En Fot i Graven

En ganska kall kväll för exakt fyra år sedan dödades Olof Palme på en gata i Stockholm. Detta är mitt tredje och förmodligen sista besök i Sverige och i samband med det vill jag bekänna en sak. Jag kan inte ge mig in på alla detaljer, jag kan bara beskriva det hela i stora drag. Eftersom vi hade diverse alias finns det inga spår som kan identifiera "mördaren". Jag var känd under namnet Abdul Kassem bland mina medarbetare i Stockholm. Naturligtvis har vi professionell tystnadsplikt och det finns ingen anledning för mig att avslöja mitt riktiga namn. Under åtskilliga år har jag på ett föredömligt sätt tjänat mitt land. Om ett uppdrag har stridit mot min moraliska övertygelse har jag inte varit tvungen att delta. Men i fallet Palme fanns det utan tvekan starka önskemål om att utan samvetskval göra sig av med honom. Han hade fått för stor rörelsefrihet av sitt parti. Jag råkar känna till att många av Palmes partikollegor såg något positivt i det som hände.

"A person who had been in touch with politicians and foreign secret service agents visited me at my place, somewhere i Asia. He wondered if was willing to take part in an attempt on a eminent foreign politician. When he told me I would make a fortune out of the mission, there was no question of hesitation. My contact man who went to Paris for discussions returned on the following week and then we planned to go together to Sweden. When we had settled all the arrengements I flew to Frankfurt where I met with Holger who should be one of my partners. From Frankfurt we went by air to Arlanda where I was met by a swede i middle life, who also helped me to get along in Stockholm. In this town we stayed over one and a half month. We got regular information about those facts we ougt to be acquainted with. We had to watch Olof Palmes flat in Gamla Stan and we should also follow or tail him and other people and visit shady places like the joint Oxen. By watching videotapes we made acquaintance with Olof Palme as well as some rude criminals. We began to understand that we were seriously involved in an expected attempt on the swedish Prime Minister. Discretely enough we split up into three groups that hiterto have worked independent of each other. Holger and I used a blue Volkswagen Passat equipped with a radio device (two-way) to connect with the walkie-talkies. We were responsible for firearms, too. (It is fairly easy to come by fire-arms nowadays)."

En person som hade haft mycket att göra med politiker och agenter från utländska underrättelsetjänster besökte mig i mitt hem någonstans i Asien. Han undrade om jag var villig att delta i ett attentat mot en framstående utländsk politiker. När jag förstod att jag kunde tjäna en förmögenhet på uppdraget var det aldrig tal om någon tvekan. Min kontaktman reste till Paris för överläggningar och återvände följande vecka, varefter vi planerade vår gemensamma resa till Sverige. När vi var klara med alla arrangemang flög jag till Frankfurt där jag träffade Holger, en av mina blivande medarbetare. Från Frankfurt tog vi sedan flyget till Arlanda där jag möttes av en medelålders svensk som hjälpte mig att komma iordning i Stockholm. I denna stad stannade vi i drygt en och en halv månad. Vi fick regelbunden information om sådant vi behövde känna till, bevakade Olof Palmes lägenhet i Gamla Stan och skuggade honom och andra personer samt besökte skumma tillhåll som syltan Oxen. Genom att studera videoband lärde vi känna Olof Palmes vanor, liksom några ökända brottslingars. Det började nu gå upp för oss att vi var inblandade i ett välplanerat attentat mot den svenska statsministern. Diskret delade vi upp oss i tre grupper som arbetade oberoende av varandra. Holger och jag använde en blå Volkswagen Passat utrustad med en komradio som stod i kontakt med några walkietalkies. Vi hade även ansvaret för vapnen. (Det är ganska enkelt att få tag på vapen nu för tiden.)

"Though we were staying on different places, sometimes at hotels, sometimes in private dwellings, we, Holger and I saw each other every day. Holger, who knew Stockholm very well showed me round about the Stockholm area. But sometimes I was the driver and Holger the co-driver i.e. the one who read the map. But it also often happened that we took the subway downtown. On such an occasion I was addressed by a young man who mistook me for Olle Nordin, the coach of the Swedish national soccer team. We were only informed a couple of times about the other four accomplices and their activities without knowing their right identities. We also learned that our operations were made easier thanks to colloboration with Swedes, both politicians and policemen. The fact is that were under the aegis of the social-democratic party. We were also informed that Palmes phone was tapped. I must emphasize that I and my friends always used assumed names, one for each task, when travelling around the world. Thus my names have always been related to different missions. I have only used the name Abdul Kassem during the period when I dealt with my colleages in connection with the assassination of Olof Palme, otherwise I used other names, for instance when I put up at hotels etcetera in Stockholm."

Trots att vi bodde på flera olika platser, ibland på hotell och ibland hos privatpersoner, träffades Holger och jag varje dag. Holger, som kände till Stockholm mycket väl, visade mig runt i Stockholmsområdet. Ibland körde jag med Holger som kartläsare. Men det hände också ofta att vi tog tunnelbanan in till staden. Vid ett sådant tillfälle tog en ung man fel på mig och Olle Nordin (se sid 706), förbundskapten i det svenska fotbollslandslaget. Vi blev endast några få gånger informerade om de andra fyra medbrottslingarnas aktiviteter, utan att känna till deras rätta identiteter. Vi upptäckte också att vår operation underlättades tack vare samarbete med svenskar, både politiker och polismän. Faktum är att vi var under beskydd av det socialdemokratiska partiet. Vi informerades också om att Palmes telefon var avlyssnad. Jag måste påpeka att jag och mina vänner alltid använder täcknamn, ett för varje uppdrag när vi reser runt i världen. På så sätt har mina namn alltid varit relaterade till diverse uppdrag. Jag har bara använt namnet Abdul Kassem då jag tillsammans med mina kolleger arbetade med mordet på Olof Palme, annars har jag använt mig av andra alias, till exempel när jag checkade in på hotell etc i Stockholm.

"After one and a half month of preparations for the task it was time to take action. On February 28th we learned that Olof Palme would not have any body-guards that evening and that we should stand by. A couple of hours later we were set to work. I was introduced to a german called Heinz and in a hurry we were equipped with walkie-talkies and we were also instructed to watch Palmes front-door and to follow him when he left. By our devices it was not very difficult for us to connect each other and one of our principals. We had brought two bags in which we protected our walkie-talkies from view when we got into the underground train. We each took a carriage, one of which was the same one as the Palme couple went by. When reaching Grand, Lisbet and Olof entered the cinema while we met with Stuart, who was a tall, fairhaired fellow, outside. Right in the middle of the cinema performance our raidio contact three get-away cars to places at convenient distances from Sveavägen. When the people came pouring out of the cinema I was ordered to cross the street and to take my stand in a doorway near Kungsgatan. Heinz and Stuart should follow Palme on the same side as the churchyard and fix him some distance ahead. For that reason they carried guns with silencers and a poisoned needle, just in case ..."

Efter en och en halv månads förberedelser var det dags att slå till. Den 28 februari fick vi veta att Olof Palme var utan livvaktsskydd på kvällen och att vi skulle hålla oss redo. Ett par timmar senare satte vi igång. Jag presenterades för en tysk som hette Heinz och i all hast utrustades vi med walkietalkies och instruktioner om att bevaka Palmes entré för att skugga honom när han gick ut. Med hjälp av vår tekniska utrustning var det inte svårt att hålla kontakten med varandra och med en av våra arbetsgivare. Vi hade med oss två väskor som vi gömde våra walkietalkies i när vi kom ner i tunnelbanan. Vi hoppade på var sin tunnelbanevagn, varav en var den som paret Palme färdades i. När Lisbet och Olof kom fram till Grand, stannade vi kvar utanför där vi träffade Stuart, en lång ljushårig kille. Mitt under bioföreställningen ordnade vår radiokontakt tre flyktbilar på bekvämt avstånd från Sveavägen. När publiken började strömma ut från biografen fick jag order om att korsa gatan och placera mig i en portgång nära Kungsgatan. Heinz och Stuart skulle följa efter Palme på samma sida som kyrkogården och fixa honom ett stycke därifrån. Av den anledningen bar de vapen med ljuddämpare och en giftspruta, bara för att vara på den säkra sidan...

"But the decree of fate made Palme cross the street at an earlier stage than expected. He came into my sphere of interest and it fell on my lot to put him out of action. A strong tension took possession of me when I peeped out from my hiding place and saw how

Palme fell to the ground and Lisbet bend her knees before him. I could see that she was kind of paralized when she looked at me and I fired off a shot in her direction only on purpose to frighten her. At the very instant as I realized that Olof Pal was deadly wounded; the idea came to me. As I said before we had watched video tapes and now I recollected the picture of a notorious criminal who had a very special gait. (Some people say I was disguised and dressed up as Christer Pettersson, but that is not true.) In that connection and in order to calm myself I concentrated on appearing churlish when I was towards and upon the claps in the alley. Way up the steps there was a man who established his identity as agreed upon and he made signs that I should follow him. I passed one elderly couple coming towards me, and I could easily follow my guy right on to Birgerjarlsgatan. Over there it was a blue VW Passat parked in which Holger sat behind the steering wheel waiting for us. The man who had steered me the we disappeared as soon as he saw how Holger and I started and drove off. Holger who had spoken to some 'supporting body" over his two-way radio device, shouted: "Let's go north and meet the guys." After a while, a quarter of an hour or so, Holger said in German: Hier ist es! We were then at a cross-roads with an ascending ramp a short distance ahead to the right. I changed clothes in the course of the drive from a quilted jacket to a small checked overcoat. This must be Ulriksdal, Holger said, and set his eyes on the taxi-map while we were packing up our fire-arms and "radio-phone" in the big, black and red chequered suitcase. We had not not waited long when a white Volvo passed up there and backed down the ramp right in front of us. When Holger made signals with the headlights a fair haired man, tall of stature, jumped out of the other car and opened the boot cover, and we expressed our mutual best wishes as I said goodbye to Holger. I hastened up to Stuart (that was his name) with the heavy suitcase and he said: 'Eila!', in a loud voice, but with a smile. The driver of the other car, called Odd,

I närheten av Ulriksdal genomfördes ett byte av flyktbilar, varefter man fortsatte norrut

...was norwegian, and he was, in fact, fairty like Stuart. They praised my ... and had a good laugh ... said smelling about my noisy gun. Stuart, ... been on the other side of Sveavägen said that it ... not make that noise at all. He, himself, had made for Norr... ... when he was picked up by Odd.

Neither of us regarded our assistance in the assassination of Olof Palme.

Stuart showed me the injection syringe filled with a deadly poison which was intended for Palme, if the situation developed in a certain direction.

In the neighbourhood of the village Märsta, at a hamlet named Rosersberg, we stopped ... a barn. There was a man standing at the barn with an electric torch in his hand twinkling. We answered his signals, using our flashlight. When the man came ... Odd asked for the pass-word by saying: "Which flight?" and the man replied: The Führer! Then I realized that we had got a well planned support from people who did not participate in the execution patrol" itself. ... something ... which we, in our car, were not really aware of. We handed over some of our luggage containing technical outfit, fire-arms walkie-talkies and clothes. In return we received norwegian number plates and them we fitted up onto our car immediately before we left for Uppsala.

When we arrived there I bid farewell to my companions at the address given. Two chaps met me there and they accompanied me to a dwelling where I had to ... y on during the next few days, as a precaution. Meanwhile I got confirmation that a lot of ... money should be available abroad as a reward for the personal contribution. ... Someone gave me also an airticket and ready money to be used for a journey to a metropolis in a central European country.

Thereby I had brought the mission to an end and I returned to the country and the town where I belong. I am proud to have executed a plot which must have gone to the history of the world. Today, in honour of Olof Palme I have visited his grave with that simple tombstone, a native stone from a barren island.

Yours very truly
Abdul al

PS I am sorry that innocent people like Christer Pettersson, ▓▓▓▓ and of course Lisbet Palme have been ...

Är detta den verkliga sanningen bakom mordet på Sveriges statsminister Olof Palme?

705

Statskupp i Slowmotion

he came closer. Then I fastened the walkie-talkie inside my jacket and simultaneously I pressed up against the door. I got hold of my revolver out of my pocket and when Palme was right in front of me I stepped out into the street rigt behind him. Now it's no way-back I thought and grasped his shoolder. I raised my weapon and squeezed the trigger firmly at close range. The shot went off with a violent echo and I damned the bad silencer. Now everything went very fast altough it seemed to pass in slow-motion."

Men ödet gjorde att Palme korsade gatan tidigare än väntat (se sid 67). Han kom därmed in i min intressesfär och det föll nu på min lott att göra slut på honom. En stark spänning grep mig när jag tittade ut från mitt gömställe och såg hur han närmade sig. Sedan stoppade jag walkietalkien i innerfickan och tryckte upp mig mot dörren. Jag drog fram min revolver ur fickan och när Palme var rakt framför mig tog jag ett steg ut precis bakom honom. Nu finns det ingen återvändo, tänkte jag, och tog tag i hans axel. Jag lyfte mitt vapen och kramade om avtryckaren på mycket nära håll. Skottet gick av med ett våldsamt eko och jag förbannade den dåliga ljuddämparen. Nu gick allting mycket fort även om det tycktes passera i slowmotion.

"Palme fell to the ground and Lisbet bent her knees before him. I could see that she was kind of paralized when she looked at me and I fired off a shot in her direction only on purpose to frighten her. At the very instant as I realized that Olof Palme was deadly wounded; the idea came to me. As I said before we had watched videotapes and now I recollected the picture of a notorious criminal who had a very special gait. (Some people say I was disguised and dressed up as Christer Pettersson, but that is not true). In that connection and in order to calm myself I concentrated on appearing churlich when I ran towards and upon the steps in the alley. Way up the steps there was a man who established his identity as agreed upon and he made signs that I should follow him. I passed an elderly couple coming towards me and I could easily follow my guide right on to Birger Jarlsgatan. Over there it was a blue VW Passat parked in which Holger sat behind the steering wheel waiting for me. The man who had showed me the way disappeared as soon as he saw how Holger and I started and drove off. Holger who had spoken to some "supporting body" over his two-way radio device, shouted "Let's go north and meet the guys!"

Palme föll till marken och Lisbet böjde knä framför honom. Jag kunde se att hon var som paralyserad när hon tittade på mig och jag tryckte av ett skott i hennes riktning bara för att skrämma henne. Samtidigt som jag såg att Olof Palme var dödligt sårad fick jag en idé. Som jag nämnde tidigare hade vi sett en del videoband och nu kom jag ihåg bilden av en ökänd brottsling som hade ett mycket speciellt sätt att gå och springa. (En del människor påstår att jag var förklädd till Christer Pettersson, men det är inte sant). Med den bilden i huvudet och för att lugna ner mig själv koncentrerade jag mig på

706

att uppträda som en haltande lufs när jag sprang mot och uppför trapporna i gränden. På vägen uppför trappan stod en man som identifierade sig som avtalat, varefter han gjorde tecken åt mig att följa efter. Jag passerade ett äldre par som kom emot mig (se sid 80) och det var lätt att hänga med min guide hela vägen till Birger Jarlsgatan. Där stod en blå Volkswagen Passat väntande (se sid 100) med Holger bakom ratten. Mannen som hade visat mig vägen försvann så fort Holger och jag körde därifrån. Holger, som hade talat med en medhjälpare i komradion, ropade: "Nu drar vi norrut och träffar de andra grabbarna!"

GIFTSPRUTA I RESERV

"After a while, a quarter of an hour or so, Holger said in German: Hier ist es! We were ther at a cross-roads with an ascending ramp a short distance ahead to the right. I changed clothes in the course of the drive from a quilted jacket to a small checked overcoat. This must be Ulriksdal, Holger said, and set his eyes on the taximap while we were packing up our fire-arms and "radio-phone" in the big black and red chequerd suitcase. We had not not waited long when a white Volvo passed up there and backed down the ramp right in front of us. When Holger made signals with the head-lights a fair-haired man, tall of stature, jumped out of the other car and opened the boot cover, and we expressed our mutual best wishes as I said goodbye to Holger. I hastened up to Stuart (that was his name) with the heavy suitcase and he said: "Eila!" in a loud voice, but with a smile. The driver of the other car, called Odd, was norwegian, and he was, in fact, fairly like Stuart. They praised my achievement and they had a good laugh when I said something about my noisy gun. Stuart, who had been on the other side of Sveavägen said that it did not make that noise at all. He, himself, had made for Norra Bantorget where he was picked up by Odd. Neither of us reported our assistance in the assassination of Olof Palme. Stuart showed me the injection syringe filled with a deadly poison which was intended for Palme if the situation developed in a certain direction."

Efter en stund, kanske en kvart eller så, sa Holger på tyska: "Hier ist es!" Vi var vid en korsning med en uppfart en bit framför oss till höger. Jag klädde om medan vi åkte, från en täckjacka till en smårutig ytterrock. Det här måste vara Ulriksdal, sa Holger och kollade taxikartan medan vi packade ner våra vapen och "radiotelefoner" i den stora svarta och rödrutiga resväskan. Vi behövde inte vänta länge förrän en vit Volvo körde förbi däruppe och backade nerför uppfarten rakt framför oss (se sid 106). När Holger signalerade med helljuset hoppade en storväxt, ljushårig man ut ur den andra bilen och öppnade bagageluckan och vi önskade varandra lycka till, medan jag sa adjö till Holger. Jag skyndade bort till Stuart (så kallade han sig) med den tunga resväskan samtidigt som han ropade: "Eila!" (se sid 106) men med ett leende. Chauffören i den andra bilen, Odd, var norrman (se sid 461) och ganska lik Stuart. De berömde min bragd

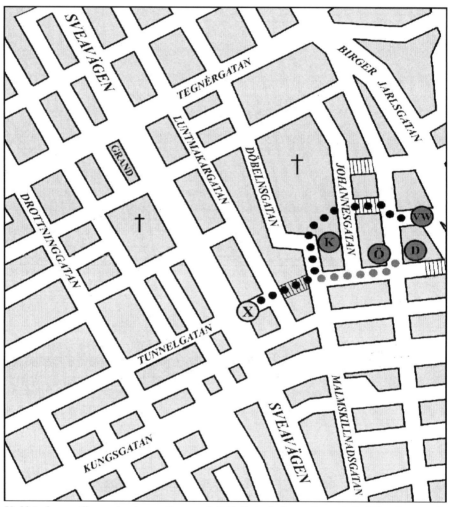

Vad hände egentligen minuterna efter mordet? Enligt mördarens brev etc är följande scenario möjligt: X) Mordplatsen. K) Eventuell kommandocentral under Johannes Brandstation. Ö) CG Östlings (se sid 425) och major Grundborgs lägenhet. D) Polismannen Djurfeldts lägenhet (se sid 439). VW) Flyktbilen (se sid 100). Svarta punkter) Mördarens riktiga flyktväg? Ett alternativt händelseförlopp: Mannen förövaren möter i trappan var CG Östling, som stått ovanför trapporna tillsammans med piket 3230s manskap och väntat på att skotten skulle smälla. Var det i så fall Östling och inte gärningsmannen som vittnena såg på David Bagares gata och kan hans tunga löpstil (se sid 80) ha berott på att han var nyopererad? Och var det han som hade kräkts vid trappans topp (se sid 87)? Grå punkter) CG Östlings språngmarsch fram till lägenheten på Regeringsgatan 85 för att skaffa sig av med det överlämnade mordvapnet.

och fick sig ett gott skratt när jag nämnde något om mitt högljudda vapen. Stuart, som hade varit på andra sidan av Sveavägen, sa att det inte alls hade låtit så mycket. Han hade själv stuckit iväg mot Norra Bantorget för att bli upplockad av Odd. Ingen av oss nämnde något om vår inblandning i mordet på Olof Palme. Stuart visade mig däremot injektionssprutan fylld med dödligt gift (se sid 28) som hade varit avsedd för Palme om situationen utvecklat sig annorlunda.

"In the neighbourhood of the village Märsta, at a hamlet named Rosersberg (se sid 33) , we stopped in a barn. There was a man standing at the barn with an electric torch in his hand, twinkling. We answered his signals using our flashlight. When the man came up to our car Odd asked for the password by saying: Which flight? and the

Palmes gravsten hämtades från Fårön

man replied: The Fulmar! Then I realised that we had got a well planned support from people who did not participate in the "execution patrol" itself. But was something which we, in our car, were not really aware of. We handed over some of our luggage containing technical outfit, firearms, walkie-talkies and clothes. In return we received norwegian number plates and these we fitted up onto our car immediately before we left for Uppsala."

I en liten by kallad Rosersberg i närheten av förorten Märsta stannade vi till i en lada. Det stod en man och blinkade med en ficklampa. Vi besvarade hans signaler med strålkastarna. När mannen kom fram till bilen frågade Odd efter lösenordet genom att säga: "Vilken flight?" och mannen svarade: The Fulmar! (se sid 33) Då insåg jag att vi hade välplanerat stöd från folk som inte deltog i själva exekutionspatrullen.

Men det var något som vi inte hade känt till. Vi lämnade över lite bagage innehållande teknisk utrustning, vapen, walkietalkies och kläder. I utbyte fick vi norska nummerplåtar som omedelbart monterades på vår bil innan vi fortsatte mot Uppsala.

Är det den här ladan han beskriver?

709

Statskupp i Slowmotion

"When we arrived there I bid farewell to my companions at the address given. Two chaps met me there and they accompanied me to a dwelling where I had to stay on during the next few days, as a precation. Meanwhile I got confirmation that a lot of money should be available abroad as a reward for the personal contribution. Someone gave me also an airticket and ready money to be used for a journey to a metropolis in a central European country. Thereby I had brought the mission to an end and I returned to the country and the town where I belong.

I am proud to have executed a plot which must have gone to the history of the world. Today, in honour of Olof Palme I have visited his grave with that simple tombstone, a native stone from a barren island.

Years very truely - "Abdul"

PS. I am sorry that innocent people like Christer Pettersson, (överstruket) and of course Lisbet Palme have been ...(oläsligt)"

När vi kom fram tog jag avsked av mina två kamrater. Två andra killar förde mig sedan till en bostad där jag skulle stanna de närmaste dagarna (se sid 606), som en försiktighetsåtgärd. Under tiden fick jag bekräftelse på att en massa pengar skulle finnas tillgängliga utomlands som belöning för min insats. Någon gav mig också en flygbiljett och kontanter att användas för en resa till en storstad i ett centraleuropeiskt land.

Därmed hade jag fullföljt uppdraget och kunde återvända till det land och den stad där jag hör hemma. Jag är stolt över att ha utfört en konspiration som har gått till världshistorien och för att hedra Olof Palmes minne har jag idag besökt hans grav med den enkla gravstenen, en natursten från en karg ö.

Med vänliga hälsningar "Abdul"

PS Jag beklagar att oskyldiga människor som Christer Pettersson, (*överstruket troligtvis Victor Gunnarsson)* och självklart Lisbet Palme har fått l.... (oläsligt) *(Författarens anmärkning angående kodordet The Fulmar: Fulmarus glacialis, är en mås som försvarar sitt bo genom att bomba anfallare med bajs).*

MÖRDARENS VERKLIGA IDENTITET

Men vem är då denne man som vid mordoperationen den 28 februari 1986 gick till världshistorien som statsminister Olof Palmes baneman? Eftersom vi troligtvis pratar om en etablerad yrkesmördare med ett flertal falska identiteter kan det bli mycket svårt att besvara den frågan. Det är inte ens säkert att han fortfarande är vid liv, då hans avslöjande brev måste ha uppfattats som mycket farliga för resten av konspirationen. Många till synes separata spår tycks emellertid peka ut en och samme person: en kurd, född i Turkiet eller Iran.

710

Enligt Granskningskommissionens betänkande 1999 är hela mordutredningen hos Säpo uppdelad i två akter: "Mordet på statsminister Olof Palme" och "Ej kurd". Denna mycket märkliga uppdelning bekräftar att säkerhetspolisen är medveten om gärningsmannens ursprung. Den framlidne bokförlagsdirektören och så kallade privatspanaren Ebbe Carlsson var också övertygad om att mördaren var av kurdiskt ursprung, detsamma gäller förre spaningsledaren Hans Holmér. Det är viktigt att poängtera att vi inte talar om kurderna som folk, utan om **en** enda kallhamrad individ som valt döden som inkomstkälla. Det kurdiska folket har fått utstå mer än nog av förföljelse och lidande och meningen med denna bok är inte att ytterligare förvärra deras situation.

Den amerikanske journalisten Allan Francovich arbetade under flera år hårt på att avslöja Natos och Stay Behinds hemliga specialoperationer (se sid 485). I samband med dessa undersökningar hade han kommit i kontakt med en del av sanningen bakom Palmemordet. Bland annat bekräftade en säker källa att en serie hemliga sammanträden hade hållits i det engelska grevskapet Wiltshire (se sid 503). Här hade ett av delbesluten att skaffa sig av med den besvärlige svenske statsministern tagits.

Parallellt hade Francovich lyckats skaffa fram namnet på yrkesmördaren som skulle utföra mordet. Denne, vars identitet bekräftats av tre av varandra oberoende källor i amerikanska och israeliska säkerhetsorganisationer, gick under kodnamnet Nass Beirut. Nass Beirut sades vara en elitskytt tränad av CIA för shahen av Irans hemliga underrättelsetjänst Savaks räkning, en ytterst skicklig yrkesmördare som arbetade mot skyhög ersättning. Innan Allen Francovich hann publicera sina avslöjaden avled han dock i en hjärtinfarkt på flygplatsen i Houston. Han var då på väg att träffa en hemlig agent som innehade gärningsmannens foto, identitet och adress (se sid 504):

Abdul Kassem?

I Granskningskommissionens Betänkande 1999 tog man upp ett annat fall som skulle kunna röra sig om samme person. En månad efter mordet hade chefen för Irans fruktade revolutionsgardister nämnt att en agent från hans hemstad gjort en stor insats för regimen utomlands. Mannen, som var från Turkiet, född 1952 och cirka 178 centimeter lång, var obildad, full av religiöst patos och hade skrytsamt berättat om hur han mördat Olof Palme.

Uppdraget skulle ha lämnats av chefen för Revolutionsgardisternas säkerhetsavdelning och motivet skulle ha varit att sätta stopp för fredsprocessen i kriget mellan Iran och Irak.

Agenten och två andra namngivna personer hade före mordet erhållit fem månaders träning i Libanon och i Iran och därefter flugits med libanesiska pass till Tyskland för vidare transport med färja till Sverige. Väl framme uppehöll de sig två månader i

Stockholm, där de stod i tät kontakt med Irans ambassad som bistod med transporter och vapen:

Abdul Kassem?

I samband med att det så kallade Sydafrikaspåret exploderade i massmedia (se sid 577) lämnade den extremt hårdföre polisöversten Eugene de Kock uppgifter om att Olof Palmes baneman var en turkisk kurd, bosatt nära Medelhavet. Eugene de Kock satt fängslad, men påstod sig ha skrivit ner mördarens namn på en papperslapp. Denna lapp upphörde senare mystiskt att existera, men innan dess hade spaningsledaren Hans Ölvebro i hemlighet fått en kopia (se sid 630). Namnet på pappret har han dock aldrig avslöjat:

Abdul Kassem?

Den sydafrikanske yrkesmilitären Brian Davies bekräftade innan dess Eugene de Kocks uppgifter. Enligt honom hade den amerikanske CIA-agenten Vernon Gillespie, som var nära vän med superspionen Craig Williamson (se sid 585), stått för direktkontakten med den kurdiske skytten som påstods ha sina rötter i den kurdiska organisationen PKK (se sid 274). En före detta officer instämde i Brian Davies påståenden om att mördaren var kurd och sa att turken handlat på direkt uppdrag av Craig Williamson, som alltid själv fanns på plats när större uppdrag skulle utföras:

Abdul Kassem?

(I slutet av *januari 2004* rapporterade den sydafrikanska tidningen *Mail & Guardian* om en stridighet mellan arkivet South African History Archive Trust och landets justitiedepartement. Dokument rörande mordet på Olof Palme bedömdes av justitiedepartementet som så känsliga att det skulle skada Sydafrikas intressen om innehållet offentliggjordes.

-Jag blir både förvånad och förbittrad över att sydafrikanska myndigheter vill hemlighålla dokument rörande mordet, sa den svenske kriminalkommissarien Jan-Åke Kjellberg, som under tre år arbetat för Sanningskommissionen på plats i Sydafrika. Själva grundpelaren för kommissionens arbete var ju att det skulle råda total öppenhet, att allt material skulle vara offentligt. Men det är välkänt att stora mängder dokument bara försvann.)

Turkiska tidningar har också flera gånger pekat ut påstådda Palmemördare. En av dessa namngavs av den turkiska tidningen *Hurrieyet*: Hasan Hayri Darban, kodnamn Beshir.
Sant eller falskt? Vem vet. Flera andra har gjort anspråk på att veta gärningsmannens

sanna identitet. 1995 hävdade en före detta PKKare som gömde sig i Sverige till exempel att han kände till namnet på mördaren, som tidigare skulle ha avtjänat ett fängelsestraff i Bekaadalen i Libanon. Turkiets vice premiärminister Bülent Ecevit bekräftade uppgifterna för nyhetsbyrån *AP*:
-Sakik har lämnat en full redogörelse för hur mordet gick till.
Den kurdiske redaktören och debattören Kurdo Baksi i Stockholm misstänkte dock att erkännandet var iscensatt av regimen.

Eftersom inget åtal väcktes innan den 28 februari 1996 kan endast mördaren numera ställas inför rätta; alla andra inblandade går fria. Och efter det magiska datumet den 1 mars 2011kan även han erkänna utan risk för repressalier. Av den anledningen gäller det alltså att avslöja konspirationen innan dess, annars kommer det för alltid att vara för sent. Det viktigaste av allt kommer att vara att hitta den verkliga uppdragsgivaren.

Men med tanke på hur det ser ut i andra liknande fall, till exempel mordet på John F Kennedy, som fortfarande påstås vara olöst trots mängder av bevis om motsatsen, ser det allt annat än ljust ut. Frågan är också hur en domstol på nytt ska kunna pröva mordfallet och därmed komma runt Lisbet Palmes utpekande (se sid 292).
-Vi måste i så fall hitta Christer Petterssons dubbelgångare, kommenterade en Palmespanare till *Expressen*.

(På sidorna 708-709 visas en till svenska myndigheter inskickad skiss som sägs avslöja bakgrunden, motivet och de komplexa nätverken bakom mordet på Olof Palme. Mycket tyder på att den som har gjort skissen kan vara svensken Bertil Wedin, tidigare sydafrikansk agent (se sid 634). Även om författaren inte är enig i uppbyggnaden kan det vara intressant att studera teckningen i detalj).

∗∗∗

ABDUL KASSEM - DEN FELANDE LÄNKEN?

Låt oss även passa på att ta en titt på det tidigare nämnda mystiska brev (se sid 707 och 680) som kom till det drabbade flygbolaget Holmström Air AB, endast få dagar efter Oskarshamnkraschen (se sid 677).

Återigen nämns Abdul Kassem, men även Olof Palme, John-Olle Persson och krigsmaterielinspektörAlgernon, alla döda under våldsamma omständigheter. Först en direkt avskrift på engelska, följt av den svenska översättningen:

Statskupp i Slowmotion

"Arlanda, Mai 18, 1989

Dear Sirs,

Attention! Claiming to a crash outside Oskarshamn the Airway-Traffic board now is trying to calm the public opinion by putting the blame on the crew. This is bad sport.

Earlier this spring we have warned that accidents might happen to Swedish planes unless the man who is taken into custody charged with the assassination of Olof Palme will be released. Helin and Almblad are responsible for that action, ie, the murder of Palme and so too the aeroplane accident outside Oskarshamn.

One of our boys planted a tiny box aboard the Beechcroft 99. That box contained a sophisticated gadget which inflicted terrific damage on the plane. Of course, this was a long shot but the scheme worked. The innocent man, Christer Pettersson, is still behind bars, which might result in new air crashes.

But I must emphasize that Abdul Kassem on the whole had nothing to do with the sabotage... It is also very important never to reveal his hideaway.

The death of Olof Palme as well as the one of Algernon and John-Olle will remain mysteries throughout all eternity.

On behalf of "die Palmegruppe"

Brevet på svenska:

"Arlanda, den 18 maj 1989

Till den det berör,

Hör upp!

Angående flygkraschen utanför Oskarshamn försöker haverikommissionen nu lugna ner allmänheten genom att skylla på besättningen. Det är verkligen taskigt gjort.

Tidigare i våras varnade vi för att liknande flygplansolyckor skulle kunna hända, om inte mannen som gripits och anklagats för att ha mördat Olof Palme släpps fri. Helin och Almblad är direkt ansvariga, både för mordet på Palme och för flygplanskraschen utanför Oskarshamn.

En av våra grabbar placerade en liten låda ombord på Beechcroft 99an med en mycket sofistikerad anordning som orsakade fruktansvärda skador på planet. Det var givetvis en vild chansning, men fungerade som planerat. Den oskyldige Christer Pettersson sitter fortfarande bakom lås och bom, vilket kan resultera i nya flygkrascher.

Men jag måste påpeka att Abdul Kassem inte hade någonting direkt med sabotaget att göra... Det är också mycket viktigt att aldrig avslöja hans gömställe.

Olof Palmes död, liksom Algernons och John-Olles, kommer för all framtid att förbli olösta mysterier.

För "die Palmegruppe"

Dear Sirs,

Attention!

Owing to a smash outside Oskarshamn the airway-traffic board now is trying to calm the public opinion by putting the blame on the crew. This is bad sport. Earlier this spring we have warned that accidents might happen to Swedish planes unless the man who is taken into custody charged with the assassination of Olof Palme will be released. Helin and Almblad are responsible for that action, i.e. the murder of Palme and so to the aeroplane accident outside Oskarshamn. One of our lads planted a tiny box aboard the Beechcraft 99. That box contained a sophisticated gadget which inflicted terrific damage on the plane. Of course, this was a long shot but the scheme worked. The innocent man, Christer Pettersson is still behind bars which might result in new air crashes.

But I must emphasize that Abdul Kassem on the whole had nothing to do with the sabotage.

It is also very important never ever to reveal his hideaway. The death of Olof Palme as well as the one of Algernon and John Olle will remain mysteries throughout all eternity.

On behalf of "die Palmegruppe".

Det här brevet skickades till flygchefen John-Olof Holmström (se sid 679) några få dagar efter Oskarshamnkraschen. Återigen dyker den mystiske Abdul Kassems namn upp. Är detta ett bevis på att mordet på statsministern och den fruktansvärda flygolyckan kan vara sammanlänkade? Ingen myndighet har någonsin brytt sig om att undersöka källan bakom detta brev.

715

FINN FEM FEL

Andreij Tarkovskij

"Falconetti"

Victor Gunnarsson

Mirko Vuksic

Christer Pettersson

Olle Nordin

HUR SER MÖRDAREN UT?

Men hur ser då mördaren ut? Enligt vittnet Per (se sid 50) som såg honom smyga efter statsministerparet i Gamla stan, var han mycket lik den exilryske regissören Andreij Tarkovskij. Vittnet Ulla Danielsson (se sid 581) beskrev honom som snarlik "Falconetti" i TV-serien *De Rika och de Fattiga*. Den så kallade 33-åringen (se sid 267) Victor Gunnarsson (se sid 706), jugoslaven Mirko Vuksic och Christer Pettersson har en sak gemensamt - de har alla blivit utpekade som Palmemördare.

Lägg därför märke till deras mycket likartade ansiktsdrag. Till sist har vi så den tidigare förbundskaptenen i fotboll, Olle Nordin, som mördaren Abdul Kassem själv säger sig vara lik.

Abdul Kassem

716

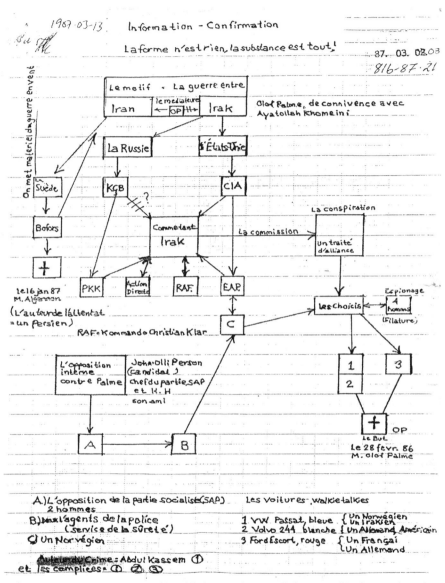

Ett år efter mordet kom denna skiss till de svenska myndigheterna: "Laforme n'est rien, la substance est tout!" Formen är ingenting, innehållet är allt! Den mycket invecklade och detaljerade skissen sägs förklara bakgrunden till attentatet. Stormakterna och deras underrättelsetjänster i samarbete med olika politiskt extrema organisationer skymtar i scenariot. Här omtalas även krigsmaterielinspektör Algernons påstådda självmord i tunnelbanan.

Statskupp i Slowmotion

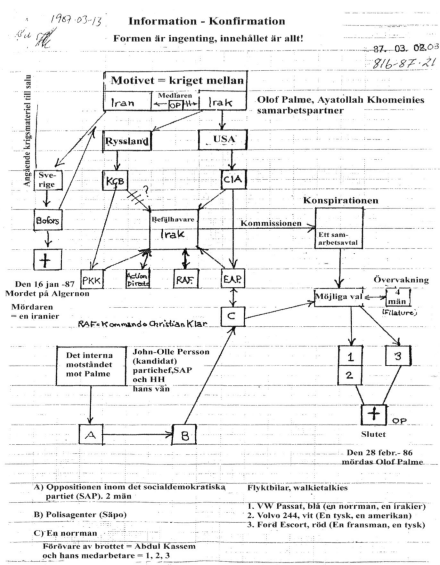

1987·03-13

Information - Konfirmation
Formen är ingenting, innehållet är allt!

87.- 03. 02.03
816-87·21

Angående krigsmateriel till salu

Motivet = kriget mellan

Iran ←[OP]++→ Irak (Medlaren)

Olof Palme, Ayatollah Khomeinies samarbetspartner

Ryssland — USA

Sverige — KGB ? — CIA

Konspirationen

Bofors — Befälhavare Irak — Kommissionen — Ett samarbetsavtal

Den 16 jan -87
Mordet på Algernon
Mördaren
= en iranier

PKK — Action Direct — RAF — EAP

RAF= Kommando Christian Klar — C

Möjliga val ← män (Filature)

Övervakning

Det interna motståndet mot Palme

John-Olle Persson (kandidat) partichef,SAP och HH hans vän

1 3
2

A → B

+ OP
Slutet

Den 28 febr.- 86
mördas Olof Palme

A) Oppositionen inom det socialdemokratiska partiet (SAP). 2 män

B) Polisagenter (Säpo)

C) En norrman

Förövare av brottet = Abdul Kassem och hans medarbetare = 1, 2, 3

Flyktbilar, walkietalkies

1. VW Passat, blå (en norrman, en irakier)
2. Volvo 244, vit (En tysk, en amerikan)
3. Ford Escort, röd (En fransman, en tysk)

Dokumentet översatt till svenska: Även i det här brevet omtalas samma tre flyktbilar (se sid 655), samma antal deltagare i hitteamet och samma mördare - kodnamn Abdul Kassem. Som ledare för det interna motståndet inom det socialdemokratiska partiet omnämns John-Olle Persson (se sid 678) och hans vän HH. Kan detta vara Hans Haste (se sid 688), som även pekats ut i andra angivarbrev? Båda har numera avlidit.

718

VILDA SPEKULATIONER

Författaren Sven Wernström har skrivit en smått fantastisk bok som heter *Mordet - en rövarhistoria*. Den utspelar sig en i liten bananrepublik i Sydamerika, men handlar i själva verket om Sverige och Palmemordet. För den insatte är det inte svårt att byta ut namnen på karaktärerna i boken och känna igen personer som statsminister Olof Palme, Baseballpoliserna Leif Tell och Thomas Piltz (se sid 417), korrupta politiker, vapenhandlaren Carl Gustaf Östling (se sid 424) och

Baseballpoliserna Leif Tell och Thomas Piltz

syndabocken Christer Pettersson (se sid 282) med flera.

Bokens tema är i stora drag följande (blandad med lite egna spekulationer):

Bananrepublikens president hade alltid varit mycket populär och bra för sitt parti. Han var till synes en man av folket och en beskyddare av de svaga och utslagna. Men i det fördolda levde han promiskuöst och vältrade sig i lyx med Eliten. En dag hände så det som absolut inte fick hända: Han blev smittad av en dödlig, sexuell sjukdom och kaos uppstod inom de egna leden. Hur skulle man hantera denna svåra situation? Efter en del överläggningar skickade man fram presidentens rådgivare (Carl Lidbom se sid 533, 687) med ett häpnadsväckande förslag:

-Som du säkert själv förstår kommer det att bli en katastrof för ditt parti om det här kommer ut. Du ser fortfarande frisk ut, men det finns ingen bot och det dröjer inte länge förrän man kommer att kunna se sjukdomssymptomen. Vi har därför ett förslag

- ett förslag som kommer att kunna vända ett garanterat nederlag till stor triumf och förvandla dig till en legend, precis som den där amerikanske presidenten Kennedy du tycker så mycket om.

-Det låter onekligen intressant, svarade presidenten en aning nyfiket.

-Har du sett *Blåsningen* på TV3 någon gång? Vi har tänkt ut något liknande, fast i verkliga livet. Om du dör kommer du för alltid att vara politikern som gav aids ett ansikte. Väljarna skulle ta avstånd från partiet och hela ditt livsverk gå förlorat.

Carl Lidbom

Men om du istället föll offer för en galen mördares kula, skulle du på ett ögonblick förvandlas till en martyr, berömd i hela världen för att ha offrat livet för din politiska övertygelse.

-Vill du att någon ska mörda mig, frågade presidenten häpet. Har du blivit alldeles galen?

-Inte alls, svarade rådgivaren. Vi planerar nämligen att arrangera ett låtsasmord, så att det bara ser ut som om att du blir likviderad. I själva verket använder vi lösa skott och paintballkulor med blod för att simulera att du har blivit träffad. Med hjälp av två ambulanser kan vi byta ut dig mot en död dubbelgångare, det är inte så svårt att hitta en okänd luffare som ingen skulle sakna, och därefter frakta dig vidare med flyg till ett av dina rika vänners slott. Där kan du i lugn och ro umgås med familjen, få den bästa behandling som kan köpas för pengar och samtidigt avrunda ditt liv i värdighet.

Den sorgsne presidenten insåg att han inte hade något val. Klockan tickade på och slutet närmade sig obönhörligen. Han gav därför klartecken till Operation Offret. Utvalda nyckelpersoner inom säkerhetspolisen sattes att utarbeta detaljerna och snart hade man lejt en gärningsman (vapenhandlaren CG Östling). För att ingen skulle kunna avslöja den jättelika bluffen värvade man folk till hitteamet bland högerextrema poliser som redan kände stort hat till presidenten och hans humanitära insatser. Det var viktigt att dessa inte fick veta att det rörde sig om ett falskt terrordåd och därför förbereddes allting precis som om det vore på riktigt, med enda skillnaden att kulorna i mordvapnet var utbytta mot lösplugg. En utvald syndabock hade samtidigt utsetts och nu framställdes bevismaterial som direkt efter "mordet" skulle placera denne i elektriska stolen. Så snart han var satt ur spel skulle statsministermordet för alltid vara löst för folket.

Allting gick precis som planerat, ända tills kvällen före attentatet då "CG Östling" plötsligt råkade ut för en trafikolycka, hamnade på sjukhus och fick hela överkroppen och käken gipsad.

-Ta det bara lugnt, tröstade en av Baseballpoliserna. Du behöver inte oroa dig, vi kommer att fixa svinet i alla fall.

Tystad av gipset och oförmögen att röra sig tvingades Östling panikslagen se på när de andra gav sig iväg för att genomföra likvideringen. Det förelåg nämligen ett gigantiskt problem: Eftersom de andra inte var medvetna om att det var ett låtsasattentat laddade de sina vapen med skarpa skott. Med andra ord - presidenten skulle gå rakt i sin egen fälla och dö på riktigt! Vilket är precis vad som sedan hände.

Är denna bok då bara baserad på fria fantasier? Det finns en del som tyder på att så **inte** är fallet. Faktum är att bokens scenario skulle kunna besvara många svårförklarade frågor i utredningen. Otroligt, men inte desto mindre sant. Trots att temat är mycket uppseendeväckande har boken dock till största delen bemötts med tystnad. Vidare är den av okänd anledning katalogiserad som barnbok på landets alla bibliotek. Sätten att tysta kritiker är många.

Skulle Olof Palme ha varit allvarligt sjuk i en venerisk sjukdom? Vid tiden för mordet florerade rykten om att avvikande sexuella preferenser var legio inom de styrande kretsarna i Sverige. Detta blev bland annat aktuellt i den så kallade Bordellhärvan på 1980-talet, då flera hundra (!) politiker och samhällstoppar misstänktes för att ha utnyttjat minderåriga sexuellt. En obehaglig fråga är alltså om statsministern kan ha varit hivsmittad och / eller bisexuell. Detta kan tyckas okänsligt att dra upp, men hans sexuella läggning kan till synes ha spelat in. Ett hittills hemligstämplat dokument med diarienummer Ai.446-93 berörde denna problematik och släpptes 1999. Det hade lämnats in till Rikspolisstyrelsen av *Dagens Nyheter*s journalist Olle Alsén den 10 maj 1993.

Innehållet var följande:

En gång då Alsén övernattade på Grand Hotell i Oslo hade Palme just vistats där i samband med Nordiska Rådets sammanträde. En kvinnlig anställd på hotellet avslöjade fnittrande för journalisten att Palme hade delat svit med en man och att de en natt hade tagit upp en prostituerad på rummet. Av någon anledning hade denne därefter bestulit den svenske statsministern. Händelsen, som även har återgivits i norsk press, gick ut på att den prostituerade hade avvikit, inte bara med Palmes plånbok, flygbiljett och andra papper, utan även med hans kavaj och skor. Radiounderhållaren Carl-Uno Sjöblom har enligt Alsén senare bestämt hävdat att den prostituerade, eventuellt var de två, var av manligt kön och att svenska ambassaden måste ingripa för att hjälpa Palme ur knipan.

En annan händelse som har fått Olle Alsén att ana ugglor i mossen var när han en gång träffade den homosexuelle förlagschefen Ebbe Carlsson (se sid 533) och möttes med följande öppning:

-Tjenare, tjenare, ja du kände ju också Olof. Han hade ett helvete med Lisbet, eftersom han levde i två fullvärdiga äktenskap och måste försöka dölja det (?).

I dag säger Olle Alsén att han aldrig fick någon klarhet i vilket andra äktenskap som Ebbe Carlsson åsyftade. Alsén kontaktade därefter familjen Palmes läkare under 10-15 år. Professor Elias Bengtsson var chef för Roslagstulls sjukhus, infektionsläkare med invärtesmedicin och kardiologi som specialitet och en av pionjärerna i Sverige vad gällde diagnosticeringen av hiv och aids. När denne fick frågan om Palme hade haft aids blev svaret nekande. På följdfrågan om han möjligen hade varit bisexuell, gav Bengtsson följande kommentar:

-Jag har inget bevis för det.

Men faktum kvarstår att Olof Palme några dagar varje år lades in på Roslagstulls sjukhus för observation och provtagningar. Tidningen *PalmeNytt* gjorde också en intervju med professor Bengtsson.

-Var statsministern i dåligt skick mot slutet, frågade redaktören Sven Anér.

-Nej, det tycker jag inte, svarade Bengtsson.

-Det man naturligtvis undrar är om Palme hade någon sjukdom som närmade sig dina specialiteter?

-Ja, det hade han.

Tyvärr följde Sven Anér inte upp detta svar med kompletterande frågor. Professor Bengtsson avled inte långt senare.

Skulle sjukdomen aids kunna vara anledningen till hemligstämplingen av obduktionsprotokollet (se sid 246)? Denna dödliga sjukdom påverkar de flesta inre organ och skulle utan tvekan upptäckas vid en patologisk undersökning. Skulle en hiv-diagnos kunna avslöja hela Blåsningen? Visste fru Lisbet Palme i så fall om smittorisken och var det av den anledning hon försökte förhindra vittnen från att utföra mun-till-mun-metoden (se sid 73) på den svårt blödande statsministern?

Granskningskommissionen lämnade ut delar av chefsobducenten Kari Ormstads obduktionsreferat som hon redogjorde för inför Marjasinkommissionen.

-Det finns några uppgifter i något material som jag fått ut från en krönikör som inte är Palmespanare och som är väldigt kategorisk, kommenterade ledamoten Hans-Gunnar Axberger. Han påstår att man vet att Olof Palme led av en sjukdom, relativt allvarlig. Det är ett mycket kategoriskt påstående som förvånar mig. Har du någon aning om vad som kan ligga bakom det?

-Ja, svarade Kari Ormstad. Han vårdades för en lindrig, men kronisk njuråkomma. Han gick alltså privat hos någon neurolog, njurspecialist, men det var ingen åkomma som skulle göras någonting åt.

-Har den åkomman något namn?

-Någon form av interstitiell nefrit, tror jag.

-Den här läkaren... jobbade han på Roslagstull, frågade spaningsledare Hans Ölvebro.

-Det gjorde han nog.

-Jag tror att det här har ett samband med någon infektionssjukdom som han har fått. Jag tror att det var i Indien han hade fått någon form av...

-Det kan hända att det har varit början på det, avbröt Ormstad.

-Inte malaria, men någonting...

-Parasitgrej, ja, svarade Ormstad.

-Någon parasit ja, som han hade fått i sig och gick på behandling för. Ingenting som han led av, men behövde undersökning...

-Det kan också vara början till att han fick diagnosen då, att han gick på kontroll, det behöver inte ha varit på hälsokontroll.

-Det var inte den sista Indienresan i januari då, utan det här är tidigare, kommenterade Ölvebro. Jag tror till och med att han låg intagen på Roslagstull under en period, men det ligger ju flera år tillbaka... före 1986.

USTASJA - ELLER MUSTAFA?

Under tiden efter mordet verkar en del mot sin vilja ha blivit inblandade i den stora lögnen. Vissa försökte diskret avslöja vad som pågick, bland andra chefsobducenten Milan Valverius som skrev fel dödsdatum och bostadsadress i dödsintyget (se sid 244). Enligt boken *Best Evidence* närvarade ett 30-tal höga militärer och säkerhetsagenter under största sekretess vid obduktionen av president John F Kennedy (se sid 263). Obducenterna, som själva tillhörde militären, hotades med att ställas inför krigsrätt om de inte löd order. Genomled Milan Valverius något liknande och var det i så fall därför han försökte smyga in små ledtrådar?

Studerar man dokumentationen kring fallet slås man också av att fru Palme varierar sin namnteckning - vissa gånger skrev hon under med stavningen *Lisbeth* Palme, andra gånger med *Lisbet* Palme. Gjordes detta av samma anledning som Valverius felskrivningar? Under natten var något av det första fru Palme gjorde dessutom att ringa upp den finska sångerskan Arja Saijonmaa och be henne sjunga en av makens favoritlåtar på begravningen (se sid 157). I sångtexten återfinns följande fras: " I ett hav där ingen ser, i en grav där ingen dör."

Kan Lisbet Palme ha vetat om ett planerat låtsasattentat? I det första av två förhör med kommissarie Åke Rimborn (se sid 125), polisen som talade med henne på Sabbatsbergs sjukhus under mordnatten, finns följande noterat: "Lisbet Palme nämnde Ustasja eller möjligen Mustafa (?). Hon var svårt chockad, det var besvärligt att tala med henne."

Kände hon möjligtvis igen Abdul Kassem, men under namnet Mustafa? Det låter otroligt, men glöm inte hennes mystiska byte av jacka på väg till sjukhuset (se sid 259), hennes vägran att spela in sina förhör (se sid 284), hennes arroganta inställning till utredningen och hur hon troligen fullt medvetet har pekat ut en oskyldig person. Trots att hon just sett till att Christer Pettersson skulle dömas till livstids fängelse, förklarade hon i tingsrätten:

Lisbet Palme

723

-Mordet blir aldrig löst för mig (se sid 293).
En anledning till att hon vägrade bandinspelning av förhören kan ha framkommit i en facktidning för psykologer i början av 1990-talet. En undersökning påvisade då att man på tonfallet kan bevisa om en person ljuger. Var fru Palme rädd för ett sådant avslöjande?
Den kalla februarinatten 1986 hade polisens Ledningscentral troligen fått order om att hålla sig i bakgrunden och bara sköta

Sju våningar under Johannes brandstation

om den vanliga, fortlöpande verksamheten (se sid 168). Själva mordoperationen skulle dirigeras från en kommandobas. En möjlig sådan är den underjordiska lokal där den nya SOS-larmcentralen numera är belägen, sju våningar ner i berggrunden under Johannes brandstation (se sid 700, fig K). Själva larmcentralen är en lokal på cirka 45 x 20 m, kopplad till ett omfattande tunnelsystem som finns under Stockholm (se sid 490), även utnyttjat av statsgerillan Stay Behind (se sid 485). Enligt uppgift från anställda på larmcentralen var denna lokal tidigare avsedd som skyddsrum åt självaste kungen och hans närmaste (se sid 490).

Lägg märke till att när polismannen Claes Djurfeldt och de tre andra poliserna från Södermalmspiketen 3230 kom springande efter mördaren, började två av dem direkt att leta vid brandstationen i stället för att springa vidare nerför David Bagares gata (se sid 87) efter den påstådde gärningsmannen. Var de i själva verket i kontakt med personer inne på kommandocentralen?

Det finns ytterligare märkliga detaljer. I samband med ett privatspanarmöte i ABF-huset i Stockholm 1999 berättade en person, som är så lik den mördade statsministern att han blivit utvald att spela denne i filmen *Sista Kontraktet,* att han befunnit sig i en bil några få meter från mordplatsen när skotten small. Detta vittne existerar inte i de officiella protokollen. Ingen annan på mordplatsen har heller lagt märke till bilen - eller är det så att utredarna har sett till att den har försvunnit? Vad gjorde Palmes dubbelgångare där? Var det bara en fantastisk slump eller fanns det en anledning? I Granskningskommissionens Betänkande 1999 angående den i Iran utpekade mördaren (se sid 703) anges att statsministern varit på väg fram mot en bil då han sköts till döds. Var han i så fall på väg till sin dubbelgångares bil, eventuellt för ett byte innan ambulansen skulle komma?

Vilda Spekulationer

Som bekant var det en kvinnlig Norrmalmspolis (se sid 416) som hoppade in extra och körde den ambulans som larmades till platsen (se sid 192), men som aldrig dök upp. Hon var kollega till många av de andra utpekade i det så kallade Polisspåret. Var det meningen att denna ambulans skulle föra Olof Palme till Arlanda eller någon annan flygplats? Här befann sig en annan utpekad, en militär som var instruktör i antisabotage. Väntade han på att eskortera statsministern vidare mot okänd destination?

Var det bara en ren tillfällighet att medlemmar ur en mycket liten och sluten krets satt i polisens Ledningscentral (se sid 167) och tog emot larmsamtalet, fördröjde spaningsarbetet, körde ambulansen, var besättningarna i de första polispiketerna på plats, jagade mördaren, observerades som walkietalkiemän och var medlemmar i samma lilla skytteförening som höga militärer och Palmeutredningens egen vapenexpert (se sid 433). I föreningen fanns även en militär som arbetade som säkerhetsansvarig för Televerket med kontroll över all radiotrafik i Storstockholm (se sid 425).

Det finns andra detaljer som kan vara värda att ta upp. Vid liknande attentat är en gemensam ingrediens ibland att det finns flera skyttar som samtidigt skjuter från olika håll, detta för att vara hundra procent säker på att utgången blir dödlig (se sid 262). I spaningsledaren Hans Holmérs bok *Olof Palme är skjuten* berättar han om att den svenska ambassadören i Budapest tidigt fått in ett detaljerat tips om att en ungersk krypskytt skulle ha befunnit sig uppe på ett tak på andra sidan Sveavägen. Palmegruppen fick till och med ett foto på det avancerade geväret. Skytten, som

Yrkesmördaren i filmen "Sista Kontraktet"

under 9 år skulle ha varit bosatt i västtyska Türingen, flög efter dådet till Egypten. Lägg märke till att obduktionsprotokollet är hemligstämplat (se sid 246), eventuellt för att dölja ytterligare skottskador. Kommissionsledamoten Jörn Svensson (se sid 245) sägs dessutom ha avgått i samband med att han hävdat att Palme skjutits **framifrån** med ett finkalibrigt vapen.

Enligt *Svenska Dagbladet den 28 februari -96* var de enda ouppklarade mord som förövades i Stockholm under 1986 Palmemordet och mordet på en ungrare vid namn Peter Viragh. Han sågs nära brottsplatsen på mordkvällen och sköts kort därefter ihjäl hemma i sin lägenhet. Den landsman som senast såg Viragh i livet försvann spårlöst. Hade Palmegruppen undersökt eventuella kopplingar mellan dessa mord, frågade reportern.

-Ja, men vi vill inte kommentera vad, svarade Palmeåklagaren Jörgen Almblad.

725

TALADE PALME MED MÖRDAREN?

Är det boken *Mordet - en rövarhistoria* handlar om egentligen Operation Tree (se sid 505)? Var det denna plan som vittnet Bertil blev informerad om i polishuset i Norrköping (se sid 373) och ingick aktionen i samma försvarsplan som den misstänkte Dekorimamannen utarbetat enligt scenariot *Statsministern skjuten* (se sid 475)? Och är obelisken på Luntmakargatan (se sid 558) och utsmyckningen med den avsågade trädstammen i Kungsträdgårdens tunnelbana i så fall minnesmärken över en jättelik Blåsning? Eller insåg Nato och det militära komplexet (se sid 500) faran med en dödligt smittad statsminister som eventuellt ville göra upp med sitt förflutna (se sid 712)?

Vi återvänder för en stund till brottsplatsen. Den allmänna uppfattningen är att det var Lisbet Palme som på väg hem från biografen ville snedda över Sveavägen för att titta i ett skyltfönster (se sid 67). Men det kan också ha varit Olof Palmes eget initiativ som ledde dem till en i förväg avtalad mötesplats. Bakom detta så kallade Mötesscenario står privatspanaren Ingvar Heimer, som före sin mystiska död (se sid 360) gjorde en omfattande utredning av händelserna kring mordplatsen. Det visade sig då föreligga en del egendomligheter.

På vägen söderut mot Tunnelgatans korsning hade makarna Palme mött kocken Nicolai Fauzzi (se sid 69). Det intressanta är att när denne något senare hörde skotten hade han hunnit mycket längre än statsministerparet, trots att de promenerat i ungefär samma takt. Nicolai Fauzzi klockades på plats av Palmeutredarna som konstaterade att promenaden från La Carterie (platsen där denne hade passerat paret Palme) till Bonnierhuset (där han hade hört skotten) tagit 95 sekunder, medan makarna Palmes väg söderut till Tunnelgatan endast tagit 52 sekunder. Då återstår hela 43 sekunder, vilket tyder på att makarna Palme stannat upp i närheten av mordplatsen - och eventuellt talat med mördaren.

Ett sådant möte har observerats av flera av varandra oberoende vittnen. Taxichauffören Anders Delsborn uppgav till exempel att han såg ett par stå och samtala med en man i korsningen Sveavägen - Tunnelgatan (se sid 75). Mördaren stod vänd med ryggen mot husfasaden, medan paret stod med ryggen mot gatan. Vittnet Anna Hage som satt i en bil lite längre söderut såg **tre** personer snedda över trottoaren mot mordplatsen (se sid 73) och vittnet Anders Björkman som kom efter statsministerparet upplevde det som att han gick bakom tre personer som samtalade och höll om varandra (se sid 71). Han hörde dem småprata och ha det trevligt när en av dem plötsligt slet upp en revolver och sköt.

En av dem som förespråkar Mötesscenariot är den prisbelönta journalisten Gunnar Wall, författare av boken *Mörkläggning - Statsmakten och Palmemordet*. En annan är författaren

Nicholai Fauzzi

726

Lars Krantz (se sid 85). Det har också tagits upp av journalisten Anders Leopold på Internetsidan *Leopold Report*.

PLAN A / B

Vi fortsätter våra vilda spekulationer. Finns det möjligtvis ännu en nivå i denna tredimensionella labyrint? Vid andra attentat förekommer det ibland två eller flera operationer samtidigt, där de olika deltagarna inte är medvetna om varandra. Detta görs för att öka förvirringen bland framtida mordutredare och minska risken för ett avslöjande. Är det möjligt att något liknande förekom i samband med Palmemordet? Kan det ha funnits en Plan A och en Plan B? Detta skulle i så fall kunna förklara det stora antalet involverade, varav många i så fall är oskyldiga.

Låt oss utveckla resonemanget och benämna Blåsningen från boken *Mordet - en rövarhistoria* Plan A och det verkliga mördarteamet med de professionella yrkesmördarna för Plan B. I båda fall värvades deltagarna troligtvis från Stay Behinds internationella nätverk.

Kan någon utomstående ha fått reda på den superhemliga planeringen av Blåsningen och läckt information till riktiga Palmehatare? Har dessa eventuellt bestämt sig för ett djävulskt dubbelspel (Plan B)? Utfördes mordet i så fall mitt framför ögonen på deltagarna i Plan A? Detta raffinerade utspel skulle innebära att dessa då också blev inblandade. Någon gång mellan kl 02.05, då det första rikslarmet gick ut, och kl 05.06, då det ändrade rikslarm nr 2 skickades ut, hände troligtvis någonting dramatiskt. Möjligtvis upptäckte deltagarna i Plan A (Blåsningen) att statsministern verkligen hade mördats (Plan B). Stor panik kan ha utbrutit när man plötsligt såg sig själva delaktiga i ett riktigt mord. Vid den här tidpunkten var det för sent att få tag i attentatsgruppen, som man ju i ett tidigt skede hade hjälpt att fly och som nu hade skingrats för alla vindar. Av den anledningen såg man sig tvungen att ta till en katastrofplan. Man placerade ut villokulor på mordplatsen för att dra bort uppmärksamheten på den egna inblandningen och med förhoppningen att kunna skylla mordet på till exempel PKK. Samtidigt höll man inne med betalningen till mördarteamet (se sid 658).

Under mordnatten ansåg Säpo-chefen att mordet redan var löst i och med att "den galne österrikaren" Wilhelm Kramm (se sid 154) hade gripits. Men genom en vad som kan tyckas otrolig slump hade Wilhelm Kramm stoppats i en rutinkontroll vid Slussens Tunnelbanestation en knapp minut före mordet (se sid 70). Eller var detta en medveten handling, för att sabotera? Händelsen gav i alla fall den potentielle syndabocken vattentätt alibi och slog samtidigt ut Plan A.

Hur kom det sig att samme Wilhelm Kramm tio minuter senare sågs gå in på restaurang Karelia på Snickarebacken (se sid 101), precis där flyktbilen sekunder tidigare försvunnit iväg med en rivstart? Var det meningen att detta ytterligare skulle motarbeta Plan A? Var det därför kriminalinspektör Börje Wingren försökte få Mårten Palme att peka ut österrikaren, bland annat genom att göra en massa grimaser (se sid 153)? Och den mystiske mannen som larmade kommissarie Gösta Söderström på Kungsgatan (se sid 81), ingick han också i en grupp som försökte krossa Plan A?

Frågorna hopar sig. Insåg vittnet Stig Engström, anställd av det suspekta försäkringsbolaget Skandia (se sid 493), inte att spaningsledningen hade blivit tvungen att ta till en katastrofplan och fortsatte enligt det först avtalade scenariot? Var det därför spaningsledaren Hans Holmér döpte honom till "Elefanten i en

Snickarebacken där mördaren sågs bli upplockad av en flyktbil sekunderna innan Kramm dök upp

porslinsaffär? Arbetade Engström i själva verket för Stay Behind och var det därför man ville genomsöka hans kontor efter "vapen och vapenfett" (se sid 216)?

Ingick både Lisbet Palmes påstående om två gärningsmän från separatiströrelsen Ustasja (se sid 125) och Mårten Palmes märkliga besök i föräldrarnas bostad direkt efter mordet (se sid 126) i Plan A? Och togs yngste sonen Mattias i själva verket som gisslan (se sid 534) under mordnatten för att tvinga Lisbet Palme och resten av hennes familj att följa katastrofplanen? Var utdelandet av Serafimer Orden (se sid 261) i själva verket en belöning för hennes insats för Eliten och deras intressen?

Flera undersökare har dessutom var för sig kommit fram till att det finns tecken på att Olof Palme velat föreviga legenden om sig själv i form av filmen *Offret*, inspelad året före mordet och regisserad av den exilryske och svårt cancersjuke filmskaparen Andreij Tarkovskij, vars familj statsministerns medarbetare Pierre Schori lade ner stor möda på att hjälpa ut ur Sovjetunionen i samband med inspelningen. Detta är en märklig och mycket symbolladdad film som bland annat har en karaktär med ett namn mycket likt Palme. I en av filmens höjdpunkter utbryter regelrätt kaos och en stor folkmassa rusar nerför trapporna på Tunnelgatan (mördarens flyktväg). Scenen slutar med att blod väller ut på trottoaren och att kameran faller till marken - på exakt samma plats där Olof Palme senare likvideras.

Statsministerns vän Ebbe Carlsson (se sid 534), denne mycket säregne bokförlagschef med sina häpnadsväckande kontakter uppåt i Eliten, skrev före sin död en bok med titeln *Liket i Lådan*. Detta är en agentroman med viss verklighetsanknytning och för den insatte känns det som om man kan utläsa en hel del om Palmemordet mellan raderna. Flera av hans personliga vänner påstår också att boken är en del av hans arv till eftervärlden, för att man "en dag bättre ska kunna förstå och värdesätta hans roll i detta drama" (?).

INSIDESRAPPORT FRÅN EN SÄPO-AGENT

Det har blivit dags för det sista inlägget i debatten kring spekulationerna runt Palmemordet. Nedan följer en något förkortad avskrift av ett intressant brev som den tidigare Säpoanställde Ulf Lingärde (se sid 395) skickade till journalisten Olle Stenholm på Sveriges Television. Lingärde ger här en ny vinkel av många tidigare omtalade händelser och pekar samtidigt ut en annan, namngiven gärningsman.

"PM 1993-04-04
Strängt konfidentiellt
Palmekommissionen 1995-05-02, Dnr 95-103"

Historien börjar med studentrevolternas 1968, som skrämde många på högerkanten. Timbrohögern organiserades i en öppen och en hemlig del. Den hemliga delen tog över det gamla manuella registret över svenskar med misstänkta kommunistsympatier. År 1970 började två unga och briljanta jurister lägga över registret på data. De använde därvid Säpos kodsystem. Anledningen var dels att man som extra startkapital hade en kopia av Säpos primära sökregister, dels att man på ett enkelt sätt kunde komplettera akter vid behov genom diskreta förfrågningar genom Säpoingångarna. Säpos primära sökregister vid denna tid var ett så kallat flexoramregister. Jag har skrivit (troligen i *Arbetet*) om det bekanta inbrottet på Säpo en natt 1970, då kopieringen skedde med några Hasselbladare.

Så länge det existerade var detta register mycket modernare och effektivare än Säpos och informationstrafiken gick ofta nog i motsatt riktning mot den avsedda. Det existerade ända fram till 1988, då Industriförbundet vaknade till liv och insåg potentialen hos den politiska mina man satt på. Men minan utlöstes aldrig och registret, som då fanns på Birger Jarlsgatan, skrotades. Ett antal magnetbandskopior av huvudindex och dataakterna tillverkades dessförinnan och säkrades av olika högerextremister och gick sannolikt även till utlandet (Israel).

Parallellt förde socialdemokratin ett liknande register, som först hade systematiserats genom Collector AB. År 1965 bildades IB, som kunde betyda Inhämtning Birger eller

Informationsbyrån, beroende på vem man spratade med. Där stoppades Collector AB helt enkelt in som en skenavdelning med numret 03, men resten av IB hade inga närmare kontakter med 03. Personregistret i 03 datoriserades aldrig, eftersom det var uppbyggt på de så kallade kommunkorten i grunden. Övriga IB-avdelningar som kan ha intresse var 00, som var Birger Elmér personligen för olika övergripande ändamål, och 01 som ursprungligen var en obetydlig enhet för krigsplanläggning, men som efter omorganisationen 1976 fick husera det så kallade Krigs-IB. Anledningen var främst att man ville flytta över en del tämligen socialdemokratiska aktiviteter då landet fick en borgerlig regering.

Birger Elmér

Timbrohögerns hemliga del, som skämtsamt kallades "SAFs hemliga byrå" hade en del beröringspunkter med IB som är viktiga för fortsättningen. Två IB-agenter kom att jobba på "SAFs hemliga byrå" och samtidigt hade denna byrå en mullvad i IBs stab, närmare bestämt i Bertil Wenblads närhet. Bertil Wenblad sorterade då under Bo Anstrin. Per-Gunnar Vinge var chef för "SAFs hemliga byrå" (men har i dag ett eget företag) och Axel Hedén var mullvaden borta på IB. (Bokförlaget Timbro startade inte förrän 1978, men "SAFs hemliga byrå" startade flera år tidigare. Först 1984 blev "SAFs hemliga byrå" en del av bokförlaget Timbro).

(*Författarens anmärkning:* Per Gunnar Vinge hade som Säpo-chef råkat uttrycka sitt starka Palmeogillande vid ett tillfälle när han inte borde ha gjort det. Ett av justitieminister Geijers uppdrag hade hösten 1969 varit att be honom förklara vad han menat med att "Palme var en säkerhetsrisk". Vinge blev rasande och avgick självmant kort därpå. Indignationen och Palmehatet inom Säpo måste ha nått nya höjder när detta hände. Med deras synsätt var det Palme som var boven i dramat. Nu fick denne inte bara sitta kvar i orubbat bo, utan belönades till och med partiledarposten).

En del andra personer måste nu föras in i handlingen, främst Carl G Holm, som först satt som operationschef under Per-Gunnar Vinge. Senare fick Carl G Holm flytta till Linköping eftersom massmedia började bli efterhängsna. Han skötte (och sköter fortfarande) den svarta propagandan, som man såg som moteld mot "socialdemokrati och annan kommunism", och försökte dessutom organisera en liten operationsavdelning för diverse ändamål. Den senare blev inte så lyckad på grund av bristande personliga kvalifikationer hos de inblandade, men de gjorde sig bemärkta ändå genom att trakassera diverse personer som extraknäck åt en skum vapenhandlare. Jag vet inte om man skall betrakta den svarta propagandan som lyckad, men synlig blev den i alla fall, exempelvis genom Alf Enerströms stolliga framfart (se sid 370, 685). Jag såg att Alf Enerström framträdde i

Per-Gunnar Vinge

Norra Magasinet häromdagen, slokörad och med ommöblerad lägenhet. Om filmteamet inte vet om det, kan jag berätta att det hos Ölvebro finns besvärande vittnesmål mot Alf Enerström från tiden före mordet, då han och hans uppjagade kumpaner diskuterar vad som skall hända med dem efter mordet. Vid den tiden var hans bostad i Stockholm (han har fyra bostäder varav en i Stockholm) huvudsakligen möblerad med två klädstreck, som ledde besökaren i en snitslad gång från dörren till en tronliknande fåtölj, där han presiderade. På klädstrecken hängde hans artiklar och annonser i klädnypor och bildade en sammanhängande allé.

Du minns säkert IB-affären under åren 1973-74, som initierades av Jan Guillou och Peter Bratt. Per-Gunnar Vinge gjorde stora ansträngningar att kompromettera IB 03s register medan tid var, för verksamheten höll på att decentraliseras till partidistrikten. Omkring 1970 hade Olof Palme tappat intresset för de små och obetydliga intelligenceoperationerna i Sverige. Av allt att döma var Guillous och Bratts scoop dock en ren tillfällighet. Då var det inte många som visste att Guillou själv var en gammal IB-agent, som hade rest runt i Östeuropa.

Decentraliseringen av personregistret var inget vidare argument för (s) att komma med. Man fick genomlida affären till dess slut. men IB-affären kunde ha gått mycket värre. Den ovannämnda mullvaden på IB, Axel Hedén, kopierade IBs agentförteckning med kassaskåpssprängare och allt, och Per-Gunnar Vinge skickade detta minst sagt graverande dokument till *Dagens Nyheter*. Den historiska slumpen slog till på nytt. Ankommande post blir inte alltid öppnad och läst. När jag långt senare fick infört en artikel på *DN Debatt* stack Göran Beckérus ett nyöppnat kuvert i handen på mig. Kuvertet innehöll ovannämnda kopior av IBs agentförteckning. Det hade upptäckts 15 år senare. En kriminalteknisk undersökning bekräftade att kopiorna var tagna under 1970-talets första hälft. Tidigare funderade jag på att skriva en bok om IB-affärens dråpliga interiörer. Det är nämligen inte känt hur uppgiftslämnaren Håkan Isacsson efter varje möte med Guillou och Bratt genast sprang till Bo Anstrin och bekände dagens synder. Håkan Isacsson slutade på Hall, där han trots eller tack vare sin alkoholism lyckades lura fängelseprästen på hans pengar.

Jag skall nu gå över till händelserna under 1980-talet. Vid 1970-talets slut fanns en grupp militärer inom försvarsmaktens ledning som med oro övervägde socialdemokratins faror för landet på sikt. Man beslutade i all stillhet att börja bygga upp en kuppberedskap mot ett socialistiskt maktövertagande. Det är inte så långsökt som det låter, alla hade Tjeckoslovakien i friskt minne. Den önskade kuppberedskapen kunde uppnås med hjälp av en samordnande central enhet, stödd på lokala enheter i ett riksomfattande militärt nätverk. Det var ingen lätt uppgift att organisera, eftersom landet redan hade Alvar Lindencronas beredskabssystem (se Stay Behind sid 485) och nygamla IB 01. Dessutom satt Birger som en stoppkloss, oavsättlig eftersom han redan hade avgått, och höll ögonen på allt som rörde sig inom landet.

Nätverket ute i landet var enklast att åstadkomma och snart fanns ett löst system av beväpnade militära grupper lite varstans, oftast rekryterade från hemvärnet, armén och marinen. Det organisatoriska kittet åstadkoms genom att spjälka av en del pålitliga personer från SSI (Sektionen för Särskild Inhämtning) som motsvarigheten till IB kallades under åren 1982-89, och Försvarsstabens säkerhetsavdelning. Dessa pålitliga personer bildade den så kallade Hemliga Byrån (som inte skall förväxlas med Per-Gunnar Vinges ovannämnda byrå). Uttunningen vållade en del praktiska bekymmer, men väckte inga direkta misstankar. Hemliga Byrån skulle ursprungligen husera på Marinstaben, men delar av byrån lämnade aldrig Försvarsstaben och resten övertog en SSI-lägenhet ute på stan, i närheten av Per-Gunnar Vinges ovannämnda byrå.

Beslutet om avspjälkning togs av viceamiral Bengt Schuback. (Bengt Schuback var försvarsstabschef 1978-1982, militärbefälhavare i Södra militärområdet 1982-1984 och marinchef 1984-1990). Lennart Borg informerade cheferna för Försvarsstabens underrättelseavdelning, Försvarsstabens säkerhetsavdelning och SSI att Hemliga Byrån fanns "för särskilda ändamål" och skulle lämnas i fred. Huvudsyftet att hålla Birger utanför lyckades alldeles utmärkt. Länken mellan Hemliga Byrån (som inte existerar längre) och det riksspridda nätverket sköttes av de regionala säkerhetstjänster som finns ute i militärområdena. Det är inte många som känner till dessa regionala säkerhetstjänster. De bemannas av värnpliktiga ungdomar, som under och efter sin grundutbildning sköter diverse operationer. De har inte så högt anseende centralt, eftersom de ofta nog är "ganska galna", men det är dessa killar som ibland är synliga när militären opererar. Jag upprepar avslutningsvis att syftet med hela denna organisation var en ren kuppberedskap mot en tänkt inre (!) fiende. Något offensivt tänkande fanns inte vid denna tid.

Under mitten av 1980-talet spreds ett rykte att det fanns en högt placerad socialdemokratisk läcka mot öst, à la Treholt eller värre. Misstankerna häftade länge vid dåvarande kabinettssekreteraren Pierre Schori. Inom FOA (Försvarets Forskningsanstalt) och Psykförsvaret hade det vid denna tid bildats en tredje gruppering för "antisocialistisk moteld" och de gav bland annat ut en fiktionsbetonad bok under pseudonym, som föga inlindat utpekade Pierre Schori som läckan. Det skulle bli fler böcker. FOA grundade till och med en enhet för studier i desinformation. Noga räknat var det två enheter, en i Karlstad som verkligen forskade i desinformation, och en i Stockholm, som bedrev desinformation tillsammans med Psykförsvaret och en före detta IB-agent på högerkanten, Eskil Block.

Den verkliga vändpunkten kom utan att några egentliga operationer inleddes. I Sverige finns tre subversiva huvudgrupperingar. Låt oss i detta dokument kalla dem P3A i näringslivet, P3B inom militären och FRA (Försvarets Radioanstalt) samt

Vilda Spekulationer

P3C inom FOA och psykförsvaret. (P3 var i början mitt interna arbetsnamn). I P3Cs närhet fanns olika forskningsgrupper för öststudier och från en av dessa kom nu det alarmerande påståendet att Olof Palme var sovjetisk spion. Påståendet grundade sig på en noggrann analys av Palmes aktiviteter inom sexnationers initiativet och Palmekommissionen, parad med en kompletterande analys av diverse sovjetiska fältaktiviteter på svensk jord. Slutsatsen väckte ett enormt uppseende och den trots allt ganska lösa grupperingen i smått populistiska organ svetsades ihop till en enhet. De antog namnet Frihetsrörelsen.

De i samhället högt uppsatta personerna Per-Gunnar Vinge, Bengt Schuback, Lars Ljunggren och Bengt Wallroth tog ett historiskt beslut inför Gud och fosterlandet (varför utlämnade man kungen?) att Palme måste bort, röjas ur vägen. (Lars Ljunggren var generaldirektör för FRA 1972-1985. Bengt Wallroth var hemlig chef för SSI 1982-1984 och chef för internationella enheten vid försvarsdepartementet 1984-1989). Sedan 1989 har han varit generaldirektör för Försvarets Radioanstalt FRA. (General Wallroth blev senare utsedd till huvudsekreterare i den nya ubåtsskydsskommissionen, *författarens anmärkning*). Med tanke på fortsättningen är det

Bengt Wallroth

ett intressant faktum att Pär Kettis, mannen som var FRAs generaldirektör mellan Lars Ljunggren och Bengt Wallroth, är Sveriges ambassadör i Indien sedan 1989.

Per-Gunnar Vinge betonade att han stödde beslutet. Hans ämbetsmannaheder hindrade honom dock från att deltaga formellt, påstod han. Alla var eniga om att "hålla tyst och hemligt intill evärdlig tid" om beslutet, men hittills är det åtminstone två som har skvallrat ur skolan.

I all hemlighet började man nu rekrytera ett lämpligt hitteam i nätverket. AGAG (Aktionsgruppen Arla Gryning) formades (se sid 351). De utvalde huserade i Nedre Norrlands militärområde och kom huvudsakligen från Jämtland, bland dem Ture Utriainen. Det tränades och övades och det gick ganska lång tid innan man blev klar över att något fattades - skytten. Ingen som man litade på ville vara skytt, men väl bistå på alla andra sätt vid dådet. Och de som kunde tänka sig att hålla i vapnet litade man inte ett dugg på. Det händer att AGAG sammanblandas med Magnumklubben, men det beror bara på att vissa skyttar har kommit i kontakt med Magnumklubben genom skytterörelsen och på så sätt blivit medlemmar i båda organisationerna.

De sammansvurna befann sig nu i den märkliga situationen att alla var eniga och välorganiserade och säkerhetsförhållandena goda, samtidigt som man var tillbaka på ruta ett när det gällde offensiva åtgärder. Alltmedan medvetandet om det avsedda

733

undanröjandet var på väg ut i organisationens perifera delar.

En rad olika försök gjordes nu inom och utom landet att ro iland ett attentat. Men verkligheten liknade inte thrillerlitteraturen och svårigheter uppstod. Kontaktade personer blev misstänksamma, något frilansande Murder Inc fanns inte, och verksamheten gick i stå. Den kunde ha förblivit där om inte den historiska slumpen hade ingripit på nytt.

Jag skall nu redogöra för ett samtal *(se sid 314, mellan Palme och Rajiv Gandhi, författarens anmärkning)* där jag visserligen inte känner till hur orden föll, men har desto större anledning att känna till innehållet. Som författare av ett PM med oviss framtid tar jag mig den friheten.

-Tjenare, jag hör att ditt inköp av franska kanoner är klart.

-Ja, affären är i hamn nu och det blir offentligt inom kort.

-Jag ringer dig för att jag har ett bättre erbjudande.

-Jaså.

-Du vet det ännu inte, men jag kommer att avgå inom kort, du vet ålder och trötthet och allt det där. Och jag har en hel del som behöver städas upp. Till att börja med behöver vi den där ordern av inrikespolitiska skäl. Du får naturligtvis samma villkor från oss i det praktiska. För det andra behöver jag ett ordentligt kapitaltillskott för ett särskilt ändamål. Och för det tredje - och här kommer poängen för dig - behöver jag definitivt avsluta det svenska kärnvapenprogrammet. Du anar vart jag syftar?

-Hmm... ja.

-Vi har en del material lagrat i Forsmark som jag vill bli av med. 650 kg kärnvapenuran till att börja med. Och så lite av varje av annat i varierande kvaliteter. Våra experter upplyser om det. Men jag vill att du övertar rubbet.

-Jag måste medge att det där skulle passa oss rätt bra. Men du måste leva upp till fransmännens villkor: full kreditgaranti, fabriksproduktion hemma hos oss, leveransgaranti i händelse av krig och allting sådant. Och våra egna finansiella intressen, förstås.

-It's a deal.

-OK, jag skickar över en delegation som inventerar ditt material. Men får jag ställa en personlig fråga - du är inte precis känd för att sko dig personligen?

-Pengarna skall till ANC.

-Skall de ha en armé nu så?

-Nej, det ordnar ryssarna om det skulle behövas, men det är något annat som behövs. Vi pumpar in stora summor till rättshjälp och socialhjälp åt ANC-anhängare inom landet och det håller på att växa mig över huvudet.

Indienordern blev av. Men i ANCs ledning satt nu en mullvad som registrerade vad som hände. Och det väckte närmast panik i Sydafrika, som sakta men säkert stryptes av sanktionerna, samtidigt som stödet till ANC envist vägrade låta sig slås ner. I kniptången mellan sanktioner och ett ANC med folkstöd och en karismatisk ledargestalt i form av Nelson Mandela höll tiden på att rinna ut. Raseriet vändes mot socialistinternationalen och särskilt Olof Palme.

Och det var bråttom. Någonting måste göras, och fort. Via en hög svensk affärsman med rötterna i södra Afrika, Peter Wallenberg, fick man kontakt med Frihetsrörelsen. Och ett hitteam organiserades snabbt bestående av legoknektar och några svenska poliser som brukade resa till Sydafrika på betald semester (se sid 479). Dessa semesterresor hade tidigare organiserats för att svenska legosoldater skulle kunna resa hem ett slag i annans namn. Förutom fri resa, kost och uppehälle ingick en tortyrafton som lockbete. Äntligen hade man tillgång till kompetent folk för ett attentat.

Peter Wallenberg

Själva utförandet var relativt enkelt. Det var nödvändigt att avlyssna Olof Palme för att få lite kläm på hans rörelser. En insatsgrupp kunde rycka ut med kort varsel. Ursprungligen hade man tänkt att bara glutta på den avlyssning som ändå skedde hos byråchef Sture Höglund vid Säpo. Men Alf Karlsson (se sid 376), Per-Gunnar Vinges specielle förtrogne, sa med sitt speciella språkbruk:

-Vem som helst kan räkna ut att avlyssning har skett. Och sedan sitter vi här allihop i piss upp till halsen.

Sture Höglund

Avlyssningen sköttes istället via Televerkets säkerhetstjänst. I slutet av februari 1986 visste man att Olof Palme planerade ett biobesök med sonen Mårten. Det blev verkligen av och attentatet kunde ha varit banalt att slutföra. En för allmänheten okänd polisman, Stefan Svensson var operationschef (se sid 471).

Men det höll på att gå alldeles galet. När tillslaget på Sveavägen skulle ske stod skytten, en legosoldat (se sid 477), fryst till is, medan paret Palme ovetande promenerade förbi. En lång och tystlåten polisman, Leif Tell (se sid 417) gick då på eget initiativ med raska steg ner till Tunnelgatan och sköt Olof Palme i ryggen när han passerade. Sedan sprang Leif Tell uppför trappan och norrut på Malmskillnadsgatan och förenade sig med gruppen. Och alla som hade varit med eller sett på fick bråttom att komma undan.

Innan historien avslutas måste något nämnas om Holmérs Palmerum. Ovannämnda Alf Karlsson satt med i Palmerummet, trots att han inte är nämnd i Holmérs bok, och förankrade kurdspåret. Alf Karlsson och jag känner varandra ganska väl och jag pikade honom en gång för att han inte nämndes i boken.

-Jajaja, jag var bara med ett par gånger, sedan var jag tvungen att ta itu med

omorganisationen av Säpo.
-Du satt i Palmerummet ända fram till sommaren.
-... det minns jag inte.

Jag kan lösa några mindre gåtor, som den om Hans Holmérs
livvakt. Hans Holmér var känd som en synnerligen stöddig person,
men det stämmer inte i alla sammanhang. I vissa situationer är han
hundlikt undergiven. Livvakten utsåg sig själv (för att tjäna pengar)
och Hans Holmér fann sig i det.

T Utriaininen

I dagens Palmegrupp, eller rättare sagt, på befattningen som
Ölvebros närmaste chef, sitter fortfarande en mullvad, Tommy
Lindström (se sid 529). Jag har talat om för Ölvebro vem det är, men
han kan inte göra så mycket åt det. Däremot har Ölvebro mycket väl
begripit att något är sjukt på polissidan. Han har tillsatt en mycket diskret grupp som
utreder "desinformation om polisens inblandning".

Nu slutar jag detta långa aktstycke. Under resans gång har jag informerat Ölvebro
personligen om alla detaljer av polisiärt intresse, senast om Ture Utriainens (se sid 351)
plötsliga anställning vid Säpo som dataexpert med speciell behörighet."

Ulf Lingärde   (slut citat)

MÖRDARTEAMET ?

Franz Esser   *Heine Hüman*   *Abdul Kassem*   *Craig Williamson*

Det har blivit dags att göra en sammanställning av det troliga mördarteamet som den 28 februari 1986 likviderade den svenske statsministern Olof Palme:

* Franz Esser (se sid 581, 602) tysk agent för Sydafrika och chaufför av Flyktbil, kodnamn Holger, död i mystisk bilolycka
* Heine Hüman, tysk agent för Sydafrika (se sid 603) och walkietalkieman, kodnamn Heinz, troligtvis användes hans villa på Enbärsgränd 15 i Björklinge som gömställe åt mördaren, troligtvis bosatt i USA
* Abdul Kassem, Palmes baneman och yrkesmördare, turkisk kurd (se sid 702)
* Craig Williamson, sydafrikansk agent, superspion och hjärnan bakom operationen (se sid 585)
* Stefano delle Chiaie, italiensk massmördare (se sid 456)
* Riian Stander, sydafrikansk agent, walkietalkieman i Gamla stan (se sid 50)
* Anthony White, sydafrikansk agent och ansvarig för logistiken, det vill säga vapen, flyktbilar och så vidare, eventuellt förebild till Fantombilden (se sid 593)
* Michael Townley, amerikansk-argentinsk yrkesmördare och eventuellt förare av Flyktbil 3, en röd Ford Escort (se sid 445)

Stefano delle Chiaie   *Riian Stander*   *Anthony White*   *Michael Townley*

Statskupp i Slowmotion

Leif Tell   *Thomas Piltz*   *Ole Olstad*   *Stefan Svensson*

* Leif Tell, Baseballpolis och walkietalkieman, kodnamn Stuart (se sid 417)
* Hans kollega Thomas Piltz, tillika walkietalkieman (se sid 417) observerad nära mordplatsen och på buss 43 (se sid 85)
* Ole Christian Olstad, norsk legosoldat, observatör i Gamla stan och chaufför av Flyktbil 2, en vit Volvo 244 GL, kodnamn Odd (se sid 460). Död.
* Stefan Svensson, Baseballpolis med inre samordnande tjänst (se sid 471)
* Alf Karlsson, Säpoman, ansvarig för Olof Palmes livvakter (se sid 724)
* Major ingvar Grundborg, säkerhetsansvarig på Televerket (se sid 425)
* Den argentinske yrkesmördaren Roberto Thieme (se sid 460)
* Den högerextreme vapenhandlaren Carl Gustaf Östling (se sid 424)
* Den sydafrikanske agenten och piloten Peter Casselton, krossad till döds av en förarlös lastbil (se sid 632), tveksam medverkan i mordet

Gemensamt för dessa personer är att de själva har erkänt inblandning i dådet på Sveavägen eller blivit utpekade av andra. En del personer har utelämnats, bland annat medlemmar i diverse städ- och backupteam.

Vad gäller mördarens riktiga identitet kan vi bara gissa.

Alf Karlsson

Ingvar Grundborg, major och säkerhets ansvarig på Telever ket i Liljeholmen   *Yrkesmördaren Roberto Thieme*   *Vapenhandlaren Carl Gustaf Östling*   *Peter Casselton osäker inblandning, men en agent som visste för mycket*

738

Efter många års sökan satsar författaren på den professionelle mördaren med kodnamnet Buhran (uttalas Bohran och betyder Explosionsartad Kris på persiska / kurdiska). Buhran var en specialutbildad kommandosoldat van att döda, en kurd med turkiskt ursprung och hette troligtvis Aschmed (uttalas Ahmed) Latef eller Latif (se sid 702) - samma person som blev utpekad som mördare i samband med det så kallade Sydafrikaspåret (se sid 577).

Olof Palme 30/1 1927 - 28/2 1986

Kodnamnet Abdul Kassem tog han troligtvis efter Abdul Karim Kassem (1914-63), en irakisk soldat som tillsammans med en gruppering inom militären störtade den irakiska monarkin i en blodig kupp den 14 juli 1958. Abdul Kassem blev själv därefter premiärminister, men dödades i en militärkupp 1963.

Mördarens och uppdragsgivarnas riktiga identiteter är det upp till en hederlig spaningsledning att ta reda på. Den nuvarande har sagt att det inte längre finns någonting att utreda.

Denna bok är ett bevis på att så inte är fallet.

Avsiktlig och intelligent manipulation av folkets etablerade vanor är en viktig beståndsdel i ett demokratiskt samhälle. De som manipulerar denna dolda mekanism utgör den skuggregering som i verkligheten styr vårt land.

Edward L Bernays, propagandaexpert

OTROLIGA KOPPLINGAR MELLAN MORDEN PÅ JFK OCH PALME

Innan vi avslutar berättelsen om mordet på Olof Palme vill jag gärna påvisa några mer eller mindre okända kopplingar till andra betydelsefulla mordfall. Implikationerna av dessa kopplingar är oerhörda.

Precis innan invasionen av Grisbukten mobiliserades en superhemlig grupp av skickliga krypskyttar som fick namnet Operation 40. En av ledarna för gruppen var CIA:s David Atlee Philps, som även var en nyckelfigur i komplotten mot Kennedy. Det är också kartlagt att han var den så kallade controllerföraren av ingen mindre är syndabocken, Lee Harvey Oswald, samtidigt som han var controller för en av skyttarna, mannen bakom staketet på Grassy Knoll – Jamed Files!

James Files

David Atlee Philps var också controllerförare av den unge Michael Vemon Townley, som har varit väldigt aktiv i många extremt våldsamma uppdrag, av vilka ett tycks vara Palmemordet samt förgiftningen av den chilenske nobelpristagaren och poeten Pablo Neruda. Poeten dog vid 69 års ålder den 23 september 1973, bara 12 dagar efter general Pinochets statskupp. Hans dödsattest visar att han dog av prostatacancer, en uppfattning som varit allmänt accepterad under nära fyra decennier. Men hans före detta personlige assistent Manuel Araya säger att poeten fick en

Pablo Neruda

dödlig injektion på sjukhuset av en "Dr Price". Michael Vernon Townley misstänks nu ha varit den mystiske och dödsbringande doktorn, och Neudas kvarlevor håller på att undersökas för bevisning. Denne yrkesmördare var aktiv mycket tidigt i livet. Under det senare 60-talet skickade David Atlee Philips (uppbackad av Henry Kissinger) Michael Townley till Chile med många hemliga arbetsuppgifter av vilka en var att arrangera två attentat mot Salvador Allende. Två av gruppmedlemmarna var Roberto Thieme och Julio Izquerdo Memnéndez , och båda var på plats vid tiden för Palmemordet.

Michael Vernon Townley

Kom också ihåg vad CIAs "Charles Morgan" gjorde som försökte värva en yrkesmördare till attentatet mot Palme. "Charles Morgans" riktiga namn är Felipe Vidal Santiago och han påstås vara den "vinkande mannen" som befann sig framför "Paraplymannen" vid Dealey Plaza 1963!

Medlemmarna i Operation 40 har sett till att hålla sig sysselsatta och är inblandade i morden på John Lennon, Che Guevaea, Salvador Allende, Orlando Letelier, General Prats, sydafrikanen Robert Smit samt vid bombningen av ett kubanskt trafikflygplan 1976 som krävde 73 liv, Watergateaffären, Iran-Contras-skandalen och till och med 9/11 och så vidare. Även mordförsök på De Gaulle och mordet på italienaren Enrico Mattei har nämnts.

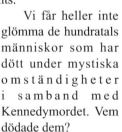
Che Guevara

Robert Smit

General Carlos Prats - sprängd till döds

Vi får heller inte glömma de hundratals människor som har dött under mystiska omständigheter i samband med Kennedymordet. Vem dödade dem?

Låt oss ta en närmare titt på denna skräckinjagande grupp som har lämnat efter sig ett långt spår av blodfläckar genom den moderna historien. Kom ihåg vem som

Roberto Thieme

742

var/är ansvarig eftersom det ger oss viktiga ledtrådar rörande de skyldiga för andra betydelsefulla mordfall och så kallade "terrorhandlingar". Vi kommer att upptäcka att flera av dem fortfarande är vid liv.

OPERATION 40 OCH DESS FASANSFULLA NÄTVERK

Richard Nixon

Operation 40 var en förtäckt CIA-sponsrad operation som inleddes under tidigt 60-tal och som skulle verka i USA och Karibien (Kuba inräknat), Centralamerika och Mexiko såväl som i Europa och Sydafrika.

Allen Dulles, chef för CIA, upprättade Operation 40 efter ett konfidentiellt memorandum från överste J C King, chefen för CIA's Western Hemisphere Division, och gruppen fick sitt namn då den initialt bestod av 40 agenter, i huvudsak exilkubaner. Operationen godkändes av president Dwight D Eisenhower och leddes av vice-president Richard Nixon.

George Herbert Walker Bush blev tillfrågad om att vara med och finansiera gruppen och den man som tilldelades

George H. Bush

Här är det enda kända gruppfoto av vissa medlemmar från Operation 40, CIAs superhemliga dödskommando, fotot taget på nattklubben La Reforma i Mexico City, januari 1963. Till vänster och med glasögon är Porter Goss, Barry Seal sitter bakom honom. Lutandes fram över bordet är Felix Rodriguez. Nummer tre från höger sägs vara Jorge Robreno, nummer fyra Alberto 'Loco' Blanco. Den som täcker för ansiktet är Tosh Plumlee och längst till höger sitter William Seymour.

honom för detta nya uppdrag var Féliz Rodriguez. I uppdraget ingick att hitta privat finansiering som ett resultat av påtryckningar från amerikanska bolag som blivit lidande på grund av Fidel Castro.

En medlem, Francis Sturgis, påstås ha berättat för Mike Canfield att: "Denna grupp av yrkesmördare var beredda att på order döda både medlemmar av militären eller de politiska partierna i de länder som skulle infiltreras och, om det var nödvändigt, även egna medlemmar som misstänktes vara utländska agenter..."

David Atlee Philips

NÅGRA AV MEDLEMMARNA I OPERATION 40

David Atlee Philips, också känd som "Howard Benson": Högste chef för Operation 40. Huvudman i oräkneliga operationer inklusive attentatet mot Kennedy. Steg i graderna och blev CIA-chef för samtliga operationer i väst.

Ted Shackley

Theodore " Blond Ghost" Shackley: Avdelningsschef vi CIAs station i Miami, trefaldig mottagare av Distinguished Intelligence Medal, CIAs högsta utmärkelse. Under nästan tre decennier tjänstgjorde han vid "frontlinjerna". Enligt konspirationsexperten Trowbridge H Ford var Ted Shackley även ledare för gruppen som mördade tysken Uwe Barschel. Dessutom är Ted Shackley utpekad som delaktig i planeringen av mordet på John Lennon, vilket utfördes av hans kollega, Jose Perdomo.

E. Howard Hunt

E Howard Hunt: En CIA-inspektör ur första ledet som deltog vid Kennedymordet och många, många andra dolda operationer inklusive Watergateaffären.

David "El Indio" Sanchez Morales: Djupt involverad i den CIA-operation som störtade Guatemalas president Jacobo Arbenz Guzmán. Skaffade sig rykte om att vara CIAs bäste yrkesmördare i Latin¬amerika. Under 1960-talet och mitten av 1970-talet var Morales inblandad i planer på toppnivå för att mörda Fidel Castro, operationen vid Grisbukten, Kennedymordet, CIAs hemliga krig i Laos, infångandet av Che Guevara och den som i verkligheten mördade honom

David Sanchez Morales

744

samt kuppen mot Allende.

I november 2006 visade *BBCs News Night* ett repotage av filmaren Shane O'Sullivan som påstod att tre seniora CIA-agenter hade varit närvarande vid Ambassador Hotel den kvällen då Robert F Kennedy blev mördad: David Morales, operativ chef vid JM WAVE, den operative chefen vid Marinen Gordon Campbell samt George Johannides, operativ chef för psykologisk krigföring.

George Joannides

Féliz "Max" Rodriguez Mendiguita: En före detta kubansk polis under Batista-regimen, ökänd "fredsaktivist" som senare blev en betydelsefull agent under Iran-Contras-affären och rådgivare åt president George Herbert Walker Bush. Han var helikopterförare i Vietnam och blev senare, tillsammans med Bill Clinton och Barry Seal med flera, inblandad i den droghandel som pågick runt Menas landningsbana i Arkansas, och den som var ansvarig för tillfångatagandet och avrättningen av Che Guevara. Sedan 2004 ordförande i Grisbuktens Veteransällskap.

Felix Rodriguez

Frank Sturgis: CIA-agent, legosoldat. Djupt involverad i planerade attentat mot Fidel Castro, invasionen vid Grisbukten, Kennedymordet, och senare medlem i gruppen som bröt sig in i Watergatekomplexet 1972.

Orlando Bosch: Grundare av den kontrarevolutionära Coordination of United Revolutionary Organizations som 1976 arrangerade mordet på den tidigare chilenske ministern Orlando Letelier. Bosch var också närvarande i Dallas vid Kennedymordet och är också skyldig till hundratals bombningar och terrordåd mot Spanien, England, Japan, Mexiko, Polen och andra länder som bedrev handel med Kuba.

Frank Sturgis

Barry Seal: Rekryterades vid 17 års ålder, tillsammans med Lee Harvey Oswald, av CIA-agenten David Ferrie. Seals fru Deborah säger: "Barry flydde från Dallas i ett flygplan efter det att Kennedy blivit mördad". Barry Seal var en mycket framgångsrik kokainsmugglare och möjliggjorde utväxlingen av droger mot vapen till stöd för Contras i Nicaragua. Han hjälpte också till med att tvätta drogpengar i Arkansasbaserade

Orlando Bosch

banker kopplade till familjen Clinton. Seal ställde senare upp för att avlägga vittnesmål mot George H W Bush i denna sak och sköts ihjäl i sin bil 19 februari 1986, bara några dagar innan den svenske statsministern eliminerades.

Barry Seal

Luis "El Bambi" Posada Carriles: Kubanskfödd antikommunistisk extremist. CIA-agent inblandad i invasionen vid Grisbukten och många andra förtäckta operationer. Var närvarande i Dallas 22 november 1963. Dömd i sin frånvaro i Panama för olika terroristattentat och komplotter i Latinamerika, inklusive bombningen 1976 av ett kubanskt trafikflygplan som dödade 73 människor. Medgivit inblandning i en rad bombattentat 1997 riktade mot fashionabla hotell och nattklubbar på Kuba. Var en huvudfigur i Iran-Contras-skandalen tillsammans med Felix Rodrigues. Har blivit utpekad som "en av de farligaste terroristerna i modern historia" och som "gudfadern av kubanskt exilväld."

Luis Pasada Carriles

Peter Goss: Senare utsedd till CIA-chef av president Bush, för att senare avgå under mystiska omständigheter. under en tid som ordförande för The House Intelligence Committee. Goss var medsponsor för US Patriot Act och satt med i Joint 9/11 Intelligence Inquiry. Goss var också närvarande, tillsammans med general Mahmod Ahmad (chef för det pakistanska ISI /Inter-Services Intelligence) i Capitolium på morgonen den 11 september 2001.

Portor Goss

Marita Lorenz: Den enda kvinnliga medlemmen i Operation 40. Hade en kärleksaffär med Fidel Castro och var delaktig i ett försök att ta hans liv. Hon fick senare barn med Venezuelas före detta diktator, Marcos Pérez Jiménes. På 70-talet vittnade hon i Kennedymordet och sade att hon arbetat tillsammans med en grupp anti-kubanska militärer, däribland Lee Harvey Oswald, strax för mordet.

Marita Lorenz & Fidel

Tosh Plumlee: Var förste- och andrepilot under dolda CIA-flygningar i mer än trettio år. Hämtade Johnny Roselli från Tampa i Florida tidigt den 22 november 1963. Därefter plockade han upp ytterligare tre män i New Orleans och Plumlee körde dem till Redbirdflygplatsen i Dallas. I en

intervju i april 1992 hävdade Plumlee att man sagt att syftet
var "att avstyra mordet" på John F Kennedy.

Herminio Diaz Garcia: Arbetade som livvakt åt
maffiabossen Santos Trafficante. Mördade "Pipi" Hernandez
1948 vid det kubanska konsulatet i Mexiko. 1957 var han
inblandad i ett mordförsök på Costa Ricas president Jose
Figures. Diaz Garcia deltog också i ett misslyckat mordförsök
på Fidel Castro. Diaz Garcia flyttade till USA i juli 1963 och
arbetade där för Tony Varona, en annan ökänd medlem av
Operation 40. Tros vara en av skyttarna/spanarna på sjätte
våningen i Texas School Book Depository i Dallas.

Tosh Plumlee

Johnny Roselli: Mellanhand för gangsterligorna och
CIA, samarbetade med representanter för gangsters som Al
Capone på 20-talet och Meyer Lansky, och stod senare Santos
Trafficante nära. Det har påståtts att Roselli befann sig i
Dallas bokmagasin när Kennedy mördades, intill prickskytten
Chuckie Nicoletti och möjligen också George Herbert Walker
Bush! Slutade sina dagar uppstyckad i bitar och placerad i ett
oljefat. I en intervju hävdade Tosh Plumlee att Roselli blev
dödad för att han visste för mycket.

Herminio Diez Garcia

Virgilio Paz Romero: Medlem av Kubas
Nationaliströrelse, dömdes 1991 till tolv års fängelse för
morden på Orlando Letelier, Dionisio Suarez, James Files (!),
Guillermo och Ignacio Novo, och Alvin Ross Diaz blev också
inblandad av CIA- och DINA-agenten Michael Townley.
Både George Herbert Walker Bush och Henry Kissinger har
senare blivit direkt sammankopplade med detta förfärliga
terrordåd. Paz hade också kopplingar till Robert Smit-
mordet i Sydafrika, mordet på general Carlos Prats i Chile,
försvarsminister Oscar Bonilio och attacken mot Bernardo
Leighton med fru.

Johnny Roselli

Jose Joaquin "Felix" Sangenis Perdomo: Polischef
under den kubanske presidenten Carlos Prios regim. Medlem
av Brigad 2506 under invasionen vid Grisbukten. Arbetade
nära Frank Sturgis och verkade under många år för CIAs
räkning. Är av flera utpekad som dörrvakt i tjänst den kväll

Virgilio Paz Romero

Jose Perdomo

John Lennon och Mark Chapman

Jose Perdomo (1980)

John Lennon mördades utanför sitt hem i Dakotahuset. Dörrvakten Jose Perdomo stod på vänster sida om Lennon med syndabocken Mark Chapman till höger. Alla skott som träffade Lennon var avfyrade från vänster. Man har hävdat att attacken planerades av Ted " Blond Ghost" Shackley.

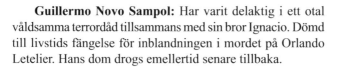

Eladio "Lado" Ceferino del Valle: Inblandad i Kennedymordet som krypkytt på sjätte våningen tillsammans med Herminio Diaz Garcia och Richard Cain från Chicagomaffian. Eladio blev brutalt mördad samma dag som David Ferrie.

Eladio del Valle

Guillermo Novo Sampol: Har varit delaktig i ett otal våldsamma terrordåd tillsammans med sin bror Ignacio. Dömd till livstids fängelse för inblandningen i mordet på Orlando Letelier. Hans dom drogs emellertid senare tillbaka.

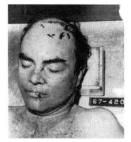

Ignacio Novo Sampol: 1964 avfyrade han en bazooka mot FN-byggnaden medan Ernesto "Che" Guevara förberedde ett tal inför generalförsamlingen. Båda Sampols bröder fanns med i de två bilar som kom från Miami fullastade med vapen inför Kennedy-attentatet. Det var från en av dessa bilar som Rose Cheramie blev utkastad nära Eunice i Louisiana (se filmen JFK).

Ignacio Novo Sampol

William Seymour: Erfaren soldat som hjälpte till att utbilda exilkubaner inför attentat på Kuba. Medlem av Interpen. Anklagas av många utredare för att varit delaktig i Kennedymordet och anses vara en av de män som vid åtskilliga tillfällen har tagit Lee Harvey Oswalds plats.

Guillermo Novo Sampol

Bernard L Barker: Djupt involverad i invasionen vid Grisbukten. Ställföreträdande Seymour Weitzman identifierade Bernard Barker som den falske Secret Service-agenten bakom avspärrningen bara sekunderna efter det att Kennedy blivit skjuten. Barker var en av dem som utförde inbrottet i Watergate.

Antonio Veciana: Exilkuban, grundare av den CIA-stödda Alpha 66. Hade nära samröre med David Atlee Philips. Angavs i E Howard Hunts bekännelser vid hans dödsbädd som en av de viktigaste deltagarna i planeringen av mordet på Kennedy.

William Seymour

Tom Clines: Gick samman med Ted Shackley, David Atlee Philips och David Sanches Morales i JM WAVE, CIAs operationella högkvarter i Miami för Operation Mongoose. Under Vietnamkriget arbetade Clines som Ted Shackleys ställföreträdare med ansvar för CIAs hemliga krig i Laos. 1972 blev Clines tillsatt att leda CIAs operationer i Chile och hjälpte till att störta president Salvador Allende. Senare var han en nyckelfigur i Iran-Contras skandalen. 1977 stod han anklagad för att ha transporterat nära 20 ton av sprängmedlet C-4 direkt till Libyens diktator Moammar Gadaffi.

Bernard Baker

Eugenio "Muscolito" Martinez: En av dem som blev dömda för inbrottet i Watergate.

Jorge Mas Canosa: Fast besluten att störta Castro, först genom en väpnad komplott och senare i Kongresshallen. Såg ofta i Capitol Hill, och under många år sökte presidenterna Reaga, Bush och Clinton råd från honom angående kubanska angelägenheter.

Antonio Veciana

Edwin P Wilson: CIA-officer vilken senare blev dömd för att illegalt ha sålt vapen till Libyen.

Virgilio "Villo" Gonzales: En av dem som bröt sig in i Watergate.

Rafael "Chi Chi" Quintero: I en artikel som publicerades

Eugenio Martinez

i Granma 2006 konstaterade Rafael Quintero: "Om jag skulle berätta vad jag vet om Dallas och Grisbukten skulle det bli den största skandalen som någonsin skakat nationen."

José Dionisio " Bloodbath" Suárez Esquivel: Dömd för mordet på den chilenske marxistledaren Orlando Letelier. Michael Townley placerade bomben under bilen. Suárez Esquivel och hans medhjälpare, Virgilio Paz, detonerade den.

Manuel Artime Buesa: En politisk ledare för Brigade 2506 under invasionen vid Grisbukten i april 1961. Organiserade senare Miami Watergate Defense Relief Fund för de som bröt sig in i Watergate.

Jorge Mas Canosa

Jose Miguel "El Pdrino" Battle: En före detta polisman i Batistas Kuba. Assisterade CIA i utbildningen av exilkubaner. Deltog i invasionen vid Grisbukten. Byggde upp ett massivt brottssyndikat och ansågs vara god för 175 miljoner dollar.

Andres Nazario Sargent: Främste ledaren för Alpha 66, en anti-kubansk terroristorganisation, grundad 1962.

Edward P. Wilson

ANDRA NÄRA KONTAKTER:

Felepe Vidal Santiago: Även känd som "Charles Morgan" och direkt inblandad i Kennedymordet som den vinkande mannen framför den så kallade Paraplymannen, legosoldaten Roy Hargraves som markerade den exakta punkten för korselden. Åratal senare visade han sig i Stockholm och sökte efter potentiella yrkesmördare för Palme-attacken.

Felipe Vidal Santiago

Nestor "Tony" Izquierdo: Medlem av Brigade 2506. Arbetade med David Morales under många räder. Legosoldaten Gerry Hemming hävdade att "Tony" var spanaren i bokmagasinet i Dallas.

Roy Hargraves

750

Tom Clines

"Still going strong...?"Alvin Ross, Guillermo Novo Sampol och Virgilio Paz Romero. Fotot från 2012.

Jose Miguel Battle

Pedro Diez Lanz   *Virgilio Gonzalez*   *Nestor Izquierdo*

Rafael Quintero

Manuel Artime och president John F Kennedy   *Dionisio Suarez Esquivel*

NÅGRA AV MÄNNEN SOM DÖDADE JOHN F KENNEDY

Efter många års utredning presenterar jag härmed några av dem som deltog vid mordet på John F Kennedy. Detta fall är som en komplex labyrint varför några utredare kanske inte håller med, men enligt min åsikt är det här några av de mest betydelsefulla personerna som var inblandade (men det fanns fler, särskilt på gangstersidan).

Richard Cain (1) Skytt, Texas School Book Depository   *Herminio Diez Garcia (2) Spanare, Skolbokslagret*   *Eladio del Valle (3) Skytt, Skolbokslagret*   *Chuckie Nicoletti (4) Skytt DalTex-byggnaden*

Nestor Izquierdo (5) Spanare, DalTex-byggnaden   *Frank Sturgis (6) Skytt (?), gräskullen*   *Lucien Sarti (7) Skytt, den så kallade "Badgeman"*   *Roscoe White (8) Skytt (?), I gatubrunnen*

James Files (9) Skytt, bakom staketet på kullen   *Bernard Baker (10) Falsk Secret Service man bakom staketet*   *Roy Hargraves (11) "Paraplymannen" Dealey Plaza*   *F.Vidal Santiago (12) "Den vinkande mannen"*

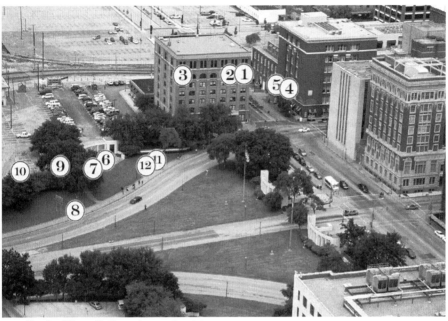

Dealey Plaza, Dallas, platsen därJFK mördades. Sifferplacering av skyttarna, mm

Lyndon B Johnson
Vicepresident

Cord Meyer
Dekorerad CIA-agent

David Atlee Philips
CIA-koordinator

William Harvey
CIA-koordinator

Allen Dulles
CIA-chef

George H Bush
CIA & Finansiering

E. Howard Hunt
CIA-koordinator

David Morales
CIA, Operation 40

753

Edward Lansdale
General

J. Edgar Hoover
FBI chef

Richard Nixon
Senare president

Charles Cabell
General

H.L. Hunt
Oljemagnat

Guy Banister
FBI, ONI

Jack Ruby
Maffian, CIA

Clint Murchinson
Texasmiljonär

Santos Trafficante
Maffiaboss

Carlos Marcello
Maffiaboss

Sam Giancana
Maffiaboss

Meyer Lanski
Maffiaboss

Clay Shaw
CIA, mm

Jimmy Hoffa
Maffian, mm

Richard Helms
CIA

Tony Varona
CIA, Maffian

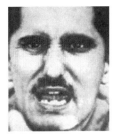
Antonio Veciana
Koordinator

Chauncey Holt
Gammal vagabond

Charles Harrelson
Lång vagabond

Charles Rogers
Vagabond, ONI

David Ferrie
CIA, pilot mm

Robert Mahau
Kooordinator

William Greer
Chaufför

Jim Hicks
Radiooperatör

Guillermo Novo
På plats i Dallas

Ignacio Novo
På plats i Dallas

Gerry Hemming
På plats i Dallas

Orlando Bosch
På plats i Dallas

Marc Wallace
På plats i Dallas

Luis Posada
Carilles, på plats

Pedro Diez Lanz
Op 40, på plats

Earle Cabell
Borgmästare

-Vi kan ofta vara överväldigade av ondskan, lidandet och plågan. Men vi måste veta att dessa inte har sista ordet. Det sista ordet tillkommer sanningen, godheten, skrattet, glädjen, freden, medkänslan, omtanken och delaktigheten och kunskapen om att allting till slut kommer att bli bra. Och allting kommer att bli bra.

Ärkebiskop Desmond Tutu

M/S ESTONIA SÄNKTES

Estoniakatastrofen - en av de värsta färgeolyckorna i modern tid

"Sverige har i sin efterkrigshistoria upplevt två svåra tragedier: den 28 februari 1986 mördades statsminister Olof Palme och den 28 september 1994 förliste Estonia, den europeiska civila sjöfartens största fartygskatastrof. För *Hufvudstadsbladet* är Estonia havets Olof Palme.

Parallellerna är uppenbara: båda fallen är olösta. Utredningarna har karaktäriserats av grov vårdslöshet och mycken inkompetens. Konspirationsteorier har följt dem plus något som hör till de svenska karaktärsdragen: att sopa besvärliga ting under mattan."

Så skrev tyska *Hamburger Abendblatt den 6 januari 2000*. Precis som Palmemordet är det nationella traumat Estonia bara en i en rad händelser som har det gemensamt att allmänheten förts bakom ljuset och att sanningen har mörklagts. Advokat dr Henning Witte, som företrädde den största gruppen av anhöriga till Estoniaoffer, Den Internationella Stödgruppen (DIS), inför en skadeståndsprocess i Paris mot Meyervarvet, Sjöfartsverket och Bureau Veritas, hade i sitt arbete fått stor inblick i det skuggspel som försiggår bakom kulisserna.

Produktionsbolaget *Strix* och TV3s program *Efterlyst* gjorde i maj 1997 en undersökning i samarbete med Witte, som visade en helt annan bild än den allmänheten har matats med i form av dåliga packningar, bogvisir och oduglig besättning.

-Vi på *Efterlyst* har inte tagit ställning till om följande teori är sann eller ej, förklarade programledaren Hasse Aro i programpresentationen. Däremot tycker vi att det fortfarande finns så många frågetecken kvar att alla ansträngningar måste göras för att få fram sanningen om Estoniakatastrofen.

Här följer ett sammandrag av deras välgjorda inslag, som har bekräftats av många av varandra oberoende källor. Inslaget är kompletterat med fakta från bland annat advokat Henning Wittes faktaspäckade och skrämmande bok *Sänktes M/s Estonia?* som finns att läsa på Internet, tyska journalisten Jutta Rabes intensiva undersökningar, sjösäkerhetsexperten Anders Björkmans verk *The Sinking of M/V Estonia*, diverse TV-dokumentärer samt uppföljande rapporter i bland annat skandinaviska och baltiska media, tidskrifterna *Nexus Nya Tider*, *Finanstidningen* och facktidskriften *Naval Architect*.

BAKGRUND

Estland har beskrivits som en högborg för vapensmuggling mellan öst och väst. Landet är utmärkt lämpat för smuggling av stora vapen och i motsats till frakt med lastbil, som måste korsa flera länders gränser, kan man med färja ombesörja transport från Tallinn direkt till Sverige utan stopp.

När Estland blev fritt tillsatte man en egen och ny administration. Överbefälhavare blev Alexander Einseln, en tidigare överste i amerikanska armén som fick dispens från Pentagon för att leda det fria Estlands styrkor. Enligt teorierna kring Estonias undergång ska en av hans uppgifter ha varit att för amerikanernas räkning plocka russinen ur kakan när det gällde rysk vapenteknologi, samtidigt som han övervakade Röda Arméns uttåg ur Estland.

Militärbasen Paldiski sydväst om Tallinn var under sovjettiden en så kallad stängd stad, till vilken endast rysk militär personal hade tillträde. Här utbildades marina styrkor och för ändamålet hade man i en av byggnaderna byggt in en atomubåt i naturlig storlek.

Alexander Einseln

Den räknades som en av två kärnreaktorer på basen. Här fanns även ytterligare en atomubåt och ett flertal mindre ubåtar.

Källor inom svensk militär och underrättelsetjänst menar att man under sovjettiden inte visste så mycket om Paldiski, men att man anade att mycket av undervattensverksamheten i svenska farvatten hade sitt ursprung här och att man i efterhand förvånats över att verksamheten vid basen varit så omfattande. Basen var en av de sista i Estland och monterades ner med svensk hjälp under sista halvåret 1994.

Under olycksnatten mellan den 27-28 september 1994 fanns två kaptener ombord på M/s Estonia: Befälet kapten Arvo Andresson och andrekapten Avo Piht. Av allt att döma förde deras fartyg en synnerligen värdefull och mycket hemlig last – en last som samtidigt medförde en allvarlig fara för passagerarna. På bildäck ska det nämligen ha funnits två större civila lastbilar med utsmugglad vapenteknologi från militärbasen Paldiski. Bevakade av tungt beväpnade soldater ska lastbilarna ha kommit till Tallins hamn under dagen och varit de sista fordon som körts in, närmast bogvisiret och fören. Denna transport föregicks av vissa avspärrningar av Tallinns gator och hamn, vilket förklarar Estonias försenade avgång.

Arvo Andresson och Arvo Piht

I lastbilarna som togs ombord anser initierade källor att det bland annat fanns radioaktiva delar. Enligt militära källor från Paldiski lastades en mindre kvantitet osmium samt extremt tung utrustning innehållande kobolt. Här talas om ett kärnladdningsbatteri från en Cosmossatellit, alltså ett miniatomkraftverk, som används vid justering av satelliters laserspegel och solsegel.

Med vapenlasten följde också en personlig eskort. Han finns i flera vittnesmål beskriven som en man i vinröd blazer som rörde sig obehindrat bland befälen ombord. Han ska vid något tillfälle ha haft en dokumentportfölj kedjad vid handen, troligtvis innehållande handlingar rörande den mystiska lastbilslasten.

Delar av Tallin och dess hamn var avspärrade

-Det är ingen hemlighet att det jämt smugglades på den här rutten, kommenterade advokaten Henning Witte. Redan innan Estland var självständigt smugglades det radioaktiva ämnen, människor, knark och vapen.

Wittes uttalande stöds av att svenska tullen under perioden 1992-93 gjorde tjugotvå beslag av radioaktiva eller andra mycket farliga ämnen.

På den svenska sidan ska man dessutom enligt uppgift ha ordnat med ett mycket speciellt mottagande i form av Vägverket, som erhållit i hemligt uppdrag att omhänderta en skrymmande

Henning Witte

759

och känslig last. Transporten ska också ha säkrats med minst en av svenska marinens ubåtar!

I TV-programmet *Uppdrag Granskning* 2004 besökte reportern Lars Borgnäs den amerikanske överbefälhavaren Alexander Einseln i Tallinn.

-Just då, var situationen in Estland sådan att det var möjligt att smuggla militär utrustning på färjan, frågade Lars Borgnäs.

-O ja, svarade Einsel. Ingen tvekan om det. Man kunde göra nästan vad som helst. Jag tror inte att det fanns någon kontroll alls då. Jag kan med säkerhet säga att kontrollen var så minimal att vem om hels,t som ville ta med något ombord, kunde göra det.

-Allt var möjligt?

-Det var det, och det gällde allting. Einsel skakade på huvudet. Det var ett dårhus, allt hängde i luften. Det fanns ingen kontroll. Då kunde alla sorters människor fara omkring och göra vad tusan de ville. Och det gjorde de.

BEHANDLADES SOM BROTTSLINGAR

I Estland har det ända sedan katastrofen florerat en rad rykten. Det har talats om sjöminor, planterade sprängladdningar och rent av torpeder. Men vad var det då som orsakade färjekatastrofen denna kalla höstnatt 1994?

Sex timmar efter att ha lämnat Tallin skickade den 14-åriga bilfärjan ett nödanrop:

-Mayday, Mayday! Vi sjunker och motorerna har stannat!

Mellan kl 00.55 och kl 00.57 svensk tid sjönk färjan Estonia i Finska Vikens mynning. Enligt tidningen *Ilta-Sanomat den 1 oktober -94* hade hon haft allvarliga problem redan en timme före nödsignalen. Vid denna tidpunkt hade hon även avvikit från sin normala rutt och befann sig nu omkring 15 kilometer för långt söderut. Ombord fanns minst 964 passagerare, varav drygt 500 svenskar. Vad som sedan hände är dolt i dunkel.

När undsättning kom till platsen möttes de av en fruktansvärd syn. Det enda som återstod av den en gång så stolta färjan var några livbåtar och överlevande som räddats på livflottar. I området fanns färjorna:

* M/s Silja Europa
* M/s Symphony
* M/s Mariella,
* GTS Finnjet
* M/s Finnhansa
* M/s Isabella

Men tragiskt nog fungerade nödutrustningen inte på de färjor som svarat på nödanropet. Fullständigt hjälplösa kunde besättning och passagerare bara passivt stå och höra när förtvivlade nödställda dog i

Helikoptrarna kom väldigt sent

mörkret. De som trots allt klarade sig fick vänta tills räddningshelikoptrar långt senare kom till undsättning. Många tvingades ligga i det iskalla vattnet upp till åtta och en halv timme. Ryska fartyg i närheten höll sig av någon anledning undan och deltog inte i räddningsarbetet. Av de 989 som gick ombord i Tallin påträffades endast 95 omkomna. Cirka 757 personer är fortfarande saknade.

M/S Mariella tog ombord en del överlevande

Förstämningen var stor och man organiserade så fort som möjligt insatser för att ta hand om överlevande och anhöriga. Många av de räddade förlorade någon som stod dem nära och inkallade experter var övertygade om att de traumatiska minnena skulle komma att förfölja de

M/S Estonia med dess ödesmättade bogvisiret

drabbade resten av livet. Trots den oerhörda förtvivlan som rådde verkade allt gå sakligt och effektivt till. Men redan från början förekom även en del märkliga incidenter som väckte mångas förundran.

Flera överlevande som togs ombord på färjan M/s Mariella har till exempel berättat att svensk polis flögs ombord med helikopter så fort fartyget kommit in på svenskt territorialvatten. Polisen gav omedelbart order om att de 25 överlevande skulle låsas in och förbjudas att umgås med övriga passagerare. De fick inte ens gå på toaletten utan eskort och behandlades enligt egen utsago som grova brottslingar. Några fick heller inte ringa sina anhöriga utan att först ansöka om lov samt uppge namn och personnummer på mottagaren. När M/s Mariella sedan lade till i Värtahamnen i Stockholm fick de vänta i mer än en timme tills färjan hade tömts på vanliga resenärer. Detta trots att det fanns flera skadade ombord som snabbt behövde komma till sjukhus.

Listan över lögner och mörkläggningar i katastrofens kölvatten skulle snart komma att bli mycket lång.

-Många anhöriga fick tidigt intrycket av att polisen och åklagaren är helt ointresserade av att undersöka orsaken till att 852 människor miste livet, suckade dr Henning Witte. Efter Sveriges största civila olycka genom tiderna, där hundratals svenskar omkom under vidriga omständigheter, anser inte åklagaren det nödvändigt att driva en egen utredning, trots att bevismaterial finns tillgängligt, till och med nedtecknat i en bok.

-De tidigaste förhören med överlevande berättar en helt annan historia än haverirapporten, konstaterade redaktören Knut Carlqvist i *Finanstidningen den 30 september -98*. Media och myndigheter samverkade redan från början i en massiv desinformationskampanj.

Ingen vet till exempel säkert var vraket egentligen ligger, eftersom det finns inte mindre än tre olika officiella positioner som det skiljer mer än 2100 meter mellan! I december 1994 ankrade dykarflotten SEMI 1 vid N59.22,90.00 - E21.41,10.00, vilket troligtvis är den rätta. Inget av de vittnesmål från överlevande som kommissionen har tagit emot har presenterats i orginalskick. Detta motiverar man officiellt med att de skulle bli mer lättlästa i förkortade versioner. Det är dock lätt att konstatera att väsentliga fakta på så sätt helt enkelt har rensats bort.

För att bättre kunna förstå behöver vi se lite närmare på vad som har hänt under åren sedan tragedin. M/s Estonia gick under estnisk flagg och havererade på internationellt vatten. Av den anledningen var en första helt svensk haverikommission formellt sett inte behörig. Därför bildades istället en internationell haverikommission med estniska, finländska och svenska ledamöter.

Esten Andi Meister utsågs till ordförande. I realiteten var det dock svenskarna som angav tonen och den svenska staten som bidrog med mest pengar till utredningsarbetet. Detta har motiverats med att det var flest svenskar som omkom vid olyckan. Bland dessa var 25 nämndemän från Uppsala Tingsrätt och 20 poliser från Stockholm.

Redan dagen efter katastrofen fastställde Sveriges regering olycksorsaken genom att helt enkelt överta den förklaring som kom från Estland. Estonia hade gått under på grund av att bogvisiret slagits loss under resans gång, varvid stora mängder vatten forsat in och orsakat katastrofen.

Andi Meister

Både statsminister Carl Bildt och Ingvar Carlsson, som få dagar senare vann valet och tog över makten, gick ut och försäkrade att de döda till varje pris skulle tas upp och att vraket skulle bärgas. Det dröjde dock inte länge förrän man plötsligt gjorde en helomvändning och beslöt att inrätta ett så kallat Etiskt Råd som skulle pröva det lämpliga i att bärga, trots att ett löfte om bärgning redan givits. Detta råd sattes samman av personer

Carl Bildt

som dessförinnan uttalat sig emot bärgning.

Inga representanter för de omkomnas anhöriga tilläts ingå. Samtidigt påstod Ines Uusmann att det tekniskt sett knappast vore möjligt att dyka på ett sådant djup (cirka 60 meter) och att kropparna dessutom skulle vara svårt medfarna. Observera att detta sades endast några få veckor efter katastrofen. Senare beklagade hon dessa uttalanden och kallade dem dumma.

I mitten av december 1994 meddelade Ingvar Carlsson att en övertäckning skulle ske och den 2 mars 1995 beslutade regeringen att ge Sjöfartsverket i uppdrag att gjuta in Estonia i ett 15 000 ton tungt betongskal. Anledningen till detta gigantiska mausoleum påstods vara att man ville skydda gravfriden.

Resonemanget kan tyckas vackla något. När det gäller andra avlidna i Sverige så räcker det med en lag som skyddar griftefriden på kyrkogårdar, som ju är mycket mer lättillgängliga än ett vrak på havsbotten. Det skulle aldrig falla någon in att omgärda en kyrkogård med taggtråd eller gjuta in den i betong.

Ingvar Carlsson

Sanningen är istället att man ville stoppa radioaktiv strålning från att läcka ut i Östersjön. Vid en granskning av de hemligstämplade kontrakten för betonginkapslingen visar det sig också att det anlitade bolaget NCC bara var en fasad utåt. Det riktiga företaget var istället holländska Smit Tak BV, ledande specialister på hantering av atomsopor som dumpats till havs.

Nu hamnade man i en omöjlig Moment 22-situation: bärgade man de döda kropparna skulle det inte längre finnas någon så kallad gravfrid som måste skyddas. Alltså måste man strunta i de anhörigas sorgfyllda krav – åtminstone tills olycksplatsen hade sanerats.

Dagarna efter katastrofen låg ett av norska Stolt Comex Seaways specialfartyg i närheten av förlisningsplatsen (som avvek nästan två kilometer från den officiellt angivna punkten). Bolaget, en av världens ledande undervattensentreprenörer, erbjöd sig att bärga de omkomna till ett självkostnadspris à 3,5 miljoner kronor. Men politikerna behagade inte ens svara på erbjudandet. Istället anlitades det brittiska företaget Rockwater som krävde mer än det dubbla i ersättning, det vill säga 7,5 miljoner kronor. Rockwater är känt för hög sekretess och deras dykare har än idag tystnadsplikt rörande arbetet på Estonia.

I december 1994 bärgade dykarna olika delar av bogvisiret, bland annat bulten till det så kallade atlantlåset, ett nyckelbevis i frågan om huruvida låset hade kunnat bidraga till olyckan. Men bulten finns inte längre i behåll. Den svenske ledamoten Börje Stenström lät helt sonika

Ines Uusman

kasta tillbaka den i havet, vilket han också senare har erkänt inför tyska *Spiegel TV*. Den slutliga kostnaden för övertäckningen bedömdes av vissa experter närma sig 1 000 000 000 kronor. På grund av att man tänjt tekniken till bristningsgränsen måste man dock avbryta arbetet. Därvidlag visade det sig att den största delen av pengarna hade utbetalats redan innan betongövertäckningen över huvud taget hade påbörjats.

-Enligt min helt privata åsikt har Carl Bildt (se sid 408), Ingvar Carlsson och Ines Uusmann (se sid 409) försökt lugna allmänheten genom att först utlova bärgning, trots att man visste att detta skulle avslöja en skandal, för att sedan göra tvärtom, konstaterade dr Henning Witte.

I augusti 1995 slöt Sverige, Finland och Estland ett avtal gällande säkrande av gravfriden vid Estonias förlisningsplats. Samtidigt instiftades en svensk lag (SFS 1995: 732), som i praktiken innebar ett förbud mot all dykning. Denna lag medger inte ens undantag för dykning för att säkra bevis, inte ens om en domstol begär det. Lagen är dock helt lagstridig, eftersom förlisningsplatsen är på internationellt vatten, alltså utanför svenskt territorialvatten.

Enligt en svensk kapten som passerar olycksplatsen flera gånger i veckan, bevakades området redan innan dess av diverse märkliga fartyg, varav många militära. Avspärrningen var mycket effektiv och eventuella besökare, amatördykare eller sörjande kördes brutalt bort.

Likväl hävdade Ines Uusmann i juni 1996 att regeringen beslutat skjuta upp betongövertäckningen i fall haverikommissionen eller de anhörigas rättegång i Paris skulle behöva nytt bevismaterial. Men när gruppen i mars 1997 meddelade att man behövde just detta, kontrade Uusmann med att det tyvärr var förbjudet enligt just dykförbudslagen.

-Det här måste ses som grovt hyckleri från Uusmanns sida, konstaterade advokaten Henning Witte.

HÅL I SKROVET

I Hamburg satt marinutredare Werner Hummel upptagen med att försöka ta reda vad som hade hänt. Kapten Hummel hade utrett stora fartygsolyckor i Tyskland och var anlitad av Meyervarvet som hade byggt färjan Estonia (ursprungligt namn: Viking Sally). När TV3s program *Efterlyst* besökte honom berättade han övertygande om de misstag som besättningen gjort vad gäller underhåll av säkerhetsanordningar som fanns i och kring bogvisir och bogport. Trots det hade färjan uppfyllt säkerhetskraven enligt den så kallade Solace '90. Werner Hummels kontor var fyllt av detaljer som bidragit till olyckan och han redovisade belägg för belägg som styrkte hans teori.

Bara en sak verkade förbryllande: Ett stort område på styrbord sida, närmare bestämt bad- och bastuavdelningen under vattenlinjen, var utmärkt med en kraftig tuschpenna.

Varför denna markering?
-Det finns tecken som tyder på att detta utrymme kan ha varit fyllt med vatten innan båten kantrade, svarade Hummel motvilligt. Det var vattenfyllt och under tryck. Hur det kom sig vet jag inte. Det finns vittnesmål från en överlevande på första däck som såg en spricka eller liknande, där det kom upp en stråle med vatten. Han förklarade det som om någon hade öppnat en kran under däck, vilket tydligt indikerar att utrymmet under honom var under stort tryck.

Werner Hummel

Detta förhållande har gett utrymme för mycket spekulationer och flera experter är övertygade om att någon medvetet har sett till att Estonia inte anlöpte i hamn denna natt.

Teorin om att Estonia skulle ha sänkts bygger mycket på motivet att det skulle ha funnits ovanlig last ombord. En last som vissa av någon anledning inte ville skulle komma fram. Men teorins huvudtes är alltså att det ska ha funnits ett hål i båten (!), ett hål som inte kan ha uppstått vid själva förlisningen utan i stället ha

Det omtalade bogvisiret bärgades från havsbotten

varit upphov till den. Hålet ska finnas på den sida som vänder ner mot botten och är en av många faktorer som myndigheterna ska känna till, men vilja dölja för allmänheten.

Tyska Expertgruppens första slututredning nämnde också indirekt hålet:

a) Det fanns mycket vatten på bildäck redan innan haveriförloppet inleddes.

b) Det fanns vatten på däck 1, alltså däcket under bildäck, särskilt i dess förliga del, redan innan den kraftiga slagsidan åt styrbord inträffade.

c) Avdelningen på däck 0 med bastu / swimmingpool, under passagerarutrymmena på däck 21, stod under vatten och under tryck, alltså var i förbindelse med havet.

Observera beskrivningen - enda sättet som vatten innanför skrovet kan vara "i förbindelse med havet" måste vara genom ett hål i skrovet.

På en direkt fråga från författaren vid Estoniautställningen i Stockholm, erkände flera ur expertgruppen också att det faktiskt finns ett hål, men att man valt att inte nämna det för att som det hette istället hålla sig till det som de verkligen kunde bevisa!

*Spiegel TV*s källa vid Sjöfartsverket hade i december 1996 bekräftat att det ska finnas en hemligstämplad Säporapport på Sjöfartsverket, av vilken det framgår att den egentliga orsaken till förlisningen var ett stort hål. En annan person uppgav att hela Sjöfartsverket internt talade om detta hål. Hålet har också lanserats som en nödvändighet av den internationellt kände fartygskonstruktören och sjösäkerhetsutredaren Anders Björkman. I *augusti -96* påpekade han på *Dagens Nyheter*s debattsida en rad olycksfaktorer som omkullkastade haverikommissionens

Anders Björkman

teori om olycksförloppet. Att bogvisiret till exempel hittades 1570 meter väster om vraket rimmade illa med påståendet att det skulle ha ramlat av under resans gång. Då borde det nämligen ha hittats bakom. I stor detalj redogör han för dramat i sin bok *The Sinking of M/V Estonia.*

Sju veckor efter förlisningen, den 18 oktober 1994, bärgades bogvisiret äntligen. Positionen var N59.23,00.00 - E21.39,40.00. Att det hade dröjt så länge innan man hittade bogvisiret berodde på att man naturligt nog hade letat längs färdvägen, öster om vraket. Men visiret lokaliserades istället 1570 väster om vraket, det vill säga längre fram i färdriktningens förlängning!

Redan här ser man att haveri-kommissionens händelseförlopp inte stämmer. Fartyget har alltså först tappat bogvisiret sedan hon låg på sidan och därefter drivit en och en halv kilometer tillbaka mot Estland innan hon slutligen sjönk.

Ingenjören och uppfinnaren Johan Ridderstolpe är en annan som har spenderat mycket tid på att vaska fram sanningen. Han har till exempel genom envisa

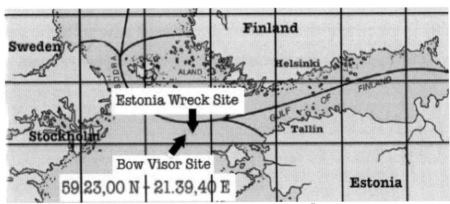

Bogvisiret hittades vid position 59.23,00 N – 21.39,40 Ö, sydost om vraket

undersökningar visat att det vid olyckstillfället inte varit full storm som haverikommissionen påstår. Av officiella väderrapporter från närbelägna observationsstationer framgår att det endast rådde styv kuling på 15 sekundmeter (nedre mätgränsen för storm är 24,5 sekundmeter).

Den riktiga stormen började först fram på morgonen, när Estonia sedan flera timmar vilat på havsbotten.

Johan Ridderstolpe

SPRÄNGLADDNINGAR OMBORD

Johan Ridderstolpe har också ägnat mer än 2000 timmar åt att granska de officiella videofilmerna som togs av vraket i oktober och december 1994. Dessa filmer visar entydigt att det finns ett stort hål under vattenlinjen på styrbordssida. På filmerna syns också flera märkliga paket och en fyrkantig box som sägs vara placerad på skrovet i höjd med bogrampen.

I *Finanstidningen den 3 och 17 februari -99* beskriver Ridderstolpe hur en så kallad ROV-kamera elva dagar efter katastrofen sändes ner till vraket och registrerade ett föremål fäst vid skrovet. Det rörde sig om en gul kub fäst på en platta som satt direkt på plåten. Föremålet var monterat vid bogrampen på babords skott, alldeles intill infästningen vid ramphydrauliken, visirlås och visirets hydraulcylinder. När robotkameran på nytt skickades ner den 9 december samma år var föremålet borta!

-Jag har haft kontakt med ett par experter och ingen av dem tvekar att säga att det rör sig om en sprängladdning, skrev Ridderstolpe. Typen används militärt i större delen av världen och består av en hexogenbaserad Komposit B, som brukar vara på drygt ett kilo.

-Den här var odetonerad och det är svårt att se spår av tändhatt eller tändkabel. Om den hade exploderat, hade den sprängt loss bogrampen och tryckt ut visiret.

-Det är troligt att det funnits en motsvarande laddning på styrbordssidan, fortsatte Ridderstolpe. Rampen där har åtskilliga skador. Sådana som orsakats av mekanisk kontakt är skarpa och uppvisar en mängd kontaktrepor. En tryckvåg deformerar plåt och balkar i mjukt rundande

Lägg märke till likheter

767

former, med få repor från kontakt metall mot metall. Det finns flera skador av denna typ på styrbordssidan av rampen. Längst ner är rampens bärande sidobalk förvriden i mjuka former utan direkta kontaktrepor. Lite längre upp är plåten i fartygets främre skott mjukt intryckt i närheten av visirets styrbordslås.

-Jag kan inte komma fram till annat än att fynden tillsammans starkt talar för att

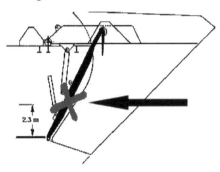

Placeringen av kuben med sprängmedel

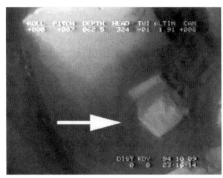

Närbild på den inpackade kuben

Den gula kuben vid rampen i fören

Samma plats efter det att kuben försvunnit

Ytterligare ett bombpaket på skrovet

Bomben var fäst med magnetiplåtar

visiret sprängdes loss i styrbords fästen och att syftet måste ha varit att spränga bort såväl ramp som visir. När bara en laddning detonerade så kan visiret ha blivit hängande i babords fästen och lås. Det räcker med någon tiondels sekunds misspassning för att detonationen ska slita kabel och tändrör ur den andra laddningen.

-Våra experter, bland annat en högkvalificerad brittisk sprängmedelsexpert, är övertygade om att det har skett explosioner i bogpartiet. Lådan är en

"Plastskräp"... med en detonator

sprängladdning. Alla kan se den, bekräftade Tyska Expertgruppens utredare Werner Hummel i TV4s *Nyheterna* den 10 augusti och i *Aftonbladet den 11 augusti –99.*

Därutöver sitter ett avlångt, inplastat paket, cirka 60 cm långt och 20 cm brett, midskepps på babordssida. Platsen är lokaliserad till åtta meter över vattenlinjen utanför fartygets femte däck. Enligt varvets bombexperter är paketet applicerat vid skrovet med en magnetplatta, vilket kan betyda att det kan ha flyttats från en annan plats på fartygssidan i samband med katastrofen. Meyervarvets experter påpekade också att man i paketets nedre hörn kunde skymta en tändhatt.

Expertgruppen fastställde att skadorna på bogvisirets låsanordningar och gångjärn är typiska för sprängningar och inte alls för sådana mekaniska skador som skulle ha uppstått om olyckan gått till så som haverikommissionen beskrivit. Enligt Werner Hummel skulle kommissionen ha känt till sanningen om bombpaketen, men mörklagt den av politiska skäl.

-Jag tror dock inte att katastrofen hade inträffat utan sprängladdningarna. De har varit en bidragande orsak. Detonationerna skedde först när den serie av händelser som ledde till olyckan redan hade satt igång.

Tuomo Karppinen, teknisk expert i haverikommissionen, avfärdade snabbt sprängteorin:

-Finsk polis har undersökt bogvisiret utan att påträffa tecken på explosioner. Inte heller visuellt kan man upptäcka några märken – varken på bogvisiret, fören eller övriga delar av vraket. Det finns heller ingenting som tyder på att den fyrkantiga boxen skulle vara en sprängladdning.

Den svenska underrättelsetjänsten MUST instämde i sina kollegors slutsats: "...vår preliminära bedömning är att det är osannolikt att en ytterligare bildförbättring

K. Lehtola och Tuomo Karppinen

erhåller den kvaliten att en önskvärd utvärdering av aktuella föremål blir möjlig.'

-De kan inte säga vad paketen är för något, förklarade Ann-Louise Eksborg, ledamot i den internationella haverikommissionen och generaldirektör vid Statens haverikommission. Men visst har vi känt till de här paketen, som finns på två av dykfilmerna (troligtvis Band B40B 941203 och Akt-bilaga B2 941009). Vi har inte förtigit deras existens, men vi har inte ansett att de haft någon betydelse (?!).

Ann-Louise Eksborg

Detta argument motsades ovetande av Olle Noord, en av kommissionens andra experter.

-Haverikommissionen granskade aldrig bilderna på de mystiska paketen. Vi har över huvud taget aldrig fördjupat oss i frågan även om vi aldrig har uteslutit att det varit sprängladdningar ombord, sa han i TV4s *Nyhetsmorgon*. Men vi har ju ett händelseförlopp som styrks av de bevis som vi har hittat vilka tyder på att det är ett annat skeende. Jag tycker spekulationerna kring sprängladdningar är helt osannolika och förstår inte ens hur det i så fall skulle ha gått till.

Olle Noord

Biträdande näringsminister Mona Sahlin ville på TV4s TextTV-sida inte kommentera de nya uppgifterna.

-Jag känner så stor respekt för de anhöriga att jag inte vill säga något förrän jag har läst denna rapport. Att ett varv, som kanske har andra skäl till att få till en diskussion än bara sin egen roll, eventuellt kommer med en rapport, det kommenterar jag inte.

Som vanligt bjöds en expert till Nyhetsstudion för att ge sin syn på saken:

-Det finns en stor fara i den mytbildning som alltid uppstår efter sådana här fartygskatastrofer, ansåg fartygshistorikern Claes-Göran Wetterholm. Det är vanligt att sägner skapas i dessa situationer och jag har förståelse för om Meyervarvet vill skydda sig själv.

Mona Sahlin

-Historiskt sett påminner det här om andra berättelser om sjunkna fartyg som alla har det gemensamt att det bara finns indicier och inga riktiga bevis. Så jag tycker nog det här är att hårddra det hela lite.

-Att tala om ryktesspridningar är inte riktigt rätt, kontrade Christer Lindvall, vd för Fartygsbefälsföreningen. Här bygger ju "ryktena" på expertuttalanden. Jag tvivlar själv på teorin

C-G Wetterholm

om sprängladdningar, men det
är ytterst viktigt att vi kommer
till klarhet, eventuell genom
bärgning.
  Vad gällde den omtalade
gravfriden kommenterade
Wetterholm så här:
-Helt klart är att det är naivt att
tro att Estonia kommer att lämnas
i fred. Amatördykartekniken har
utvecklats enormt på senare år
och det är bara en tidsfråga innan

En tragisk sjökatastrof – eller iskallt mord?

vraket skändas. Jag instämmer i att det enda sättet vi kan få verklig klarhet i denna
fråga är en mycket grundlig undersökning av vraket eller bärgning.

  Trots att alla viktiga media i Sverige informerades om denna
fruktansvärda upptäckt var det enbart den förhållandevis lilla
Finanstidningen som vågade publicera bilderna och kräva en
ny haveriutredning. Detta fick dock vissa konsekvenser.

  När *Finanstidningen* förberedde publiceringen av
bombbilderna utsattes de för starka påtryckningar från Styrelsen
för Psykologiskt Försvar (se sid 761), den del av försvaret som
också officiellt utgör regeringens språkrör gentemot de anhöriga.
Finanstidningen ignorerade hoten, men när tidningen lades
ut på Internet byttes sidan med de avslöjande bilderna på ett
oförklarligt sätt ut mot en sida med intetsägande text. Det tog
redaktionen två dygn att rätta till felen.

Jutta Rabe

  Kort efter att bilderna
på sprängladdningarna dykt
upp kring årsskiftet 1998-99
raderades hela TV4s Estonia-
arkiv. Samtidigt bröt någon sig in
på den tyska TV-journalisten Jutta
Rabes kontor och undersökte
hennes Estonia-material. Enligt
uppgift ska även estniska TVs
Estoniaarkiv ha förstörts.
  Vidare har det framkommit
att radarstationen på finska Utö,
som övervakar all fartygstrafik

Ett gapande hål filmades senare av dykare

i området, blivit av med inspelningen av Estonias sista färd. Den försvann i oktober 1994 och har sedan dess aldrig återfunnits.

ISKALLT MASSMORD?

I samband med att bilderna på sprängladdningarna publicerades den 10 augusti 1999 var förväntningarna stora bland privata undersökare. Nu borde massmedia äntligen reagera och på allvar börja rota i skumrasket kring förlisningen. Men vad hände? De färgstarka löpsedlarna dagen efter avslöjandet visade vad som kan vara tecken på att mäktiga krafter verkar bakom kulisserna:

* *Dagens Nyheter*: "Boräntan snart över 8 procent"
* *Expressen*: "Så mycket tjänar kända svenskar"
* *Aftonbladet*: "Den riktiga TV-tidningen" och "Christer Petterssons dubbelgångare talar ut"
* *Jönköpingsposten:* "Rekordmånga lediga jobb i länet"
* *Smålandstidningen:* "Investmentbolaget EQT köper Eldon AB" och så vidare.

Det här gjorde att många svenskar inte uppmärksammade de sensationella bilderna på bombpaketen. Sanningen är dock oförändrat densamma. Vem som helst kan skaffa sig en kopia av filmerna från Statens Haverikommission och med egna ögon se det ofattbara.

Vi talar inte längre om en färjkatastrof – utan ett iskallt massmord på oskyldiga människor.

MANIPULERADE BEVIS

Det hade flera år tidigare skapat stor förvåning när ordföranden i haverikommissionen, Andi Meister, avgick den 22 juli 1996, bara ett par veckor innan slutrapporten skulle komma. Officiellt påstods det vara av hälso- och privata skäl. Men under stort buller och bång hävdade Meister istället att den riktiga anledningen var att de svenska ledamöterna fört honom bakom ljuset.

Frågan om vad som hänt på kommandobryggan och vikten av att undersöka detta hade skapat stora slitningar i kommissionen. Ordförande Meister intervjuades i *DN* och påstod att dykjobbet var mycket slarvigt och bristfälligt utfört. I stället för att koncentrera sig på väsentligheter hade dykarna till exempel fått i uppgift att lokalisera en passagerares dokumentportfölj (se sid 733). Diplomatväskan ska ha innehållit mycket känsliga och viktiga handlingar.

Eller letade man efter något annat? På kvällen den

Andi Meister

3 december 1994 gick dykare ner, uppenbarligen med ett specifikt uppdrag, under ledning av den svenska polisen. En speciell väska eller resväska, som tillhörde den estniske medborgaren Alexander Voronin som överlevde katastrofen, hade hittats i hytt 6230. För att komma åt väskan hade dykarna tvingats flytta undan döda kroppar och bryta upp dörrar.

Under förhör svarade Voronin att hans hyttnummer varit 6320 och vände på två av siffrorna, tydligen av misstag. Eller gjorde

Kapten Arvo Andresson och Avo Piht

han det? Ett anmärkningsvärt faktum, enligt fartygets befälhavare, är att denna hytt egentligen tillhörde, tro det eller ej: Kapten Avo Piht.

En ledtråd till vad undersökningen handlade om är ordet "skiss/teckning" som man talade om med en viss hetta under radiokommunikationen med dykarna. Vad var det som gjorde att skissen blev viktigare än undersökningen av bildäck och fartygets skrov?

Andi Meister var också mycket kritisk till att det endast skrivits 14 rader angående undersökningen av kommandobryggan, trots att dykarna befunnit sig där nere i 61 timmar.

-När de enda officiella dykundersökningar gjordes i december 1994 fick dykarna uttryckliga order om att inte undersöka bildäck, som annars är det viktigaste att undersöka när en bilfärja kapsejsar, sa advokaten Henning Witte. Vad var det för last, var det för mycket last totalt, var den rätt surrad och viktmässigt fördelad etc. Detta borde vara speciellt viktigt när det gäller Estonia, eftersom det florerar så många rykten om smuggling av radioaktiva ämnen. Men så gjordes ej. Varför inte? Kommunikationsminister Ines Uusmann lär dessutom ha sagt att det skulle vara alldeles för farligt för dykarna att vistas på bildäck.

Samtidigt anklagade Andi Meister den svenska delen av kommissionen för att ha censurerat och klippt i dykarnas filmer, så att man inte skulle kunna identifiera vilka som befunnit sig på kommandobryggan.

(Enligt finska militära källor som läckt till den tyska tidningen *Der Spiegel* lär det ha funnits fem personer där, varav en civilklädd. Kaptenen Arvo Andresson ska dessutom ha haft skottskador i huvudet!).

Den nye ordförande Uno Laur upprepade anklagelsen, som först förnekades. Men efter diverse skuggboxning medgav kommissionen att Försvarsmedia på Valhallavägen i Stockholm verkligen hade klippt i bildmaterialet.

Detta av pietetsskäl för att inte några kroppar skulle synas. Ray Honour från

Rockwater meddelade därefter att man enligt lag varit förpliktade att ta en säkerhetskopia, men mot bakgrund av att företaget erbjudits så höga mutor av media beslutat att som det hette bränna upp hela filmmaterialet för att eliminera risken att det skulle försvinna!

I maj 1997 avskedades svensken Olof Forssberg från haverikommissionen. Detta skedde på grund av ett brev (skrivet redan 1959) som belastade Sjöfartsverket ifråga Estonia (byggd år 1980). Forssberg hade tidigare prickats av Justitieombudsmannen i samband med haveriutredningen av JAS Gripen. Enligt uppgift från tidigare kollegor hade han även misskött utredningen av flygolyckan i Gottröra och

Ordförande Uno Laur

den svåra bussolyckan i Norge, där många svenska skolbarn dödades. I den sistnämnda utredningen handlade det om att fria det statliga företaget AB Svensk Bilprovning från att ha släppt igenom olycksbussen med dåliga bromsar. Kommunikationsminister Ines Uusmann (se sid 409) hade dock fortsatt förtroende för Olof Forssberg, som till på köpet fick en ny tjänst på hennes departement med bibehållen lön.

Redan samma eftermiddag fick tyska *Spiegel TV* emellertid ett tips från Sjöfartsverket: Olof Forssbergs avskedande var iscensatt av regeringen. Helgen dessförinnan hade det nämligen hållits ett långt möte på Sjöfartsverket med Ines Uusmann, Olof Forssberg och två tjänstemän från den amerikanska ambassaden i Stockholm. Amerikanerna skulle enligt tipsaren ha varit mycket missnöjda med Forssbergs sätt att hantera Estoniafrågan och med att för mycket hemlig information hade läckt ut. Dessutom skulle tillsättningen av en ny ordförande vara ett bra svepskäl för ytterligare fördröjning av slutrapporten.

Olof Forssberg

Den 3 december 1997 offentliggjorde haverikommissionen till sist sin slutrapport. Här vidhöll man sin olycksförklaring: bogvisiret slets loss på grund av undermålig konstruktion i kombination med höga vågor. Detta drog med bogrampen så att stora mängder vatten forsade in på bildäck, vilket ledde till att fartyget fick slagsida och började sjunka. Inom loppet av tre minuter skulle Estonia ha slagit runt med 180 grader och flutit på översta däck en lång stund innan hon gick till botten.

För att färjan skulle kunna sjunka måste så mycket som 12 000 ton vatten ha trängt in under bildäck. Annars skulle den instängda luften i skrovet hålla färjan flytande under lång tid, möjligen flera dygn. Det är dock ett konstaterat faktum att Estonia istället sjönk mycket fort.

Kommissionens tekniska rapport fastställde att fartyget förlorat stabilitet när

minst 2 000 ton vatten kommit in på bildäck.
Men rapporten underlät att förklara hur
vattnet kommit in. Estonia var nämligen så
konstruerad att vatten endast kan fortsätta
ner på däck 1 och 0 genom öppningen i
mitten av bildäck där trapporna går ner. Det
finns helt enkelt inga andra öppningar neråt.
Dessutom skulle de täta dörrarna hindra
vatteninströmning via trapphusen. Enda
logiska förklaringen är att det måste ha funnits
ett hål i skrovet under bildäck.

-Det fanns ingen självklar väg för vattnet
att spridas, förklarade professorn i Marin
Konstruktionsteknik vid Chalmers tekniska
högskola, Anders Ulfvarson, som helt
underkände haverikommissionens version.

Det finns heller inga vittnesuppgifter
som styrker den officiella händelseföljden.

En känslosam minnesstund i Tallinn

Tvärtom har flera vittnen uppgivit att man först hört två fruktansvärda smällar, som
många uppfattade som explosioner, varefter fartyget fått ungefär 25 graders slagsida mot
styrbord för att därefter räta upp sig igen. Därefter följde en ny slagsida mot styrbord
innan katastrofen fullbordades.

Passageraren Carl Övberg vaknade vid kl 23.15 av ett hamrande ljud i skrovet. Det
lät ungefär som när en slägga slår mot metall (många vittnesmål pekar på att rederiet
hade haft stora svårigheter med öppning och stängning av bogvisiret flera månader
före förlisningen och att det behövdes släggor för att öppna det så kallade atlantlåset).
Efter att detta ljud hållit på en kvart tillkom starka hydraulikljud som när man försöker
öppna bogporten. Det hamrande ljudet pågick alltjämt och Övberg uppskattade att de
båda ljuden fortsatte ända fram till klockan 23.45 svensk tid.

-Varje gång båten stampade till i sjön var det som om någon slog en stor påk mot
skrovet på båten, instämde vittnet Daniel Svensson.

Enligt vittnen hade kaptenen tidigare på kvällen suttit i matsalen tillsammans
med mannen i den röda blazern. Redan vid den första dova smällen tittade kaptenen
förskräckt upp och begav sig sedan snabbt iväg till kommandobryggan. Vad som sedan
hände måste bygga på spekulationer.

Vid den här tidpunkten hade Estonia troligtvis redan börjat ta in vatten i bad- och
swimmingpoolavdelningen. I ren desperation gav befälet då order om full fart framåt,
vilket har bekräftats av passagerare som berättat om hur många blivit sjösjuka i den
våldsamma framfarten. Det gungade faktiskt så mycket att dansbandet ombord slutade

spela. Den höga hastigheten kan ha berott på att mannen i den vinröda kavajen tvingat kaptenen att snabbt komma utom synhåll från M/s Mariella och M/s Silja Europa genom att gå till ett område 15 kilometer söder om den vanliga rutten, där det var som djupast. Detta dels för att försöka komma i hamn så fort som möjligt, dels för i ren desperation försöka dumpa smuggelgodset som skulle kunna komma att upptäckas i samband med en olycksinspektion.

Det besvärliga öppnandet av bogvisiret (hamrandet med släggor) kan ha skett mot kaptenens vilja och vid de förtvivlade försöken ska stora mängder havsvatten ha strömmat in. Flera svenska långtradarchaufförer har berättat att de hört ljudet av maskiner och rasslande kedjor från bildäck. Av oro för sina fordon började de bege sig dit för att se vad som hände. Samtidigt ska besättningen ha försökt tippa den första lastbilen överbord med hjälp av den andra långtradaren.

Rädslan för att avslöjas var större än den höga sjön. Kaptenens alltför sent överlagda försök att vända färjan från de mötande vågorna var resultatlöst och katastrofen stegrade sig lavinartat. För låg fart i kombination med vattenmassorna innanför skrovet blev för mycket för färjan, vars namn snart skulle bli inristat för alltid i historieböckerna.

Strax efter kl 24.00 svensk tid hörde Carl Övberg så en kraftig smäll varvid hela skrovet riste till. Smällen var så våldsam att Övberg liknade den vid en kraftig grundstötning. Därefter följde ytterligare en smäll som var ännu kraftigare och som medförde att båten reste sig i fören. Klockan var då ungefär 00.15 eller 00.20.

-Det var ett oerhört högt metalljud, kompletterade en annan överlevande, Bengt Nilsson. Man kan inte ta miste när man hör det, och efteråt kände man hur båten fick kraftig slagsida.

Besättningsmannen Henrik Sillaste uppgav sig också ha hört dessa två kraftiga, metalliska smällar som följdes av en bestående slagsida. Den erfarne sjömannen förstod genast att någonting var allvarligt på tok och rusade akterut till maskinrummet. Väl framme tittade han på en TV-monitor kopplad till en övervakningskamera som täckte såväl främre delen av bildäck som bogrampen. Bogrampen var då fortfarande stängd. Det sensationella med Sillastes vittnesmål är att bogrampen satt kvar på sin plats, trots att fartyget redan hade slagsida. I strid med Sillastes vittnesmål (som Haverikommissionen faktiskt publicerade i sin slutrapport) hävdade kommissionen att bogrampen istället stått vidöppen och släppt in tusentals ton vatten. Så var inte fallet.

Anmärkningsvärt i detta sammanhang är att man nonchalerat passageraren Valter Kikusts vittnesmål. Polismannen Kikusts uppgav att han från däck 7 sett bogvisiret öppnas och stängas flera gånger för att sedan slitas av strax efter kl 00.20 svensk tid, vilket skulle betyda ungefär samtidigt som Estonia sände sitt Maydayanrop (kl 00.24). Här är ännu ett bevis på att bogvisiret

Henrik Sillaste

fortfarande satt kvar trots att Estonia nu låg på sidan. Men enligt en artikel i *Aftonbladet torsdagen den 27 oktober -94* valde Haverikommissionen att inte offentliggöra Kikusts vittnesmål: Kommissionen ansåg att det vore mer logiskt att visiret slets av en timme tidigare och att det var då Valters Kikusts gjorde sina iakttagelser. Han kunde ha blandat ihop estnisk och svensk tid.

MÖRDADE KOLLEGA

Det uppges att nästan alla överlevande besättningsmän från Estonia utsatts för hot efter olyckan. Även advokat Henning Witte och andra sanningssägare har fått uppleva intensiva förtalskampanjer, hotelser och trakasserier.

Den mest skrämmande formen av vittnesförtryck yttrade sig i fallet med besättningsmannen Juhani Luttunen. Efter katastrofen har han uppgivit att han visste att bland andra den finske kollegan Christer Koivisto redan i juni 1993 hade manipulerat med atlantlåset. När Luttunen påtalat detta råkade de båda matroserna i ett gräl som urartade i att Luttunen sköt ihjäl Christer Koivisto med två skott i huvudet. Luttunen åtalades för mord och spärrades under utredningen in på sinnessjukhus, där han behandlades med psykofarmaka. Hans advokat är övertygad om att man försökte tysta honom med gamla beprövade sovjetiska metoder.

Anhöriga hävdar vidare att åtta estniska besättningsmän har överlevt katastrofen, men därefter försvunnit under mystiska omständigheter! Ett av de ihärdigaste ryktena har varit att båtens andrekapten, Avo Piht, forslades i en helikopter med sju andra överlevande besättningsmän till ett finskt sjukhus - för att sedan bara försvinna i tomma intet.

På en lista över överlevande upptecknad av Estlines kontor i Tallinn den 28 september kl 13.03 nämns Avo Piht som nummer 37 på Universitetssjukhuset i Åbo. Samma dag uppgav chefen vid varvet i Åbo, Erik Mörd, att Piht hade körts vidare med bil till Helsingfors.

På förmiddagen den 28 september 1994 sände estniska *Radio KuKu* en intervju med en helikopterbesättningsman, troligtvis från den svenska helikoptern Y-64. Mannen berättade att han räddat just andrekaptenen Avo Piht. När *Spiegel TV*s Jutta Rabe försökte få tillgång till den bandade intervjun meddelade radiostationens chef emellertid att den estniska säkerhetspolisen redan beslagtagit den. Två dagar senare intervjuades säkerhetschefen Bengt Erik Stenmark vid svenska Department of Water Transportation av nyhetsbyrån *Reuter.* Även han nämnde att han varit i kontakt med Avo Piht efter olyckan.

Märkligheterna fortsatte. Den 1 oktober 1994 lämnade den estniska ambassaden i Stockholm in en protest till UD

Kapten Avo Piht

mot att de hindrades från att få information om estniska passagerare. Svensk polis hade också hindrat den estniske konsuln från att besöka överlevande ester på Södersjukhuset. Även estniska Röda Korset meddelade:
-Vi erhåller inte längre någon information från Sverige. Sedan den 1 oktober har en fullständig informationsspärr upprättats.
Men Avo Piht är inte den enda som bara har upphört att existera.

* Viktor Bogdanov
* Lembit Leiger
* Hennely och Hanka-Hannika Velde
* Tiina Müür
* Navigation Officer Kaimar Kikas
* Engineer Agur Targama
* Estniske besättningsmannen Kalev Vahtras

Tiina Müür

Den 16 oktober -94 skrev *Aftonbladet* att det enda av befälen som överlevt var skeppsläkaren Viktor Bogdanov, 42. Då hade det gått hela 18 dagar efter katastrofen. Besättningsmannen Anders Vikner hade innan dess ringt till skeppsläkarens hustru och sagt att hon inte behövde oroa sig.
-Viktor är räddad och finns här hos mig.
Viktor Bogdanov kom dock aldrig hem och är sedan dess försvunnen. Vikner ursäktade sig senare med att han varit förvirrad och sagt fel. Enligt Bogdanovs hustru hade hennes make de sista månaderna före olyckan varit mycket förtegen om sitt arbete och verkat bära på en tung hemlighet.

Förste mekanikern Lembit Leiger påstods först ha förts till Huddinge sjukhus. En kommissarie Strindlund från svenska polisen ska ha låtit meddela Leigers anhöriga i Estland att denne efter sjukhusvistelsen skulle skickas med flyg till Tallinn. Men när de anhöriga åkte för att hämta honom fanns han inte med på planet. Sedan dess är han spårlöst försvunnen. Kommissarie Strindlund förnekade senare all inblandning inför Spiegel TV. Likväl finns ett brev som denne skrivit till Leigers släktingar och som gått via den svenska ambassaden i Tallinn. Konfronterad med detta faktum skyllde kommissarien på förvirring.

Lembit Leiger

Föräldrarna till tvillingsystrarna Hannely och Hanka-Hannika Veide, som var dansöser ombord,

Tvillingsystrarna Veide

STATSRÅDSBEREDNINGEN
1996 - 09 - 30/28
Skriveisen överlämnas till
K

-09- 2 6
SB96/5645

Dear Mr.Göran Persson Prime Minister

KOMMUNIKATIONSDEP.
Registratorn
Ink 1996 -10- 0 1
Dnr. K96/3559/2

Closer is coming the day,when it will be two years since
the sinking of the m/s "ESTONIA".

We,the signatories,ask for Your help in the name of God
for solving one part of the big mystery.In case You know or
You can help to clarify despite any possible kind of dangers
the welfare of the Estonians,having disappeared
inexplicably.

We are convinced that our relatives and persons,being
close to us have not perished.Please help us to find out
their possible whereabouts and to make public those circles,
because of whose fault or with whose assistance after first
three days following the rescue from the list of the rescued
persons disappeared

Avo Piht
Lembit Leiger
Viktor Bogdanov
Kaimar Kikas
Agur Targama
Tiina Müür
Hannely Veide
Hanka-Hannika Veide

According to the statement of the Finnish rescuers,
following the aim of rescue operations was not possible of
getting those names into the lists without receiving that
information from concrete person (one name per person).
Different names (Estonian and Russian names) can not be
mixed up because of their fonetic and linguistic differences

Several details refer to the existence of the mentioned
persons in Sweden during the first days.We do not want to
believe that the Swedish police,the Crisis Centre relied on

Familjernas desperata vädjan om hjälp från den svenske statsministern Göran Persson

the information of an Estonian radio station "Kuku"
(so alleges investigator of the catastrophe of m/s Estonia",
Mr.Väino Karmi from the Estonian Central Bureau of
Investigations).

Reactions of Estonian administrative services and of
Sweden do not deepen conviction of authenticity and adequacy
of responses to our inquiries.

Long-term,conflict-full activity of an international
commission deepens conviction to turn to You in order to
find out the truth and explanations.

Below we present concrete indications regarding post
catastrophe existence of persons,referred to above:

Avo Piht (Captain not in change,m/s"Estonia")

In the morning of Sept.28 news of the Estonian
Radio,Estonian TV,Finnish TV announce of rescue of A.Piht.

On 28.09.94 at 2.30 p.m. phoned Captain Erich Moik from
Rostock from m/s "Mare Balticum" telling that Estonian
sailors saw rescued A.Piht on ZDF news.

In the evening of 28.09.94 phoned E.Madisson on Swedish
phone number 6666056,from which was said that A.Piht was
alive and rescued.The same news was repeated to L.Garder on
29.09.94.

On 30.09.94.Chief of Security Department of the Swedish
Department of Water Transportation,Mr.Bergt Erik Stenmark
gives an interview to the Reuter News Agency telling that
commission,dealing with the catastrophe has talked to
A.Piht.Mr.Stenmark has not refuted his claim.

On 01.10.94 representative of "Estline",Mr.Yrjö Saarinen
shows a telefax dating from the 28th of Sept.,where
A.Piht,born in 1954 is in the list of the rescued.

Lembit Leiger (Chief Engineer,m/s"Estonia")

In the evening of 28.09.94 announces Captain E.Moik from
Germany that information confirms rescue of L.Leiger.

Vart kan de åtta besättningemännen ha tagit vägen efter katastrofen?

780

On 28.09.94 informs the Swedish police Mrs.L.Männik that L.Leiger is rescued.

On 29.09.94 in the list of "Estline" L.Leiger is said to be in Sweden.With the same indication OK also in the lists of the Estonian Ministry of Internal Affairs,Social Ministry and Frontier Guard.

On 01.10.94 informs the Swedish police L.Männik that L.Leiger is leaving the country (Sweden).

On 18.10.94 was held phone call with Swedish phone number 46-8-769-41-45,where Mr.H.Strindlund said that L.Leiger left the hospital 24h after arriving there and was well,not injured.Several persons had expressed interest towards him.

Viktor Bogdanov (Doctor on board,m/s"Estonia)

On 29.09.94 Estonian Social Ministry receives fax (at 5.30 a.m.) of Viktor Bogdanov being found.

ON 29.09.94 at 10.30 a.m. from "Estline" comes message of V.Bogdanov being alive at a hospital.

On 02.10.94 in the list of Estonian Social Ministry V.Bogdanov being O.K.

On 15.10.94 in newspaper "Iltasanomat" (Finland) is a piece of writing stating that one of the few rescued officers of the ship is 42-year-old ship doctor V.Bogdanov.Message with the same contents in "Aftonbladet" on 16.10.94.Message was also confirmed by the Swedish Police to Mr.Olavi Koljonen.

Kaimar Kikas (IV Navigation Officer,m/s"Estonia")

On 28.09.94 at 11.30 a.m. announces news program of Estonian Radio 2 that is rescued crew member Kaimar Kikas.

In the night of 30.09.94 arrives a fax from "Estline" to Estonian Social Ministry with information of rescue of the IV Navigation Officer K.Kikas.

On 30.09.94 at 8.30 a.m. in the list of Estonian Social Ministry Kaimar Kikas is O.K.

En av besättningsmännen sägs ha varit vid liv så sent som 2 oktober 1994

781

Agur Targama (IV Engineer,m/s "Estonia")

On 28.09.94 at 9.30 a.m. is announced in the news of the Estonian Radio that among others has been rescued A.Targama.

On 02.10.94 a message from reliable sources that from Sweden has arrived a fax to the Ministry of Internal Affairs telling that among other names of rescued persons are both A.Piht and A.Targama.

Tiina Müür (leader of tax-free store on board,m/s"Estonia")

In the morning of 28.09.94, between 10-11 a.m. appears in the lists of "Estline" T.Müür being O.K.

On 29.09.94 O.K. in the lists of the Estonian Red Cross and Social Ministry.

At noon of 29.09.94 II progr. of Estonian Radio announces that T.Müür is in the state of shock in a Swedish hospital.

On 30.09.94 Swedish Embassy in Estonia does not want to answer this question.

On 01.10.94 father of T.Müür,Mr.Beek phones the officer of the Estonian Ministry of Internal Affairs,who recommends him to phone T.Müür at home,as she has arrived to Estonia. Shop assistant H.M. of m/s"Estonia" tax free shop tells that she has heard of the rescue of T.Müür,who was seen with A.Piht on deck helping the passangers.

Hannely Veide
Hanka-Hannika Veide (variety dancers,m/s"Estonia")

On 28.09.94 at 11.00 a.m. announcement to the terminal of "Estline" and also to the Estonian Television of Anne (nickname at home) Veide being alive.

On 28.09.94 at 9p.m. in "Aktuaalne Kaamera" of Estonian TV was added also another Veide (i.e.Hanka-Hannika).

On 29.09.94 Message from the Swedish police and Estonian Ministry of Internal Affairs of both being alive,to both had been added correct first names.

Kapten Avo Piht och Tiina Müür sågs hjälpa passagerare på däck

On 30.09.94 Message from Swedish Crisis Centre of both being alive.

On 01.10.94 Reply from Swedish Red Cross of both being alive.

On 04.10.94 From Huddinge Hospital in Stockholm reply of both being alive.

On 06.10.94 From the Swedish Red Cross of both being alive.After that date all official circles deny of forwarding of any kind of information.

We are looking forward to Your resolute support and co-operation in finding out the truth and actual state of things.

In hope and with respect on the behalf of the family members of the crew members of m/s"Estonia":

Wife of Avo Piht,Sirje Piht

Wife of Lembit Leiger,Kairi Leiger

Wife of Viktor Bogdanov,Illu Erma

Mother of Hannely and Hanka-Hannika Veide,Aino Veide

Life companion of Agur Targama, Merle Pajula

Mother of Kaimar Kikas,Viive Kikas

Mother of Tiina Müür,Urve Beek

We are expecting a reply to address

SIRJE PIHT
Hõbekuuse 17
TALLINN EE0021
ESTONIA

In Tallinn in September 1996.

Enligt Röda Korset levde systrarna Veide – åtta dagar efter katastrofen!

783

KOMMUNIKATIONSDEP.
Registratorn
Ink 1996 -11- 28
Dnr. K96/3559/2

OPEN LETTER.

STATSRÅDSBEREDNI...
1996-11-27
Skrivelsen överlämn...

Dear Mr.Göran Persson,Prime Minister!

Your Exallency,

we are writing to you in regards to the letter sent by Catarina Barkentorp from the Transportation and Communications Ministry. From this letter we have come to understand that our letter regarding our 8 loved ones was passed on to the Swedish police. We have now learned through the Swedish press that Per Olov Palmgren who has investigated the assassination of Olof Palme, will take on our case. Mr.Palmgren's investigation of Olof Palme's murder has been very prolonged and therefore we cannot agree to having him head up this investigation.

The Estonian people had to endure 50 years of Soviet occupation. Yet we have always known the meaning of democratic principles because we have always fought for them. We wish to have exact and concrete answers to our case as well. We are forced to doubt the objectivity in this case because of the prolonged investigation of the sinking of MS Estonia, unclear answers from officials and Mr. Palmgren's incorrect allegations in Spiegel TV materials.

Therefore, we ask you appoint a new person and inform us who will begin to investigate the disappearance of these eight individuals.

Wife of Avo Piht, Sirje Piht

Wife of Lembit Leiger, Kairi Leiger

Wife of Viktor Bogdanov, Illu Erma

Mother of Hannely and Hanka-Hannika Veide, Aino Veide

Life Companion of Agur Targama, Merle Pajula

Mother of Kaimar Kikas, Viive Kikas

Mother of Tiina Müür, Urve Beek

We are expecting a reply to address

SIRJE PIHT
Hõbekuuse 17
Tallinn EE0021
ESTONIA

01.11.1996

Några av offrens släktingar kände inget förtroende för att Palmegruppen ska ta över

uppgav att Huddinge sjukhus meddelat att deras döttrar befann sig där. Detta var så sent som den 4-6 oktober, alltså en vecka efter olyckan. Systrarna var också upptecknade i de första hemliga listorna på överlevande. Den ena systern fanns angiven med sitt smeknamn Anne, vilket ingen utomstående kände till. På senare listor byttes namnet ut mot det officiella förnamnet. Svensk polis, svenska Röda Korset, det svenska Kriscentret och Inrikesministeriet hade också intygat att de klarat sig helskinnade. Detta är det sista livstecknet från tvillingarna.

Uppgifterna förnekades sedermera av sjukhuset. Systrarnas mor påstår dock att hon mottagit ett telefonsamtal från en av döttrarna ungefär ett år efter försvinnandet, men att detta samtal plötsligt bröts.

Chefen för taxfreeshopen Tiina Müür, IV Navigation Officer Kaimar Kikas och IV Engineer Agur Targama är också spårlöst borta. Tiina Müürs pappa kontaktade Inrikesministeriet som uppmanade honom att ringa sin dotter i hemmet. Enligt personen på ministeriet hade Tiina redan anlänt till Estland. Innan dess hade Estland Radio 2 rapporterat att hon var levande men i chocktillstånd och befann sig på ett svenskt sjukhus. Efter detta besked vägrade den svenska ambassaden av besvara några frågor angående henne.

Den estniske besättningsmannen Kalev Vahtras hustru fick först ett lugnande besked av den svenska polisen:
-Ja, er make finns med på den listan över räddade (auktoriserad av det estniska Transportministeriet, uppläst i Tallinn av *Kuku-Radio* och publicerad den 29 september 1994 av nyhetsbyrån *FilmiMAX*), men vi kan ännu inte säga på vilket sjukhus han ligger.

Obesvarade frågor kring Vahtras död

Vahtras son tog då kontakt med de estniska myndigheterna, Inrikesdepartementet, Socialdepartementet och Röda Korset. Överallt intygade man att hans far fanns med på listan.
-Ja, din far lever, men berätta det för Guds skull inte för någon, ska folk på Inrikesdepartementet ha sagt.
När Ruth Vahtras senare ringde tillbaka visade det sig plötsligt att makens namn hade raderats!

Ruth Vahtras blev mycket upprörd och ringde nu till Sjömanssjukhuset i Tallinn. Där försäkrade man henne om att hennes man befann sig på Universitetssjukhuset i finska Åbo (sjukhusets lista över överlevande, upprättad av sjukhusdirektören Antti

Statskupp i Slowmotion

Järskalainen, innehåller inte bara Kalev Vahtras namn utan även hans kroppstemperatur som beskrivs som lägre än normalt). Ruth åkte omedelbart dit tillsammans med en vän, men väl framme möttes de av beskedet att hennes man istället var inlagd på ett sjukhus i Sverige. Efter ett otal telefonsamtal fick hon till sist veta att hennes mans döda kropp hade flutit i land vid finska kusten!

Den förkrossade Ruth Vatras fick nu identifiera makens lik med ledning av ett fotografi. Övertygad om att hans räddning hade varit ett misstag återvände hon hem. Kalev Vahtras bror medföljde samtidigt transporten av den tillslutna kistan från Finland till akutmottagningen i estniska Tallinn, där alla sörjande väntade på att kistorna skulle öppnas.

Men då det blev Vahtras tur möttes brodern av en fasansfull syn. Liket var helt vanställt och uppvisade stick- och skärsår i halsregionen. Kalev Vahtras såg ut att ha blivit både slagen och torterad och i ansiktet syntes kraftiga blodutgjutningar. Trots det sa dödsattesten: "Drunknad i Östersjön".

Familjen Vahtras var lamslagen av sorg och förtvivlan blandad med bestörtning. Hur hade Kalev egentligen avlidit? För att få klarhet i saken anlitade hustrun Ruth en yrkesfotograf som följde med då kistan fördes hem till familjens bostad. Dennes fotografier visades senare upp för en medicinskt kunning estländare som drog slutsatsen: Kalev Vahtras hade misshandlats och knivskurits.

Den officiella dödsattesten utfärdades av det finska Rättsmedicinalverket, men varken den eller en andra attest som Ruth Vahtras fick sig tillsänd (också utställd i Finland) beskrev de yttre och inre kroppsskadorna, heller inte vart man hade fört liket sedan det påträffats eller huruvida Vahtras obducerats i Finland. Finska rättsmedicinare försökte lugna ner den förtvivlade änkan genom att förklara makens sår med att han upprepade gånger hade slungats mot klipporna längs kusten.

Men Ruth Vahtras hade innan dess återfått mannens kläder - en kortärmad ljus skjorta och ett par byxor. Dessa persedlar var fullkomligt hela, men skjortkragen var nedsmetad med blod. Borde inte kläderna vara skadade om liket sargats av de vassa stenarna? Och varför var inte blodet bortsköljt om kroppen flutit omkring i det iskalla havsvattnet?

Dessutom hade den överlevande kocken ombord på Estonia, Peeter Palgunov, i ett samtal med den tyska journalisten Jutta Rabe avslöjat att han efter katastrofen hade hamnat i en räddningsflotte tillsammans med just Kalev Vahtras. Denne var vid gott mod när Palgunov räddades av en helikopter. Kocken poängterade att ytterligare en helikopter var på inflygning och att han känt sig lugn i övertygelsen att Vahtras också skulle tas om hand av räddningspersonal.

I maj 2001 gjorde Jutta Rabe (i närvaro av

Silver Linde - hotad

786

vittnena Kaj Holmberg och Ene Moldau) en intervju med vaktmatrosen Silver Linde. Här följer ett utdrag (publicerat i *PalmeNytt nr 3 -02*):

Silver Linde hade efter sin räddning förts till Centraluniversitetssjukhuset i finska Åbo och där inkvarterats tillsammans med Kalev Vahtras. Dessa hade varit kolleger ombord och kände varandra väl. Vahtras var vid den här tidspunkten fortfarande nerkyld och täckt av varma täcken. Efter att ha talats vid en stund bestämde Silver Linde sig för att söka rätt på andra överlevande ur besättningen, i synnerhet arbetskamraten Victor Psnetsnoi. Sedan han hittat denne, bestämde de två sig för att gå tillbaka till Vahtras rum. Men nu var både Kalev Vahtras och hans säng borta! En sjuksköterska förklarade att man hade förflyttat honom till ett annat sjukhus.

Kapten Avo Piht

Silver Linde kontaktade senare Ruth Vahtras, men denne hade under tiden blivit hotad per telefon och avrådd från vidare efterforskningar kring makes död. Linde blev skrämd och bestämde sig för att i fortsättningen hålla tyst.

Jutta Rabe tog efter intervjun kontakt med doktor Antti Järskalainen, tidigare chef vid Universitetssjukhuset i Åbo. Denne berättade då om ytterligare mystiska händelser kring andra överlevande och rådde tyskan att vända sig till Rättsmedicinska anstalten i Helsingfors. Tyvärr förvägrades hon alla upplysningar med hänvisning till det så kallade dataskyddet. Den 22 februari 2002 gjorde Jutta Rabe därför en polisanmälan i ärendet och krävde att misstankarna om ett våldsbrott alternativt mord skulle utredas.

Men låt oss för en stund återvända till fallet Avo Piht (Estonias andrekapten) som försvann i tomma intet. Den estniske konsuln har efter förlisningen informerats om att kapten Avo Piht hölls fången i ett litet hus nära Uppsala! En mycket seriös svensk källa vid svenska Försvarsdepartementet har uppgivit för Spiegel TV att Avo Piht och de övriga kidnappats av USAs säkerhetstjänst (!?) på grund av att de visste för mycket. Enligt denna uppgift lever de numera på säker ort i USA och har fått hög ekonomisk ersättning för sitt lidande. Uppgifterna har verifierats i tyska media av det tyska varvets tekniska expert kapten Werner Hummel och varvets advokat Peter Holtappels. Interpol har därutöver gått ut med en efterlysning på den mystiske kaptenen (se sid 753).

-Det stämmer att Avo Piht och de andra överlevde, bekräftade ordförande Andi Meister i en intervju i den estniska tidningen *Päeavaleht*. Piht var dock ett så viktigt vittne att han måste försvinna.

Det kan tyckas anmärkningsvärt att den förvirring som sägs ha rått angående identifieringen av överlevande, endast har berört den lilla grupp av besättningsmän som kan ha haft kännedom om Estonias känsliga last. Om dessa uppgifter stämmer

INTERPOL

TALLINN

I 164

FAX MESSAGE

Fax number: (372) 2-441 594

To:
Your ref:
Our ref: 02/1737/94/ÖM/1501

Date. 07th October 1994

URGENT
To: IP HELSINKI, IP STOCKHOLM, IP COPENHAGEN, IP OSLO, IP
LONDON, IP DUBLIN IP BRUSSELS, IP HAGUE, IP WIESBADEN, IP
WARSAW, IP MOSCOW, IP FRANCE, IP VIENNA, IP BERNE

Dat.........................
1994 -10- 1 1
....
....

Subject: Estonian national PIHT fn Avo.

Please search for with a view of location:

RIKSPOLISSTYRELSEN
Rikskriminalpolisen
INTERPOL
Ink 1994 -10- 0 7
NR IP ...5364 9....

Family name:	PIHT
First name:	AVO
Fathers name:	ARNOLD
Sex:	male
Date of birth:	29th November 1954
Country of birth:	Estonia
Place of birth:	Hiiumaa
Nationality:	Estonian
Identity confirmed:	yes
Description:	175 cm height, atletic build, dark hair
Identity document:	Estonian passport no. K0114610 issued on 12.11.1992 in Tallinn; valid until 12.11. 2002

Summary of the case:
Avo Piht was one of the two captains of the MS"ESTONIA". He was on the board of the ferry MS"ESTONIA" on the night against 28th September when "Estonia" sank. By many witnesses Piht was among these persons who were rescued from the disaster. However there is no information at the moment about location of Piht. Estonian Central Investigation Bureau has initiated the criminal case no. 94980041 concerning the disaster in the Baltic sea with MS"ESTONIA". Piht could be the key-witness for the investigators.

You are kindly requested to take appropriate measures in order to determine the subject's whereabouts. In case the wanted person is located in your country please trace him and inform us immediatelly.

========================
Vår ref: IP 5936/94/JB

Thank you for your co-operation.

Regards

Priit.Kelder
Head of Estonian NCB

Överlämnas till pmynd i Stockholm/Våldsroteln, samt till den särskilda utrednignsgruppen för Estonia vid Rkp.
Piht har av oss efterlysts som försvunnen under VIKT.

INTERPOL Stockholm 941007
Hälsningar

Johnny Beverhjelm
========================

Interpols efterlysning av kapten Avo Piht – officiellt en död man

788

måste någon i besättningen ha mycket
graverande bevismaterial undangömt.
Utpressning torde vara enda rimliga
förklaringen till att de åtta fortfarande
är i livet.
I framförallt Estland och Tyskland
har Avo Pihts och andras försvinnande
rönt stor uppmärksamhet. Endast
svenska media har mer eller mindre
vägrat befatta sig med frågan. 1996
gjorde den svenska Rikskriminalen
dock en undersökning.

Ambulansen åkte iväg med kapten Avo Piht

Fyra överlevande besättningsmän hävdade då att de hade sett en skärrad, men
levande Avo Piht i en nyhetsnutt på tysk TV. Bland andra som hade sett Piht på TV var
Estlines egen kapten Erich Moik och hans besättning. Han förnekade därmed offentligt
sin arbetsgivares version. Erich Moik informerade statliga SVTs *Rapport*, som dock
valde att inte visa intervjun. När *Spiegel TV* besökte *ZDF*s TV-arkiv för att leta rätt på
filminspelningarna från räddningsaktionen, påstod en förbryllad arkivarie att den tyska
säkerhetspolisen BND redan hade genomsökt arkivet efter dessa bilder.

Estoniakatastrofen finns dessutom beskriven i en rapport från den ryska
underrättelsetjänsten SVR. Enligt rapporten ska smugglingen ha handlat om narkotika,
men också här nämns ämnet kobolt.

Källan till SVRs uppgifter var vice generaldirektören för
Estlands tulldepartement Igor Kristipovich, som emellertid
mördades i sin lägenhet den 22 oktober 1994, en knapp
månad efter katastrofen. Igor Kristipovich var en ledande
specialist inom smuggelbekämpning och ska ha erhållit känslig
information angående Estonias roll. Mordet verkade vara utfört
av professionella mördare.

Igor Kristipovich

Det är fullt klart att det inte bara är svenska myndigheter, utan även utländska
regeringar och säkerhetstjänster i bland annat Estland, Tyskland, Polen, Frankrike och
USA som har gjort omfattande ansträngningar för att hindra en grundlig utredning och
undersökning av haveriet. Sverige är alltså troligtvis bara en bricka i ett större spel.

Om USA med hjälp av dolda krafter i Sverige har missbrukat en passagerarfärja
för smuggling av vapen och radioaktiva ämnen skulle detta naturligtvis innebära en
skandal av högsta dignitet. Hela Natodebatten och Sveriges neutralitetspolitik skulle
ställas i en annan dager om det visade sig att Sverige de facto redan är Natomedlem.

Men först om storebror i väst finns med i bilden kan de svenska myndigheternas
agerande få en vettig förklaring. Bara under gemensam ledning framstår det som

Statskupp i Slowmotion

lättförklarligt att Estland, Finland och Sverige plötsligt enats om mörkläggning. Detta skulle stämma väl överens med det faktum att all anhörigkontakt sedan oktober 1996 sköts av Styrelsen för Psykologiskt Försvar (Psykförsvaret) på Försvarsdepartementet.

Tilläggas kan att den före detta ordföranden i svenska haverikommissionen, Olof Forssberg, och hans efterträdare, Anne-Louise Eksborg, båda har tjänstgjort som rättschefer inom Försvarsdepartementet.

Enligt dr Henning Witte är Psykförsvaret ingenting annat än en del av svensk militär underrättelsetjänst. Låt oss ta en närmare titt.

STYRELSEN FÖR PSYKOLOGISKT FÖRSVAR

Varje gång det händer något som kan skaka om stabiliteten i den svenska samhället träder dolda krafter igång. Ett av dessa maktens verktyg är Psykförsvaret, som bland annat består av ledande personer inom massmedia.

Styrelsen för Psykologiskt Försvar (www.psycdef.se) är en central myndighet som "ska ge råd och vägledning om massmedieföretagens beredskapsplanering och mediernas beredskap för svåra påfrestningar på samhället i fred. SPF ska även sprida kunskap om och främja information om säkerhetspolitik och totalförsvar samt följa opinionsutveckling av betydelse för det psykologiska försvaret."

Arbetet handläggs vid fyra avdelningar: Informationsberedskapsavdelningen, Organisationsberedskapsenheten, Forskningsavdelningen och Administrativa avdelningen. Myndigheten har 17 anställda inklusive generaldirektören. Hur många "anställda" som finns ute på landets alla nyhetsredaktioner eller annorstädes redovisas inte här.

Ledamöter i SPF:s styrelse, vid tiden då denna bok först skrevs:

* Sam Nilsson, fd VD SVT, ordförande
* Laila Bäck, riksdagsledamot (s)
* Lars Christiansson, representerar (m)
* Rutger Lindahl, Göteborgs universitet
* Bo Riddarström, Överstyrelsen för Civil Beredskap (ÖCB)
* Frank Rosenius, Försvarsmakten
* Yrsa Stenius, "mediavärlden".

Lägg märke till hur ofta just Yrsa Stenius är den som träder fram i TV och press i samband med tragedier som Estoniakatastrofen och Palmemordet.

Yrsa Stenius

790

Medlemmar i SPF:s medieråd:
* Anders Lignell, TT
* Bengt Frykman, SR
* Bertil Karlefors, TV4
* Christer Fälldin, FLT
* Christer Jungeryd, RU
* Göran Zackari, SVT
* Svante Mossbrant, Teracom
* Jan-Erik Berg, Teracom
* Peo Wärring, TU
* Mats Oskarsson, SRV
* Åke Wideström, PTS
* Kurt Hedman, Presstödsnämnden
* Ingegerd Hedin, Pliktverket
* Peter Larsson, HKV.

Anders Lignell TT

Totalförsvarets informationsråd:
Björn Körlof, SPF ordförande
* Göran Lindmark, leder informationsarbetet inom områdena
  säkerhetspolitik och totalförsvar samt SPFs uppdrag inom
  Estoniainformationen
* Marcus Årskog, SPF
* Ulf Lindström, Försvarsmakten
* Svante Werger, Överstyrelsen för civil beredskap (ÖCB)
* Karin Viklund, Räddningsverket
* Ingegerd Hedén, Pliktverket
* Camilla Salomonsson, Försvarshögskolan
* Lars Wigert, Försvarets Materialverk (se sid 436)
* Heléne Rådemar, Centralförbundet Folk och Försvar
* Hans Rehnvall, FOA
* Annelie Lindstedt, Frivilliga Försvarsorganisationernas
  samarbetskommitté.

Bengt Frykman

Göran Lindmark

Björn Körlof, SPF

LYFTE UT LASTBILAR UR VRAKET

Estonia är inte den enda färjeolyckan med mystiska detaljer. *Den 12 januari -95* avslöjade *Aftonbladet* att någon skurit upp ett gigantiskt hål i skrovet på färjan Jan Hewelius, som förliste i en vinterstorm den 14 januari 1993. Hon hade avgått kl 22.30 från Swinoujscie på väg till Ystad när hon förliste 35 kilometer nordost om Sassnitz. Katastrofen krävde 54 liv.

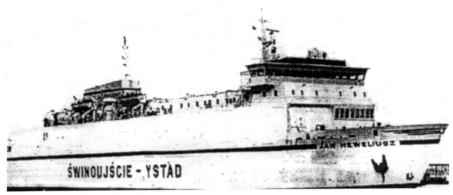

SWINOUJSCIE - YSTAD

Avancerade vrakdykare har lyft upp hela lastbilar ur vraket från M/S Jan Hewelius
Redan dagarna efter olyckan dök det upp en del frågetecken, bland annat ställde man sig undrande till varför kaptenen Andrzej Ulasiewicz överhuvudtaget gett sig ut i så hårt oväder och hur det kom sig att han hade dröjt mer än en timme med att slå larm.

Nu ligger hon på endast elva meters djup och midskepps över det övre lastrummet har avancerade vrakplundrare gått till angrepp med skärbrännare. Vid förlisningen fanns 10 järnvägsvagnar och 29 långtradare ombord, varav 7 svenska.

-Hela lastbilar och stora containrar är spårlöst försvunna, förklarade en häpen amatördykare för *Aftonbladets* reporter. De måste på något sätt ha lyfts ut ur vraket! Det har krävts en stor operation för att kunna genomföra en sådan manöver. Jag förstår ingenting.

Tyska myndigheter bekräftar hålet i skrovet. Det anses dock fortfarande oklart hur det har uppstått.

Kan det vara så att både Estonia och Jan Hewelius ingick i en etablerad internationell vapensmuggelrutt? Att vapen och radioaktiva metaller med mera forslats illegalt från öst till väst via Sverige med myndigheternas tysta medgivande? Med tanke på Iran-Contrasaffären (se sid 787) ter sig tanken inte allför otrolig. Någonting i den storleksordningen krävs för att rättfärdiga och förklara de enorma ansträngningar som har lagts ner på att dölja den verkliga sanningen.

-Avslutningsvis vill jag påpeka att det politiska etablissemanget verkar hålla alla viktiga mediaredaktioner i ett järngrepp, tillade Henning Witte i en artikel i tidningen *Nexus Nya Tider*. Jag vet att många journalister som arbetat med Estoniafrågan gärna velat ta upp bombbilderna och alla andra konstigheter, men blivit stoppade från högsta ort på deras respektive redaktioner. Somliga har till och med blivit tvångsförflyttade.

-Hade jag inte själv varit med om allt detta hade jag aldrig trott att svenska media genom sina redaktionschefer är så hårt censurerade och antagligen undanhåller väsentlig information respektive förvränger information. Därmed har en av de viktigaste garanterna för en sann demokrati gått förlorad.

Den 18 september 1999 sa regeringen nej till en ny haveriutredning och den 28 samma månad preskriberades fallet, vilket innebär att ingen någonsin kan bli åtalad och fälld för den påstådda Estoniaolyckan.

"Sammantaget finner regeringen i dag inte skäl att verka för en ny haveriutredning. Detta förhindrar dock inte att frågan kan prövas på nytt, om regeringen skulle finna skäl för en ny utredning", skrev statsrådet Mona Sahlin i beslutet.

Fem dagar senare, den 3 oktober, vandaliserades Estoniaminnesmärket i Stockholm. När besökare kom till platsen möttes de av en upprörande syn: Någon hade sprayat *ESTONIA SPRÄNGDES* och *REGERINGEN LJUGER* över de omkomnas ingraverade namn.

HÅLET BEKRÄFTAT?

Under sensommaren 2000 kom så det många väntat på - en fristående undersökning av vraket: Tyska TV-producenten Jutta Rabe (se sid 752) hade i samarbete med den amerikanske miljonären Gregg Bemis organiserat en expedition till en kostnad av 200 000 dollar.

-Det handlar om civilkurage, förklarade Jutta Rabe. Till och med en journalist får någon gång nog av alla dumheter och lögner. Man ser att det finns tillräckligt med bevis för att ett sådant här fall måste granskas på nytt, man ser de anhöriga som lider och säger: "Vi vill äntligen få klarhet!". Någon gång blir man själv berörd som människa, det kvittar om man är journalist, filmskapare eller sotare och man säger till sig själv: "Om ingen annan gör det, så gör jag det nu."

-Vi kanske kan ge de anhöriga tillräckligt med argument för att regeringen ska inse att det krävs en ny utredning. Det är vårt enda mål.

Detta skulle dock visa sig vara lättare sagt än gjort och när man närmade sig haveriplatsen bordade den svenska och finska kustbevakningen fartyget One Eagle i ett försök att övertala besättningen att avstå från dykningarna.

Jutta Rabe

Men Gregg Bemis och Jutta Rabe var fokuserade på att genomföra operationen och vägrade att lyssna på varningarna. Frågan var om man skulle lyckas hitta det omtalade hålet på styrbordssida. Redan från början råkade man emellertid ut för motgångar. Blåsten och den höga sjön var ett orosmoment, vraket var svårt att lokalisera, dykarna hade diverse problem och den avancerade utrustningen krånglade.

-Jag har aldrig stött på så många problem på en och samma

Gregg Bemis

793

resa, suckade teknikern Craig Bussel uppgivet. Massmediabevakningen var intensiv under tiden som besättningen försökte lösa komplikationerna. Men dagarna gick utan resultat och stämningen ombord började bli ansträngd och dämpad. Till sist sänktes en undervattensfarkost ner till den förlista färjan. Förväntningarna var höga, men trots att man visste exakt var man skulle leta, kunde varken kameran eller dykarna upptäcka något misstänkt. Det var först i samband med att man flera dagar senare höll på att blåsa av operationen som man via en inlånad undervattenskamera lyckades få TV-bilder av vad som anses kunna vara den översta kanten av ett uppfläkt hål.

-Det ser ut som en öppning i skrovet, förklarade Jutta Rabe triumferande. Någon har försökt att täcka över det men man kan se att det kommit sand in i fartyget.

Metalldelar som bärgats i samband med expeditionen undersöktes samtidigt på statslaboratoriet i Brandenburg, två andra institut för metallurgi i Tyskland och Southwest Research Institute i San Antonio i Texas.

-Laboratorietester av två metalldelar som skurits ut nära bilrampen i bogvisiret har visat tecken på en explosion i fartygets skrov innan färjan sjönk, sa Dr Kurt Ziegler från statslaboratoriet i Brandenburg till den brittiska tidningen *The Independent.* Metallförändringar av den typen uppstår vid detonationer som sker med hög hastighet.

-Det kunde vara en indikation på sprängmedlet, eller Semtex Hexa Composite.

Tidigare bombexperten vid USAs flotta, Brian Braidwood, instämde men lade till att "laboratorieanalysen visar obestridliga belägg för att delarna varit utsatta för en explosion."

Kustbevakningens fartyg One Eagle

Undervattensfarkosten Sjöugglan

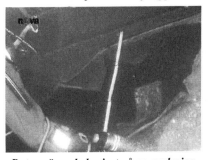
Det avgörande beviset på en explosion

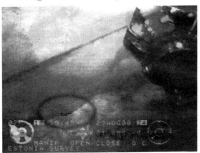
Möjligen ett andra hål i skrovet

Som vanligt bortförklarades allt som inte stödde den officiella haveriversionen.

-Det är ju lite pinsamt att sådana här, som en del kallar amatörer, plockar fram material som får regeringen på defensiven, ansåg Olle Rutgersson, professor i Skeppsteknik, i TV4s *Kalla Fakta*. Jag tycker det är väldigt viktigt att återställa förtroendet för myndigheterna. Idag är det väldigt få som ens pratar om möjligheten att fartyget kunde sjunka på det viset som Haverikommissionen föreslår, utan det är bara alla möjliga konspirationer, eventuella hål och allt möjligt som diskuteras. Och det är inte bra.

Jan Mosander

-Bemis projekt är bara ett kommersiellt spektakel, tillade Gunnar Bendréus, styrelsemedlem i Internationella Stödgruppen. Jag är övertygad om att Meyervarvet ligger bakom.

-Rabe är något konspiratorisk i sina artiklar, sa Jan Mosander (se sid 635) på *Dagens Eko*.

-Det är snarare så att man hittar på en lämplig teori, gärna konspiratorisk och spännande, och sedan går man ut för att bevisa just denna teori, kommenterade Anders Hellberg på *Dagens Nyheter.*

Anders Hellberg

Jutta Rabe (anhållen i Sverige i sin frånvaro för medverkan vid Gregg Bemis-expeditionen) var relativt oberörd av kritiken.

-Faktum är att jag än idag, efter 6 år och fjorton reportage, faktiskt inte vet om det var ett attentat, en explosion eller ej, förklarade hon bistert i *Kalla Fakta*. Men en sak vet jag säkert - det finns en massa politiker och myndigheter som gör allt för att sanningen inte ska komma ut. Jag tror att det har fattats ett

Olle Rutgersson

mycket, mycket stort och avgörande politiskt beslut om att sanningen ska mörkläggas. Och det är vad alla försöker göra.

ANMÄLAN OM MASSMORD

Advokat Henning Witte lämnade strax före jul år 2000 in en anmälan till tyska riksåklagaren mot den eller de som enligt Witte sprängde fartyget. Anmälan gällde massmord och försök till massmord, men var inte riktad mot någon bestämd person.

Sommaren 2003 planerades premiärvisningen av storfilmen *"Code: Baltic Storm"* med en budget på 50-90 miljoner kronor och med Donald Sutherland och Jürgen Prochnow i några av huvudrollerna. Manuset byggde till stora delar på Jutta Rabes ihärdiga arbete kring förlisningen och i *"Code: Baltic Storm"* finns actionthrillerns alla ingredienser. Men filmen blev tyvärr en flopp och glömdes snart bort.

Statskupp i Slowmotion

Författarens anmärkning: Eftersom jag varit bosatt utomlands sedan 2000 har jag inte haft möjlighet att på nära håll följa utvecklingen i det här fallet. Men då jag sett så många liknande mörkläggningar kan jag nästan garantera att nära nog ingenting har hänt sedan dess, åtminstone inte från ett officiellt perspektiv. Det står ganska klart vid det här laget att M/S Estonia sänktes med hjälp av sprängmedel. Men varför och av vem? Nästan alla konspirationsteorier handlar om smuggling av kärnvapen, radioaktivt material, knark eller andra illegala varor.

Filmen - ingen framgång

Men är det den verkliga orsaken bakom detta fruktansvärda attentat? Till och med efter år av undersökningar har jag i det här fallet inte lyckats lista ut vem som skulle kunna haft motiv och resurser att både genomföra och mörklägga det. Någonting stämmer inte.

Kan det förhålla sig så att motiven till fartygssänkningen och den intensiva mörkläggningen inte är sammankopplade? Låt oss ta en titt.

NATOS MARINA MANÖVER

Även om det sällan nämns så inträffade Estonia-katastrofen på den första dagen av en tio-dagars manöver till sjöss som NATO genomförde. I manövern deltog Belgien, Kanada, Danmark, Tyskland, Italien, Nederländerna, Norge, Spanien, Storbritannien och USA tillsammans med de baltiska "partner"-nationerna Ryssland, Sverige, Polen och Litauen.

Enligt den officiella pressreleasen överinsågs manöverns planering och genomförande av de allierades överstekommendant för Atlanten (SACLANT) amiral Paul D Miller (USNA) med högkvarter i Norfolk, Virginia, och leddes av NATOs chefskommendant för östra Atlanten (CINCEASTLANT) amiral Sir Hugo White (UKNA) och hans mannar i Northwood, England, och samordnades med de allierades styrkor för nordvästra Europa i High Wycombe, England och de allierade Styrkornas Högkvarter för Norra Europa i Norge. Kommendören till sjöss sägs ha varit kommendant för Nederländernas Insatsstyrka Kommendör G G Hooft RNLNA.

Admiral Paul D Miller

Drew Wilson, författaren till *The Hole* (2006), skrev:

Överlevare som inte dog av nedkylning, medan de flöt omkring på upp-och-nedvända båtar eller vrakspillror i det bitande kalla vattnet, väntade i fyra till sex timmar på räddningen. Den personal och utrustning som fanns vid

NATOS räddningstjänst kunde ha sparat några liv. Flygtiden var under en timme. Varför reagerade ingen på alla nödanrop. Vad var det som hände?

Dessutom finns belägg som visar att nödsignalerna från M/S Estonia var blockerade (VHF kanal 16 och kanal 2182) såväl som all övrig radiokommunikation över hela Finlands södra kustlinje. Kunde inte NATOs kommunikationsutrustning, med dess toppmoderna avancerade satellit- och luftburna bevakningsinstrument höra nödsamtalen som kom från M/S Estonia? Notera att telefoner och annan kommunikation också strejkade vid den exakta tidpunkten för Kennedymordet (och varade en hel timme) samt vid 11e september.

Gijsbert Goofert Hooft

Den tyske utredaren Werner Hummel har visat att den lokala radiokommunikationen hade legat nere från kl. 1:03 till 1:58 – nästan exakt vid den tidpunkt då Estonia först råkade ut för problem och fram till dess att hon försvann från radarn. En rad omfattande och samtidiga driftsavbrott som inträffade precis när färjan sjönk tyder på att militär eller underrättelse⁻tjänst har varit involverad. Och avsiktlig blockering av nödsignaler pekar mot delaktighet i massmord.

Ett annat stående inslag i stora konspirationer är så kallade övningar där man arrangerar ett nära nog identiskt

Werner Hummel

scenario som "terrorattentaten" och ofta samtidigt som den riktiga incidenten. Detta hände vid bombningen 7/7 i London, masskjutningen i Oslo, 11e september, vid bombningen i Oklahoma, etc.

Var det något liknande som hände i samband med M/S Estonia-katastrofen, och kan det verkligen finnas ett liknande mönster?

ÖVNING BOMBHOT – DAGEN FÖRE

Enligt utredare Christopher Bollyn hade M/S Estonia deltagit i minst två övningar med bombhot under 1994, en i februari – och ytterligare en bara dagen innan hon sjönk! Själva övningen genomfördes i Tallinn med RITS, Svenska Räddningsinstatser Till Sjöss och Stockholmspolisen. En terrorsimulering bestod av ett scenario med en falsk bomb som hade placerats i området på nedersta däck där bastun och swimmingpoolen fanns, under vattenlinjen i fören på fartyget. En andra bomb var placerad bland sovhytterna på första däck, också under vattenlinjen (jämför med var hålet i skrovet är lokaliserat).

In övningsscenariot var bomberna beräknade att detonera ungefär halvvägs mellan Estland och Sverige, vilket är den plats där fartyget faktiskt sjönk.

Mitt under katastrofens kunde medlemmar ur besättningen höra ett kodat brandlarm *"Mr Skylight to No 1 and 2"* över färjans PA-system. Detta är exakt samma meddelande som användes under bombövningen i februari 1994. *"Mr Skylight"* var signalen som uppmanade brandmännen att ta sig till brandstation 1 och 2 och förbereda sig på skadebegränsning.

Räddningshelikoptern Y64 från Berga

Det faktum att larmet var kodat tyder på att det förelåg skada orsakad av brand vilket krävde en omedelbar insats.

Dessutom rapporterade Aftonbladet dagen då katastrofen inträffade att räddningsmannen Kenneth Svensson, på den svenska marinhelikoptern Y-64, räddade nio människor. Först presenterades inga namn eller identiteter.

En lista som hittades senare avslöjade lite mer information. Listan visar att det faktiskt var besättnings-medlemmarna Avo Piht, Kalev Vatras, Hannely (Anne) Hanka Hanika Veide som plockades upp från livflotte X1 vid ungefär kl. 03:30. Listan visar också att Kaimar Kikas, Tiit Meos, Agur Targama och Ago Tomingas från livflotte X2 plockades upp av samma helikopter och av Kenneth Svensson ungefär kl. 03:50.

Kenneth Svensson

Dessa nio personer som räddades fördes sedan till Huddinge sjukhus i Stockholm.

Men denna tidiga räddningsinsats av Kenneth Svensson cesurerades i sin helhet bort ur den slutliga rapporten som lades fram några år senare (JAIC). Enligt den rapporten räddade Y-64 bara en person och att det skedde kl. 05:10. Svensson fick motta en medalj för sin hjälteinsats från överbefälhavare Owe Viktorin (en frimurare ur toppskiktet). Han blev efter det ombedd att aldrig någonsin diskutera händelsen igen.

Död eller levande?

Lägg märke till att denne överbefälhavare har utpekats som den som sanktionerade smugglingen av sovjetisk vapenteknik från Estland. Ett hemligt avtal hade träffats mellan Owe Viktorin och tullchefen Ulf Larsson angående en viss hög officer inom tullväsendet att släppa igenom smugglat material utan inspektion vid ankomsten

Överbefälhavare Owe Victorin

till Stockholm. Åtminstone två skeppslaster med sovjetisk vapenteknik hade levererats från Estland under det här arrangemanget i september 1994.

KIDNAPPNINGEN BETALADES AV USAS AMBASSAD

Som tidigare nämnts i detta kapitel finns tydliga belägg för att flera ur besättningen överlevde och blev sedan kidnappade. Beläggen visar att de blev förda till Arlanda flygplats nära Stockholm och sedan flögs de ut ur Sverige i två privata jetplan.

Enligt den svenske journalisten Sven Anér är ofrivilliga försvinnanden från Sverige inget nytt och bortförandet var ett effektivt sätt att röja undan nyckelvittnen som kunde ha berättat om vad som försiggått ombord på fartyget och möjligen vad som orsakade förlisningen. (Ofrivilliga försvinnanden är ett brott mot mänskligheten, enligt Romfördraget och den Internationella brottmålsdomstolen.)

Jan Lindqvist, informationschef vid Luftfartsverket, har lämnat ut dokumentation till Sven Anér rörande två privatplan som lyfte från Arlanda med totalt 9 oregistrerade passagerare.

Det första planet, en Boeing 727-200 med registreringsnummer VR-CLM, tillhörde Larmag Aviation Ltd, ett Bermudabaserat bolag grundat av Lars-Erik Magnusson, en svensk mogul i fastighetsbranschen som investerat mycket i ett olje- och gasprojekt i Turkmenistan samma år. Planet som hade plats för 161 passagerare ankom från Amsterdam utan några passagerare på kvällen de 27 september och avgick nästa dag kl. 20:45 med 4 oregistrerade passagerare med destination Amsterdam.

Det andra planet, en Gulfstream 4 med registeringsnummer N971L, tillhörde International Lease Finance Group (ILFC) i Los Angeles. ILFCs Gulfstream ankom från Amsterdam vid 23-tiden den 28:e utan passagerare och avgick med 5 oregistrerade passagerare kl. 05:13 den 29:e med destination Bangor i Maine. Enligt Sven Anér fanns en tyst överenskommelse att fakturor från ILFC Gulfstream skulle skickas till USAs ambassad i Stockholm.

ILFC är ett leasingföretag för flyg som styrs

L-E Magnusson och hans plan

```
The Swedish Civil Aviation Administration                              15.4-10-06        Page  1
STOCKHOLM-ARLANDA   (ESSA)
Tel. +46 8-797 65 65                           INVOICE SPECIFICATION A

Invoice no   487639      Period 1994-09-23 -- 1994-09-30    Customer no  104670   INTERNATIONAL LEASE FINANCE
A/                                   From/                                Reb
D  Date   Time  Flightno A/C reg  Type  MTOW To    Charge         Pass  Guant No nr  %  Net amount VAT bsd on
A  940928 21:56         N971L   G4    33203 EHAM Landing Charge       1        0       2373.60     0.0
                                                    TNC                1        0        700.00     0.0
D  940929 17:13         N971L   G4    33203 KBGR Parking Charge                0        264.00     0.0
                                                                              --------------------------
                                                                                       3337.60     0.0
```

Gulfstream 4an, registrerad som N971L, tillhörde International Lease Finance Corp

Statskupp i Slowmotion

```
The Swedish Civil Aviation Administration                                    1994-10-06                    Page  1
STOCKHOLM-ARLANDA    (ESSA)
Tel. +46 8-797 65 65                              INVOICE SPECIFICATION A

Invoice no   487646     Period 1994-09-23 -- 1994-09-30    Customer no  105782    LARMAG AVIATION CAYMAN LTD
A/                                      From/                                        Reb
D  Date   Time  Flightno A/C reg  Type  MTOW To   Charge              Pass  Quant Wo nr  %  Net amount VAT bsd on

A  940927 18:41           VRCLM    B727  63552 EHAM Landing Charge       1         0      8760.00      0.0
                                                    TNC                  1         0       700.00      0.0
D  940928 19:54           VRCLM    B727  63552 EHAM Parking Charge                 0       672.00      0.0
                                                                                        ----------  --------
                                                                                         10132.00      0.0
```

Boeing 727-200an, registrerad som VR-CLM, tillhörde Larmag Aviation Cayman Ltd. av miljardären Maurice R Greenbergs American International Group. Med vräkiga högkvarter vid Constellation Place, tidigare känd som MGM Tower, hade Greenberg affärsrelationer med närapå alla stora flyglinjer världen runt.

Enligt några utredare har samme Maurice Greenberg blivit utpekad som en centralfigur i det största federala räddningspaketet i USAs historia. AIG, världens största försäkringsbolag och dess dotterbolag Marsh McLennan, ACE Limited och AIGs dotterbolag och "privata spionfirma" Kroll Associates (alla nära kopplade till CIA) drevs av familjen Greenberg. Med Maurice "Hank" Greenberg (Council of Foreign Realtions, CFR) i rollen som AIGs gudfader har familjens tentakler ringlat sig runt tragedins hjärta.

Nedan följer lite mer information om "Hank" Greenberg:
- F d ordförande, VD Federal Reserve, Bank of New York
- Tidigare nominerad till CIA-chef
- Återkommande deltagare vid Bilderbergs möten
- F d VD vid New York-börsen
- Ordförande Starr Foundation
- Kopplingar till flera bolag som har samröre med USAs underrättelseväsen

Kissinger & Hank Greenberg

M/S ESTONIA – DEN PERFEKTA FALSKA FLAGGAN?

Nu skulle jag vilja be alla offrens familjer och vänner om deras tillåtelse att spekulera i det här känsliga fallet. Det är inte min avsikt att förorsaka någon ytterligare smärta eller sorg, men eftersom mysteriet efter så många år fortfarande är olöst anser jag att det vore fel att inte göra mitt bästa för att visa något som kan vara lösningen.

Låt mig först citera Trowbridge Ford, tidigare analytiker vid Amerikanska arméns kontraspionagekår och numera pensionerad politik-professor och boende utanför Stockholm.

"När man planerar stora strategiska konspirationer är det så mycket som måste klaffa för att det ska gå som man planerat att de nästan alltid misslyckas – vilket gör

800

att konspirationsteoriernas kritiker förnekar att de över huvudtaget existerar. Mord kan misslyckas, missöden kan inträffa, agenter kan byta sida, folk som utsetts till syndabockar kan ställa till det, och det avsedda offret kanske på något sätt, genom underrättelser, börjar ana ugglor i mossen och vidtar kontraåtgärder."

"Som en konsekvens, när konspiratörerna står där med en misslyckad operation, som var fallet med både morden 1963 i Dallas och i Stockholm 1986, måste de ta till alla möjliga sorters åtgärder för att se till att fiaskot inte blir upptäckt. Det allra enklaste sättet att angripa situationen, under sådana omständigheter, är med fler mord."

Enligt Helsingborgs Dagblad den 27 september 2004 visar en jämförelse med ID-kommissionen vid NBI (National Bureau of Investigation) och de namn som finns inristade i minnesmonumentet i Stockholm att ytterligare 69 personer kan ha omkommit när Estonia gick under. Och om, runt 150 irakiska kurder som det rapporterats om, smugglades in i Sverige i en av de lastbilar som stod på bildäck, kanske mer än 1070 gick under.

"Det är uppenbart att myndigheterna misslyckats med att sammanställa en detaljerad rapport över hur många som faktiskt dog, vilket är både skrämmande och sorgligt och dessutom är det motsatsen till den respekt gentemot familjerna som regeringen alltid hävdat vara dess högsta prioritet", sade Björn Stenberg som förlorade en bror i katastrofen.

Bara några få timmar efter katasrofen rapporterade TT att runt 70 av Stockholmspolisens administrativa medarbetare fanns bland passagerarna ombord. Officiellt hade de varit på en fackföreningskurs som var arrangerad av Statstjänstemannaförbundet.

Utredare Chistoffer Bollyn har avslöjat annan information som visar att de svenska poliserna precis hade genomfört en utbildning som rörde det tidigare nämnda falska bombhotet på färjan och var på väg hem när M/S Estonia sjönk. Av dessa 70 polismän överlevde bara ett fåtal.

Är det bara en tillfällighet att exakt samma antal offer som saknas i passagerarlistan motsvaras av antalet polismän som fanns ombord? När detta nämns i andra dokument var dessa offer "anställda av polisen men inte utbildade till poliser." Vad ska det betyda? Var de revisorer eller skötte de bokföringen? Eller var de anställda av Säpo eller annan hemlig brottsbekämpning?

Om vi studerar andra konspirationer ser vi att ett sätt att bli av med folk som vet för mycket är mord, "olyckor", "cancer", "hjärtattacker" eller "självmord". När man vill dölja motivet bakom ett attentat är en favorit att spränga ett flygplan eller ett allmänt transportmedel där en aktuell person befinner sig.

Ta Pan Am Flight 103 till exempel. Av de 270 personer som mördades över Lockerbie den 21 december 1988 var Olof Palmes nära kollega, FNs biträdande generalsekreterare och FN-kommissionär för Namibia Bernt Carlsson, förmodligen det tilltänkta offret för attentatet. Ändå underlät utredarna av Lockerbie (CIA, FBI och den skotska polisen) att göra ens en rudimentär förundersökning av detta mord.

Genom att placera en bomb i en bandspelare som dolts i Bent Carlssons resväska dödades alla passagerarna ombord, vilket fullständigt kamouflerade vem det var man var ute efter. Syndabockar plockades också fram för att ta på sig skulden.

Den verklige hjärnan bakom terrordådet sägs vara vår gamle bekant, den sydafrikanske superspionen Craigh Williamson, vilken beordrade sin partner Eeben Barlow att öppna Bernt Carlsson bagage på Heathrows flygplats

Eeben Barlow

och i hemlighet gömma sprängmedlen. Högst troligt var det ett försök att dölja den sydafrikanska inblandningen i Palmemordet.

Men vad har detta med Estonia-katastrofen att göra?

Under det tidiga 90-talet hade mer och mer information om Palmemordet kommit ut som pekade mot delar av Säpo och Stockholms polismakt.

Under sommaren 1994 sände det undersökande programmet *Striptease* några avslöjande program som återigen pekade rakt in i den svenska maktstrukturen och dess polisstyrkor. Det måste ha orsakat mycket rädsla för avslöjanden och interna visselblåsare.

Det flesta av de poliser som hade insiderkunskaper om mordet torde ha varit stationerade i centrala Stockholm. Så om du vore chefsstrateg bakom denna massiva konspiration

Craig Williamson

och du behövde tysta större delen av polisstyrkan i centrum, vad skulle du göra? Alltför många "olyckor" och "självmord" skulle väcka för mycket uppmärksamhet och skulle ändå inte vara tillräckligt. Det enda sättet att bli av med så många människor på en gång vore att slå till mot allihop samtidigt.

Vilken plats vore bättre lämpad för att göra det än på en färja med hundratals andra passagerare?

MORDET PÅ ANNA LINDH

Tyvärr har historien en skrämmande förmåga att upprepa sig och på 2-årsdagen av attentatet i New York (läs *Alice in Wonderland and the World Trade Center Disaster* för detaljer kring denna fruktansvärda händelse som är lika förvrängt av lögner som mordet kring Palme) var det dags för nästa tragiska dåd.

Sveriges utrikesminister (1998-2003) Anna Lindh knivmördas av en "ensam galning" då hon är ute och handlar kläder inför EMU-valet. Det otänkbara har inträffat och ännu en gång lamslås Sverige. Hur kunde det hända - igen? Och vad var det egentligen som hände?

Anna Lindh 1957-2003

Vittnen och polisen tecknade följande bild av händelseförloppet som hade tagit sin början dagen innan:

Tvåbarnsmamman Anna Lindh, 46, och hennes vän Eva Franchell lämnade Utrikesdepartementet klockan 15.45 den 10 september. Utrikesministern skulle medverka i en TV-debatt inför den stundande EMU-omröstningen, men enligt uppgift dög ingenting i hennes garderob för TV-sändningen och hon var därför på jakt efter något mera lämpligt.

De båda väninnorna gick till fots till varuhuset NK i centrala Stockholm där de klev in via hörningången på Hamngatan-Regeringsgatan.

Anna Lindh dog på 2-årsdagen av 11/9

803

Efter att ha tittat runt i lite affärer tog de rulltrappan upp en våning på väg till Filippa K-butiken.

Det råder delade meningar om var attacken påbörjades, om det var i rulltrappan eller om de båda kvinnorna hade hunnit fram till butiken, men utan förvarning attackerades Anna Lindh plötsligt av en okänd man. Knivmannen anföll och jagade henne några meter och eftersom hon saknade livvaktsskydd hade hon ingen möjlighet att skydda sig. Den bestialiska attacken fortsatte och gärningsmannen högg henne flera gånger efter att hon ramlat omkull på golvet.

–Det såg ut som om han slog henne i huvudet två gånger, berättade ett vittne. När han sedan vände sig om och försvann såg jag blod och Anna Lindh tittade på mig och sa: Gud, jag har blivit knivhuggen i magen.

Fördes i ilfart till sjukhuset

Efter dådet gick gärningsmannen från platsen, men när folk började skrika kastade han ifrån sig kniven och sprang nedför rulltrappan.

–Det var mycket folk i varuhuset och det måste ha varit lätt för honom att försvinna, kommenterade polisens presstalesman Björn Pihlblad senare. Och de som var närmast hade ju fokus på Anna Lindh.

Vittnen och polisen tecknade följande bild av vad som sedan hände:

16.14 En man ringer 112 och skriker att "en kvinna blivit knivhuggen på Filippa K".

16.15 Akutbil och ambulans beordras till NK. I samma ögonblick larmas polisen.

16.21 Ambulans och akutbil kommer fram till NK.

16.25 Statsminister Göran Persson informeras av statssekreterare Lars Danielsson.

16.33 Ambulansen beger sig i ilfart till sjukhuset.

16.39 Ambulansen kommer fram till Karolinska sjukhuset. Operationen börjar nästan omgående varvid det konstateras att Anna Lindh har svåra inre blödningar och skador på levern. Under operationen ges hon cirka 40 liter blod.

18.10 Signalementet kompletteras efter förhör med flera vittnen.

18.15 Polisen börjar kontrollera härbärgen i innerstan.

19.30 Polisen avbryter sökandet i Gallerian och garaget under.

20.30 Polisen avbryter sökandet i Humlegården dit den misstänkte gärningsmannen eventuellt har flytt.

22.00 Statsminister Göran Persson meddelar att han för egen del tänker avbryta allt kampanjarbete inför söndagens folkomröstning.

22.15 Pressekreterare Dan Svanell meddelar från Karolinska sjukhuset att Anna Lindh fortfarande opereras. Hennes tillstånd betecknas som mycket allvarligt.

05.29 Utrikesminister Anna Lindh avlider.
Sverige har fått sitt eget 11 september.

LÅNGSAM POLIS

Detta kan vara ett mycket tragiskt och meningslös våldsdåd. Det kan också röra sig om ett överlagt mord som så många gånger tidigare. Låt oss se hur polisen gick till väga den här gången:

Vid ett våldsbrott av det här slaget är det ytterst viktigt att polisen är på plats så snabbt som möjligt. Stockholms city är så tätt av polisbilar att det normalt sett inte ska ta mer än 2-3 minuter att reagera på ett larm, men nu tog det 10 minuter för den första polisen att komma till NK, långt efter det att ambulansen anlänt. Och det tog 2,5 timmar att utfärda rikslarm, precis som efter mordet på Olof Palme.

Många poliser som var i tjänst vid tidpunkten för knivdådet larmades häpnadsväckande nog aldrig. Orsaken var enligt dem att det aldrig gick ut något allmänt larm till länets samtliga radiobilar.

–Det är konstigt att utrikesministern kan ligga för döden och att vi inte får veta att gärningsmannen fortfarande är på fri fot, kommenterade en upprörd polis till tidningen *Aftonbladet*.

–Vi fick veta vad som hänt först när vi slog på tvn när vi skulle äta vid åttatiden på kvällen, sa en polisinspektör. Visserligen jobbar vi inte direkt i city, men i ett sådant här läge måste väl alla vara informerade och uppmärksammade.

Polisen valde heller inte att göra några större avspärrningar av brottsplatsen, något som snart väckte reaktioner. Den obefintliga avspärrningen genomfördes också

Sveriges befolkning lamslogs än en gång och samlades för att visa sin avsmak för våldet

805

först kl 17.03, hela 50 minuter efter knivattacken.

-Ledningen skulle naturligtvis ha sett till att hela varuhuset, och kanske till och med gator och tunnelbanan intill, spärrades av, kommenterade ett högre, centralt placerat polisbefäl till en av kvällstidningarna.

Vad var då anledningen till att det dröjde ända till kl 18.43 innan polismästare och chefen för polisens operativa avdelning i Stockholm, Mats Vangstad, beslutade att gå ut med rikslarm?

Polisen undersökte platsen för dådet

-Vi visste inte hur vi skulle formulera oss, förklarade han i *Aftonbladet den 12 september -03*. Vi var lite osäkra på vilket signalement vi skulle gå ut med.

Trots att den eftersökta gärningsmannen inte greps under kvällen lämnade Vangstad klockan 22.00 polishuset för att gå hem.

-Vi gjorde bedömningen att förstahandsåtgärderna var vidtagna. Vi har också regler som säger att vi aldrig ska jobba mer än 14 timmar i sträck.

Polismästare Anneli Bergholm Söder var schemalagd för att ligga i beredskap.

- Om jag åkte in? Nej, jag bedömde att det inte behövdes.

Polisen utsattes senare även för kritik vad gällde sättet att höra vittnen. Två centrala vittnen till mordet väntade polisen med att höra till först dagen efter attacken. Angelica Bjerring, undersköterskan som tog hand om Anna Lindh innan polis och ambulans kom, har i skrivande stund heller inte hörts av polisen. Detta är svårförståeligt, eftersom Anna Lindh var vid medvetande och mycket väl skulle kunna ha sagt något till Angelica av värde för mordutredningen.

När en journalist från *Svenska Dagbladet* besökte butikerna kring attentatsplatsen tre dagar efter attacken, hade polisen fortfarande inte kommit för att be att få titta på deras filmer från övervakningskamerorna. Vi ska återkomma till dessa filmer.

"EN ENSAM GALNING" - IGEN

Rikskriminalen arbetade under tiden med att ta fram en gärningsmannaprofil.

– Mördaren är sannolikt en ensling som påverkats av den hetsiga EMU-debatten, sa psykiatern Ulf Åsgård. Det är mycket osannolikt att det skulle vara en professionell konspiration. Alla andra möjligheter är öppna.

Hur han så snabbt kunde komma fram till den slutsatsen är uppseendeväckande. Psykiatern Ulf Åsgård är förresten en gammal bekant i dessa sammanhang. Det var han som tillsammans med kollegan Jan Olsson tog fram den mycket omdiskuterade Gärningsmannaprofilen (se sid 647) efter mordet på Olof Palme (samma Gärningsmammanprofil som har använts i ur och skur för att avvisa alla misstankar om en konspiration bakom statsministermordet). Ulf Åsgård menade att händelseförloppet visade på ett slumpmässigt brott. Gärningsmannen hade sett Anna Lindh, blivit ursinnig – och attackerat.

Ulf Åsgård

–Det finns inget som tyder på att det var planerat, instämde spaningsledaren Leif Jennekvist, chef för Länskriminalen i Stockholm. Mördaren är sannolikt straffad tidigare och finns i registren.

Ulf Åsgård höll inte med om det senare.

–Det behöver inte vara så. Man kan debutera i våldsbrottssammanhang på detta sätt. Ofta handlar det då om psykiskt sjuka eller missbrukare, ansåg han.

-Jag är också säker på att de kommer fram till att det är en ensam galnings verk, kommenterade professor Sten Levander i *Expressen den 12 september -03*.

MILITÄRJACKA FÖRSVANN

Eftersom stora delar av varuhuset var utrustat med övervakningskameror borde detta ha väckt utredarnas intresse. Men enligt uppgift från flera anställda fanns det ingen film i flertalet av dem, som enbart är där för ren övervakning. Huruvida det stämmer eller inte ska vara osagt. Faktum är emellertid att polisen av okänd anledning väntade drygt ett dygn innan de överhuvudtaget påbörjade granskningen av detta ytterst viktiga bevismaterial.

De gjorde heller inga ansträngningar för att kontrollera filmer från övervaknings-kamerorna från intilliggande tunnelbanestationer. Det var först efter upprepade påtryckningar från SL som man tog emot dessa, endast kort tid innan de automatiskt skulle raderas.

Men via filmerna från NK blev polisens hetaste spår snart en man som registrerats några minuter före mordet. Lägg märke till att det inte finns några bilder från mordplatsen eller ens samma våningsplan.

I motsats till vanligt polis-

Precis som efter Palmemordet bildades berg av rosor

807

förfarande publicerades dessa bilderna snart helt omaskerade i pressen och från och med nu var detta den officiella bilden av Anna Lindhs mördare.

Men mannen på bilderna stämmer inte helt med många vittnesuppgifter. Jämför själv:

Polisen beskrev först mannen som en "svensk man med avlångt, härjat ansikte och dålig hy, korpulent, kraftig eller bara kraftigt påbylsad med kläder. Han var iklädd beige byxor, gråblå keps, beige munkjacka under en kamouflagefärgad militärjacka, 1.80 till 1.85 lång, brunt hår i pagefrisyr och polisonger".

Den "korpulente" gärningsmannen hade alltså först beskrivits som bärande en militärjacka, men bilderna visar en man av normal kroppsbyggnad iklädd en ljus munkjacka.

-Kamouflagejackan levde tyvärr länge kvar som en spökuppgift, vilket fick det en negativ påverkan

Är polisongerna ditmålade?   *Bilden på den utpekade "mördaren" spreds snabbt*

Foto: POLISEN

Flera fotoexperter anser att de utmärkande polisongerna har manipulerats dit i efterhand

på andra vittnesmål, förklarade spaningsledaren Leif Jennekvist senare. Uppgiften verkar ha spridits via polisradion utan att ha kommit från något vittne och sedan har uppgifterna hamnat i massmedia.

Vissa fotoexperter har ställt sig tvivlande till äktheten av dessa bilder, som även omtalades som "fotomontaget" av stjärnadvokaten Leif Silbersky då denne medverkade i TV dagarna efter mordet. Anledningen till tvivlet är de mörka polisonger på polisens bilder av gärningsmannen. Enligt

Leif Silbersky

personer som är vana att arbeta med fotoredigering finns det tecken på att dessa har manipulerats dit i efterhand. Om så är fallet måste detta ses som ytterst allvarligt.

REKORD I FÖRTAL

Publiceringen av bilderna ledde till att många tips strömmade in från allmänheten. Snart greps en 35-årig svensk vid namn Per-Olof Svensson som under de följande dagarna blev fullständigt utlämnad och exponerad i massmedia. Det rörde sig om ren häxjakt utförd av hela presskåren, som genomgående var fullständigt övertygade om mannens skuld. Detta innan den rättsliga processen ens fått en chans att påbörjas. Snart kunde man läsa allt om denna "ensamme galnings" våldsamma förflutna. En kvällstidning påstod till och med att han i desperation försökt ta livet av sig i fängelsecellen genom att äta upp sina egna kläder.

"Mördaren" greps och häxjakten började

Och det var tyvärr inte bara journalister som tappade sin objektiva bedömningsförmåga.

-Tror du att det är rätt man som häktats, tillfrågades den numera pensionerade kriminalkommissarie och tidigare biträdande spaningsledare i Palmeutredningen, Ingemar Krusell:

-Ja, det är ingen tvekan om den saken.

Den *21 september -03* gick författaren Jan Guillou till skarp attack i *Aftonbladet*:

-Är 35-åringen oskyldig slås alla rekord i förtal,

Per-Olof Svensson

åtminstone när det gäller kvantitet. Mediernas våldsamma, och dessvärre i stort sett tillåtna, förhandsspekulationer i viktiga och stora brottmål är inte bara ett internt journalistiskt problem. De utgör ett allvarligt samhällsproblem. Några få dagar senare visade det sig också mycket riktigt att 35-åringen var fullständigt oskyldig.

Redan tidigt talades det om att DNA-spår skulle kunna bli avgörande i fallet. Det talades bland annat om mördarens saliv på Anna Lindhs glasögon, på den upphittade munk-jackan och en blå keps. I det svenska DNA-personregistret finns 2 500 personer och i spårregistret finns drygt 7 000 spår.

Mijailo Mijailovic

Den så kallade Viclas-enheten vid Rikskriminalen bekräftade den 16 september 2003 att man fått en sökträff i sitt datamaterial. Världens främsta DFNA-experter i vid Forensic Science Center i Birmingham undersökte också bevismaterialet.

Dessa spår ledde så småningom till gripandet av en ny huvudmisstänkt, den 24-årige Mijailo Mijailovic. Åter körde pressen igång drevet och snart var allmänheten på nytt övertygad om att rätt gärningsman hade gripits.

-Vi har en rad kvalificerade tekniska bevis som var för sig i princip räcker för en fällande dom. Tillsammans utgör de en oslagbar beviskedja, sa en poliskälla i *Dagens Nyheter 2 november -03.*

Rättegången mot den anklagade Mijailo Mijailovic påbörjades i januari 2004. Fallet ansågs vara solklart och ingen sökning efter andra motiv eller mördare fortsatte efter gripandet av den ensamme galningen. Vid ungefär samma tid erkände Mijailovic dådet med förklaringen att han styrts av "en inre röst" som tvingat honom att utföra mordet och den 8 juli samma år dömdes han till sluten psykiatrisk vård.

Det här kan låta som en mentalsjuk individ. Samtidigt är inre röster ett vanligt fenomen bland så kallade "mind controlled killers". Många experter anser att till exempel mordet på Robert Kennedy genomfördes med denna teknik. Intresserade kan söka mer information om CIAs skrämmande projekt: MK ULTRA.

Vilda fantasier - eller brutal verklighet?

KONSPIRATION ELLER INTE ?

Den som tror att det är en tillfällighet att till exempel både mordet på Anna Lindh och de fruktansvärda bombattackerna i Madrid inträffade endast få dagar före val i respektive land bör kanske tänka om. Kan det finnas gemensamma krafter bakom dessa terroraktioner? Kan till synes meningslösa vansinnesdåd i själva verket vara utförda i syfte att få oss vanliga medborgare att självmant låta oss styras in i en allt brutalare värld bestående av växande kontroll och bevakning? Jag ber Anna Lindhs anhöriga om att ha överseende med följande spekulationer, som trots allt bör påpekas eftersom polisen har slutat leta vidare efter alternativa spår. Endast framtiden kan utvisa vad som är den verkliga sanningen.

I en mordutredning är något av det viktigaste att försöka fastställa motivet, det vill säga vem som tjänar mest på att den och den mördas? Finns en part som verkligen gynnas av brottet, bör blickarna riktas dit.

Det finns ett motiv som knyter samman morden på Olof Palme och Anna Lindh, ett motiv som kan verka motsägelsefullt för den oinsatte, men inte om man ställer frågan: Vad behövs göras för att knyta Sverige *Historien upprepar sig?*

närmare EU? Glöm inte att EU är bildandet av en ny superstat på hög nivå med otroligt starka intressen, inte minst kapitalistiska och militärindustriella. Förbindelserna med många människor och deras "instrument" nämnda i denna bok är också påtagliga.

Palme var övertygad EU-motståndare (EG). Han var samtidigt starkt emot en privatisering av den offentliga sektorn. Man bör ställa sig frågan hur det hade sett ut idag i Sverige om han inte blivit mördad. I det stora hela är Sverige i Elitens ögon bara en liten provins i EU vars medborgare är något obstinata och behöver manipuleras lite. Se bara vad som hände inför Sveriges EU-val då opinionen för ett NEJ var mycket stark, ända tills den svenska kronan angreps av en grupp affärsmän ledda av miljärdaren George Zoros. Så snart man åstadkommit att skrämma upp den svenska befolkningen var det en bagatell att få med landet i EU-klubben.

I Danmark var opinonen ännu starkare och vid folkomröstningen blev resultatet ett rungande NEJ. Så vad hände? Man anordnade helt enkelt en ny folkomröstning - och den här gången blev det ett JA. En insatt källa kommenterade valresultatet så här:

-Vi hade bara fortsatt att anordna folkomröstningar tills vi hade fått igenom ett JA till unionen. Så enkelt är det.

För den som har svårt att tro på att krafterna bakom EU skulle ta till

Anna Lindh sörjdes av hela svenska folket

811

Statskupp i Slowmotion

så bryska metoder rekommenderas TV4s dokumentär "Europas Hemliga Union" av journalisten Jonas Gummesson i detalj avslöjar fallet Bernard Connelly, skakande fakta kring utbredd telefonavlyssning och skuggning utförd av EUs hemliga säkerhetstjänst.

2003 var det dags för nästa avgörande steg - en folkomröstning om valutan EMU och den därav följande maktförskjutningen mot Bryssel. Opinionen såg inte bra ut för Ja-sidan, trots att Sverige bombaderades med propaganda.

Om de den internationella lilla Elitgruppen bakom EU strax före EMU-valet började få panik och i desperation drastiskt ville svänga opinionen, hur skulle man då behöva gå till väga? Om man inte ville att svenska folket skulle rösta rationellt efter intellektuella överväganden, utan istället ville få dem att rösta med känslorna, gällde det att se till att något mycket traumatiskt inträffade. Det här är ett vanligt förfarande i kretsar där man inte drar sig för likvideringar och de flesta experter är eniga om att folk påverkas starkt i sina ställningstaganden när liknande trauman inträffar.

Låt oss fortsätta spekulationerna kring EMU. Vad skulle Eliten behöva ta till för metoder den här gången? Hur skulle man kunna åstadkomma en tillräckligt stark reaktion för att få befolkningen till att rösta emotionellt? Och som absolut nödlösning: Vem skulle man behöva eliminera för att få en önskvärd effekt, det vill säga ett Ja i valutaomröstningen?

Mordoffer som skulle kunna komma ifråga är få. Drottning Silvia kanske, statsministern, men även just Anna Lindh eftersom hon var en verklig frontfigur för Ja-sidan och också väldigt omtyckt. Ju populärare, desto kraftigare trauma och större effekt.

Hon var visserligen en värdefull Ja-sägare, men som död kan hon ha ansetts som ännu mera värdefull. Enligt oppinionsinstitutet Skop gick Ja-sidan också upp med åtta procentenheter samma dag som svenska folket fick veta att Lindh hade avlidit.

Att det inte räckte kan ha setts som ett stort misslyckande. Det kan också hjälpa till att förklara den påtagliga tystnad som infann sig efter de första veckornas intensiva skrivande i pressen. I *november -03* avslöjade *Aftonbladets* Olle Svenning dessutom att Lindh hade bestämt sig för att tacka ja till att bli partiledare.

Hon och Göran Persson hade till och med diskuterat tidpunkten för skiftet - april 2004. Kritikerna menar även att Sverige förpassats till en läktarplats i den internationella politiken efter Anna Lindh.

Eliminerades de av samma anledning?

812

MORDET

Hur kan själva mordet då ha gått till? Låt oss jämföra med andra liknande mord och tillvägagångssätt. Faktum är att en av de allra första poliserna på plats, Björn Pihlblad, som hörde flera centrala vittnen, sa att mordet av allt att döma var välplanerat, att gärningsmannen var samlad inför uppgiften och att det definitivt inte verkade vara fråga om något impulsliknande vansinnesdåd.

Vem kunde då ana hur framtiden skulle te sig?

Varuhuset kan ha varit en genomtänkt plats för knivmordet, där 4-5 personer samarbetade. Gruppen bör i så fall ha varit professionella yrkesmördare/ yrkesmilitärer från utlandet, med gedigen militärutbildning bakom sig. Detta utmärks av att operationen utfördes snabbt och smärtfritt. Enligt en av *Aftonbladets* källor på Karolinska sjukhuset hade gärningsmannen vridit om kniven för att på ett mycket utstuderat sätt åsamka så mycket inre kroppsskada som möjligt. Skadorna tolkades av mediciska experter som att gärningsmannen hade full kunskap om hur man dödar med kniv. Gruppen bör dessutom ha haft lokal backup med flera väntade flyktbilar, redo att transportera gruppen ut ur landet alternativt frakta dem till ett gömställe där de kunde vänta tills den värsta stormen hade lagt sig.

Mördaren var personen som jagade Anna Lindh uppför rulltrappan och sedan attackerade henne. Resten av de inblandade bör också ha varit klädda i munkjacka och keps, allt för att förvirra vittnen och för att försvåra en identifiering.

För att minimera risken att någon dristig Svensson skulle försöka stoppa mördaren kan en av kumpanerna ha låtsats ta upp jakten ner till entreplanet, där de båda sedan saktade ner för att inte väcka uppståndelse. De andra medlemmarna bör ha haft till uppgift att enbart ingripa ifall någon handgripligen försökte att stoppa mördaren. Troligtvis bar en eller flera någon form av uniform.

Utrikesminister Lindh saknade livvakt då hon knivhöggs på varuhuset NK. Enligt Säpo och Rikspolisstyrelsen skärptes säkerheten kring statsråden efter mordet. Men en kartläggning gjord av *Aftonbladet* en månad senare avslöjade att 19 av 22 statsråd då fortfarande saknade livvaktsskydd.

Varför? Visste någon i maktens mörka korridorer om att det egentligen inte förelåg något yttre hot?

HÖG TID ATT VAKNA

Vilken den verkliga och kompletta sanningen bakom mordet på Olof Palme är kommer vi kanske aldrig att få reda på. Alldeles för mycket står på spel och ljusskygg storfinans i samspel med det internationella, militära komplexet skyr inga medel när det gäller att motarbeta en exponering. Hur många olyckor, mord och självmord är i själva verket Elitens verk? "För nationens säkerhet och rikets bästa".

Som privatperson och vanlig Svensson är det svårt att förutse reaktionerna på denna bok. Uppskattning, ilska och förbittring, kompakt tystnad, trakasserier eller något värre? I sanningens namn ska sägas att jag är rädd för konsekvenserna. Dumt vore annat. Vänner och bekanta som har arbetat för samma sak har fått sina karriärer spolierade, blivit utsatta för hot och förtal och i några fall till och med mist livet. Motvinden är stark i det fria och demokratiska Sverige och böcker av den här kalibern har fram tills nu varit i det närmaste omöjliga att få publicerade. Jag anser dock att det är av yttersta vikt att så mycket som möjligt av sanningen friläggs, om inte för vår egen skull, så för våra barns.

Få anar hur mycket krafterna bakom dådet påverkar vårt dagliga liv. Men var så säker - Olof Palme likviderades inte utan orsak och de som låg bakom var snabba att ta över tyglarna. Utvecklingen sedan dess har starkt påverkat Sverige på ett sätt som måste ses som mycket negativt.

Det är viktigt att poängtera att jag med denna bok, som under många års tid har upptagit det mesta av min vakna tid, inte vill skapa hat och hämndkänslor. Tvärtom är det min stora förhoppning att någonting bra ska komma ur det här. Precis som en böld behöver punkteras så att varet kan rinna ut för att kroppen ska kunna hela sig själv, hoppas jag att så många som möjligt ska hämta hem sin egen kraft igen och ta ansvar för sina liv.

Jag hoppas samtidigt att människor som Gösta Söderström, Gustaf "Gösta" Trysberg, Jesús Alcàla och Jerry Martinger ska få upprättelse och bli erkända för sitt mod att våga stå upp för det som är rätt. Det samma gäller hårt arbetande journalister som Lars Borgnäs, Sven Anér, Gunnar Wall, bröderna Poutiainen, Anders Leopold och privatspanare som Fritz G Pettersson, Ingvar Heimer, Henry Söderström med flera. Vissa av dessa har fått offra sina liv i kampen för att exponera sanningen, andra har fått se allt de byggt upp smulas sönder.

Den enda anledningen att detta mörka spel kan fortsätta är att **VI - du och jag**-tillåter det genom att halvt medvetslösa vandra genom tillvaron.

Det är dags att VAKNA NU - innan det är för sent.

Jag hoppas att jag inte har skapat vrede eller hat med denna bok. Min djupaste avsikt är att sprida sanning, fred och insikt. Låt mig därför avsluta med en yoga bön som min spirituella lärare Nalanie Harilela Chellaram brukar använda:

May the entire Universe be filled with
Peace and Joy, Love and Light.
May everyone, and especially the ones who hurt us
Be filled with Peace and Joy, Love and Light
Victory to that Light

POLISPERSONAL UNDER MORDNATTEN

För den faktaintresserade presenteras här en förteckning över polispersonal i yttre tjänst samt i SBC under mordnatten (till stor del från boken *Inuti labyrinten*):

Fordon	Besättning
1120	Per Englund (Torsten Lantz ?)
1150	Tommy Carlsson, Gunnel Jönsson
1170	Anders Pettersson, Mats Eriksson
1180	Finns ej, däremot finns två 1160: Dag Andersson / Kenneth Johansson eller Christer Roland Strömberg
1210	**Befälsbil:** Lars Christianson, Hans-Erik Rehnstam (inskriven i journalen för tjänst i piket 1230)
1220	**Piket:** befäl Sven Matzols, Sven-Olof Laggar, Kjell Dahl, Kent Karlsson, Bo Andersson
1227	(jollebil till piket 1230) Per Hall, Göran Stigsson
1230	**Norrmalmspiketen:** befäl Christer Persson, Kent Bäcklund, Lena Löhr, Ulf Hellman, Per Borg
1470	**Övervakningsbuss:** befäl Tommy Fordell, Lilian Eriksson, Carl-Gustav Rask, Bo Andersson, Thörngren, Stove
1520	**kommissariebil:** Christian Dalsgaard, Thomas Ekesäter
1540	Patrull del av gatulangningsgruppen, besättning?
2120	Bo Larsson, Britt Wallberg
2150	Håkan Gillenskog, Magnus Rudberg
2160	Leif Bidefjord, Lennart Källström
2520	**Kommissariebil:** Gösta Söderström, Ingvar Windén
2550	Karl-Erik Arnström (hundpatrull) (obs! står med förnamn Per i Juristkommissionens protokoll)
3120	Stig Rysén, Lars Berntsson
3220	**Piket:** befäl Mats Näslund, Björn Larsson, Anders Sällström, Stefan Edström, Mats Blomgren, Tommy Hägglund, Tomas Fransson
3230	**Södermalmspiketen:** befäl Kjell Östling, Leif Svensson, Jan Hermansson, Peter Wikström, Claes Djurfeldt, Klas Gedda
3480	Möjligtvis den bil som stoppade Wilhelm Kramm vid Slussen (se sid 68)
3625	Patrullen är ett mysterium, radion med anropsnummer 3625 har ej kvitterats ut under mordnatten. Är trots polisiära ansträngningar oidentifierad.
5520	Åke Rimborn, Thomas Torstensson
9152	?
9230	?

Statskupp i Slowmotion

BIBLIOGRAFI

Affärer till varje pris, 1989 (D) — Aalders & Wiebes

Agency of Fear (U) — Edward J Epstein

Affären Borlänge, 1995 (P) — Sven Anér

Affären Chamonix, 1992 (P) — Sven Anér

Affärernas Sverige - efterkrigstidens politiska skandaler, 1993 (D, P) — Kenth Olsson

Aldrig mera fri, 1996 (D, P) — Stig Bergling

Alice in Woncerland and the World Trade Center Disaster, 2002 — David Icke

Alla dessa dagar, 1992 (D, P) — K-O Feldt

Alla rosor ska inte tuktas 1992 (D, P) — Anna-Greta Leijon

All the President's Men, 1974 (W) — Woodward & Bernstein

American Grotesque, 1970 — James Kirkwood

America's Secret Establishment (U) — Anthony C Sutton

And the truth shall set you free, 1995 (Ko) — David Icke

Anti-Semitism and the Babylonian Connection (F, Ko) — Des Griffin

Appointment in Dallas, 1975 (K) — Hugh C McDonald

A Profile History of the US, 1964 (K) — GM Ostrander

Assassination, 1968 (K) — Relman Morin

Teckenförklaring

B = Bofors smuggelaffärer   D = Diverse   E = Estoniakatastrofen
F = Frimureriet   K = Kennedy   Ko = Konspirationer
M = Maffia   P = Palme   S = Sydafrika
Sb = Stay Behind   T = Terrorism   U = Underrättelseverksamhet
W = Watergate

Statskupp i Slowmotion

Assassination of RFK, 1978 (K, Ko)	John G Christian
A Thousand Days, 1965 (K)	AM Schlesinger
Att vilja gå vidare, 1974 (P)	Olof Palme
Behold a Pale Horse (F, K, Ko)	William Cooper
Berättelser om Palme, 1996 (P)	Alandh & Zachrisson
Best Evidence, 1988 (K)	David S Lipton
Between Two Ages, 1970 (D)	Z Brzezinski
Between Fact and Fiction	Edward J Epstein
Bimini Run, 1949 (D, U)	E Howard Hunt
Bland nazister och spioner - Olof Palmes ungdomsår, 2001 (Ko, P)	Jonas Gummesson
Bofors svindlande affärer (B)	Henrik Westander
Boken om Olof Palme, 1987 (P)	Diverse
Born again, 1976 (W)	Charles Colson
Bra Böckers världshistoria 14, 15 (D)	Bra Böcker
Breaking the Curfew, Michael Joseph, London 1989	Emma Duncan
Bringers of the Dawn, 1992 (D, Ko)	Barbara Marciniak
Brottstycken, 1993 (D, P)	Leif GW Persson
Bulletin from Dallas: He is Dead, 1967 (K)	John B Mayo
Castro, 1969 (U, K, D)	Herbert Matthews
CIA Diary (U)	Philip Agree
Cirkus Sverige, 1988 (D)	Per Gahrton
Code name Zorro, 1977 (U)	Gregory Lane
Compulsive Spy, the Strange Career of Howard Hunt (U)	Tad Szulc
Conspiracy, 1991 (K)	Anthony Summers
Contraband (S)	De Wet Potgieter
Contract on America, the Maffia Murder (K, M)	David Scheim
Conspirators' Hierarchy: The Story of the Committee of 300 (Ko)	Dr John Coleman

Counter-Insurgency Warfare, 1964 (U)   David Galula

Coup d'État in America, 1975 (K, U)   Michael Canfield

Coverup, 1999 (Ko, P)   Sven Anér

Crime and Cover-Up (D, Ko, U)   Scott

Crossfire. The Plot that Killed JFK (K)   Jim Marrs

Cruel awakening, Sweden and the killing of Palme (P)   Chris Mosey

Dark Alliance: CIA, the Contras and the Crack-Cocaine Explosion   Gary Webb

Death in Washington, 1980 (K)   Donald Freed

Death of a Statesman, 1989 (P)   Ruth Freeman

Defrauding America, 1994 (Ko)   Rodney Stich

De Gehlen à Klaus Barbie, 1985   John Loftus

Den blå planet, 1972 (D)   Knudsen

Den godhjärtade Buffeln, 1997 (D, P)   Carl Lidbom

Den permanenta komplotten, 1985 (F, Ko)   Bjarne Moelv

Den svenska nationalismen och kriget, 1918 (D)   L Maury

Der plötzliche Tod des Emilio Mattei (Ko)   Paolo Vitali

Descent into Slavery (F, Ko)   Des Griffin

Det hemmelige Danmark (F)   Søren Thorup

Det kurdiska spåret (P)   Per Linde

Det saknade kapitlet (Ko, P)   Bertil Västergren

Det som inte kunde ske, 1996 (E)   Kent Härstedt

Det totala kriget, 1986 (S)   "Eva Persson"

Det våras för atombomben, 1981 (D)   Fredrik Lundberg

Die Akte Bofors, 1993, (B)   Andersson x 2

Diana - the last 24 hours, 1998 (Ko, U)   Allan Silverman

Die Freimaurer und der Vatikan (F)   Manfred Adler

Dina gester avslöjar dig, 1988 (D)   A Pease

Statskupp i Slowmotion

Die Russenmafia (M)	Jürgen Roth
Dirty Work: CIA in Africa, 1980 (S, U)	Zed Press
Dominoeffekten, 1998 (D, P)	Sven Anér
Dukkeføreren (F)	Sørensen & Enig
Därför mördades Ivar Krüger, 1990 (Ko)	Ångerström
Därför överlevde jag Estoniakatastrofen, 1996 (E)	Leif Bogren
Dö i Rättan Tid, 1996 (Ko, P, D)	Lars Krantz
Ebbe Carlsson-affären, 1988 (P, U)	Lindberg & Rudberg
EIR Special Reports (Ko, P, U)	Diverse
Ekot av ett skott (Gustaf III), 1986 (Ko)	Alf Henriksson
El caso Gladio, 1994 (Sb)	J-F Brozzu-Gentile
En broderhilsen verden rundt (F)	Torben Meyer
En levande vilja, 1987 (P)	Olof Palme
En personlig dokumentär om Bofors, 1993 (B, P)	C Subramaniam
En presidents död, 1967 (K)	Bill Manchester
En spion i regeringen, 1988 (D, U)	"Sten Andersson"
Er der nogen der står sammen... (F)	Michael Neumann
Ett folkbedrägeri - DC 3:an & svensk säkerhetspolitik, 1992 (Ko, U)	Cecilia Steen-Johnsson
Ett uppdrag, 1990 (D)	Carl Lidbom
Ett verkligt drama, 1987 (P)	Lars Krantz
Europas förmögenhet, 1925 (D)	Richard Lewinsohn
Extremhögern (D)	Lodenius & Larsson
Fantombilden, 1995 (D)	Hans Lagerberg
Final Disclosure, 1988 (K)	David Belin
Flashback - the Untold Story of LH Oswald (K, U)	Ron Lewis
Forgive my Grief, 1964 (K)	Penn Jones
Four Dark Days in History, 1963 (K)	Jim Matthews

Frame-Up: the M.L. King - James Earl Ray Case (K)	Harold Weisberg
Frimureren der forsvandt (F)	Morten Beiter
From Dallas to Watergate (K, W)	Scott
Fyra nycklar, 1991 (P)	Sven Anér
Förlorarna, 1995 (Ko, P)	Bobi Sourander
Generationsskifte blandt logebrødre (F)	Morten Pedersen
George Bush - the Unauthorised Biography, 1992 (D, F, Ko, U)	Tapley & Chaitkin
Give Us this Day, 1973 (D, U)	E Howard Hunt
Gladio, 1991 (Sb)	J. Willems
Gladio, Das Erbe des Kalten Kriesges, 1991 (Sb)	A. Müller
Globaliseringsmyten, 1999 (D)	-
Global Tyranny - Step by Step, 1992 (Ko)	William F Jasper
Government by Gunplay, 1976 (K)	Blumenthal
Graphology Handbook, 1980 (D)	Casewit
Guru Hitler (die Thule Gesellschaft), (D, F, Ko)	-
Han sköt Olof Palme, 1993 (P)	Börje Wingren
Hatet, 1993 (D, P)	Kjell Espmark
Heal the World, 1993 (D, Ko)	David Icke
Hemligheten Kehlstein (Örnnästet) (D)	-
Hemligstämplat, 1990 (B, D, P)	Henrik Westander
High Treason, What Really Happened, 1989 (K)	Robert Groden
Hitler, A study in Tyranny, 1960 (D)	Alan Bullock
Honorable Men, my Life in the CIA, 1978	William Colby
How Kennedy was killed, Helmond 1968 (K)	J Joesten
Hur man ljuger med statistik, 1964 (D)	Darell Huff
Hur sparkapitalet plundras, 1937 (D)	K Lindström
IB och hotet mot vår säkerhet, 1973 (P, U)	Peter Bratt & Gidlunds

Kalla mig Jackie, 1988 (K)	C David Heymann
Kallt krig, (Sb)	Kaj Björk
Kartritarna, 1992, (P)	P-O Enqvist
Katastrofkurs, 1996 (E)	A Hellberg & A Jörle
Kennedy, 1965 (K)	Theodor Sorensen
Kennedy Justice, 1971 (K)	Victor Navasky
Kennedys sista resa, 1964 (K)	Keith Fuller
Kissinger (K)	Gary Allen
Klanen Kennedy, 1984 (K)	Colliere & Horowitz
Kommunistjägarna, 1990 (D)	Kanger & Gummesson
Krig - Fred, 1972 (D)	Hvidt
Krönika över 20e århundradet (D)	Bonniers
Kungen är skjuten, 1993 (Ko)	Lagerström
Kärleksbrev till Olof Palme, 1986 (P)	Hans Haste
La Organización Gehlen, 1972 (Sb)	Richard Gehlen
LBJ and the JFK Conspiracy, 1978 (K)	Hugh McDonald
Lee - A Portrait of LH Oswald, 1967 (K)	B Land Oswald
Legacy of Doubt, 1973 (K)	Peter Noyes
Legend - The Secret World of Oswald, 1978 (K)	Edward J Epstein
Liket i lådan, (D, U)	Ebbe Carlsson
Liken i garderoben, 1991 (D)	Staffan Skott
Likt Tårar i ett Regn, 1993 (D)	Ole Dammegård
Lyndon B Johnson, 1966 (K)	Ulf Nilsson
Lögnen i Sverige, 1994 (D)	Hans Hederberg
Maffia Kingfish (K, M)	John H Davis
Maffians hämnd, 1992 (K, Ko, M)	S & Chuck Giancana
Makten, 1990 (D)	Harry Schein

Statskupp i Slowmotion

Maktkamp inom Säpo, 1989 (U)	Erik Magnusson
Maktspelet i Sverige, 1968 (D)	Åke Ortmark
Marilyn Monroe, 1993 (D, Ko, K)	Donald Spoto
Mayday Mayday, 1995 (E)	Mats Lundegård
Menageri (F)	Lars Jacobson
Mitt liv med Martin Luther King, 1969 (Ko, K)	Coretta S King
Mitt liv som snut, 1996 (P)	Tommy Lindström
Modeord skal tiltrække nye brødre (F)	M Bonde Pedersen
Moln över 08, 1996 (D, P)	Sven Anér
Moments of Madness, 1968 (K)	Elmer Gertz
Mordet - en rövarhistoria, 1989 (Ko, P)	Sven Wernström
Mordet på Olof Palme, en bevisteoretisk analys (P)	Hannu Tapani Klami
Mordet på Olof Palme, 1987 (P)	Thomas Kanger
Mordet på Olof Palme. Polisspåret - en vit bok, 1989 (P)	Frank Baude
Mot rädslan, 1988 (B)	Ingvar Bratt
Muldergate, 1980 (D, Ko, S)	M Rees & C Day
Murder, 1970	Robert Houghton
Mörkläggning - Statsmakten och Palmemordet, 1997 (Ko, P)	Gunnar Wall
Nationen söker en mördare (P)	Wilhelm Agrell
New perspectives in north-south dialogue, 1988 (P)	Kofi Buenor Hadjor
News from Nowhere	Edward J Epstein
Night Watch, 1977 (U)	D Atlee Philips
Nirvana kan vänta, 2001 (D)	Ulf Dahlsten
Nixon's Darkest Secret, Operation Redrock, (D, Ko, U)	Gene Chip Tatum
None Dare Call it Conspiracy (D, F, Ko)	Gary Allen
Nordiska Frimurarporträtt I-II, 1888 (F)	Br. Eklund
Nordisk kriminalkrönika div (D)	-

Norges hemmelige hær (Sb) — R Bye & Finn Sjue

Nov 22 - How They Killed Kennedy, 1976 (K) — Neville Spearman

Nuremberg in South Africa - Apartheid's Secret War (S) — Allister Sparks

October Surprise (U) — Barbara Honegger

Offrets Uppdrag, 2000 (D, P, Ko) — Ernst Lindholm

Oil and World Politics, 1991 (D, Ko) — Ted Wheelwright

Olof Palme - den gränslöse reformisten, 1996 (D, P) — Antman & Schori

Olof Palme i Sverige och världen 1986 (P) — Dagens Nyheter

Olof Palme med egna ord, 1977 (P) — Olof Palme

Olof Palme, Suecia y America Latina, 1987 (P) — José Goni

Olof Palme är skjuten, 1988 (P) — Hans Holmér

On Target — Barry Turner

Operation högervridning (D, Ko) — Hansson & Lodenius

Operation Mindcontrol (U) — Walter Bowart

Orders to Kill, Martin Luther King, 1998 (D, K, Ko, U) — William F Pepper

OSS. The Secret History, 1972 — Tom Brower

Oswald: Assassin or Fall Guy, 1964 (K) — J Joesten

Oswald in New Orleans, 1967 (K) — Harold Weisberg

Partiledare - Dagbok 1981-86, (D, P) — Ulf Adelsohn

Pentagonrapporten, 1971 (U) — Neil Sheehan

Palme, 1989 (P) — Björn Elmbrant

Palmemordets nakna fakta, 1998 (P) — Ingemar Krusell

Palme privat. I skuggan av Erlander, 1995 (D, P) — Crister Isaksson

Palmerapporten, 1989, (F, P) — Erik Magnusson

PG Vinge - Säpochef 1962-70 (U) — PG Vinge

Plausible Denial, 1992 (K) — Mark Lane

Plot or Politics, 1967 (D, Ko) — James Wardlaw

Set & Sket, 1967,-68, -73, -74, -75 (D)   -

Sirhan's Gun, 1975 (K)   Langman & Cockburn

Six Seconds in Dallas, 1964 (K)   Josiah Thompson

Skandiamän, (D, P)   Karl Englund

Skotten i Dallas, 1971 (K)   Hans Villius

Skotten i Stockholm och Santiago, 1998   Bengt Norling

Skuld och makt, 1981 (D)   Åke Ortmark

Skyldig utan skuld, 1989   Kjell-Olof Bornemark

Somrarna på Skangal, 1999 (D)   Catharina Palme

Sovjetiskt inflytande i Sverige, 1997 (F, Ko)   Jüri Lina

Special Unit Senator, The Investigation of RFK (K)   -

(S)pelarna, 1994 (D)   Arnborg & Eklund

(S)pelarna 2, 1994 (D)   Arnborg & Eklund

Spionage i Sverige, 1988 (U)   Mikael Rosquist

Spionelektronik, 1971 (U)   Lars-Olof Lennermalm

Spionernas Vem är det, 1988 (U)   Payne & Dobson

Spycatcher, 1987 (U)   Peter Wright

Steg för steg hur skenrättegången avslöjades (P)   Marja Henrohn

Freimaurer (F)   Stichwort

Strategie der Spannung, (Ko, Sb, U)   -

Svenske Frimurare, 1903 (F)   -

Svensk roulette, 1989 (D)   Hans Hederberg

Sverige och mordet på Olof Palme, 1988 (P, Ko) Chris Mosey

Säkerhetspolitik i Norden, 1984 (D, U)   Diverse

Tage Erlander, Band 1-4, 1973 (D)   Tage Erlander

Target de Gaulle, Corgi Books 1974 (Ko)   Plume & Demaret

The American Almanac, 1977 (D)   Calvin D Linton

The Assassination Chain, 1976 (D, Ko)	Leek & Sager
The Assassination Please Almanac, 1977 (D, Ko)	Tom Miller
The Assassinations, 1976 (D, Ko)	Scott Hoch & Stetler
The Assassination Tapes, 1975 (D, Ko)	George O'Toole
The Banker's Conspiracy (D, Ko)	Eustace Mullins
The Biggest Secret, 1999 (D, E, K, U)	David Icke
The "Black" International, 1994 (D, Ko, Sb, T)	J McKenzie Bale
The Brotherhood, 1983 (F)	Stephen Knight
The Case against L.B. Johnson, 1967 (D, K)	Joachim Joesten
The Children of Jonestown, 1981 (D, Ko, U)	Kenneth Wooden
The CIA and American Democracy, 1989 (U)	Rhodri Jeffrey-Jones
The CIA and the Cult of Intelligence (U)	Victor Marchetti
The Congo Cables - The cold war in Africa, 1982 (S, U)	Madeleine Kalb
The Cyprus Conspiracy, 2001	O'Malley and Ian Graig
The Day Kennedy was shot, 1968 (K)	Jim Bishop
The Death of JFK & the Vietnam War (K, U)	Scott
The Excalibur Briefing	Thomas E Bearden
The Fish is Red (D, Ko)	Hinckle & Turner
The Fourth Reich of the Rich (F, Ko)	Des Griffin
The Garrison Case (K)	Edward Epstein
The Garrison Case: A Study in the Abuse of Power, 1969 (K)	Milton Brener
The Gods of Eden, 1990 (F, Ko)	William Bramley
The Grim Reapers, 1969	Ed Reid
The Invisible Government (Ko)	Dan Smooth
The Secret History of the New World Order (Ko)	Herbert G Dorsey III
The Hoffa Wars (D, K)	Moldea
The Immaculate Deception, 1991 (D, Ko)	Russel Bowen

The Kennedy Conspiracy, 1991 (K)   Anthony Summers

The Kennedy Dynasty & Disaster (K)   John H Davis

The Killing of a President, 1993 (K)   Robert J Groden

The Killing of Justice Godfrey (D)   Stephen Knight

The Last Mafioso, 1981 (M, U)   Ovid Demaris

The Maffia, CIA and the JFK-Assassination, 1975 (D, M, K, U)   Milton Voerst

The Maffia killed Kennedy, 1993 (K, M)   DF Scheim

The Making of a President, 1964, 1965 (K)   Theodore H White

The 1960's Scrapbook, 1992 (D)   Angela Dodson

The Octopus - Europe in the Grip of Organised Crime, 1995 (Ko)   Brian Freemantle

The Oswald File (K)   Michael Eddowes

The Plot to Kill the President, 1981 (K)   Blakey & Billings

The Rise & Fall of the Berlin Wall, 1991 (D)   RG Grant

The Robots' Rebellion, 1994 (Ko)   David Icke

The Rockerfeller file, 1976 (Ko)   Gary Allen

The Rothschild Money Trust, 1940 (D)   George Armstrong

The Search for the Manchurian Candidate, 1980 (K, U)   McGraw & Hill

The Second Oswald, 1966 (K)   Richard H Popkin

The Secret History of the New World Order (F, Ko)   Herbert G Dorsay III

The Secret Life of Jack Ruby, 1978 (K)   William Malone

The Secret Team, 1973 (K, U)   Fletcher Prouty

The Secret Wars of the CIA, Headline Press 1987 (U)   Bob Woodward

The Senator must die: The Murder of RFK 1988 (K)   Robert Morrow

The Shadows of Power, 1988 (El, Ko)   James Perloff

The Sinking of M/V Estonia, 1997 (E, K)   Anders Björkman

The Squad (Ko, M, U)   Michael Milan

The Suppression of Knowledge (D, Ko)   Michael Roll

Statskupp i Slowmotion

The Tatum Chronicles (D, Ko, P, U)	Gene Chip Tatum
The Temple and the Lodge, Corgi Books (F)	Baigent & Leigh
The "Terrorism" Industry, 1989, (D, Ko, Sb)	Herman & O'Sullivan
The Truth about the Assassination, 1967 (K)	Charles Roberts
The Two Assassins, 1965 (K)	Hartogs & Freeman
The Two Faces of George Bush (F, Ko, U)	Anthony C Sutton
The Ultimate Contract, 1997 (Ko, P, S)	John W Grow
The Unanswered Questions, 1966 (K)	S Fox
The Unseen Hand (Ko)	A Ralph Epperson
The Use of Covert Paramilitary Activity as a Policy Tool	Major DH Berger
The Wilson Plot, 1988 (U)	Heinemann
The World Order - Our Secret Rulers, 1992 (Ko)	Eustace Mullins
They've Killed the President, 1975 (K)	Robert Sam Anson
Threats to Democracy, 1996 (D, Ko, Sb, T)	Franco Ferraresi
Tidens ålder, 1992 (D, P)	Jan Myrdal
Till höger om neutraliteten (D)	Sven-Ove Hansson
Tragedy and Hope, 1966 (F, Ko)	Carrol Quigley
Treason at Maastricht, 1995 (D, Ko)	Atkinson McWhirter
Trilateralism, 1980, (D, Ko)	Holly Sklar
Uncertain Greatness, 1977 (S, U)	Roger Morris
Undercover, 1991 (D, U)	Dennis Töllborg
Under Fire (U, W)	Oliver North
Under skorpionens tecken, 1994 (F, Ko)	Jüri Lina
Uppdrag Olof Palme, 1987 (P)	Hermansson
Ur Skuggan Av Olof Palme (D, P) 1999	Ingvar Carlsson
US Special Warfare: its origins, 1982	Alfred H. Paddock
Utan omsvep - om ett liv i maktens centrum, 1990 (D, Ko)	Persson & Sundelin

Vapensmugglarna, 1988 (B, P)	Andersson Stenquist
Was Jonestown a CIA Experiment? 1985 (D, Ko, U)	Michael Meiers
Vem mördade Kennedy, 1964 (K)	Thomas Buchanan
Vem mördade Olof Palme, 1990 (P)	Kom. arbetarförlaget
Vem är Olof Palme, 1984 (P)	Bertil Östergren
Verdens mägtigste broderskab (F)	Alex Frank Larsen
Were We Controlled? 1968 (Ko)	Lincoln Lawrence
What Uncle Sam really wants, 1993 (Ko)	Noam Chomsky
Whitewash I - the Report on the Warren Report, 1965 (K)	Harold Weisberg
Whitewash II, the FBI-Secret Service Coverup, 1966 (K)	Harold Weisberg
Whitewash III, Suppressed Assassination pictures, 1967 (K)	Harold Weisberg
Whitewash IV, Top Secret JFK Assas. Transcript 1974 (K)	Harold Weisberg
Who is Who of the Elite, 1995 (Ko)	RG Ross Sr
Who Killed Diana? (Di, Ko, U)	Simon Regan
Who killed JFK? 1980 (K)	Gaeton Fonzie
Who was Jack Ruby? 1978 (K)	Seth Kantor
Why RFK Was Killed, 1970 (K)	Godfrey Janson
Who Runs Congress? 1975 (D, Ko, U)	Mark J Green
Vi som styr Norge, 1992 (Sb)	Sjue & Jørgensen
You Can Heal Your Life, 1988 (D)	Louise Hay
Årsbok 1983, -84, -85, -86, -87, -89 (D)	Bra Böcker
Äkta eller falskt? 1960 (D)	Sepp Schüller
Ödets Spjut, 1982 (F, Ko)	T Ravenscroft

Tidningar, artiklar (minst 10 000) & magasin etc

SOU 1987:14, SOU 1987:72, SOU 1988:18, SOU 1988:16, SOU 1989:1

Anarchy Magazine -84: Portrait of a Terrorist - Stefano Delle Chiaie   Anderson & Anderson

Statskupp i Slowmotion

Covert Action Information Bulletin Nr 16 -82, Washington DC - Argentina Activates International

Death Squads   Ellen Ray

Covert Action Information Bulletin (U)   Amerikansk tidskrift

Covert Action Information Bulletin nr 25 -86. "Klaus Barbie"   Kai Hermann

Covert Action Quarterly nr 49 -94, "Gladio: The Secret U.S. War"   Arthur E. Rowse

Samtliga svenska dags- och kvällstidningar 1982- Contra, politiskt magasin 1985- Exposure

Magazine, Australien

Fighting Talk nr 11 -95: Staying Behind: NATO"s Terror Network   Anti-Fascist Action

Granskningskommissionens Betänkande 1999   Granskningskom.

Juristkommissionen del 1: "Polisarbetet under de första 12 timmarna de centrala samhällsfunk-

tionerna, skyddet av offentliga personer - bekämpningen av terrorism". Rapport av särskilde

utredaren för granskning av hotbilden mot och säkerhetsskyddet kring Olof Palme (P)

Juristkommissionen del 2: "Rapport om händelserna efter mordet på statsminister Olof Palme,

brottsutredningen 1 mars 1986-4 feb 1987

Kritik 110 - Den usynlige hånd, 1994   Dansk kulturskrift

Nexus Magazine   Media Productions

Nexus Nya Tider (svenska utgåvan) 1998-   NEXUS New Times

Norrskensflamman, magasin 1985-

Palmenytt 1993-   Sven Anér

Partreport covering technical issues on the capsizing on September 28 1994 in the Baltic Sea of

the roro passenger vessel MV Estonia, Stockholm 1995

Proletären, magasin (D)   1985-1998

"Samora Machel's Crash", nov -87 nr 2   SAPEM

Spotlight Magazine (Ko)   USA

The Spotlight: Special Report: The Trilateral Commission, Feb 1990

The Spotlight: Special Report: The Bilderberger Group, Sept 1991

Tv, radio, video och filmer

Dokument Utifrån, diverse	SVT
Executive Action (spelfilm)	Mark Lane
Gladio - Stay Behind (Observer Film Company, 1992)	A Francovich
Hitler's Henchmen	Discovery
JFK, 1993 (spelfilm)	Oliver Stone
JFK, An Unsolved Murder, 1988	KRON-TV
JFK - The Sacrificed King	
Kalla Fakta, diverse	
TV4	
Kanalen, radioprogramserie, diverse	SVR
Nixon (spelfilm)	Oliver Stone
Olof Palme - ett liv i politiken	
Olof Palme och hans idévärld	Jonas Sima
Prime Evil - Ondskan Själv	Jacques Pauw
Reportrarna, diverse	
SVT	
Satans Mördare, 1995 (dramadokumentär)	Stig Edling
Striptease, diverse	SVT
The Day the Dream Died	
The JFK News Clips	
The Kennedy Assassination, 1978 (K)	BBC Panorama
The Kennedy Assassination, Light Technology Publications	William Cooper
The Men Who killed Kennedy (dokumentär)	Nigel Turner CIT
The Second Gun	Theodore Charach
The Secret File on J. Edgar Hoover	BBC etc
The William Cooper Tape	

lowmotion

ɔg (Dustin Hoffman & Robert De Niro) 1997	New Line Prods Inc
ʹdade Olof Palme, diverse	TV3
ɪördade Olof Palme - Polisspåren	TV3
ɪ gå vidare (film)	Jonas Sima

CD-Rom etc

Vem mördade Olof Palme? 1996	Natur & Kultur, TV4